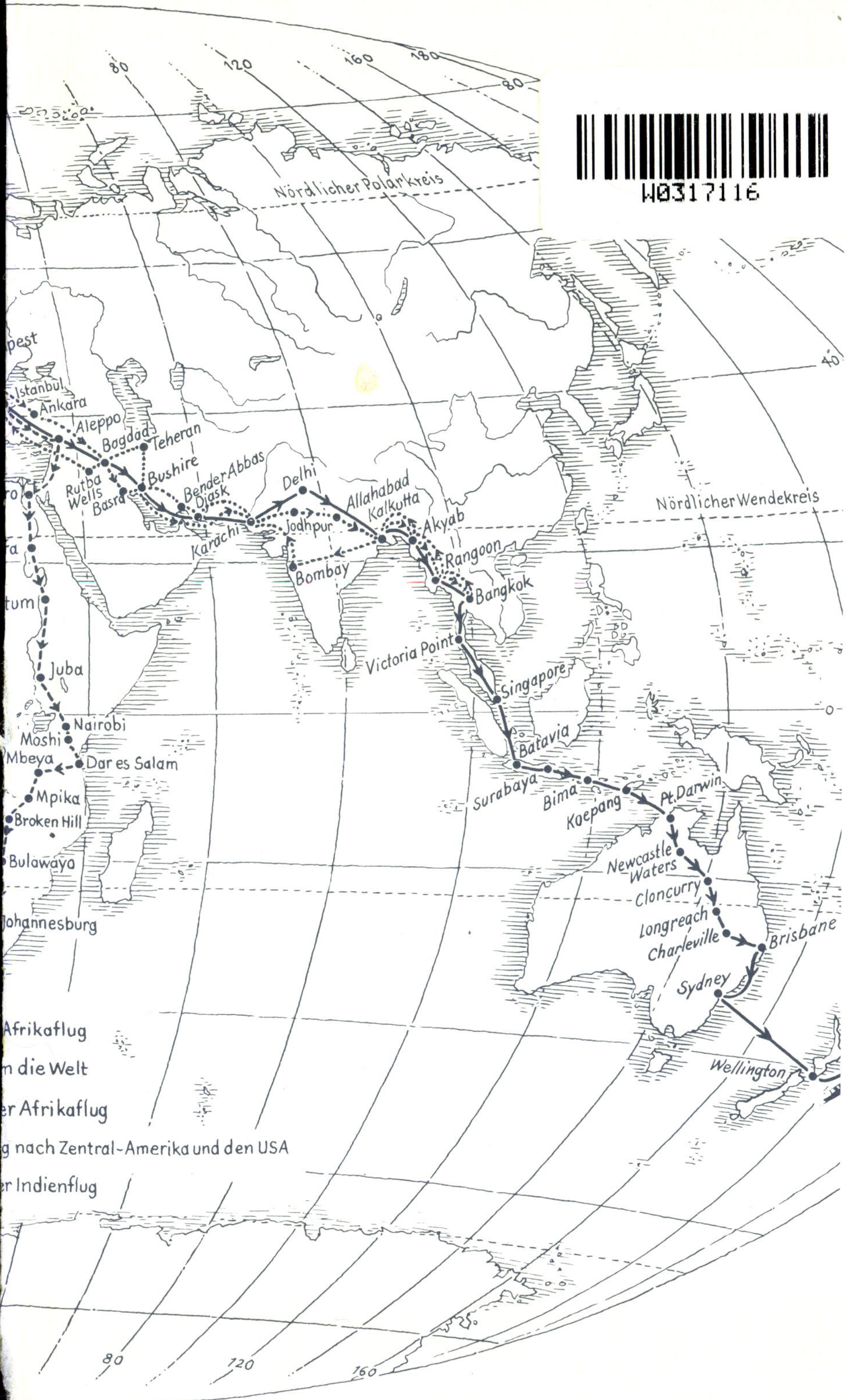
Nördlicher Polarkreis
Nördlicher Wendekreis
pest
Istanbul
Ankara
Aleppo
Bagdad
Teheran
Bushire
Rutba Wells
Basra
Bender Abbas
Djask
Karachi
Delhi
Jodhpur
Bombay
Allahabad
Kalkutta
Akyab
Rangoon
Bangkok
Victoria Point
Singapore
Batavia
Surabaya
Bima
Koepang
Pt. Darwin
Newcastle Waters
Cloncurry
Longreach
Charleville
Brisbane
Sydney
Wellington
tum
Juba
Nairobi
Moshi
Mbeya
Dar es Salam
Mpika
Broken Hill
Bulawaya
Johannesburg
Afrikaflug
n die Welt
er Afrikaflug
g nach Zentral-Amerika und den USA
er Indienflug
80
120
160
180
40
0

Elly Beinhorn

Alleinflug

Elly Beinhorn

Alleinflug

Mein Leben

Mit 101 Fotos

Herbig

Bildnachweis

Alle Abbildungen aus dem Privatarchiv der Autorin

Besuchen Sie uns im Internet unter:
www.herbig-verlag.de

1. Auflage April 2007
2. Auflage Juni 2007
3. Auflage Juni 2007
4. Auflage Dezember 2007

Umschlaggestaltung: Wolfgang Heinzel
Umschlagbild: Interfoto, München
Herstellung und Satz: VerlagsService Dr. Helmut Neuberger
& Karl Schaumann GmbH, Heimstetten
Gesetzt aus der 11/13 Punkt Minion
Druck und Binden: GGP Media GmbH, Pößneck
Printed in Germany
ISBN 978-3-7766-2522-6

Inhalt

Wie das Fliegen zu mir kam

Es war keineswegs so, dass ich eines Morgens erwachte und beschloss: Nun wirst du eine Fliegerin.

Damals waren Flieger in meinen Augen seltsame Wesen, die in einer anderen Welt lebten. Und ich war ein kleines Mädchen, das in die Schule gehen musste. Später, bei Interviews, wurde ich oft gefragt: »Sicher haben Sie doch schon als Kind den munteren Vögeln nachgeschaut und gewünscht, es ihnen eines Tages gleichtun zu dürfen?«

Nein – auf so verrückte Ideen kam ich nicht. Von der Sehnsucht nach der Ferne aber geisterte immer schon etwas in meinen Zukunftsträumen herum. Nur hatte ich natürlich damals keine Vorstellung, wie ich jemals in die weite Welt hinauskommen sollte.

Heute weiß ich ungefähr, was es eigentlich war, das mich hinaustrieb über alle fünf Erdteile. Viele Jahre unterwegs und die erzwungene Ruhe hinterher waren nötig, bis ich das erkannte. Es waren zwei Tatsachen aus meiner Kindheit: dass ich einziges Kind bin und dass ich mitten zwischen hohen Häusermauern in einer Großstadt aufwuchs.

Das eine oder das andere allein hätte wohl nicht genügt, mich über alle Hindernisse hinweg in Bewegung zu setzen. In einer Kinderstube voll mit Geschwistern wäre mir sicher früh genug der Drang nach draußen wegpoliert worden. Und ein Aufwachsen auf dem Lande hätte mich gar nicht dazu kommen lassen, immer noch mehr und noch mehr Luft und Natur und Freiheit haben zu wollen.

Das geschwisterlose Leben war wohl auch der Grund, dass ich recht gern in die Schule ging – da war eine selbstverständliche Gemeinschaft von Kindern um mich herum, zu der ich als ein bestimmter Teil gehörte.

Abends war es immer scheußlich, wenn Geschwister, mit denen ich gespielt hatte, gemeinsam nach Hause gingen – und ich blieb allein zurück. Natürlich waren da meine Eltern, an denen ich sehr hing. Aber keine Kinder. Jedes Mal war es für mich ein schwarzer Tag, wenn Mutter mir mitteilte, bei meiner Freundin Gerda oder Lisa sei ein Schwesterchen angekommen.
Herrlich waren die Ferien. Wir fuhren an die Nordsee, in das Riesengebirge oder in den Harz. Da gab es Berge und Wasser, Wald und Blumen und viele Kinder, die sich mit mir darüber freuten.
Heute noch weiß ich, wie traurig ich jedes Mal war, wenn die wunderschöne Zeit zu Ende ging. In den ersten Tagen glaubte ich fast nicht atmen zu können.
Hätte ich als Kind immer draußen leben dürfen – ich glaube, die Elly Beinhorn wäre nie allein um die Welt geflogen.
In der Schule lernte ich sehr leicht. Wahrscheinlich hätte ich es noch besser gekonnt, aber dazu wäre einige Anstrengung nötig gewesen und ich hatte nicht den Ehrgeiz, zu den »Strebern« zu gehören.
Einmal wurde ich sogar zur Vertrauensschülerin gewählt. Dieser Vorschlag der Klasse stieß wegen meiner miserablen Betragenszensur beim Lehrerkollegium auf energischen Widerstand. Meine Mitschülerinnen setzten aber ihren Willen durch. Zum Dank erreichte ich einen zusätzlichen Klassenausflug für sie.
Ungefähr sechzehn Jahre war ich alt, als mir eines Tages der Gedanke kam, ich müsste nun einmal etwas unternehmen, um meinen recht verworrenen Ideen von Reisen in das Innere von Afrika oder anderen geheimnisvollen Erdteilen ein Ziel zu geben. Nach einigem Überlegen schrieb ich einen Brief an den Zirkus Hagenbeck, »Abteilung Tierfang-Expeditionen«. In meinem Backfischgehirn stellte ich mir vor, dass es dort eine solche Abteilung gäbe, die nur darauf wartete, mich auf ihre nächste große Reise mitnehmen zu dürfen. Zu meiner Überraschung und Enttäuschung geschah nichts auf diesen Brief.
Auf mein dringendes Bitten hatte Vater mir erlaubt, vor der obersten Klasse meiner Schule, des Schillerlyzeums, abzugehen. Damals fand ich, die Schule könne mich nichts Wesentliches mehr lehren. Mir fiel

alle paar Monate etwas Neues ein, womit ich mich eingehender beschäftigen könnte. Einmal war es die Musik, ein andermal wollte ich Schwimm- und Sportlehrerin werden. Dann interessierte mich die Medizin oder ich wollte später unser Geschäft übernehmen und es zu einer unvorstellbaren Blüte bringen – ich spürte, wie ich vor mir selbst davonlief. Aber ich fand keinen rechten Ausweg aus meiner Ziellosigkeit.

Ein paar Jahre nach dem Hagenbeckversuch war die UFA an der Reihe. Wieder »Abteilung Expeditionsreisen«. Meinen etwas vagen Vorschlag, mich auf eine Filmexpedition mitzunehmen, begründete ich mit der Behauptung, ich sei sehr sportlich und praktisch. Ein Foto von mir, auf dem ich mich großartig fand, legte ich bei und schrieb dazu, dass ich einige Sportarten über den Durchschnitt gut beherrsche.

Das Wunder geschah: Die UFA antwortete.

Um zu meinem Angebot Stellung zu nehmen, sollte ich mich bei Herrn Schulze in Berlin, Zimmer dreiundzwanzig, vorstellen. Von Reisegeld schrieben sie nichts. So löste sich auch der UFA-Traum in nichts auf.

»Wir haben für dich auch eine Karte für heute Abend bestellt«, telefonierte einer meiner Bekannten. Es war Frühherbst 1928. »Hermann Köhl spricht in der Stadthalle über seinen Ozeanflug.« Ich sagte zu.

Mit nicht einmal besonderem Interesse hatte ich in der Zeitung den Flug der »Bremen« verfolgt. Da war Hauptmann Köhl mit von Hünefeld und Fitzmaurice über den Ozean geflogen. Als erste Flugzeugbesatzung hatten sie den Kurs Ost-West gewählt, der der schwerere war. Den Beschreibungen nach musste man die drei Flieger in New York toll gefeiert haben. Das hatten sie sicher auch verdient.

Als ich den gefüllten Saal betrat, ahnte ich nicht, dass ich ihn zwei Stunden später mit einem festen Ziel verlassen würde. Dies Ziel war noch nicht klar umrissen, doch mein Leben hatte seine Richtung bekommen.

Köhl betrat das Podium. Ein mittelgroßer Mann, wohlgerundet und gemütlich. Freundlich und begeistert applaudierten wir Hannoveraner dem Helden, ehe er ein Wort gesagt hatte. So also sahen diese Übermenschen aus, die Ozeane und Urwälder und Wüsten bezwangen? – Eigentlich nicht ein bisschen anders als normale Sterbliche. Diese Feststellung enttäuschte mich zwar etwas, aber mit einem Schlag war mir der Ozeanflieger ganz nahe gerückt.
Jede Schranke zwischen ihm und mir war schon fort, als er seinen Vortrag begann, der eigentlich nur eine einfache Erzählung dieses Fluges war. Im Geiste lief ich mit den drei Piloten in Dessau auf dem Junkers-Flugplatz umher und ärgerte mich über die nicht klappenden Vorbereitungen. Dann erlebten wir vor dem Start zu der großen Wasserstrecke eine Sache mit einem Hammel, der uns in die Bahn rannte – bei allem war ich mit dabei.
Weder Köhl noch ich ahnten, unter wie veränderten Umständen wir uns einige Jahre später wieder begegnen würden.
Keine Stunde verlor ich, als ich nun endlich eine klare Vorstellung davon hatte, was ich eigentlich wollte.
Am nächsten Morgen saß ich im Büro des Präsidenten vom hannoverschen Aeroklub, eines Pour-le-mérite-Fliegers des Ersten Weltkrieges. Als ich ihm erklärte, ich wolle fliegen lernen, war er höflich genug, mich nicht einfach auszulachen. Vielmehr versuchte er mit viel Geduld, mir diese überspannte Idee auszureden.
»Es gibt in Deutschland keine beruflichen Möglichkeiten für eine Fliegerin«, meinte er nachdenklich. »Und um eine Maschine zu unterhalten, dazu gehört unmenschlich viel Geld. Das haben Sie bestimmt nicht!«
Ich ließ durchblicken, dass auf meinem Sparkassenbuch eine für meine Begriffe recht hübsche Summe war, die sicher einmal die Anfangskosten decken würde.
»Wenn ich dann erst meinen Führerschein habe, gehe ich auf Flugtage oder fliege Reklame für eine große Firma – oder«, so schob ich die Bedenken meines Beraters beiseite, »ich fliege nach Afrika!«
»Haben Sie denn überhaupt schon einmal in einem Flugzeug gesessen?«

Ich musste gestehen, dass ich Flugzeuge bisher nur von Weitem gesehen hatte. »Aber das lässt sich ja schnell nachholen«, versicherte ich eifrig, »wenn ich unter Ihrer Leitung auf der Vahrenwalder Heide anfangen werde – möglichst schon morgen!«

Nun kam die bitterste Enttäuschung. »In Hannover können Sie nicht fliegen lernen«, wurde ich belehrt.

Das war schlimm. Beinah wären meine luftigen Pläne an dieser Tatsache gescheitert.

Präsident Homburg tat alles, aber auch alles, um mir die Fliegerei auszureden. Und das war richtig. Ich habe es später, als Hunderte von flugbegeisterten jungen Mädchen mich um Rat fragten, genauso gemacht. Die wenigen unter Tausenden, die es wirklich wollen und auch durchsetzen, machen trotzdem ihren Weg. Und den andern, denen die letzte Zähigkeit fehlt, hilft man, unnötige Ausgaben zu ersparen.

Immerhin hatte ich während dieser Unterhaltung herausgebracht, dass es in Berlin eine Fliegerschule gab, die für mich infrage kam. Einige Wochen später stand ich vor den beiden Leitern dieses Instituts und teilte ihnen mit, dass ich die Absicht hätte, ihnen die Ehre meines Schulbesuches zuteil werden zu lassen.

Dort, am Lützowufer in Berlin, stieß ich keineswegs auf die erwartete Begeisterung. Im Gegenteil, man war äußerst zurückhaltend. Allerdings bekam ich die Bedingungen mitgeteilt, unter denen man bei der »Deutschen Luftfahrt G.m.b.H.« das Fliegen erlernen konnte. Aber irgendeine Verpflichtung für die spätere Unterbringung ihrer Schüler übernahm die Schule nicht. Zwei bis drei Monate – im Winter, der vor der Tür stand, vielleicht etwas länger – würde die Ausbildung dauern und mit Versicherung und allem Drum und Dran ungefähr zweitausend Mark kosten.

Wieder schüttelten die Luftfahrtmänner ernst und sorgenvoll die Köpfe: Sie könnten mir kaum zum Fliegenlernen raten, wenn ich mir berufliche Möglichkeiten davon verspräche. Keine Fluggesellschaft habe auch nur den Schimmer einer Absicht, jemals weibliche Piloten einzustellen. Und die Kunstfliegerei an den Sommersonntagen sei ein elendes Brot, das nicht ausreiche, um den Piloten und sein Flugzeug über den Winter zu bringen.

Man gab mir keine Zusicherung, dass man mich als Schülerin aufnehmen würde, bestellte mich aber noch einmal auf den Nachmittag. Welche Überlegungen dann ausschlaggebend waren, mir zu erklären, man sei bereit, meine Ausbildung zu übernehmen, weiß ich nicht. Jedenfalls fuhr ich mit diesem positiven Bescheid zurück.

Das nun im Hause Beinhorn folgende Drama war fürchterlich. Vater ersuchte meine Mutter in allem Ernst, mich bei einem Nervenarzt auf meinen Geisteszustand untersuchen zu lassen. Mutter schwamm tagelang in Tränen. Der Gedanke mit dem Nervenarzt kam dann doch nicht zur Ausführung.

Ich war gerade einundzwanzig Jahre alt. Selbst wenn Vater gewollt hätte – mit der Polizei konnte er mich nicht mehr zurückholen lassen. Und das Anfangsgeld hatte ich auch. Also nahm das Schicksal seinen Lauf.

Am zweiten November 1928 saß ich zum ersten Mal in einem Flugzeug und durfte auch gleich selbst den Steuerknüppel in die Hand nehmen. Es war auf dem Flugplatz Berlin-Staaken. Hinter mir auf dem Passagiersitz saß Dipl.-Ing. Otto Thomsen, einer der beiden Gestrengen damals im Büro der Fliegerschule. Er hat mir in den folgenden Wochen eine saubere, gute Fliegerei eingepaukt, die mich später sicher über alle Erdteile brachte.

Wenn ich nun sagen sollte, dass ich unendlich tief beeindruckt von dem Erlebnis dieses ersten Fluges war, so müsste ich lügen. Es war alles so selbstverständlich und so natürlich. Und das Steuern konnte auch gar nicht anders sein: wenn man den Knüppel sanft nach vorn drückte, dann bewegte sich das Flugzeug nach unten. Wenn man zog, dann strebte der Propeller himmelwärts. Ein Führen des Knüppels nach links ergab ein Neigen der linken Fläche und damit automatisch eine Linkskurve, dasselbe nach rechts natürlich eine Rechtsdrehung. Dazu kam noch ein bisschen Seitensteuer, das man mit den Füßen bedienen musste – aber das hatte man gleich heraus und machte es gefühlsmäßig richtig.

Erst flog Thomsen mir sanfte Schleifen vor, dann musste ich sie nachfliegen. Alles ging so schnell und war so einfach – ich kam gar nicht dazu, mir etwas darauf einzubilden, dass ich, zum ersten Mal in einem Flugzeug sitzend, sogar schon selbst steuern durfte.

Gerade bevor wir nach dem ersten Schulflug wieder landeten, fiel mir noch ein, ich müsse doch nachprüfen, ob die Häuser und alles wirklich so wie aus der Spielzeugschachtel aussahen, wie man es immer in den Büchern las. Ja, tatsächlich, sie sahen so aus.

Das Flugzeug hatte natürlich offene Sitze, auf die man über die Fläche von oben hineinkletterte. Nur der Kopf und die Schultern schauten über die Bordwand hinaus. Gegen Regen und Wind von vorne schützte eine kleine, meist reichlich verkratzte Windschutzscheibe aus Plexiglas.

Der Flugzeugpark unserer Fliegerschule bestand zu der Zeit aus zwei Maschinen. Die eine war eine »Klemm-Kl-20« mit einem zwanzigpferdigen Daimlermotor. Auf ihr hatte ich meinen ersten Flug gemacht. Das Flugzeug war ein Tiefdecker in Holzkonstruktion. Der Motor hatte zwei rührende Zylinderchen, die es in unermüdlicher Arbeit dem Propeller ermöglichten, dieses luftige Gebilde mit zwei ausgewachsenen Menschen, Benzin und noch einigem Gepäck in die Lüfte zu ziehen. Die zweite Maschine war unser »Pelikan«. Das war schon etwas Besseres, ein Schul-Doppeldecker mit 80-PS-Siemens-Motor.

Obwohl dieser »Pelikan« so viel flugzeugähnlicher und angeberischer aussah – die Herzen aller Flugschüler in Staaken gehörten der kleinen »Klemm«. Irgendwie war dieser »Pelikan« ein lahmer Bock. Ich muss heute noch lachen, wenn ich an die Monate meiner Ausbildung zum A-Schein denke.

Der November war kalt und nass. Als der Winter kam, brachte er eine für unsere Breiten äußerst strenge Kälte mit sich. Dreißig Grad minus waren damals morgens auf unserm Flugplatz nichts Seltenes. Oft, wenn wir vom Autobus das letzte Stück zu Fuß durch den Schnee stapften, kam es vor, dass einer von uns plötzlich eine weiße Nase oder ein erfrierendes Ohr hatte. Wenn Nase oder Ohr dann gleich mit Schnee eingerieben wurden, kam es nicht zu richtigen Erfrierungen.

Ich hatte mir ein kleines Zimmer in Spandau gemietet und bald erschien einmal mein Vater, um nach seiner verlorenen Tochter zu sehen. Er war angenehm überrascht, dass die ganze unheimliche Geschichte, aus der Nähe betrachtet, eigentlich gar keinen so verrückten Eindruck machte. Da gab es Pflichten von früh bis abends. Der Flugdienst bestand in der Hauptsache aus Warten darauf, dass eine unserer beiden altersschwachen Maschinen zwischendurch mal für eine Weile flugklar war. Dann kämpfte jeder gegen jeden, bis er schnell seine als tägliche Leistung vorgesehenen vier bis sechs Schulflüge erledigen konnte, ehe die Maschine wieder mit irgendeiner Panne in die Halle rollte. Geflogen wurde meistens vormittags und wieder gegen Abend, weil dann die Luft am ruhigsten war. Die mittäglichen Böen nehmen dem Anfänger das Gefühl für die Sauberkeit des Steuerns.

Neben dem reinen Flugdienst hatten wir Motorenkunde, dann praktisches Arbeiten, theoretischen Unterricht, Wetter-, Instrumentenkunde, Einführung in das Luftfahrtgesetz – wir sollten zu verantwortungsbewussten Luftkutschern herangebildet werden, die sich in jeder Lage zu helfen wussten.

Dies alles erfreute meinen guten Vater. Aber es bekümmerte ihn auch gleichzeitig. Zu seinem hannoveranischen Stammtisch gehörte Karl Jatho, ein berühmter Flieger aus der Zeit vor dem Ersten Weltkrieg. Dem hatte Vater natürlich sein Leid geklagt. Nachdem ich »ins Fliegen« gegangen war, hatten die armen Eltern keine Ruhe mehr vor Onkeln und Tanten und allen Bekannten, die ihnen täglich in den Ohren lagen, wie unverantwortlich es sei, mich nicht mit allen Mitteln von diesem wahnsinnigen Plan, allein in der Luft umherfliegen zu wollen, abzubringen – und wenn es nicht anders ginge, dann eben mit Gewalt.

Mein Vater wusste ganz genau, dass auf diese Art nichts mit mir anzufangen war. Im Laufe der verflossenen zwanzig Jahre hatten wir einige Sträuße miteinander ausgefochten, in denen sich dies klar herausgestellt hatte. Da konnte nur der Rat eines Menschen helfen, der etwas von der Sache, um die es sich drehte, verstand. Und das war sein Stammtisch-Bekannter.

»Machen Sie sich keine Sorgen«, meinte Flieger Jatho verständnisvoll, »vor Weihnachten ist Ihre Tochter wieder hier, wenn sie erst einmal eine Woche lang täglich vier Stunden im Regen und Schneematsch auf dem grundlosen Flugplatz herumgestanden hat, ohne zum Fliegen zu kommen. Dazu muss man aus härterem Holz geschnitzt sein!«

So ganz sicher war Vater nach seinem Besuch in Staaken nicht mehr. Unsere Fliegerschule beherbergte ein buntes Durcheinander von Leuten aller Art. Einige waren sehr reich, andere besaßen so viel wie nichts. Aus allen Ländern und Erdteilen kamen wir zusammen. Es gab sogar zwei Chinesen unter uns Schülern und es erheiterte uns an der Startflagge Stehenden sehr, wenn Thomsen Herrn Singh bei der Landung anbrüllte: »Mensch, nehmen Sie das Gas nicht so früh weg! Nächstens haben Sie Ihre Landung in der zweiten Etage beendet!«

Einen Amerikaner hatten wir, einen böhmischen Grafen, der große Schlösser besaß, aber auch einen jungen Friesen, der abends arbeitete, um seine alte Mutter unterstützen zu können. Das Schulgeld hatte er als eine Art Stipendium bekommen.

Vor Weihnachten war ich wieder in Hannover.

Mit dieser Prognose hatte der Vorkriegsflieger recht behalten. Aber mit dem Zu-hause-Bleiben war es nichts. Ich hatte meinen ersten Alleinflug schon hinter mir und war endgültig der Fliegerei verfallen. Ganz genau erinnere ich mich nicht mehr; waren es 42 oder 46 Schulflüge, bei denen der Lehrer hinter mir gesessen hatte, ehe ich ganz allein in den Himmel hinaufgeschickt wurde? Aber dann, als es wirklich so weit war, »saß« alles Gelernte einwandfrei und es gab keine Aufregungen, weder bei denen unten am Boden noch bei mir oben in der Maschine.

So wenig mir – zu meiner eigenen Enttäuschung – der erste Flug einen gewaltigen Eindruck gemacht hatte, so unendlich tief erlebte ich dieses erste Alleinsein in der Luft. Es war alles anders und neu, als beim Start ohne Thomsen die »Klemm-Kl-20« sich mit dem munteren »Putt-Putt« ihrer braven zwanzig Pferdchen vom Boden löste.

Unter mir entfernte sich ein anderer Boden als sonst und ich flog einem neuen Himmel entgegen. Selbst die alte dicke Staakener Luftschiffhalle sah anders aus als bisher.
Auch ich war eine andere. Ich war sehr glücklich und andächtig vor dieser neu geschenkten Welt, auf die ich wohl von meiner frühen Jugend an, zuerst ganz unsicher über den Weg, dann aber in immer geraderer Linie zugesteuert war. Das Tor zu dieser Welt hatte ich an diesem Tag erreicht.
Dem ersten Alleinflug folgten weitere. Dann zwei Außenlandungen auf einem ebenen Feld, auf dem es keinen Windsack und keine Begrenzungsmarken gab – es war ein merkwürdiges Gefühl, gleich so als junger Anfänger gewissermaßen seine ersten Notlandungen zu machen. Aber diese Außenlandungen vor der Prüfung sind eine ganz hervorragende Einrichtung, um dem jungen Piloten, ehe er mit seinem Führerschein auf die Menschheit losgelassen wird, jede Furcht vor dem Landen auf irgendeinem Acker zu nehmen.
Wegen der enormen Kälte der Wintermonate 1929 mussten wir den Flugbetrieb immer wieder ganz einstellen und so zog sich für uns Flugschüler der Termin, an dem wir unsere Prüfungsflüge machen konnten, bis zum Beginn des Frühjahrs hinaus. Da kamen zuerst die Ziellandungen. In 500 Meter Höhe mussten wir das Gas wegnehmen und durften es nicht mehr anrühren, bis wir am Boden und ausgerollt waren. Das Landekreuz lag in einem Feld von 250 Meter Länge und 50 Meter Breite, dessen Grenzen nicht überrollt werden durften. Bremsen hatten unsere Maschinen damals noch nicht. Danach mussten liegende Achter hübsch gleichmäßig und akkurat zwischen und über zwei bestimmten am Boden angegebenen Punkten geflogen werden.
An einem andern Tag vermummte man sich wie ein Polarforscher, um mit zwei Barografen hinten im Passagiersitz auf seinen Höhenflug zu gehen. Für den normalen A-Schein musste man eine Stunde über 2000 Meter bleiben und dann noch zum Schluss eine elegante Ziellandung, wieder im begrenzten Feld, an diese kühle Angelegenheit dranhängen. Ich fühlte mich einsam wie nie zuvor in meinem Leben und es gefiel mir so hoch über dem Boden gar nicht gut.

Komisch, dieses erste Gefühl hat sich bei mir die vielen Fliegerjahre hindurch erhalten. Ich mag nicht in solcher Höhe fliegen. Gern will ich 5000 Meter hoch sein, wenn die Berge nur ein paar Hundert Meter unter mir liegen. Oder über Indien, wenn unten vierzig Grad im Schatten sind, da lasse ich mir ein paar tausend Meter über dem Boden ausnahmsweise gefallen.

Das Ende und die Krönung all dieser Prüfungsflüge war dann der 300-Kilometer-Überlandflug.

Von unserer Fliegerschule Staaken führte die Strecke über einen Dreieckskurs nach Berlin-Tempelhof und zum Flugplatz Schkeuditz von Halle-Leipzig. Von da ging es in gerader Linie nach Staaken zurück. Auf den beiden Flugplätzen musste ich zwischenlanden und mein Bordbuch abstempeln lassen. Außerdem zeigten die wieder hinter mir aufgehängten plombierten Barografen, ob ich unterwegs eine saubere Durchschnittshöhe von 500 Meter eingehalten hatte.

Obwohl mir absolut klar war, dass mit dem A-Schein erst der Anfang für meine geplante Fliegerei gemacht war, kam ich mir wie der Kaiser aller Länder vor.

In Schkeuditz hatte ich mein Maschinchen an die Seite einer großen Verkehrsmaschine gerollt. Im Flughafenrestaurant saßen viele Kaffeegäste, die mich, als ich das Lokal betrat, um mich nach dem ersten Teil meines Prüfungsfluges etwas zu stärken, voller Bewunderung anstarrten. So selbstverständlich wie möglich legte ich Helm und Brille auf den Stuhl neben mich und studierte mein Bordbuch und die Karte für den Rückflug. Es war beinah peinlich, wie nach meinem Eintreten alle Unterhaltungen verstummt waren – denn im Frühjahr 1929 flogen nicht oft weibliche Wesen allein in Deutschland spazieren.

Spätnachmittags war ich ohne Zwischenfälle wieder in Staaken gelandet. Mit der Erfüllung dieser letzten Prüfungsbedingung hatte ich die Berechtigung erworben, »ein Flugzeug der Klasse A zu führen und auch einen Passagier mitzunehmen«.

Kunstflug, ein Frack und ein Absturz

Doch nichts war mit dem Besitz des A-Scheines unter den damaligen Umständen für ein weibliches Wesen erreicht. Das sah ich bald ein. Wohl hatte ein Journalist bei einer Besichtigung unserer Fliegerschule wohlwollend von meiner Existenz als Flugschülerin Kenntnis genommen. Aber die Angebote riesiger Firmen mit einem Auftrag, in die weite Welt zu fliegen, stellten sich nicht ein. Also musste ich für den Übergang etwas anderes versuchen.

Da gab es keine langen Überlegungen, was das werden sollte: Natürlich Flugtage! Ich wollte möglichst an jedem Sonntag auf einem Flugplatz starten und Kunstflüge zeigen. Dazu musste ich aber zuerst einmal den Kunstflugschein haben, der zur öffentlichen Vorführung solcher Art von Fliegerei berechtigte. Das kostete wieder Geld. Da die Gebühren aber nach geflogenen Stunden berechnet wurden, hoffte ich, wenn ich mir Mühe gab, bald und billig damit fertig zu sein.

Dass mir bei solchen Unternehmungen vielleicht schlecht werden könnte – auf den Gedanken kam ich überhaupt nicht mehr.

Zur Durchführung von Kunstflügen, besonders der schwierigeren Klasse II, gehörten Maschinen einer bestimmten Baufestigkeit. Mit unseren alten Krähen in Staaken hätten wir wohl einen braven soliden Looping zustande gebracht, aber für Rückenflugfiguren, gerissene Rollen und was es da sonst noch so Hübsches gab, waren diese Veteranen der Lüfte nicht mehr geeignet.

Darum musste ich hinunter nach Würzburg, auf eine Zweigstelle unserer Schule, wo mich deren Leiter, Ritter von Greim, unter seine Fittiche nahm. Es waren herrliche Wochen in der wunderschönen Universitätsstadt am Main, die überstrahlt wurden von der Freude an dem Herumtoben in der Luft – es war so etwas ganz anderes als die bisherige brave Geradeaus- und Kurvenfliegerei.

Die einfachen Kunstflugfiguren flog ich im Anfang mit von Greim am Doppelsteuer. Meinen ersten Looping hatte ich auf unserm guten alten »Pelikan« in Staaken gemacht, wusste also schon, wie die Welt aussieht, wenn man über ihr auf dem Kopf steht. Aber ein ganz neues Moment kam in meine Fliegerei, als mein Lehrer zum ersten Mal mit mir unsern »Flamingo«, den wir als Übungsmaschine benutzten, über die Fläche auf den Rücken legte.
Beim normalen Looping wirkt nämlich alles ganz natürlich auf den Piloten, weil die Zentripetalkraft ihn in den Mittelpunkt des von ihm geflogenen Kreises drückt. Beim Übergang in den Rückenflug dagegen zerrt die Schwerkraft der Erde an ihm, die sich viel unfreundlicher auswirkt. Plötzlich hängt man da mit dem Kopf nach unten, nur von den Anschnallgurten gehalten, über einer ganz fremdartig wirkenden Geografie und der Staub und Schmutz der letzten Tage, der sich im Führersitz angesammelt hat, fliegt einem in die Nasenlöcher.
Doch an all diese Dinge gewöhnt man sich sehr schnell. Bald ließ mich Ritter von Greim, einer der gütigsten und vornehmsten Menschen, denen ich in der Fliegerei begegnet bin, allein los und besah sich meine luftigen Kapriolen kritisch von unten. Jedes Mal, wenn ich wieder gelandet war, sprachen wir dann die einzelnen Figuren und besonders die Fehler durch.
Beim Kunstflug geschah es im Anfang einige Male, dass die Maschine mit mir »durchging«. Plötzlich sauste ich dann – meistens im Rückenflug – mit beängstigend zunehmender Geschwindigkeit abwärts, und der Boden raste nur so auf mich zu. Die 600 Meter Höhe, in denen ich in der Regel meine Übungen flog, schrumpften in ein Nichts zusammen.
Der Wind heulte in den Stielen und der »Flamingo« krachte und seufzte vor Überanstrengung. Dass mir der Druck meines Blutes beinahe den Kopf sprengte und gelegentlich auch mal ein dunkler Schleier oder Tausende von roten Sternchen vor meinen Augen herumwirbelten, war nicht annähernd so wichtig, wie die Maschine ganz vorsichtig und mit sehr feinem Gefühl aus diesem Rücken-Sturzflug herauszudrücken. Ja, zu drücken, denn im Rückenflug

sind alle Steuerbewegungen genau umgekehrt wie im Normalflug. Die Luft war mir in kurzer Zeit so vertraut wie das Wasser. Ob und wie und in welcher Richtung ich mich in ihr bewegte, war mir ganz egal. Wichtig war nur, dass man selbst gut und fest angeschnallt war. Im Passagiersitz durften keine losen Gegenstände herumliegen, wenn man in die Rückenlage ging – alles andere war selbstverständlich und so schön, wie wenn man mit einem sauberen Kopfsprung vom Dreimeterbrett springt.

Übrigens hätte ich auf alle Fälle den Kunstflug erlernt, nicht nur wegen der Flugtage. Auch heute noch empfehle ich allen Jung-Piloten, sich zumindest mit den einfachen Kunstflugfiguren wie Looping, Rollen und dem Flug in Rückenlage vertraut zu machen. Wie schnell kommt ein Pilot bei schlechtem Wetter in den Wolken in eine anomale Fluglage. Dann hilft nichts als Ruhe und Sicherheit. Und die hat man nur, wenn man seine Maschine in jeder Fluglage beherrscht. Nach einigen Wochen war ich mit allen verlangten Figuren fertig. Ich bekam in mein blaues Führerscheinheft die Gruppe Kunstflug II nachgetragen und Ritter von Greim schrieb mir »summa cum laude« in mein Flugbuch. So weit hatte ich es in der Schule in keinem Fach, nicht einmal im Turnen, gebracht.

Später habe ich oft darüber nachdenken müssen, ob ich eigentlich Glück – wie man es so landläufig nennt – in meinem Leben hatte. Ich weiß es nicht. Rückschauend betrachtet muss es so aussehen, als hätte ich ständig nach den Sternen gegriffen. In Wirklichkeit habe ich mich immer nur im Rahmen meiner Grenzen bewegt – körperlich und geistig. Wenn man die Summe von allem nimmt, dann gab es wohl genauso viel goldene wie schwarze Stunden für mich. Eines ist sicher: Was die Fliegerei angeht, da wurde mir nichts geschenkt, aber auch gar nichts. Es sah nur hinterher manchmal so aus. Und ich habe vielleicht nicht so viel von den Schwierigkeiten erzählt wie nachher von den großen und schönen Erlebnissen.

Doch an manchen Kreuzwegen meines Lebens stand wohl ein freundlicher Engel – wie zum Beispiel auch damals, als ich mit meiner A-Schein-Ausbildung fertig war und keine Vorstellung davon hatte, wie es nun weitergehen sollte.

Es ergab sich, dass ich eine Maschine von Berlin nach Königsberg für die dortige Fliegervereinigung überführen konnte. Die Königsberger nahmen mich mit der in Ostpreußen üblichen Herzlichkeit und Großzügigkeit auf und ich bekam wundervolle Erinnerungsgeschenke für die Überführung ihrer ersten Klubmaschine. Aber was noch viel wichtiger war: Ich sollte bald zusammen mit Udet und anderen Kanonen dort an einem Großflugtag teilnehmen. Entweder auf einer Maschine meiner Fliegerschule oder auf irgendeiner Werksmaschine.

Herrlich! Wenn auch nicht Afrika – so war doch Ostpreußen immerhin ein Anfang. Und da es gerade beginnender Sommer war, würden andere Flugtage nachfolgen, wenn man von meiner Teilnahme dort hörte.

Unbedingt wichtig war: Ich musste ein Flugzeug haben, über das ich allein verfügen konnte und auf dem niemand anders als ich herumexerzierte. Denn sonst war man unter den damaligen Verhältnissen bei der Kunstfliegerei keine Minute seines Lebens sicher.

Da ich eine recht genaue Vorstellung hatte, was ich eigentlich wollte, war ich auf der Suche nach dem Flugzeug meiner Wahl bald bei den Bayerischen Flugzeugwerken in Augsburg (später Messerschmitt) gelandet. Da stand die Zelle einer Wettbewerbsmaschine, einer »M 23b«, nebst achtzigpferdigem Siemensmotor, gebraucht und generalüberholt, und beides konnte ich außerdem abstottern.

Ich war eben mit diesem sehr niedlichen, weiß-blau lackierten Maschinchen – wieder einem freitragenden Tiefdecker – in Königsberg gelandet, als schon Meister Udet, die Zigarre im Mundwinkel, um mich Neuerscheinung auf einem Flugtag herumstrich.

»Na, Kleine, hast du dir da nicht etwas viel vorgenommen mit deinem Kunstflugprogramm?« Er duzte mich ungeniert und ich fand das von diesem berühmten Flieger, den ich sehr verehrte, auch ganz in Ordnung.

»Ich habe dein Programm drinnen bei der Flugleitung gesehen. Pass auf, dass du nicht auf den Pinsel fällst. Das hat das Publikum zwar gern – aber für einen selbst ist es doch eine unangenehme Angelegenheit!«

Ehe ich mir überlegt hatte, ob ich wütend oder beleidigt sein sollte, hatte der große Kollege zwei Finger an die Kappe gelegt und ging hinüber zu den Königsberger Vorstandsmännern. Ich hätte fast einen Knicks gemacht und besann mich noch schnell im letzten Moment, dass ich beinah genauso fett gedruckt wie Ernst Udet auf dem Programm stand.

Am Flugtag selbst, bevor es losging und zwischen meinen beiden Vorführungen, war der gefeierte Flieger so rührend und kameradschaftlich zu mir, dass ich mich in diesem ganz neuen Milieu gut aufgehoben fühlte.

»Du darfst nicht halb nach Warschau fliegen, Kleine, wenn du den Leuten hier für ihr Geld etwas zeigen sollst«, mahnte er. »Bevor du zu der ersten Figur ansetzt, guck erst mal nach, wo du überhaupt bist. Aber das kommt mit der Zeit ganz von alleine. Für den Anfang machst du deine Sache schon recht nett.« Er klopfte mir wohlwollend auf die Schulter.

»Bleib ruhig erst noch eine Weile da oben in deinen himmlischen Höhen« (dabei war ich so stolz, diesmal wegen der Zuschauer für meine Begriffe unverantwortlich niedrig in drei- bis vierhundert Metern geflogen zu sein), »aber wenn du mal ganz sicher bist, dann herunter und eben über die Köpfe der Leute weg – sie wollen dein dummes Gesicht sehen, wenn du auf dem Rücken über ihnen dahinbraust!«

Ich nickte voll Eifer und gelobte mir, dem Meister bald zu zeigen, dass ich ihn verstanden hatte.

Abends gab es ein Fest für alle Teilnehmer, Veranstalter und Behörden. Bei einem Ehrentanz musste ich den Reigen mit Udet eröffnen. Es war eine große Überraschung, wie leicht und elegant der rundliche, nicht sehr große Flieger mich über das Parkett führte.

Meine Glückseligkeit langte auf dem Höhepunkt an, als Udet eine Karte an meine Eltern »Mit herzlichen Grüßen – Ihr ergebenster Ernst Udet« unterschrieb. »Oh, ich danke Ihnen auch viele, viele Male«, stotterte ich heiß vor Stolz. Was würden die Eltern nur sagen? Das hätten sie vor einem halben Jahr sicher nicht für möglich gehalten, dass »mein Kollege Udet« ihnen schreiben würde.

Mit diesem ersten und so erfolgreichen Flugtag in Königsberg war der Anfang gemacht.
Ihm folgte bald ein weiterer und dann wieder einer und noch viele. Wie und wo sie im Einzelnen waren, weiß ich nicht mehr. Es ist inzwischen auch unwichtig geworden. Meist fanden sie auf den Flughäfen der Großstädte statt – manchmal auch auf kleinen Sportplätzen, auf denen erst die Fußballtore weggeräumt werden mussten. Wir Piloten hatten dann die größte Mühe, unsere Maschinen rechtzeitig zum Stehen zu bringen. Es gab manchen Bruch, der die armen Flieger bitteres Geld kostete, weil die meisten unter ihnen wegen der hohen Gebühren nicht kaskoversichert waren.
Neben Trudeln, allerlei Figuren auf dem Rücken, langsamen und gerissenen Rollen legte ich mir bald als besondere Attraktion meines Kunstflugprogramms den »Looping nach vorn« zu. Diese Figur erfordert eine ganz besondere Festigkeit der Maschine und große Routine des Piloten, da bei ihr erhebliche Beschleunigungen auftreten.
Nach einem Jahr war ich so bekannt, dass ich immer ganz dick gedruckt auf den Programmen stand und, was noch viel wichtiger war, auf den Großveranstaltungen jeweils 2000 Mark für mein Kunstflugprogramm, das ich meistens in zwei Hälften flog, bekam. Selbstverständlich waren darin meine Unkosten für den An- und Abflug, Monteur und was an so einem Flugtag alles drum- und dranhängt, enthalten.
Bei nicht sicherer Wetterlage zitterten wir Kunstflieger immer, dass die Veranstaltung verregnet würde – dann bekamen wir nämlich kein Geld oder doch erheblich weniger, als wenn 50 000 zahlende Gäste den sonnenüberstrahlten Flugplatz umsäumten. Wie oft haben wir damals voller Galgenhumor den Satz »Bei schlechtem Wetter findet die Veranstaltung im Saale statt« benutzt. Wir ahnten zu der Zeit nicht, dass schon neun Jahre später Hanna Reitsch mit ihrem Hubschrauber in der Deutschlandhalle in Berlin dieses alte Fliegerwort verwirklichen würde.
So verging der Sommer 1929. Ich bekam langsam etwas Grund in meine Finanzen und sah dem kommenden Winter mit nicht mehr

ganz so vielen Sorgen entgegen. Aber das Ziel meiner fliegerischen Wünsche war diese Herumturnerei in der Luft vor Tausenden von Menschen nicht – gewiss nicht. Immer wieder einmal nahm ich mir meinen großen Atlas vor, legte mich mit ihm auf den Boden und machte Langstreckenpläne.
Da ergriff eines Tages, ehe es Frühling wurde, ein ganz unvorhergesehener Windstoß meine kleine Messerschmitt und gab ihr den ersten Auftrieb hinüber in ein anderes Land. Es war in der Frühe eines Sonntagmorgens im Fasching, als ich von dem anhaltenden Klingeln des Telefons erwachte. Mir war nicht nach Aufstehen zumute – doch die Klingelei erwies sich als stärker. Mein früherer Fluglehrer Thomsen war am Apparat. »Guten Morgen, meine Gute! Was halten Sie von einem Flug mit einem Frack nach Rom?«
Wütend über diesen ausgefallenen Faschingswitz maulte ich verschlafen: »Wenn Sie noch nicht ausgefeiert haben, dann lassen Sie wenigstens mich schlafen!«, und legte den Hörer wieder auf.
Eigentlich war diese Art Unsinn sonst nicht Thomsens Art, fiel mir gerade noch ein, ehe ich mich wieder in mein Bett legte.
Da war wieder das Telefon. Es war doch zu dumm! »Hören Sie, Elly: Ein Großindustrieller, Chef eines unserer Schüler, ist in Rom und braucht morgen Abend seinen Frack. Der ist aber hier in Berlin. Und Sie sollen ihn – den Frack – nach Rom fliegen. Einverstanden?«
So hatte ich mir meinen ersten Start in die weite Welt zwar nicht vorgestellt – ausgerechnet mit einem Frack –, aber warum schließlich nicht?
»Ich brauche doch Papiere, für die Maschine und für mich?«
»Das erledige ich inzwischen mit dem italienischen Konsulat«, versicherte Thomsen.
Dann war ja alles in schönster Ordnung. »Gut, in einer Stunde bin ich draußen in Staaken«, rief ich noch und hüpfte begeistert in das Badezimmer.
Ehe diese Stunde herum war, erschien ich, mit einem Köfferchen und einem Schulatlas ausgerüstet, auf dem Flugplatz. Meine Maschine wurde schon für einen Überlandflug klargemacht. Das italienische Konsulat habe, so hörte ich, ausnahmsweise meinen Flug ohne

Triptik bewilligt. Streckenkarten, vorerst einmal bis Wien, habe man mit einiger Mühe aufgetrieben – und nun erfuhr ich auch endlich von Thomsen, was es mit dieser geheimnisvollen Frackgeschichte auf sich hatte.
Ein Großindustrieller aus Skandinavien hielt sich in Italien auf, um dort ein neues Werk seines Konzerns einzurichten. Er hatte um eine Audienz beim Außenminister ersucht und diese wurde schneller als erwartet bewilligt. Der Empfang sollte im festlichen Rahmen, in großer Aufmachung stattfinden – am Montagabend.
Der Industrielle war in Rom – sein Frack in Berlin. Es war Sonntag, Verkehrsflugzeuge flogen nicht – also beschloss man, einen Sportflieger mit eigener Maschine um Hilfe zu bitten. Aus diesem Grunde holte man mich aus dem Bett, da zu der Zeit außer meiner »M 23b« keine flugklare Privatmaschine in Staaken war.
Die Frage lag nahe: wozu der ganze Aufwand? Gibt es in Rom keinen Schneider? Zweifellos gab es den – aber unser Großindustrieller war eigensinnig. Er wollte seinen eigenen Frack mit seinen Orden! Inzwischen wartete ich auf dieses reiselustige Kleidungsstück und wurde leicht nervös. Damals waren 1500 Kilometer eine ganz schöne Strecke für die rührend langsamen Maschinchen. Abends musste ich in Wien und am nächsten Nachmittag in Rom sein, sonst hatte die ganze Unternehmung keinen Sinn.
Ein Telefonanruf: »Herr Beinhorn« wird gewünscht.
Ich gehe an den Apparat und stelle richtig, dass ich ein Fräulein Beinhorn bin. Großes Erstaunen bei dem Berliner Direktor des Konzerns am andern Ende der Leitung. Er versichert, sich nun doppelt beeilen zu wollen. Wirklich, eine Viertelstunde später steht er an meiner Maschine, in der einen Hand eine Pappschachtel mit dem Festgewand seines Chefs, auf dem andern Arm seinen vierjährigen Buben, der diesem denkwürdigen Start beiwohnen sollte.
Ungefähr um die Mittagszeit ging es los.
Die damaligen Etappen waren für unsere heutigen Begriffe beschämend kurz. Als Ausgleich dafür hatten sie aber noch etwas recht Pionierhaftes an sich. Nach dieser schamhaften Andeutung kann ich nun wohl gestehen, dass es zuerst nur von Berlin bis nach Dres-

den ging. Auf einer Strecke dieser Länge hat sich heutzutage ein Düsenpilot gerade eine Zigarette angezündet. Ich musste dort zwischenlanden, weil mein Heimathafen Staaken keine Zollstation hatte.

In Wien landete ich am Spätnachmittag – als erstes allein fliegendes weibliches Wesen – es war 1930! – und wurde sehr herzlich begrüßt. Für die nächste Etappe bis Klagenfurt war es schon zu spät. Dafür abends umso schöner in Grinzing. Trotzdem war ich am nächsten Morgen um sechs Uhr dreißig auf dem Flugplatz. Aber wegen Bodennebels durfte ich zu meinem großen Kummer erst nach acht Uhr starten. Ich hatte vor, bis Venedig durchzufliegen.

Bald hinter Wiener-Neustadt passierte ein nicht vorhergesehenes Malheur. Fröhlich flog ich an der Bahn entlang, die über den Semmering und dann weiter durch das Murtal führt. Auf einmal war hinter einer Kurve die Bahn verschwunden. Einfach weg.

In meiner Harmlosigkeit dachte ich natürlich nicht an Tunnels und suchte eifrig in der alten Richtung weiter, die auch mit meinem Kompasskurs übereinstimmte.

Und schon war es geschehen. Ich befand mich in einem »Sacktal«. Nach der nächsten Kurve richtete sich ganz nah vor mir eine 2000 Meter hohe Felswand auf und ich selbst war gerade armselige 1200 Meter hoch. O weh! Auf die kurze Entfernung ließ sich die fehlende Höhe nicht schaffen.

Also zurück! Ich stellte die Maschine auf den Flügel und gab Vollgas – es ging! Aber viel Platz an den Seiten war nicht übrig. Mit wenig fliegerischer Erfahrung verschätzt man sich leicht in der Breite einer Schlucht.

Wenn man Glück hat, wird das von den Schutzengeln wieder ausgeglichen, die hinter jedem jungen Sportflieger herschweben. Aber darauf kann man sich natürlich nicht unbedingt verlassen.

Ich flog wieder an den Punkt zurück, an dem ich die Bahn verloren hatte. Doch sie war verschwunden. Nun blieb mir nichts anderes übrig, als mich höher hinaufzuquälen und Kompasskurs zu fliegen. Mühsam schaffte ich 2500 Meter – das war die oberste Grenze, trotz aller Anstrengung. Irgendetwas stimmte nicht mit meinem Propel-

ler. Dadurch fehlte mir die volle Motorenleistung – und das ausgerechnet bei meinem ersten Alpenflug!
Nun musste es eben auch so gehen. Mit offenen Augen genoss ich diese großartige Natur unter, neben und über mir. Hinter Leoben verbreiterte sich das Murtal und von Neumarkt ab folgte ich wieder der Bahnlinie, die reumütig zu mir zurückgekehrt war. Wegen des netten Tales sah ich keine Veranlassung, mich weiter da oben in einsamen Höhen aufzuhalten, und glitt hinunter auf vielleicht dreißig Meter über der Talsohle.
Meine Maschine sah eigentlich sehr niedlich aus, Elfenbein mit Blau abgesetzt – meine Kameraden nannten sie »das Küchenwunder«. Die Menschen dicht unter meinen Flächen eilten aus ihren Häusern, um das kleine Flugzeug zu sehen. Alle winkten so begeistert und ich winkte noch begeisterter zurück. So überflog ich Klagenfurt, den Wörther See und Villach in einem einzigen Rausch von Fliegerseligkeit.
Aber was war das? Plötzlich setzte ein Zylinder aus. Das hörte sich ganz einfach an, aber für mich war das unter den gegebenen Umständen sehr unangenehm. Mein Fünf-Zylinder-Motor hatte mit nur vier »Pötten« nicht mehr genügend Leistung, um die Maschine auf gleicher Höhe zu halten. Doch meine Schutzengel waren zur Stelle. Ich verlor immer mehr an Höhe, im allerletzten Moment erwischte ich ein Hochplateau und baute meine erste alpine Notlandung. Es rumpelte erheblich. Aber fünf Meter vor einer Kette von Bäumen – Bremsen gab es damals noch nicht – stand die brave kleine Messerschmitt. Die eine Fläche lag am Boden, die andere ragte hoch in die Luft.
Sonst war nichts weiter passiert. Nur hatte ich die italienische Grenze schon überflogen, was mir in den letzten aufregenden Minuten, in denen ich keine Zeit hatte, die Karte zu studieren, völlig entgangen war.
Ich begriff das langsam, als nach einer ganzen Weile die ersten Menschen herbeigelaufen kamen und mit lebhaften Gesten in einer mir unbekannten Sprache auf mich einredeten. Mein italienischer Wortschatz war sehr begrenzt. So konnte ich ihnen nur erklären: »Moto-

re kaputto!« Was sie mit großer Freude zu erfüllen schien. Dann kamen immer mehr Menschen. Erst ein Soldat und noch fünf Soldaten, dann kam ein Offizier und ihm folgten weitere fünf Offiziere. Es war unheimlich, als ob sich die halbe italienische Armee hier auf dem einsamen Alpenplateau versammeln wollte. Mir war dieser Betrieb nicht sympathisch – meine Papiere nicht in Ordnung, kein Triptik, dafür eine telefonische Zusage, die man wohl nach Venedig, aber bestimmt nicht hierher durchgegeben hatte. Dafür war ich mit diesem verdächtigen Frack behaftet, zu dem der Inhalt fehlte – was das nun wohl geben würde?
Aber es gab nichts Böses. Das viele Militär war auf recht harmlose Weise hierhergekommen, nicht meinetwegen. Ich war in der Nähe von Tarvisio notgelandet, wo Grenzregimenter der Bersaglieri lagen. Ich krempelte mir nun die Ärmel hoch und begann, meine Zündkerzen herauszunehmen. Um mich herum herrschte furchtbare Aufregung: Ein kleines Sportflugzeug hier oben! Darinnen nur ein Mädchen! Dieses ganz allein und ohne Bruch gelandet! Und nun reparierte es auch noch den Motor – es war nicht auszudenken!
Eine Uniform sprach recht gut Deutsch und bat mich im Namen der Polizei um meine Papiere. Jetzt schien es unangenehm zu werden. Aber so vollkommen war das Deutsch des Soldaten doch wohl noch nicht, denn er nahm befriedigt meinen deutschen Waffenschein als Zollpapier. Und die verölten Kerzen hatte ich auch bald wieder sauber. Den Motor ließ ich mit großen, vor die Räder gelegten Steinen Probe laufen und war recht zufrieden. Nun konnte es wieder weitergehen.
Mir sträuben sich heute noch die Haare, wenn ich an den Start von damals denke – für jemanden, der etwas vom Fliegen versteht, muss er toll ausgesehen haben.
Das Plateau hatte zwar für die Notlandung gerade gereicht – aber für den Wiederstart in dieser Höhe war es mit absoluter Gewissheit zu kurz. Dafür ging es aber bergab und bevor mir die nächste Bergwand wieder in die Quere kam, fiel die Fläche steil in eine mehrere Hundert Meter breite und ebenso tiefe Schlucht ab. Mir blieb

nichts anderes übrig, als die Maschine, wenn der Boden zu Ende war, in das Tal hineinplumpsen zu lassen und kräftig nachzudrücken.
Das musste einfach gehen – und es ging!
An diesem Tag war es nun schon das dritte Mal, dass meine Schutzengel Beschäftigung bekamen. Langsam kurvte ich mich hoch und ging wieder auf die Strecke. Eine ziemlich böse Ecke hatte ich noch vor mir: die Fellaschlucht.
Bei den Verkehrspiloten, die diese Strecke flogen – in der Regel in ausreichender Höhe nach Kompasskurs quer über die Alpen –, war sie als Schlechtwetterweg vorgesehen. Sie wird schon einige Seufzer und Flüche vernommen haben. Eng und kurvenreich ist sie, an jeder Seite mit fast 2000 Meter hohen Felswänden abgeschlossen, unten liegt das meistens ausgetrocknete, felsige Flussbett. Ungeheuer eindrucksvoll ist die Fella – aber ein kleines bisschen zum Fürchten, wenn man sich seines Motors nicht ganz sicher ist.
Der Rest dieser Etappe war eine Erholung nach all den Aufregungen vorher, als ich vergnügt über die italienische Tiefebene nach Venedig schaukelte – jetzt konnte eigentlich nichts mehr passieren. Mein Frack würde pünktlich in Rom ankommen.
Womit ich überhaupt nicht mehr rechnete – nach der Landung auf dem Lido, dem Flugplatz von Venedig, haschte mich das Verderben. Aus und vorbei war es mit dem Traum vom Eintreffen meines Fracks in der italienischen Hauptstadt. Mein so elegant improvisierter Flug endete am grünen Tisch. Ich bekam Startverbot wegen des fehlenden Triptiks und alle meine Beteuerungen über die Zusagen des italienischen Konsulats nützten nichts.
Meine Maschine wurde in die Halle gerollt. Ich wischte hinter einem Busch einige bittere Tränen ab und erleichterte mich nach außen durch mehrere unmissverständliche Bemerkungen darüber, was ich von diesen tüchtigen Beamten hielt.
Der ganze Inhalt meiner Messerschmitt einschließlich meiner Person kam am nächsten Tag mit vierundzwanzig Stunden Verspätung in Rom an. Mit einer italienischen Verkehrsmaschine – es war eine Schande!

Trotzdem wurde ich mit kolossalen Blumensträußen empfangen und später gab es ein großes Festmahl, bei dem mein gar nicht enttäuschter Industrieller versicherte, alle Teilnehmer des Empfangs hätten sich sehr über die Geschichte von dem verhinderten Frack gefreut. Mit dem Aufbau seiner Fabrik in Italien könne er auch sogleich beginnen – und daran sei sicher auch die komische Frackgeschichte, die bei den Verhandlungen immer wieder erzählt werden musste, schuld.

Und das Lustigste von dem ganzen Frackflug: An einen FD-Zug hatte von allen Beteiligten nicht einer gedacht. Hätte man den Frack am Sonntagmorgen um acht Uhr – gerade als mein Telefon zum ersten Mal bimmelte – mit dem Zug aufgegeben, dann wäre er am Montagnachmittag um ein Uhr in Rom gewesen.

Das war mein erster Vorgeschmack von der Langstreckenfliegerei, die immer noch mein Traumziel war. Inzwischen hatte ich mit gutem Ergebnis an der ersten deutschen Damen-Kunstflugmeisterschaft teilgenommen und bekam anschließend meinen ersten fliegerischen Reklameauftrag.

Eine Bierbrauerei im Saargebiet hatte mich verpflichtet, mit meiner »Messerschmitt« 100 Stunden über all den Orten dort möglichst niedrig in steilen Kurven zu fliegen. So etwas war damals noch erlaubt! Meine Maschine hatte ein Wasserfarbenkleid in den Hausfarben der Brauerei bekommen, damit man schon von Weitem sah, was sich da oben am Himmel näherte.

Durch meinen Italienflug, auf den hin es zum ersten Mal etwas im deutschen Blätterwald gerauscht hatte, aufmerksam geworden, war Katja Heidrich, eine Duisburger Fliegerkameradin, zu mir gekommen. Sie hatte kein eigenes Flugzeug. Es lag ihr aber sehr daran, zu möglichst vielen Flugstunden zu kommen. Sie war bereit, mir den ihr zugedachten Vertrag mit der saarländischen Brauerei abzutreten, wenn sie einen Teil der Stunden in meiner Maschine selbstständig fliegen konnte. Wir einigten uns und erlebten im Saargebiet unvergessliche sorgenlose Wochen – bis plötzlich etwas Schreckliches passierte: mein erster Absturz!

Es war nicht sehr lange vor meinem Abflug von Berlin nach Saarbrücken. Udet stand auf dem Flugplatz in Staaken und sah mir kritisch zu, wie ich meine junge Fliegerseligkeit in halsbrecherischen Kurven wenige Meter über dem Boden austobte.
Nachdem ich wieder gelandet war, ging ich erwartungsvoll zu ihm hinüber, auf ein paar anerkennende Worte über mein schneidiges Fliegen gefasst. Udet kniff – wie es seine Art war – ein Auge zusammen und meinte nur: »Mein liebes Kind, wenn du so weitermachst, wirst du in kurzer Zeit anständig auf die Nase fallen!«
Ich war sehr gekränkt, wagte aber nicht, laut etwas zu sagen, sondern dachte mir nur: Mein lieber Meister Udet, wenn du glaubst, du kannst allein auf dieser Welt gute Bodenakrobatik fliegen, dann täuschst du dich, mein Herr!
Knapp vierzehn Tage später hockte ich zwischen den Trümmern meines ersten und – unberufen – bisher auch letzten totalen Bruches und dachte, dass der Altmeister eigentlich gar nicht schlecht orakelt hatte.
So sieht die Geschichte dieses Absturzes aus: Auf meinem Passagiersitz saß ein Mann vom Ministerium in Saarbrücken, dem ich seit Wochen einen Flug versprochen hatte. Heute wollte er sich seine Heimatstadt von oben ansehen.
Es war Samstagnachmittag. Viele Besucher saßen bei Kaffee und Kuchen auf der Terrasse des Flughafenrestaurants. Voller Bewunderung sahen sie den startenden und landenden Maschinen zu. Ich hatte eben ein kleines Kunstflugprogramm vorgeführt, das für die Wochenendzuschauer eine unerwartete Delikatesse bedeutete.
Anschließend machte ich den versprochenen Flug mit meinem Passagier, bei dem es etwas solider zuging. Dafür wollte ich aber die Kaffeetrinker zum Schluss mit einer besonders eindrucksvollen Landung überraschen.
Mit Mordsfahrt jagte ich in wenigen Metern Höhe über die Terrasse hinweg – und dann ging alles sehr schnell. Viel schneller, als ich es beschreiben kann.
Ich war mit Rückenwind geflogen, um über den Zuschauern die höchste Geschwindigkeit zu erzielen. Am Ende des Platzes zog ich die

Maschine steil hoch, ungefähr auf dreißig Meter, um gegen den Wind über dem Landekreuz einzuschweben. Und dann war es urplötzlich mit jedem Steuerdruck aus. Ich merkte, wie wir über die Fläche abrutschten.

»Fahrt ist das halbe Leben«, hatte Thomsen in der Fliegerschule uns immer gepredigt, wenn einer von uns die Maschine »überzogen« hatte.

Meinem ahnungslosen Begleiter, Dr. Cartellieri, der im festen Vertrauen auf mein fliegerisches Können diese schneidige Kehrtkurve sehr genoss, schrie ich nur noch zu: »Brille weg!« Dann krachte es auch schon. Mein Passagier konnte direkt nach vorn aussteigen – gottlob, er konnte es noch –, denn der Motor war weg und lag ein gutes Stück weiter. Das ganze Fahrgestell war auch weg, die eine Fläche in ungezählte Teile aufgelöst, der Rumpf mehrmals gebrochen. Mit einem Wort – ein totaler Bruch.

Diesmal hatte ein ganzes Bataillon von Schutzengeln Wache gestanden, dass außer einem abgebissenen Zungenstückchen, einigen Prellungen, einem leichten Schock und einer zerrissenen Hose nichts passiert war.

Die mit Bahren herbeieilenden Sanitäter mussten unbeladen wieder abziehen. Es war ein Wunder. Diese Art von Abstürzen gehen in der Regel tödlich aus. Meine Kollegin Katja, die das alles von der Terrasse aus mit angesehen hatte, war viel erschütterter als ich und strich immer wieder über meinen Rücken und meine Beine und Arme – sie konnte nach dem, was sich eben vor ihren Augen abgespielt hatte, nicht fassen, dass alles heil geblieben war.

Ich murmelte etwas von einer Bodenbö und die andern nickten verstehend mit den Köpfen. »Ja, ja, eine Bodenbö war schuld!«

Nein, keine Bodenbö war schuld, sondern ich. Ich allein! Ein gütiges Geschick hat es mir erspart, dass ich ein Leben lang über diesen Leichtsinn und seine Folgen nachdenken musste. Ich glaube, dass ich erst mit diesem Tage begann, ganz richtig fliegen zu lernen. Denn jetzt kannte ich aus eigener Erfahrung die Grenze und habe mich in Zukunft immer – auch in den schwierigsten Situationen – bemüht, noch ein ganz kleines Stückchen diesseits dieser Grenze zu bleiben.

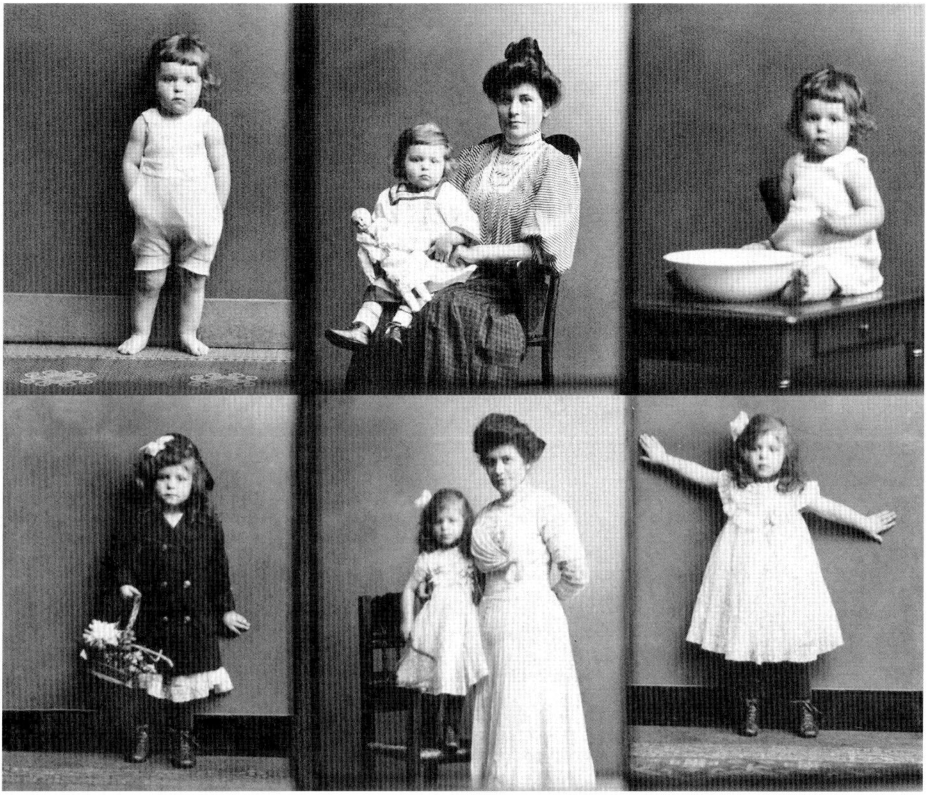

Aus dem Familienalbum:
Auch als Kleinkind schon ein Star.

Das einzige Kind:
mit Mutter Auguste

Die besorgten und liebevollen Eltern der angehenden Fliegerin

ɾ Beinhorn war Kaufmann.

Um 1925: Eine junge Frau mit hochfliegenden Träumen

Die Messerschmitt M 23 b: Mit ihr machte sie Kunstflüge.

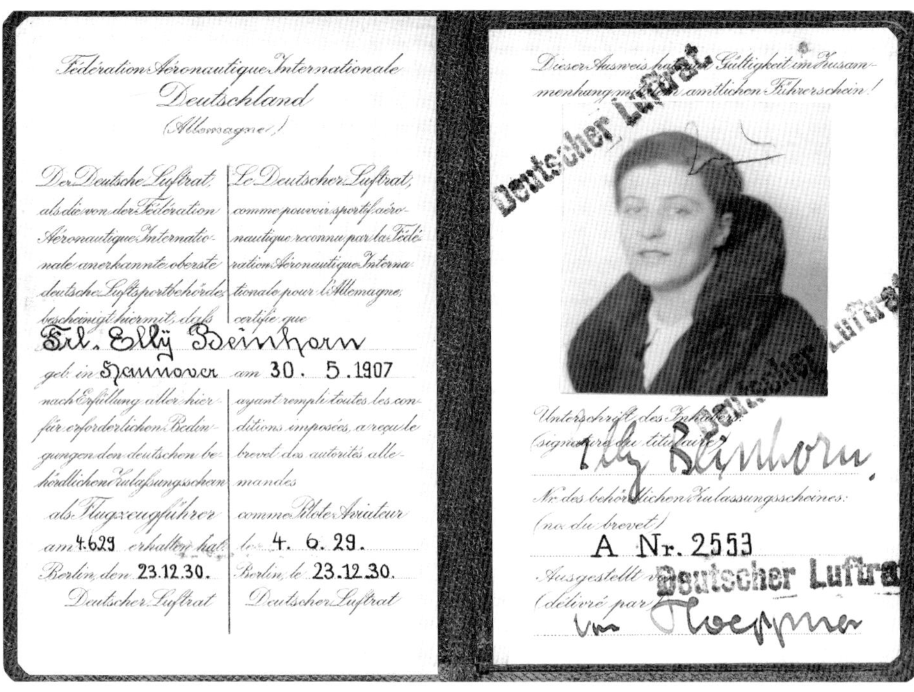

Fédération Aéronautique Internationale
Deutschland
(Allemagne)

Der Deutsche Luftrat als die von der Fédération Aéronautique Internationale anerkannte oberste deutsche Luftsportbehörde bescheinigt hiermit, daß

Le Deutscher Luftrat, comme pouvoir sportif aéronautique reconnu par la Fédération Aéronautique Internationale pour l'Allemagne, certifie que

Frl. Elly Beinhorn

geb. in Hannover am 30. 5. 1907

nach Erfüllung aller hierfür erforderlichen Bedingungen den deutschen behördlichen Zulassungsschein als Flugzeugführer am 4.6.29 erhalten hat.

ayant rempli toutes les conditions imposées, a reçu le brevet des autorités allemandes comme Pilote Aviateur le 4. 6. 29.

Berlin, den 23.12.30. Deutscher Luftrat

Berlin, le 23.12.30. Deutscher Luftrat

Dieser Ausweis ha... Gültigkeit im Zusammenhang m... amtlichen Führerschein!

Deutscher Luftrat

Unterschrift des Inhabers (signature du titulaire) Elly Beinhorn

Nr. des behördlichen Zulassungsscheines: (no. du brevet) A Nr. 2553

Ausgestellt v... (délivré par) Deutscher Luftrat von Hoeppner

Der Traum wird wahr: Fräulein Beinhorns Pilotenschein

1928: Fliegerschule Staaken mit Fluglehrer Dipl.-Ing. O. R. Thomsen

Die Klemm mit 20-PS-Mercedes-Motor: Mit ihr machte sie den Prüfungs-Überlandflug.

Ernst Udet, einer der erfolgreichsten Jagdflieger des Ersten Weltkriegs, wurde Mentor und Freund.

Meister Udet, wie er sich selbst sah.

Die erfolgreiche Kunstfliegerin

1935 wurde Ernst Udet Generaloberst im Reichsluftfahrtministerium – der Anfang vom Ende.

Ernst Udet grüßt aus Grönland, von den Dreharbeiten zu »S.O.S. Eisberg« (12.12.1932).

Und nie mehr habe ich irgendein Risiko übernommen, wenn ich Passagiere an Bord hatte.
An Meister Udet schickte ich ein Telegramm: Vorausgesagter Bruch hat planmäßig stattgefunden.
Zum Sommer bekam ich wieder einen hübschen Reklameauftrag, diesmal für eine Zigarettenfabrik. Die damit verbundenen Flugtage waren hervorragend organisiert, man fand auf ihrem Programm die besten Namen der deutschen Sportfliegerei.
Wir wurden sehr gut bezahlt und ich konnte diesem Winter eigentlich ohne wesentliche Sorgen entgegensehen. Aber mir saß immer und zu jeder Stunde der Gedanke an die lange Strecke im Kopf. Um sie kreisten alle meine Wünsche und Hoffnungen.
Manches Mal, wenn ich nach meiner Kunstfliegerei im Auto an den die Seiten des Platzes umsäumenden Menschenmassen vorbeigefahren wurde, dann kam mir das dumm und eigentlich für die Fliegerei entwürdigend vor – nur weil die Veranstalter es wünschten –, wie im Zirkus seinen Beifall einzusammeln. So konnte es nicht weitergehen. Wenigstens nicht mit mir. Zwischendurch einmal gerne, aber nicht fast jeden Sonntag einen ganzen Sommer lang.
Im August stand ich kleiner Kunstflieger wieder einmal auf meinem geliebten Staakener Platz und sah der europäischen Fliegerelite bei den verschiedenen Prüfungen des Europarundflugs zu.
Das war Fliegen – und das waren Piloten: Carburry, Winifred, Spooner, Morzik und wie sie alle hießen –, heute las man über sie eine Notiz aus Afrika, morgen eine aus Indien. Wenn ich doch endlich den Anschluss an *diese* Fliegerei bekäme! Aber es war so schwer. Jetzt flog ich schon seit eineinhalb Jahren mit meiner eigenen Maschine und war außer in Italien und dem Saargebiet über die Grenzen Deutschlands noch nicht hinausgekommen. Es gehörte so viel Geld und Vororganisation – und vor allem *eine Idee* dazu.
Schließlich war Afrika schon von vielen Piloten angeflogen worden. Es genügte nicht mehr, einfach dorthin zu fliegen, es musste in Afrika auch etwas Vernünftiges geschehen. Aber was?

Auf Expedition in Portugiesisch-Guinea

Vielleicht ist es so, dass auf all unseren Lebensgebieten die Dinge ihre Zeit der Reife haben. Sie fallen einem dann plötzlich zu.
Auf einmal – gerade in den Tagen des Europarundflugs 1930 – war der Plan meines Fluges mit der Expedition Bernatzik nach Afrika da – und er blieb da. So undurchführbar sich das Ganze auch lange Zeit hindurch ausnahm.
Ich hatte gehört, dass ein schon damals recht bekannter österreichischer Forscher, Dr. Hugo Adolf Bernatzik, mit seiner Frau und Professor Struck vom Dresdener Museum für Völkerkunde sich mit dem Gedanken trugen, auf seiner für den kommenden Winter geplanten Expedition nach den Bissagos-Inseln an der westafrikanischen Küste ein Sportflugzeug mitzunehmen.
Im Laufe der Jahre haben sich meine Vorstellungen von einer Expedition gewaltig verändert. Ich glaubte, wie wahrscheinlich alle jungen Menschen, der Leiter einer Expedition wühle nur so im Gelde. Darum nahm ich damals als selbstverständlich an, alle Finanzprobleme für einen Fernflug seien gelöst, wenn der Leiter mit meiner Teilnahme einverstanden wäre. Ein guter Freund, der mir den Tipp mit der Bernatzikschen Afrikaexpedition gegeben hatte, übernahm die einleitende Korrespondenz.
Eine Weile wurde hin- und hergeschrieben, bis Bernatzik mich eines Tages zur Besichtigung und persönlichen Rücksprache zu sich nach Wien beorderte.
Damit war ich einen erheblichen Schritt weiter – aber leider nur theoretisch. Denn es war dem Afrikaforscher bisher verschwiegen worden, dass es sich bei dem Bewerber um ein weibliches Wesen handelte. Mir war vollkommen klar, dass sicherlich achtzig Prozent der Menschheit von fliegenden Frauen nichts hielten. Und warum

sollte ausgerechnet Herr Bernatzik zu den übrigen zwanzig Prozent gehören?
In den letzten Stunden vor der Landung in Wien und bevor ich bei dem Forscher erscheinen durfte, verging ich fast vor Spannung und Aufregung. Alles hing für mich von dieser Begegnung ab, ob endlich der Sprung auf einen andern Erdteil gelingen würde.
Es gab eine Überraschung auf beiden Seiten. Ich wurde nicht nur von dem Forscher, sondern auch von Frau Emmy Bernatzik empfangen, die als junge Mama einer vier Monate alten Tochter selbst mit nach Afrika gehen wollte.
Dr. Bernatzik entsprach nicht meinen Vorstellungen von einem Erforscher des Schwarzen Erdteils. Ich hatte mir ein Wesen mit Vollbart, Brille und stets belehrend erhobenem Zeigefinger vorgestellt. Ganz zu Unrecht. Wir hatten uns bald verständigt. Im Prinzip hatte Bernatzik nichts gegen meine Teilnahme an der geplanten Expedition einzuwenden. Nur fiel jede finanzielle Unterstützung von seiner Seite vollkommen aus.
Damit war eigentlich der Afrikatraum für mich ausgeträumt. Denn ich hatte nichts, womit ich die Vorunkosten bestreiten konnte. Und jetzt schon mit einer Auswertung durch die Presse zu rechnen war heller Wahnsinn. Nicht einmal meine Maschine war für den geplanten Zweck zu verwenden, da Bernatzik unter allen Umständen ein mit Schwimmern ausgerüstetes Sportflugzeug haben wollte.
Trotz der völligen Hoffnungslosigkeit der Lage machte ich am nächsten Tag doch einen Probeflug mit ihm zum Neusiedler See, um festzustellen, welche Möglichkeiten aus einer zweisitzigen offenen Sportmaschine dem Fotografen gegeben waren. Wir waren zufrieden.
Bernatzik flog dann mit mir nach Berlin zurück, um mich dort bei einigen großen Zeitschriften und Verlagen einzuführen, die mir vielleicht einen Vertrag und Vorschuss geben würden – das Einzige, was er für die Finanzierung meiner Beteiligung tun konnte. »Also, liebe Elly, wenn es Ihnen ernst ist, dann seien Sie am 10. Februar in Bissao.«

Das war unsere reichlich vage Verabschiedung in Berlin. Ich hatte nicht einmal eine klare Vorstellung davon, wo dies Bissao auf der riesigen Karte Afrikas überhaupt lag.
Doch genau am 10. Februar starteten wir in Bissao zu unserem ersten Expeditionsausflug.
Was dazwischenlag, war Niemandsland, das alle jungen Menschen durchqueren müssen, die sich ohne die nötigen Mittel an solche Aufgaben heranwagen. Ich weiß nicht, wie oft ich in den folgenden drei Monaten im Begriff war, alles aufzustecken und diesen hirnverbrannten Langstreckenflugplänen nicht weiter nachzujagen. Und immer wieder, wenn ich nach ein paar Stunden Schlaf die Augen öffnete, dann sagte ich mir: Es muss irgendwie gehen!
Woher zuallererst ein geeignetes Flugzeug nehmen?
Nach endlosem Suchen, nach unzähligen Anfragen und Bitten landete ich eines Tages vor dem Schreibtisch des Präsidenten der Luftfahrtindustrie, Admiral Lahs, der versprach, mir behilflich zu sein. Allerdings könne auch er mir kein Flugzeug schenken. Doch in einer ihm unterstellten Flugstation gäbe es eine »Klemm« mit Rädern und auswechselbaren Schwimmern.
»Sie hat schon einige Besitzer vor Ihnen gehabt. Und der Motor ist ein ›Salmson‹ mit gerade 40 PS. Meinen Sie, dass Sie damit etwas anfangen können, kleines Fräulein?«
Das kleine Fräulein glaubte das mit Sicherheit.
Nun wurde verabredet, ich solle oben an der Küste die Maschine anschauen, dann mich auf Schwimmern einfliegen und – wenn ich sie haben wollte – meine »Messerschmitt« dagegen verpfänden, weil ich nicht die hohe Prämie für eine Kaskoversicherung auf den Tisch legen konnte.
»Wenn Sie dann als erfolgreiche Afrikafliegerin zurückkommen, dürfen Sie sich Ihre ›Messerschmitt‹ wieder abholen«, verabschiedete mich »Pappi« Lahs mit einem herzlichen Blick aus guten Seemannsaugen.
Nun raste ich von einem Verlag zum andern. Alle waren begeistert von meinem Plan. Großartig!

Sie würden lange Berichte bringen, seitenweise. Auf so etwas wartete man gerade.
»Aber, Fräulein Beinhorn, einen Vorschuss können wir Ihnen nicht geben. Wenn Sie wüssten, wie viel Geld wir schon an der Fliegerei verloren haben! Seien Sie erst einmal in Afrika und schicken Sie etwas Nettes, dann werden Sie sehen, wie sich die Honorare auf Ihrem Konto ansammeln.«
O je – damit konnte ich weder die notwendige Instandsetzung der Maschine und die Tropenausrüstung noch die sich immer mehr häufenden Kosten der inzwischen einlaufenden Visa- und Einfluggenehmigungen in unzählige Länder bezahlen. Und Reisegeld musste ich auch haben.
Kurz vor Weihnachten habe ich mich dann zum ersten Mal in die neue kleine »Klemm« geschwungen, die bei scheußlich kaltem und nebligem Wetter mit ihren »Wasserbeinen« auf der Kieler Förde schwabberte. Dabei habe ich mir immerhin gedacht: »Ob ich sie jetzt wohl gleich bei der ersten Wasserlandung meines Lebens zerschmeißen werde? Dann brauchte man sich ja um alles Weitere keine Sorgen mehr zu machen.«
Nach den ersten geglückten Flügen wurden dann die Schwimmer abmontiert, in Kisten verpackt und nach Bissao geschickt. Ich setzte mich in die »D-1713« und nach zweistündigem Flug mit Rädern landete ich am dritten Weihnachtstag in Berlin, um hier gutes Wetter abzuwarten.
Und dann kam der letzte kalte Guss: Bei der Landung stellte es sich heraus, dass der Motor aus irgendeinem unerfindlichen Grunde inzwischen auf dem Fluge »gefressen« hatte. Bis heute sehe ich mich noch bei bitterer Kälte am Silvesterabend mit einigen treuen und bewährten Helfern am Motor herummurksen – bis er bei völliger Dunkelheit wieder zur Zufriedenheit lief.
So ganz sonnig war jedenfalls der Eintritt in das neue Jahr nicht. Meine Gemütsverfassung war sozusagen am Nullpunkt angelangt – außerdem hatte ich Geldsorgen, denn vor Antritt des Fluges hatte ich immer nur zu investieren, mit der zweifelhaften Aussicht, etwas wieder hereinzubekommen.

In den letzten Wochen vor dem Start habe ich weniger von Afrika als von unbezahlten Rechnungen geträumt.
Vom Sommer mit den vielen gut bezahlten Flugtagen und von meiner Reklamefliegerei hatte ich zwar allerhand Geld gespart, aber das zerrann mir bei den riesigen Vorkosten dieses Expeditionsfluges unter den Fingern. Nur von der »B. Z. am Mittag« bekam ich einen Betrag im Voraus. Dieser Zeitung habe ich überhaupt manches zu verdanken. Mit dem immer wieder auftauchenden Gedanken, was sein würde, wenn ich auf einer der ersten Etappen Bruch machte, setzte ich mich nicht auseinander. Wozu? Dann war doch alles vorbei, wenigstens was meine Fliegerei anging.
Der glücklichste Moment dieser dreimonatigen Vorbereitung war der Augenblick, als ich am Sonntag, dem 4. Januar 1931, um 9.40 Uhr auf dem Staakener Flugplatz den Hebel auf Vollgas nach vorn schob und die vollbepackte Maschine sich nach kurzem Anlauf vom Boden abhob.
Das Wetter war durchaus so, wie ich es mir für einen Afrikaflug vorgestellt hatte: furchtbar viel Wind, natürlich Gegenwind, niedrige Wolken, nasskalt und zwischendurch Regenschauer. Über dem Kamm des Thüringer Waldes hing ich, über den Wolken, bei dickem Sturm beinahe auf der Stelle fest; ab und zu war da ein kleines Wolkenloch. Sollte zufällig jemand der Dorfbewohner die unglückliche kleine Maschine von unten beobachtet haben, würde er sich bestimmt gesagt haben, dass man mit einem Fahrrad oder sogar zu Fuß auch nicht schlecht von der Stelle kommt.
Ich kam tatsächlich nach sieben Stunden, bei einer Durchschnittsgeschwindigkeit von 60 Stundenkilometer, in Böblingen bei Stuttgart an.
Und jetzt folgte etwas, das man, wenn man tolerant ist, eben noch mit jugendlichem Schneid entschuldigen kann. Tatsächlich war es eine große Eselei von mir. Der Betriebsleiter bei Klemm hatte mir den Vorschlag gemacht, am nächsten Vormittag eine halbe Stunde später zu starten und mir vorher den Öldruck genau einzuregulieren. Aber ich hatte es furchtbar eilig und glaubte ja auch selber so viel vom Motor zu wissen, dass ich das für durchaus überflüssig hielt, um

ja nicht viel Zeit zu verlieren und womöglich eine halbe Stunde später auf dem für den heutigen Tag geplanten Etappenziel Lyon anzukommen. Dafür saß ich dann auch schon kurze Zeit danach mit sehr langem Gesicht auf einem eingeschneiten Acker oben im Schwarzwald!

In Stuttgart war noch ganz gutes Wetter gewesen: ein bisschen kalt, Sonnenschein und blauer Himmel. Die Wettermeldungen waren auch nicht gerade schlecht; es hieß nur: »Auf dem Kamm des Schwarzwaldes haben Sie Nebel«, worauf ich mir sagte: »Das kann man irgendwie umfliegen.«

Mit dem Nebel hatte das gestimmt, wie überhaupt die schlechten Meldungen der Flugwetterwarten meist stimmen. Der Schwarzwald war nämlich völlig »zu«. Die Nebelwolken hingen bis tief in die Täler. Dazu kam ich in dichtes Schneetreiben. Unter mir war alles gleichmäßig weiß und ich überlegte mir gerade, welche Route ich wohl am besten zum Umfliegen wählen sollte. Der Weg am Osthang des Schwarzwaldes bis ins Rheintal und von dort irgendwie nach Basel schien mir am geeignetsten zu sein und eben dachte ich mir: Jetzt müsste noch zu allem Überfluss der Motor wegbleiben – was er dann auch im gleichen Moment prompt tat. Wegen des immer schlechter werdenden Wetters hatte ich den Motor etwas drosseln müssen, dadurch waren die Zündkerzen verölt – und mir blieb nichts anderes übrig, als mich schleunigst und vertrauensvoll auf die Schneedecke zu setzen, in der Hoffnung, dass unter dem Schnee nicht gerade an meiner Landestelle ein Graben war. Ich hatte Glück.

Also saß ich nun – ganze 650 Kilometer von Berlin entfernt – mit meiner Maschine mitten im Gelände und hatte doch eigentlich die Absicht gehabt, nach Afrika zu fliegen. Wenn es so weiterging, konnte das ja ein recht aufregendes Abenteuer werden.

Nach einiger Zeit, als ich schon längst meinen Motor genau durchgesehen hatte, kam ein uralter Ford die Landstraße entlanggerollt, der mich erst einmal mit nach dem nächsten Ort, mit Namen Winzeln, nahm. Von dort aus telefonierte ich mit den Klemmwerken in Böblingen, um für alle Fälle, wenn ich nicht selbst fertig werden sollte, Hilfe zu erbitten, und Klemm versprach, sofort eine Maschine zu schicken.

Einige Winzelnianer kamen mit hinaus, um sich das Malheur anzusehen und mir etwas Hilfe zu leisten. Der Öldruck war schnell umreguliert, die Kerzen sauber gemacht und schon zeigte sich im Dunst die von Vater Klemm prompt entsandte Hilfsmaschine. Leider sah diese mich aber nicht; denn meine Maschine hob sich kaum vom Schnee ab, da sie zum Schutz gegen die Sonnenstrahlen der Tropen silbern gespritzt war. Also machte ich inzwischen den Versuch zu starten, was mit einigen Schwierigkeiten gelang. Allerdings: Mein Fluglehrer hätte sich die Haare gerauft, wenn er das angesehen hätte, wie ich da aus dem Platz herauskam. Überall gab es Hindernisse, denen man nur durch scharfe Kurven direkt nach dem Start ausweichen konnte. Es blieb mir nichts anderes übrig und letzten Endes ging auch alles gut ab.

Der Schwarzwald war nach wie vor zu und so flog ich am Osthang entlang bis nach Basel hinunter. Dort war wieder gutes Wetter. Durch die Notlandung war es aber zu spät geworden für Lyon und ich blieb in Basel. Erst am folgenden Tag konnte ich fort und nachdem sich der dicke Rheintal-Winternebel verzogen hatte, ging es bei schönstem Wetter über den Schweizer Jura und den Genfer und Neuchâteler See hinüber ins Rhonetal nach Lyon.

Am nächsten Morgen weiter! Jetzt kam Neuland für mich. Spanien! Die Pyrenäen konnte ich direkt in der Luftlinie überfliegen, weil ich zufällig einen Tag erwischte, an dem keine Wolken die Gipfel verhüllten. Wunderhübsch sieht dieses natürliche Grenzband zwischen Frankreich und Spanien aus der Luft aus. Ich schwebte jetzt stolz über Spanien und bald tauchte auch schon Barcelona auf. Der Flugplatz war nicht ganz so, wie ich ihn mir für eine Weltstadt vorgestellt hatte, nachher erfuhr ich, dass er neu und alles noch im Werden sei. Jedenfalls war das Schönste, dass hier eine Temperatur von plus zwölf Grad herrschte. Begrüßt wurde ich auf dem Flugplatz mit den echt berlinerischen Worten: »Ham Se ooch nen juten Fluch gehabt?« – das war ein Monteur der Deutschen Lufthansa.

Nach zwei Tagen ging es weiter nach Madrid – ich musste meine eigentlich in Aussicht genommene Ostküstenroute abändern, weil ich bei der deutschen Botschaft in Madrid noch erforderliche Papiere zu besorgen hatte. Von Barcelona nach Madrid war eine der scheußlichsten Etappen des ganzen Fluges.
Wegen meiner fehlenden spanischen Sprachkenntnisse konnte ich mich nicht mit den Verkehrspiloten über die jetzt folgende Strecke unterhalten, sonst hätte ich sicher nicht die genaue Luftlinie von Barcelona nach Madrid als Flugweg gewählt. Am Startmorgen hatten wir die für Spanien außerordentlich niedrige Temperatur von minus zwei Grad am Boden. In 2000 Meter Höhe zeigte mein Bordthermometer bereits minus 15 Grad.
Nach einer Stunde war mir in meiner offenen Maschine so schrecklich kalt, dass ich zum ersten Male zu meiner Reserveflasche mit Kognak griff, die eigentlich nur für die Kälte in Deutschland bestimmt gewesen war. Ich hatte starken Nordwind, der mich langsam nach Süden abtrieb, sodass ich über die hohen und fast gänzlich unbesiedelten Berge der Quenka kam. Meine Hände und Füße waren bald ganz steif und ich habe mit dem Gedanken gespielt, irgendwo notzulanden, um wieder etwas Gefühl in die Knochen zu kriegen.
Doch bei der Vorstellung, dann noch einmal wieder in diese Kältehölle hineinzumüssen, bin ich weitergeflogen. In der Quenka hat dann der Wind mit meiner 40-PS-Maschine gemacht, was er nur wollte. Alle Steuerausschläge waren vollkommen nutzlos. Durch die Wirbelwinde wurde ich immer tiefer zwischen die Felsen gedrückt und fürchtete jeden Moment, irgendwo aufzuschlagen.
Ich habe in diesen Minuten einen Schwur getan, diese einsame Strecke nicht wieder mit einer so leichten Maschine zu fliegen. Auf meinem ganzen weiteren Flug habe ich – mit Ausnahme meines Wüstenaufenthaltes vielleicht – nicht wieder ein so schrecklich hilfloses Gefühl gehabt.
Aber auch dies ging vorüber, als dann die Felsen niedriger wurden, die Sonne schien und ich mich Madrid näherte. Als ich nach der Landung auf dem Militärplatz Getafe nach zehn Minuten Freiübungen,

um etwas Wärme in die Knochen zu bekommen, herzlichst empfangen wurde und wie ein wunderbares Fliegergeschöpf angestaunt wurde – da war dann sehr schnell alles wieder vergessen. Madrid bedeutete eigentlich schon den Abschied von Europa, denn von der nächsten Etappe und von Sevilla selbst habe ich, außer der sprichwörtlichen Gastfreundschaft der Spanier, nicht viel Eindrücke sammeln können, weil ich nun doch etwas mehr Tempo vorlegte, um auch wirklich pünktlich in Bissao einzutreffen. Außerdem lockte Afrika!

Eine zweite Notlandung hatte ich inzwischen – wieder wegen der verölten Kerzen – erfolgreich erledigt.

Nach nur einer Nacht Aufenthalt in Sevilla kam der Sprung hinüber! Von einer Staffel von sechs Flugzeugen begleitet, ging es erst bis Gibraltar, da aber nur selten ein Glück auf Erden vollkommen zu sein pflegt, bekam ich wieder etwas Herzklopfen, als mein Ölmanometer plötzlich nichts mehr anzeigte. Sollte ich weiterfliegen, solange der Motor lief, oder sollte ich lieber umkehren, notlanden und nachsehen, was eigentlich los war? Ich befand mich immerhin über der 40 Kilometer breiten Wasserstraße, und zwar näher an Europa als an Afrika. Aber ich sagte mir: Es muss einfach gut gehen – und wenn Bruch, dann in Afrika, denn zu Hause sprach man inzwischen nur von der »Afrikafliegerin Elly Beinhorn« – die überhaupt noch nicht existierte. Die Götter hatten ein Einsehen und ich kam wirklich bis nach Rabat, wo ich zum ersten Mal afrikanischen Boden betrat.

Nach zwei Tagen Aufenthalt in Rabat, wo ich erst einmal wieder behördliche Schwierigkeiten regeln musste, ging die Reise weiter. Kurze Zwischenlandung in Casablanca, um dort Post zu holen, und dann flog ich gleich weiter nach Agadir. Hier kam etwas Abwechslung in die eintönige Gegend. Es ging immer an der Küste entlang, ich hatte also nicht auf die Orientierung zu achten, sondern konnte mich umsehen und meinen kleinen, wirklich tadellos arbeitenden Kompass kontrollieren. – Die schneebedeckten Berge des Atlas bildeten eine erfreuliche Abwechslung in dem flachen, einförmigen Gelände. Direkt am Südhang des Atlas liegt Agadir, ein Hafenplatz, dem ich für die Zukunft große Entwicklungsmöglichkeiten gab.

Nach dem großen Erdbeben ist später dort ein beliebtes Touristenzentrum, auch für Klubs junger Leute, entstanden.
Hier wurde Afrika schon etwas wilder – jedenfalls kam mir das so vor, nach meinem »Hotel« zu urteilen, das viel Ähnlichkeit mit einem deutschen Zellengefängnis hatte. Immerhin sollte es aber noch anders kommen. Schon die nächste Etappe bot mir da einen kleinen Vorgeschmack. Geschildert wurde sie mir von dem Flugplatzleiter vor dem Abflug folgendermaßen:
»Sie fliegen an der Küste entlang, über die Ausläufer des Antiatlas. Dann treffen Sie nach ungefähr eineinhalb Flugstunden ein im Sand verlassenes Flugzeug. Nach einer weiteren Stunde noch zwei Maschinen, von deren einer Besatzung man nie wieder etwas gehört hat – und das erste Gebäude, das Sie dann nach ungefähr fünf Stunden sehen, das ist Cap Juby!«
Man musste sich etwas an diesen Zustand gewöhnen, aber man tat das zwangsweise sehr schnell. Außerdem war das erst der Anfang. Nach ungefähr 500 Kilometer, die ich dank eines guten Rückenwindes in verhältnismäßig kurzer Zeit hinter mich brachte, hatte ich programmgemäß die drei verlassenen Flugzeuge passiert und kam in Cap Juby an.
Das war der erste echte Wüstenflugplatz. Man hatte einfach auf einem Quadratkilometer den Sand planiert und eine Flugzeughalle danebengestellt. Am Rand des Platzes gab es ein paar kleine, primitive Maurenzelte und viele Kamele. Außerdem ein Fort, in dem die spanische Schutztruppe von Rio de Oro lag.
Das ganze Fort wurde von Las Palmas aus mit Lebensmitteln und sogar mit Wasser versorgt, da hier kein Grashalm wächst. – Hier traf ich übrigens auch den Schweizer Flieger Mittelholzer, der auf dem Rückflug vom Tschadsee einigen Aufenthalt hatte, weil er auf Ersatzmotorenteile warten musste. Er konnte mir aus seinen reichen Erfahrungen viele wertvolle Ratschläge erteilen. Er gab mir auch den Tipp, den Rückweg über die Zentralsahara zu nehmen. Außerdem schenkte er mir einen neuen Öldruckmesser, sodass dieser alte Kummer endlich mal ein Ende hatte. Vorerst jedenfalls!
Hier in Cap Juby machte man mich dann noch einmal darauf auf-

merksam, was ich eigentlich gewagt hätte mit diesem Flug. Man erzählte mir von notgelandeten Flugzeugen der französischen Aeropostale, deren Besatzungen von den Mauren bis zur Zahlung eines hohen Lösegeldes gefangen gehalten worden waren – wenn ihnen nicht noch ein weit schlimmeres Los zuteil geworden war. Man machte mir dann den Vorschlag, einen Tag zu warten, bis man nach Madrid telegrafiert und die Erlaubnis für eine Begleitmaschine erhalten hätte, die mich bis zur nächsten Station, dem 700 Kilometer entfernten Villa Cisneros eskortieren sollte.

Da die Wetteraussichten für den nächsten Tag sowieso nicht besonders günstig waren, sagte ich gern zu. Doch die Erlaubnis war am nächsten Tag noch nicht da. Allein fliegen lassen wollte man mich unter keinen Umständen, obwohl ich immer wieder erklärte, dass ich von Anfang an meine Reise als Alleinflug disponiert hätte und daher auch die Verantwortung für alles tragen würde. Die Vorstellungen waren so dringend, dass ich mich letzten Endes entschloss, wenigstens noch einen Tag zu warten. Als dann aber immer noch nichts aus Madrid zu hören war, bereitete ich alles für den Start am folgenden Morgen vor.

Auf das Geräusch meines laufenden Motors kamen alle Offiziere des Forts auf den Platz hinaus, um mir mit schrecklich traurigen Mienen Auf Wiedersehen zu sagen. Das Ganze machte sehr den Eindruck einer Beerdigung und mir war dabei nicht gerade sehr wohl zumute. Doch ich konnte nicht noch länger hier warten. Wir vereinbarten, dass, wenn nach fünf Stunden keine Nachricht über meine in Villa Cisneros erfolgte Landung eingelaufen sein sollte, man eine Maschine an der Küste entlang zum Suchen schicken würde. Es ist merkwürdig, was es heißt: Zum ersten Mal ganz allein 700 Kilometer über eine Wüste zu fliegen, wo es nichts gibt als Sand, und wenn es gut geht, mal etwas braunes Gras. Nach einiger Zeit neigt man zu Halluzinationen; man hört vom Motor irgendeinen unregelmäßigen Ton heraus, der tatsächlich gar nicht da ist. Dabei habe ich öfter an die Ozeanflieger denken müssen, die einen Tag und eine Nacht ganz allein über dem Meer geflogen sind, nichts als Wasser unter sich. Ich konnte sie ein wenig verstehen.

An der Küste sah man zuweilen einen »fliegenden Holländer« liegen – ein großes verlassenes Schiff, das inzwischen gänzlich verrottet war. Nach Stunden tauchte endlich die parallel zur Küste verlaufende Halbinsel Villa Cisneros auf, an deren Südspitze das Fort und der Flugplatz liegen, die mit den gleichen Einrichtungen wie Cap Juby gesegnet sind. Allerdings erwarteten mich hier zwei Überraschungen: erstens der Wind, der am Boden dauernd eine Stärke von mindestens 60 Kilometer hatte, und zweitens die »Alice«, ein Begleitschiff der Balbo-Südamerika-Expedition, das, nachdem einige italienische Flugzeuge glücklich über den Ozean gekommen waren, hier vor Anker gegangen war. Die »Alice« brachte einen kleinen Hauch aus der großen Welt mit, weil man sich mit der Nagelbürste wieder einmal kräftig die Finger bearbeiten und zum Fünf-Uhr-Tee an Bord einladen lassen konnte.
Am folgenden Morgen wollte ich schon wieder starten, wurde aber durch eine kleine Reparatur etwas aufgehalten und beglückwünschte mich eine halbe Stunde später, weil sich der schönste Sandsturm entwickelte. Erst begriff ich gar nicht, was diese schwefelgelbe, langsam immer undurchsichtiger werdende Atmosphäre bedeuten sollte, bis man mich aufklärte und sich freute, dass ich noch nicht unterwegs war.
Was sollte ich machen? Die Koffer wurden wieder ausgepackt und ich blieb. Erst am nächsten Morgen flog ich weiter nach Port Etienne, das zu Cap Juby und Cisneros nur den einen Unterschied hatte, dass es ein französisches Fort war.
Danach wurde es wieder menschlicher: Es gab Vegetation, kleine Ortschaften und Städte, einen kleinen Wasserarm, aus dem Riesenschwärme von Flamingos aufflogen, und dann niedrige Wälder und Grasland. In St. Louis nahm ich nur eine kleine Zwischenlandung vor, um zu essen, zu tanken und weiter nach Dakar zu fliegen.
Diese afrikanischen Städte mit den Negerhütten sahen aus der Luft viel schöner aus als von der Erde. Da waren sie recht schmutzig und baufällig. Von den Eingeborenen hatte ich erwartet, dass sie ziemlich nackt umherliefen – diese Ansicht musste ich korrigieren: sie waren

alle hier in der Stadt mehr angezogen – es war das Jahr 1931 – als die Europäer.
Die Strecke von St. Louis nach Dakar war eine Erholung nach den 2000 Kilometern Wüstenküste. Kurz vor Sonnenuntergang landete ich in Dakar, wo ich einige Tage Station zu machen gedachte, um die Maschine gründlich in allen Einzelheiten zu kontrollieren und etwas zu überholen. Es war nicht viel daran zu tun, sodass ich Zeit genug hatte, mir die Stadt gründlich anzusehen und – den schlechtesten Eindruck zu bekommen.
Das Klima schien mir feucht und ungesund. Überhaupt fand ich, dass es hier fast alle Nachteile Europas und kaum die Vorzüge der Tropen gab.
Auf dem portugiesischen Konsulat versuchte ich dann etwas über einen angeblichen Flugplatz in Bissao festzustellen. Doch man wusste auch hier nichts Genaues, sondern nur, dass in Bolama ein provisorischer Platz eingerichtet war, auf dem einige Begleitmaschinen der Balbo-Expedition gelandet waren. Jedenfalls gab der portugiesische Konsul am Tage vor meinem Weiterflug ein Telegramm nach Bolama auf, man möge den Platz etwas für meine Ankunft vorbereiten und säubern, denn ein Flugplatz in Afrika wächst mit märchenhafter Schnelligkeit wieder zu.
Außerdem machte man mich darauf aufmerksam, dass ich sicherlich einige Orientierungsschwierigkeiten haben würde. Von diesem Gebiet existierten damals nur Karten im Maßstab 1 : 2 000 000 und die ganze Küste ist ein großes Inselgewirr, sodass es einem nur schwer klar werden konnte: was ist nun eigentlich noch Festland und was ist schon Inselgruppe. Ich überflog das Deltagebiet südlich des Senegals und die kleine britische Kolonie Gambia und gondelte dann stolz über Portugiesisch-Guinea auf Bolama zu. Mit einem Schlage war es hier so heiß geworden, dass ich in meinen verschiedenen Lederumhüllungen kaum Luft bekam, außerdem schien meinem Motor die Hitze auch nicht gut zu gefallen. Er ließ erheblich an Touren nach, und die Maschine fiel immer mehr durch, sodass ich sie zuletzt nur noch mit Vollgas auf der Höhe von 200 Metern halten konnte.

Meiner Schätzung nach musste ich unmittelbar vor Bissao sein, das ich erst einmal überfliegen wollte, um zu sehen, ob wenigstens eine Landemöglichkeit bestand, damit hier überhaupt die Expeditionsbasis stationiert werden konnte.
Ich kam dann auch nach ganz kurzer Zeit an eine Ansiedlung, die mir aber so lächerlich klein vorkam, dass ich sie absolut nicht für die größte Stadt von ganz Portugiesisch-Guinea halten wollte. Aber die Lage stimmte und es war auch ein kleiner Flugplatz mit einem schön gekalkten weißen Fleck in der Mitte da, wo man sofort auf das Propellergeräusch meiner Maschine hin sämtliche umstehenden Bäume in Brand steckte, um mir durch die Rauchfahne die Windrichtung zu zeigen. Es war also doch Bissao.
Als ich später wusste, dass ganz Portugiesisch-Guinea damals überhaupt nur von 300 Europäern bewohnt wird, habe ich begriffen, dass Bissao nicht größer sein konnte. So drehte ich einige Begrüßungsrunden und flog gleich weiter nach Bolama, wo ich angemeldet war. Nach 7000 Kilometern Flug war ich glücklich am Ziel angelangt und meine Freude war unbeschreiblich.
In Bolama war alles, was nur Beine hatte, Weiße wie Schwarze, zu meinem Empfang versammelt. Der Gouverneur lud mich in seine Residenz ein, die daraufhin für die nächsten Tage von den begeisterten Eingeborenen belagert war.
Als Hallenersatz für meine Maschine sollte ein großer Baum am Rande des Flugplatzes dienen; aber an diesem schattigen Platz war der Boden noch nicht geebnet. So wurden denn auf meine Bitte hin 80 Schwarze beordert, die das in wenigen Stunden besorgten. Das waren noch selige Zeiten für einen Sportflieger.
Man überreichte mir gleich eine eben im niedrigen Gebüsch gefundene Kobra mit den Worten, dass sie sehr giftig sei und dass es davon hier sehr viele gebe; und dass ich mir immer erst gründlich meine Maschine ansehen sollte, ehe ich darin Platz nehmen würde.
Inzwischen hatte man schon versucht, die Expedition Bernatzik, die sich irgendwo im Innern aufhielt, über meine Ankunft zu verständigen. Ich musste daher schnell nach Bissao, meinem eigentlichen Ziel.

Ich hatte mich für Sonntag, den 1. Februar, zwischen neun und zehn Uhr in Bissao angesagt. Um 8.45 Uhr landete ich auf dem schon beim ersten Anflug beschriebenen Platz, wodurch ich wahrscheinlich alle Europäer Bissaos beim ersten Frühstück störte. Ich war doch recht stolz, dass ich unsere Verabredung, vor Monaten in Berlin getroffen, so genau eingehalten hatte.
Im Moment des Aufsetzens auf dem Boden war meine Maschine sofort von einigen tausend Menschen umringt, sodass ich im Stillen nur gezittert habe und mir dachte: Nun habe ich sie bis hierher glücklich gebracht und nun wird sie mir vor lauter Begeisterung zerdrückt. Nach allen Seiten hatte ich als erster Flieger, der in Bissao landete, sämtliche Hände der Europäer zu schütteln, während die Schwarzen aus dem Begeisterungsgeschrei nicht herauskamen. Es blieb mir nichts anderes mehr übrig, als meine Maschine stehen zu lassen, wo sie stand, sie der Obhut der schwarzen Soldaten, der »Guardias«, zu empfehlen, die durch reichlichen Gebrauch des Gummiknüppels die begeisterten Eingeborenen etwas zurückhielten.
Wir fuhren in die ungefähr drei Kilometer entfernte Stadt und ich wurde in ein Haus geführt, wo wir nur unter Deutschen das Frühstück einnahmen. Hier merkte ich zum ersten Male, was es bedeutete, zu diesen Landsleuten als lebender Gruß aus der Heimat zu kommen. Während des ganzen Aufenthaltes in der Guinée war ich dann Gast des Hauses Hentges und Nicolai, meiner beiden »Vatis«, die dort ein großes Handelshaus und gleichzeitig die Vertretung der Woermann-Linie leiteten.
Zwei heftige Tage mit vielen und großen Feiern zu meinen Ehren gingen dank der freundlichen Einstellung der Portugiesen, die meine Müdigkeit respektierten, gut vorüber und dann konnte ich mich endlich meiner Maschine widmen, um die ich schon sehr in Angst war.
Zuerst wurde einmal mit dem Bau einer richtigen Flugzeughalle begonnen, denn bei der Temperatur musste sie ja auseinanderplatzen, wenn sie nicht bald vor der Sonne geschützt wurde. Aus Baumstämmen und Palmblättern stellten wir dann so etwas Hangarähn-

liches her. Die Regierung überließ mir für die Dauer meiner Anwesenheit Wächter, welche die kleine »Klemm« dann auch bis zum Schluss treu behütet haben. Ich hatte mir noch eine Benzinpumpe heranschaffen lassen, außerdem ein Ölfass. Nun sah es schon richtig aus wie ein Flugplatz. Von mir aus konnte die Expedition beginnen.
Eines Morgens ruft Herr Hentges zu mir herauf: »Bernatzik ist da!« Ich stürze hinunter. Vor der Tür steht ein mit allen möglichen übel riechenden Scharteken bis obenhin beladenes Ford-Camion, dem Bernatzik entstieg.
Er hatte zwei seiner Boys mitgebracht und wollte nun erst einmal mit mir alles Nähere besprechen, während seine Frau und Professor Struck im Busch geblieben waren. Bernatzik erzählte mir nun, dass er etwas enttäuscht gewesen sei von der Guinée, da sie von einigen Autostraßen durchzogen sei. Er hatte sich alles wilder und unzivilisierter gedacht und fürchtete nun, nicht auf die von ihm erwartete Ausbeute zu kommen. Er hatte aber gerade noch Glück gehabt, denn diese Straßen waren ganz neu angelegt und hatten der Ursprünglichkeit der Eingeborenen noch kaum geschadet.
Wir verabredeten nun, dass er in den nächsten Tagen mit den anderen Expeditionsteilnehmern zurückkommen und wir sofort von hier aus mit den Flügen beginnen würden.
Eine große Enttäuschung war für mich, dass ich die Schwimmer nicht verwenden konnte, weil ich keinerlei Hilfe zur Montage hatte und auch die Möglichkeit, die Maschine gefahrlos ohne geschultes Personal zu Wasser zu bringen, sehr schlecht war. Eine Motorpanne auf offenem Meer wäre auch sehr gefährlich geworden, weil wir mit schneller Hilfe nicht rechnen konnten. Wir mussten daher unser Programm umstellen und uns in der Hauptsache mit der Erforschung des Inneren der Kolonie beschäftigen.
Eines Tages war es dann auch so weit und wir konnten zum ersten Expeditionsflug starten. Merkwürdigerweise fiel das auf den 10. Februar, den Tag, den wir schon in Berlin für den Beginn angesetzt hatten. Unser erster Flug sollte ein Probe-, Foto- und Erkundungsflug werden, bei dem wir dem Gouverneur in Bolama einen offiziellen Besuch abstatten wollten.

War das eine Schaukelei, als sich der fotohungrige Bernatzik gleich nach dem Start hoch aus der Maschine reckte!
Nach der Landung in Bolama war der zur Feier des Tages von Bernatzik angelegte blütenweiße Anzug durch das herausspritzende Öl leicht schattiert. Der Gouverneur war rührend besorgt um uns und mir schien, dass er uns am liebsten alle Flüge zu den Bissagos-Inseln verboten hätte, damit wir ja ohne Krokodil- oder Haifischabenteuer wieder nach Hause kämen.
Nun begann eine Zeit harter Arbeit. Weniger für mich als für den armen Bernatzik und den kleinen 40-PS-Motor, der bei dieser wirklich üblen Hitze allerhand zu tun hatte, um die schwere Last in die Luft zu bringen. Die Flüge verliefen verhältnismäßig normal, allerdings gab es auch Situationen, die für die Fliegerei in Deutschland recht außergewöhnlich wären.
Da waren einmal die Heuschrecken. Während der ersten Flüge hatten wir nichts von ihnen gesehen, dann aber hat es uns doch erwischt! Wir kamen von einem Fotoflug aus dem Inneren zurück und über dem Flugplatz lag eine dichte Wolke, die sich als unabsehbarer Heuschreckenschwarm entpuppte. Außer dem Platz gab es keine andere Landemöglichkeit und in den Schwarm, der vielleicht bis zu einer Höhe von 50 Metern herauf über dem ganzen Gebiet dahinzog, hinein zu landen hieß, auf alle Fälle den Propeller und wahrscheinlich auch die Holzverkleidung der Flächen riskieren. Wir mussten also über der Wolke bleiben und kreisen und abwarten, bis es den Heuschrecken gefiel, das Feld zu räumen. Wenn dann nur das Benzin noch langt …! So sind wir eine halbe Stunde über dem Platz herumgekurvt, bis es – glücklicherweise gerade noch rechtzeitig – heller wurde, der Schwarm langsam abzog und ich buchstäblich mit dem letzten Tropfen Benzin landen konnte.
Etwas Schauerliches passierte bei einer anderen Gelegenheit. Ich flog allein hinüber nach Bolama, um dort einige Passagierflüge zu machen. Drüben war nun leider auch keine Halle. Um die Maschine nicht in der glühenden Sonne zu lassen, deckte ich sie mit Palmzweigen zu. Nach einigen Tagen flog ich zurück nach Bissao und wie

ich über dem Wasser bin, fängt es an, mich von den Beinen herauf fürchterlich zu zwicken. Wanderameisen in der Maschine!
Wer Afrika kennt, weiß, was das bedeutet. Diese Tiere sind imstande, über Nacht einen ganzen Eingeborenenstamm zu vertreiben. Wehe dem Tier, das da zurückbleibt – bestenfalls einige Knochen werden später von ihm aufgefunden. Und diese liebenswürdigen Geschöpfe hatte ich in der Maschine! Wäre die Flugstrecke etwas länger gewesen, so hätte ich irgendwo notlanden müssen, selbst auf die fast sichere Aussicht eines Bruches hin, weil es einfach nicht zum Aushalten war.
Die Rosine unserer ganzen Tätigkeit war natürlich die Erkundung der der Küste vorgelagerten Bissagos-Inseln. Immerhin mussten wir mehr als 100 Kilometer über Wasser, den Ozean, fliegen. Die Aussicht, bei einer Notlandung von Krokodilen oder Haifischen gefressen zu werden, war recht groß.
Bei diesen Flügen sind wir dann auf sehr schöne Ergebnisse gekommen. Von den Inseln ist nur eine von Europäern besiedelt, und zwar fast ausschließlich von Deutschen. Eine deutsche Gesellschaft hatte die Verarbeitung der Ölpalmprodukte übernommen. Zufällig lag an unserem Besuchstage vor Bubac – das ist der Name dieser Insel – ein deutscher Hapagdampfer und wir erlebten eine Insel im Atlantik, von Deutschen verwaltet, im Hafen ein deutscher Dampfer und darüber ein deutsches Flugzeug kreisend. Auf den Häusern wehte uns zu Ehren die deutsche Flagge – es war herrlich!
So verging eine wunderschöne Zeit mit Arbeit und viel Spaß. Einmal ließ ich meine Maschine zurück in den Händen der »Bakaris«, um mit der Expedition zu Fuß und Auto ins Innere zu gehen. Dann wieder zogen wir aus zur Flusspferdjagd – über allem aber durften die Vorbereitungen für den Rückflug nicht vergessen werden. Es war schon beinahe Mitte März. Ich musste aus Wettergründen unbedingt bald weg, um vor der Regenzeit aus Afrika heraus zu sein; sonst konnte die Reise wochenlang dauern.
Zuerst stellte ich fest, was ich da alles an unnötigen Ersatzteilen herumschleppte. Mein erster Mantelpropeller war noch so wie beim Abflug in Berlin – also den alten drauf behalten und den Ersatzpro-

peller zurück mit dem Schiff schicken. Die Contibereifung hatte überhaupt nicht gelitten – etwas, was mich sehr erstaunte, denn die Plätze, die sie aushalten musste, waren manchmal nicht gerade samtweich. Der Motor, alle Leitungen, Tanks usw. wurden genau geprüft und kontrolliert – und dann war es wieder so weit. Zum Schluss wurde meine kleine »Klemm«, die für Europa gebaut war und die doch alle diese unerhörten Beanspruchungen tadellos überstanden hat, mit warmem Seifenwasser abgewaschen und auf neu gebohnert.
Recht schwer war das Abschiednehmen von den vielen Freunden, den Deutschen und Portugiesen. Der Gouverneur schickte mir ein reizendes Abschiedsgeschenk und bat um Nachricht, wenn ich wieder in Deutschland eingetroffen wäre. Besonders schwer fiel der Abschied von den beiden »Vatis«, die mich in ihrem Hause so verwöhnt hatten. Von einem deutschen Dampfer bekam ich noch eine harte Mettwurst und eine Thermosflasche mit ungesüßtem Tee, einige Tafeln Schokolade und etwas Weißbrot.
Damals haben wir alle nicht geahnt, unter welchen Bedingungen ich einige Tage später diese Herrlichkeiten auspacken würde.

Verschollen im Süden der Sahara

Am Sonntag, dem 15. März, war es so weit. Fast alle Europäer waren trotz der frühen Zeit herausgekommen, um mir Auf Wiedersehen zu sagen. Bis um sechs Uhr war ich mit dem Einpacken und dem vielen Händeschütteln fertig, versprach, brav Nachricht zu geben, wenn ich gut durch die Sahara gekommen wäre, gab Gas und nach einer letzten Ehrenrunde nahm ich Kurs nach Ostnordost – wenn auch auf einem kleinen Umweg – aber doch der Heimat entgegen.
Die erste Etappe war das ungefähr 600 Kilometer Luftlinie entfernte Kayes im Osten von Französisch-Senegal. Während der ersten Stunde dachte ich immer: Wenn jetzt der Motor aussetzt, kann ich bei einer Notlandung bis zum Abend wieder in Bissao sein. Dann hörten die Straßen ganz auf und nun war ich mit einem Mal aus dem gastfreundlichen Portugiesisch-Guinea heraus.
Schon in der Nähe von Tambaccounda begann das Gelände bergig zu werden und als ich an Kayes herankam, konnte ich mir erklären, warum es dort so heiß sein sollte. Es liegt weit entfernt von der Küste und in einem Kessel von Bergen. Die ganze Hitze lastet also in einem Tal über der Station. Nun war ich wieder auf französischem Boden, und einen richtigen Flugplatz gab es da, der zurzeit allerdings nicht besetzt war. Schon am nächsten Morgen um sechs Uhr startete ich weiter nach Bamako. Kurz vor dem Abschied erzählte mir noch irgendwer, dass das ganze Felsengebiet, über das ich jetzt flog, etwas mit dem sagenhaften Goldland Ophir zu tun hätte. Ich kann mir das gut vorstellen, denn morgens, als ich wegflog, schien die Sonne auf diese schön geformten Felsen und die glatten Wände sahen wirklich wie reines Gold aus.
Bamako, die Hauptstadt des französischen Sudan, war nach langer Zeit einmal wieder eine eindrucksvolle Ansiedlung. In dieser Stadt

lebten 1931 über 800 Europäer und einige Tausend Eingeborene. Der Flugplatz hatte richtige Hallen und einen Kreis in der Mitte, in dem »Bamako« zu lesen war. Monteure stürzten mir entgegen, die meine Maschine zur Halle dirigierten, also – es war fast so wie in Tempelhof. Ich konnte mein Flugzeug seit Monaten zum ersten Mal wieder beruhigt den Händen von erstklassigen Fachleuten überlassen.

Im Laufe des Tages stellte sich eine sehr dumme Sache heraus. Am 3. März, also in der Zeit, während der ich in der Guinée war, hatte der Generalgouverneur der westafrikanischen Kolonie eine neue Verordnung herausgegeben, welche die Überquerung der Sahara von einzelnen Sportflugzeugen wegen der großen Gefahren untersagte. Das war für mich ein unerwarteter Schlag.

Ich machte sofort einen Besuch bei dem hier ansässigen Gouverneur, dem ich auseinandersetzte, dass es für mich keine andere Rückkehrmöglichkeit gab; denn wenn ich wieder wie auf dem Hinflug die Küste hinauffliegen würde, gäbe das durch den ewigen Nordwind und die großen Etappen ernste Schwierigkeiten, da mein Aktionsradius mit dieser kleinen Maschine dafür doch recht gering sei. Außerdem hatte die Maschine bis hierher einen hohen Grad an Sicherheit und Zuverlässigkeit bewiesen und zu guter Letzt wurden alle Gefahren in der Sahara durch das Vorhandensein der Piste wesentlich herabgemindert.

Der Gouverneur sagte mir seine Unterstützung zu, machte mich aber darauf aufmerksam, dass eine Antwort vom Generalgouverneur nicht vor zwei bis drei Tagen da sein könnte. Als nach zwei Tagen Aufenthalt die Erlaubnis noch nicht da war, erbat ich vom Gouverneur erst einmal die Genehmigung zum vorläufigen Flug bis Gao, der letzten Station vor der Zentralsahara. Er hatte volles Verständnis für meine Bitte und erlaubte diese Etappe ohne Weiteres. Also wurde der Start für den folgenden Morgen ganz früh festgesetzt. Schon vor sechs Uhr stand die Maschine fix und fertig beladen draußen vor der Halle für den Start nach Timbuktu. Ich flog über Segou und Mopti, beides noch größere französische Stationen, bis wohin auch Autostraßen gingen. In der Hauptsache hatte ich immer den Niger als Orientierungsmöglichkeit.

Aber schon von Mopti begann ich etwas abzuschneiden, um möglichst genau Kurs zu fliegen und dadurch Zeit zu sparen, um nicht mehr in die größte Hitze des Mittags hineinzukommen. Hier begann das große Überschwemmungsgebiet des Niger, das sich nach Nordosten zu immer mehr verbreiterte. Es waren kaum Ansiedlungen zu sehen, und zum Schluss bestand das Gelände unter mir nur noch aus Sandstrecken, die von mehr oder weniger großen Seen und Sumpfgebieten unterbrochen wurden. Ich war wieder ungefähr 1500 Meter hoch – wie gewöhnlich in diesen heißen Ländern. In dieser Gegend hat man bei klarem Wetter eine beinahe unbegrenzte Sicht und ich musste mich jetzt, wenn die Karte stimmte, schon wieder dem Niger nähern, der hier eine mehr ostnördliche Richtung nahm.

Da – auf einmal fängt mein Motor an, laut zu rumoren und an Touren nachzulassen!

Was ist das? Dem Geräusch nach zu urteilen, bekommt er kein Öl mehr. Was ist los? Hat der Öltank ein Leck bekommen und ist leer gelaufen? Oder ist die Leitung defekt oder nur verstopft?

Aber das ist ja alles völlig egal – ich sitze hier auf meinem Führersitz festgenagelt und kann nichts machen und weiß nur, dass es jetzt mit Sicherheit eine Notlandung geben wird. In der Ferne, vielleicht 80 Kilometer in nordöstlicher Richtung, glaubte ich den Niger und eine Station liegen zu sehen, die meiner Berechnung nach Timbuktu sein müsste.

Das Gelände unter mir sieht nicht sehr ansprechend aus. Ich bin über einem breiten Wüstengürtel mit vielen Sanddünen, auf dem ganz dicht kahle Bäume stehen. Ich sehe keine Stelle, die annähernd groß genug wäre, um die Maschine unbeschädigt hineinzusetzen. Außerdem würde eine Notlandung für mich selbst da zwischen den Bäumen auch nicht ganz gefahrlos sein.

Der Motor lässt dauernd an Touren nach und mir blutet das Herz, dass ich ihn nicht durch Abstellen von dieser Quälerei erlösen kann. Doch ich kann darauf keine Rücksicht nehmen – ich muss aus dieser gefährlichen Zone hinaus und dazu noch jede Umdrehung des Motors ausnützen.

In weiter Ferne sehe ich Sandgebiet wieder an die Überschwemmungszone angrenzen und versuche, im Heruntergleiten mich gleichzeitig den kleinen Seen zu nähern.
Jetzt bin ich nur noch 400 Meter hoch, der Propeller ist stehen geblieben, der Motor ist rettungslos kaputt – aber auch das ist im Moment noch nicht wichtig. Aus den letzten 200 Metern wird ein regelrechter Segelflug. Mit der rechten Fläche streife ich einen Baum, werde dadurch, weil ich gar keine Geschwindigkeit mehr habe, um 180 Grad herumgerissen und sitze, bis auf einen kleinen Riss im Sperrholz und mit durch die schnelle Drehung auf dem Boden gebrochenem Sporn unbeschädigt, auf einem Platz von vielleicht 20 Metern Länge zwischen dem letzten Baum und dem ersten kleinen See.
Im Heruntergleiten während der letzten Sekunden erlebte ich eine Überraschung: Ich sah einen Schwarzen mit erhobenen Händen entsetzt davonlaufen. Das Flugzeug stand erst einmal und würde voraussichtlich auch noch etwas stehen bleiben.
Jetzt musste ich meinen kleinen Schwarzen suchen, um zu sehen, was nun zu unternehmen sei. Aber der hatte sich verkrochen. Nach einigem Suchen entdeckte ich ihn hinter einem dürren Baum, wo er sich mit den Zeichen höchster Angst versteckt hielt. Ich winkte und lachte ihm zu, damit er seine Furcht vor dem lautlosen großen Vogel verlöre, und bekam ihn schließlich dazu, dass er sich langsam näherte. Ich klopfte ihm auf die nackte braune Schulter und hielt ihm eine kleine Ansprache in wohlgesetzten französischen Worten.
Doch damit wusste er nichts anzufangen.
Versuchen wir es also mit einer Zigarette! Ich hielt ihm mein Etui hin, das er mir, es erstaunt ansehend, aus der Hand nahm. Ich zeigte ihm, dass man als wohlerzogener Schwarzer nur eine Zigarette nimmt. Er dreht sie verständnislos hin und her; riecht daran und – jetzt erschrecke ich doch: der Schwarze hat noch nie mit Europäern zu tun gehabt; denn das Rauchen ist immer eins der ersten Dinge, die ein Schwarzer vom Europäer übernimmt.
Damit war es also nichts. Nun nahm ich meine Karte, Maßstab 1 : 1 000 000, heraus und zeigte in die Richtung, in der meiner Ansicht nach die Station liegt und fragte: »Timbuktu?«

Man sah ihm an, dass er nichts verstand. Ich zeigte auf den Boden, auf dem wir standen, und machte eine fragende Bewegung, um vielleicht aus ihm einen Ortsnamen herauszubekommen.

Nichts.

Ich deutete ihm auf der Karte den Lauf des Niger an. Wieder nichts.

Inzwischen waren andere Eingeborene hinzugekommen; wilde Kriegergestalten, jeder mit mehreren Speeren in der Hand. Sie waren nur sehr notdürftig bekleidet und ich versuchte, bei ihnen etwas zu entdecken, was von den Europäern stammt, und sei es nur eine Nähmaschinennaht.

Aber ich finde nichts.

Sie stellten sich etwas abseits und hielten wahrscheinlich einen kleinen Kriegsrat. Inzwischen sah ich mir meinen Motor an und fand heraus, dass die Ölleitung gebrochen war.

Danach nahm ich die Verhandlungen wieder auf. Die Männer waren inzwischen näher gekommen und begrüßten mich durch Aufheben der Hand. Ich nehme wieder mein Verhör auf, aber auf »Timbuktu« bekomme ich nach wie vor kein Zeichen des Verständnisses. Nach einiger Zeit sagt einer der Schwarzen: »Goundham« und zeigt nach Westsüdwest. Ich sehe auf meiner Karte nach und tatsächlich finde ich Goundham, das allerdings nicht auf meiner Luftlinie liegt und meiner Schätzung nach viel weiter entfernt von diesem Platz ist als Timbuktu. Jetzt ist die große Frage: Habe ich mich getäuscht oder stimmt die Karte nicht. (Später stellte sich dann heraus, dass beides nicht stimmte, die Karte und meine Schätzung. Mein Notlandeplatz lag wirklich wesentlich näher zu Timbuktu als zu Goundham, aber merkwürdigerweise gehörte dieser Streifen aus verwaltungstechnischen Gründen zum Bezirk von Goundham. Dadurch ergab sich dann eine Reihe von Schwierigkeiten.) – Jetzt versuchte ich den guten Leuten durch vielerlei Gesten mit Händen und Füßen klarzumachen, dass ich nach Timbuktu marschieren wolle, vielleicht auch nach Goundham, jedenfalls nach der nächsten europäischen Station.

Da sagt auf einmal einer von ihnen auf Kreoli: »Viel Wasser, keine Piroge.«

Der Mann hatte recht mit dem Wasser – aber das konnte doch schließlich nur der Niger sein und wenn wir wirklich bis zum Niger marschierten, würden wir am Ufer sicherlich irgendein Boot zum Übersetzen auftreiben. Die kleinen Seen des Überschwemmungsgebietes schienen mir flach genug, um sie einfach zu durchschreiten. Außerdem konnte ich ja schwimmen.
Ich merkte bald, dass die Schwarzen absolut nicht die Absicht hatten, mit mir aufzubrechen, und nach all dem, was sich später dann ereignete, muss ich mich immer wieder wundern, mit welch außerordentlicher Vorsicht und Überlegung sie bei meinem ganzen Abenteuer gehandelt haben.
Allein konnte ich nicht ins Blaue hineinmarschieren und sagte mir: Also schön, bleiben wir erst einmal hier. Lebensgefährlich sah die Geschichte ja nicht mehr aus, nachdem ich gut gelandet war und Menschen gefunden hatte, die offensichtlich nicht feindlich eingestellt waren.
Nun erklärte ich ihnen durch Zeichensprache, sie möchten mich zu ihren Hütten führen. Es dauerte einige Zeit, bis sie mich verstanden hatten. Die Koffer und Sitzkissen nahm ich aus der Maschine heraus und jetzt gingen wir ungefähr einen Kilometer in das Sandgebiet hinein. Schließlich kamen wir bei den Hütten an.
Ich konnte jetzt allerdings begreifen, dass aus der Luft davon nichts zu entdecken war; denn die vier Hütten waren zu klein und primitiv, als dass man sie als solche hätte erkennen können. Zwischen den Behausungen war ein kleiner Kral, in den ihre Ziegen hineingetrieben wurden, und das Ganze war von einer Hecke aus dichtem Dorngestrüpp umgeben, die nur einen kleinen Zugang hatte. Später erfuhr ich, dass meine Schwarzen hier dem Stamme der Songhai angehörten, die Sklaven eines anderen Eingeborenenstammes, der Tuareg, waren; völlig recht- und besitzlose Nomaden, die auf diesem schmalen Sumpfstreifen die Herden der Tuareg zu weiden hatten und mit ihnen immer hin und her zogen.
Ich wählte mir die beste der vier Hütten aus, die quadratisch, allerdings etwas kurz, ungefähr 130 Zentimeter, aus Matten gebaut war. Da brachte ich meine Koffer und die Kissen aus der Maschine unter

und wie mir bei der Gelegenheit meine Schreibmappe in die Hand fiel, kam mir ein Gedanke: Ich machte den Schwarzen wieder durch Zeichen klar – und dieses Unternehmen war wirklich sehr kompliziert –, dass ich eine Nachricht an die weißen Menschen schreiben würde, und ob nicht ein Bote diesen Brief zur nächsten europäischen Station bringen könnte. Und tatsächlich, es gelang nach unendlichen Mühen. Auf diese Leistung bin ich heute noch stolz. Ich schrieb in diesem Brief alles, was sich ereignet hatte, und gab, so gut ich konnte, meinen ungefähren Aufenthaltsort an. Außerdem war ja dann auch ein Schwarzer als Begleitung zu dem Brief da, von dem man Näheres erfahren konnte.

Nachdem dieser Bote, der den Weg zu kennen schien, sich für die Reise durch eine große Schale Hirse gestärkt hatte, entfernte er sich mit dem Brief, aber nach der entgegengesetzten Richtung, in der meiner Schätzung nach Timbuktu liegen musste.

Meine Lebensmittelbestände waren schnell zu übersehen, nur war leider die Thermosflasche mit Tee während der Reise von Bissao bis hierher wahrscheinlich durch die unsanfte Landung entzweigegangen. Der Tee war ausgelaufen und ich hatte nichts mehr zu trinken, aber einen schrecklichen Durst. Seit morgens um sechs Uhr hatte ich nichts mehr zu mir genommen und die Hitze war sehr groß! Wir mussten eine Temperatur von ungefähr 45 Grad im Schatten haben. Nun gab es allerdings Wasser in unserer unmittelbaren Nähe, aber ich wusste nur zu gut, dass dieses Wasser mit großer Wahrscheinlichkeit verseucht war.

Bis zum Abend habe ich dieses Nichttrinken durchgehalten, aber dann ging es nicht mehr. Ich konnte kaum noch schlucken, so ausgedörrt war mir schon der Hals. Mir blieb also nichts anderes übrig, als das Sumpfwasser zu trinken. Ich habe es dann durch ein doppeltes Taschentuch filtriert und aus dem heil gebliebenen Becher der Thermosflasche getrunken. Dazu schnitt ich meine Dauerwurst an und nahm so mit etwas Wasser das kombinierte Mittags- und Abendmahl ein. Nachher trat ich einen Inspektionsgang an und entdeckte einen hübschen kleinen See, der noch im Sandgebiet lag und wie zum Baden eingerichtet zu sein schien.

Inzwischen war die Sonne untergegangen. Im Lager wurden Feuer angemacht und darauf brodelte ein großer Topf mit Hirse. Ich war jetzt wirklich müde und richtete mich für die Nacht ein. Meine Hütte hatte ich, so gut es ging, mit meinen Kissen ausgelegt, um nicht direkt auf den Matten der Eingeborenen zu liegen. Zudecken konnte ich mich mit meinem Ledermantel. Sowie es dunkel wurde, erwachten die Moskitos, Tausende und Abertausende, die hier im Sumpfgebiet zu Hause waren, und alle stürzten sich wie ausgehungert auf mich. So war an Schlaf nicht zu denken. Ich versuchte es mit der Frisierhaube vor dem Gesicht, aber da stachen sie hindurch. Dies ist solch eine Situation, die man, glaube ich, nicht ganz mit all ihren Scheußlichkeiten schildern kann. Wer es erlebt hat, dieses ganz nervös machende Summen der Tiere, ihr Stechen, das man erst merkt, wenn es schon zu spät ist, wird sich in meine Lage hineinversetzen können. Es verging eine Stunde nach der anderen, immer noch saßen die Schwarzen um ihr Feuer herum und unterhielten sich leise, um mich nicht zu stören. In der Nähe hörte ich einen Löwen brüllen.
Gegen Morgen wurde es empfindlich kühl und feucht und als der erste Lichtstrahl wieder erschien, stand ich ganz durchgefroren auf, ohne geschlafen zu haben.
Der zweite Tag sah noch weniger angenehm aus.
Ich musste mich beschäftigen, denn es war ja sehr gut möglich, dass heute Flugzeuge kamen, um mich zu suchen. Inzwischen war es sicherlich durch die Telegrafie auf allen Stationen bekannt geworden, dass ich nicht in Timbuktu angekommen war.
Also arrangierte ich Haufen aus trockenen Zweigen in einiger Entfernung rings um das Flugzeug, stellte in kleinen Kalebassen Benzin dazu, um sie sofort entzünden zu können, und wartete ab. Gegen Mittag kam ein offenbar nach mir suchendes Flugzeug. Doch es sah weder mich noch meine Rauchzeichen.
Dann habe ich Strümpfe gewaschen, geschrieben – alles solche Beschäftigungen, die nicht unbedingt nötig waren, die aber gut über die Länge der Zeit hinweghalfen.
Später nahm mich der Häuptling bei der Hand und führte mich auf eine Sanddüne. Dann zeigte er mit dem Finger lange in eine

bestimmte Richtung und nachdem meine Augen sich an die Entfernung gewöhnt hatten, sah ich ganz weit weg wie Stecknadeln sechs Funkmasten. Ich sah ihn an und fragte: »Timbuktu?« – denn die Richtung stimmte ja genau mit meinem bei der Notlandung genommenen Kompasskurs überein. Er zuckte die Achseln – er wusste es nicht.
Nun war die Entfernung bis zur Station sicherlich recht groß. Aber man hatte doch ein sichtbares Ziel vor Augen. Jetzt wurde ich wieder munter. Mit Zeichensprache hielt ich ihm einen langen, sehr ernsten Vortrag: »Morgen früh, wenn die Sonne, nachdem sie schlafen gegangen ist, wieder aufstehen will, gehst du mit mir und drei anderen, die meine Koffer auf dem Kopfe tragen, zu dieser Station. Dort wirst du für dich und dein Dorf viele schöne Geschenke bekommen.«
Er nickte zum Zeichen, dass er begriffen hatte und einverstanden war, und ich sah jetzt mit viel größerer Ruhe dem weiteren Verlauf der Dinge entgegen.
Nachts konnte ich wieder wegen der Moskitos nicht schlafen und auch die Schwarzen sind nicht zur Ruhe gekommen. Am nächsten Morgen war ich ganz früh auf, denn die Hoffnung, nun wegzukommen, hatte mich trotz aller Müdigkeit schnell auf die Beine gebracht. Ich krabbelte aus meiner Behausung heraus, die Frauen waren schon am Arbeiten, doch weder der Häuptling noch irgendein anderer Mann waren im Lager zu sehen.
Was ist denn das nur wieder? Auf meine Frage wurde mir angedeutet, dass die Männer zum Arbeiten weggegangen seien.
Sollte das offener Widerstand gegen meine Wünsche sein? Jedenfalls entmutigte diese neue Überraschung mich doch etwas. Ich konnte allein nichts unternehmen. Ich wusste nicht, in welcher Richtung ein Durchkommen nach der europäischen Station möglich war; denn schon, dass der Schwarze mit dem Brief einen so großen Umweg eingeschlagen hat, war der Beweis, dass der direkte Weg nicht passierbar ist. Ist der Brief überhaupt angekommen? Wird man mir Hilfe schicken?
Flugzeuge sind nicht mehr gekommen. Es ist ja auch sehr schwer, auf einer über 750 Kilometer langen Strecke eine kleine »Klemm« zu fin-

den. Aber ich kann doch nicht ewig hier bleiben und ich muss auch wieder einmal etwas Richtiges zu essen bekommen und wenn ich noch länger nicht schlafen kann, dann bin ich in kurzer Zeit ganz entkräftet. Ich legte mich in den Schatten einer Hecke und fing einfach an zu weinen. Was wird nun weiter? Nachdem bis zum dritten Tag nichts geschehen war, wird der Brief vielleicht nicht angekommen sein und man hat mich womöglich schon aufgegeben, weil kein Lebenszeichen von mir eingetroffen ist.
Neben mir lag die Frau des Häuptlings unter einem Tuch und stöhnte. Das war ja auch wieder ganz etwas Neues. Eine schwarze Frau, die am Tage dalag, nicht arbeitete und sogar noch Schmerzenslaute von sich gab. Ich zog ihr das Tuch weg und sah ihre Hand, die sie bis dahin immer unter ihrem Gewand verborgen gehalten hatte, die am Gelenk ganz von schrecklichen großen Wunden zerfressen war.
Das musste die Lepra sein! Ich hatte schon mehr aussätzige Schwarze gesehen und die Wunden sahen genauso aus. Sie rief ihren kleinen Sohn, der mit einem kleinen Gefäß mit Wasser kam und nun mit seinen Fingern die kranke Stelle kühlte. In der Hütte dieser Frau habe ich zwei Nächte lang gelegen!
Auf einmal höre ich Männerstimmen. Kommen die Männer zurück? Herrgott, ich werde abgeholt!
Ein Schwarzer in Uniform mit der roten Filzkappe der Tirailleurs! Ich stürze ihm entgegen, wir schütteln uns, wie alte Freunde, die Hand und er erklärt mir in mühsamem Französisch, aber immerhin verständlich, dass mein Brief angekommen ist und dass man ihn geschickt habe, um mich abzuholen.
Er hat mir auch zu essen mitgebracht, zwei Hühner und 18 Eier, ist einen Tag und eine Nacht gelaufen und jetzt ist er hier. Ich brauchte keine Angst vor ihm zu haben, ich soll mich ruhig seiner Führung anvertrauen, er sei nur gekommen, um mich zu retten.
»Wie heißt du denn?«, frage ich.
»Alassha!«
Er ist ein französischer Eingeborenensoldat gewesen und war sogar während des Krieges in Frankreich und im besetzten Rheinland. Aber das ist alles so nebensächlich. Jetzt ist es mittags um zwei Uhr.

Wird er imstande sein, noch am selben Abend mit mir aufzubrechen? Ich frage ihn, ob er von dem langen Eilmarsch nicht zu müde ist, aber er erklärt sich einverstanden, gegen Sonnenuntergang nach Timbuktu loszumarschieren. Allerdings glaubt er, es sei unbedingt nötig, für den Marsch zwei Ochsen oder Esel für den Transport des Gepäcks und zum Reiten für mich aufzutreiben.
Durch Nachfrage bei meinen Gastgebern stellt er schnell fest, dass es in einiger Entfernung in einem anderen Lager zwei Esel geben soll, und da sagte Alassha zu mir, in seinem komischen Französisch: »Du musst jetzt Esel verdienen.«
Er erklärte mir die Notwendigkeit und versprach mir, erst einmal selbst mit dem Häuptling, dem die Tiere gehören, zu verhandeln. Aber er glaubt nicht, dass er sie bekommen wird. Wahrscheinlich würde ich selber verhandeln müssen und er meinte: »Wenn der Häuptling dir die Esel nicht gibt, dann musst du ihn schlagen.«
»Aber, Alassha«, sagte ich, »ich habe noch nie einen Häuptling geschlagen.«
»Och«, meinte er, »wo du doch sogar fliegen kannst, da wirst du doch einen Häuptling schlagen können.«
Nach kurzer Zeit kam er auch schon zurück und sagte, dass es mit den Eseln nichts geworden ist. Ich musste also selber mit.
Wir wanderten vielleicht eine halbe Stunde lang weiter in das Sandgebiet hinein und mir tat es schon jetzt leid um jeden Schritt, den ich noch vor dem eigentlichen Marsch laufen musste. Dann stießen wir auf ein ähnliches Lager wie das unsrige und tatsächlich, in der Nähe weideten zwei Esel.
Alassha und der Häuptling schrien sich heftig an. Man denkt, sie werden sich im nächsten Moment ohrfeigen, aber das ist nur ihre Sprache.
Ich sah schon, ich musste in die Verhandlung eingreifen.
Ich ließ durch Alassha übersetzen, dass ich eine mächtige Königin der Franzosen sei und dass der Häuptling mir unbedingt helfen müsste, mithilfe seiner Esel auf die Station zurückzukommen, weil mein Himmelsschiff beschädigt ist. Wenn er mir die Esel verweigere, würden die Franzosen mit ihren großen Gewehren kommen und

seine Herden und seine Frauen totschießen. – Das zog immer noch nicht.
Alassha stand an der Seite und hetzte: »Du musst ihn jetzt schlagen!«
Schließlich erhob ich eine an der Seite liegende Eingeborenenaxt, schlug erst einmal probeweise gegen den Pfosten seiner Hütte und legte sie ihm dann mit der Steinschneide auf den schwarzen Arm. Seinem Gesicht nach zu urteilen, schienen wir dem Ziel jetzt näher zu kommen. Nachdem ich ihm auf Deutsch noch einmal meine Wünsche ins Ohr gebrüllt hatte, erklärte er endlich Alassha, immer dabei auf die Axt schielend, dass wir die Esel geborgt haben könnten. Natürlich verlangt er als Leihgebühr Geschenke. Um seine Esel wirklich wieder zu bekommen, kam er dann vorsichtshalber mit uns. Auf dem Rückwege zu unserem Lager machte ich einmal einen kleinen Versuchsritt, aber auf dem spitzen Kreuz des Tieres ohne Sattel würde das wahrscheinlich nicht lange gut gehen.
Der Esel bekam nun mein Gepäck aufgeladen und schließlich gegen Sonnenuntergang konnten wir meine schwarzen Gastgeber wieder verlassen.
Meine Karawane bestand jetzt aus sieben Schwarzen, die sich vor dem Aufbruch mit einer geschlachteten Ziege noch einmal tüchtig gestärkt hatten. Wir marschierten in genau derselben Richtung wie der Junge mit meinem Brief.
Alassha erklärte mir jetzt, dass es keine andere Möglichkeit gebe, an den Niger zu gelangen; denn auf dem direkten Weg seien die Sümpfe und Seen teilweise unergründlich. Es gab immerzu Aufenthalt, und die Schwarzen verlangsamten ihre Schritte mehr und mehr. Ich dachte bei all diesen Abenteuern an marschierende Soldaten, die, überanstrengt, mit einem Schlage wieder leistungsfähig wurden, wenn sie sangen.
Also versuchten wir es mal mit deutschen Wanderliedern! Das Verfahren erwies sich als durchaus brauchbar. Jetzt kam wieder Bewegung in die Leute und alle marschierten schön im Takt durch die Wüste. Alassha erklärte, dass wir in kurzer Zeit wieder ein Eingeborenenlager antreffen würden, wo dann eine kurze Nachtruhe vorgesehen war.

Wir kamen wirklich zu dem angekündigten Lager, wo sich die Eselangelegenheit noch einmal wiederholte. Die Esel mussten nämlich jetzt gegen Ochsen oder vielmehr Zebus ausgewechselt werden und erst nach meinem Dazwischentreten und der Androhung von Schlägen, gab uns der Häuptling zwei schöne, kräftige Tiere, die uns bei der großen Wasseretappe, die wir noch vor uns hatten, gut helfen würden.
Wir kamen nun aus dem Sandgebiet heraus und mussten durch ein kilometerlanges Sumpfgebiet, das den Tieren oft bis an den Hals ging, hindurch. Weit weg sah man den Niger und ein größeres Eingeborenendorf. Alassha zeigte darauf und sagte: »Da hinten ist es.«
Ja, aber wo waren denn die Europäerhäuser? Hier waren doch nur Negerhütten!
Erst jetzt stellte sich heraus, dass Alassha gar nicht von Europäern geschickt war, sondern dass mein Bote mit dem Brief nur in diesem ersten Dorf auf dem Wege nach Goundham gewechselt worden war. Bei der Gelegenheit hatte er dem Häuptling von meinem Abenteuer erzählt und dieser hatte sofort aus eigener Initiative den einzigen Französisch sprechenden Einwohner seines Dorfes mit Lebensmitteln zu mir hingeschickt.
Das sprach sehr für die Intelligenz dieses Eingeborenenhäuptlings, aber kann man sich meine Enttäuschung vorstellen, wie jetzt wieder die Rückkehr zu den Weißen, die Aussicht, in einem richtigen Bett mit Moskitonetz zu schlafen, in weite Ferne gerückt waren!?
Endlich kamen wir an den Niger, wo uns eine Piroge erwartete, die uns auf die andere Seite übersetzte. Drüben wurden wir mit Musik und Tanz empfangen. Aber ich hatte allmählich genug von derartigen Eingeborenenscherzen. Ich holte mir meinen Alassha heran und hielt ihm eine lange Rede, die er dem Häuptling übersetzen sollte. Ich sei krank und müsse einen Arzt haben.
Ich hatte tatsächlich in den letzten Tagen immer gegen Abend stark erhöhte Temperatur gehabt.
Da ich eine wichtige Person bei den Franzosen sei, würde man sie bestrafen, wenn sie nicht alles täten, was ihnen irgend möglich sei. Ich verlangte sofort eine neue Piroge mit vier Mann Bedienung und

einem Sonnendach, in der ich gleich nach Timbuktu aufbrechen könnte. Wenn sie alles nach meinen Wünschen erledigten, bekämen sie Geschenke, im anderen Falle würde es ein großes Strafgericht durch die Franzosen setzen. Das wirkte!
Alassha wurde mir wieder mitgegeben, damit ja die Sache mit den Geschenken in Ordnung ginge. Der Häuptling begleitete uns noch, leise vor sich hin schimpfend, ein Stück am Ufer und dann konnte ich mich endlich lang ausstrecken. Mit dem Schlafen wurde es allerdings wieder nichts, weil wir schon nach einiger Zeit mit einem anderen Dorf das Boot gegen ein größeres mit mehreren Ruderern wechseln mussten.
Nachts wurden wir endlich von einem großen, uns entgegenkommenden Boot angerufen, in dem ein richtiger weißer Mann mit einem gewaltigen Vollbart saß – wie mir schien, nach unzähligen Tagen.
Gegen Morgen legten wir bei Kabara, der am Wasser gelegenen Vorstadt von Timbuktu, an. Ich sollte mich jetzt auf ein Pferd setzen und ungefähr zehn Kilometer bis Timbuktu reiten. Das musste ich nun wirklich ablehnen, denn ich wäre bestimmt nach der ersten Viertelstunde vor Müdigkeit vom Pferd gefallen. Der französische Herr sah das ein, überließ mir auf dem großen Boot sein Bett mit einem Moskitonetz, kochte mir einen Tee und ritt selber weg.
Jetzt konnte ich nach fünf Tagen zum ersten Male wieder schlafen. Am nächsten Morgen ging es dann noch einmal fünf Stunden mit unserer Piroge weiter und dann hielt ich als erste Deutsche meinen Einzug in Timbuktu, der geheimnisvollen Stadt. Ich hatte ihn mir etwas anders vorgestellt!
Ich meldete mich sofort beim Kommandanten, der erfreut war, mich lebend und in Sicherheit zu wissen. Selbstverständlich hatte er durch Flugzeuge nach mir suchen lassen – aber diese hatten mich nicht gefunden, da sie mich am Ufer des Niger vermuteten und nicht 50 Kilometer weiter ab in der Wüste.
Nun hieß es für den Abtransport der Maschine sorgen. Ein junger Franzose, Monsieur Lhote, Beauftragter des Pariser Völkerkunde-Museums, wurde mir beigegeben. Lhote war selber Flieger gewesen

und nachdem durch einen Absturz sein Gehör stark gelitten hatte, war er nun Forscher geworden.
Jahrzehnte später trafen wir uns wieder, nachdem er inzwischen durch die Entdeckung der Felszeichnungen im Tassili ein weltberühmter Mann geworden war.
Beim Kommandanten besprachen wir dann gleich, dass ich am übernächsten Tage, nachdem ich erst einmal richtig ausgeschlafen hatte, mit Lhote, Alassha und einigen Soldaten auf dem kürzesten Wege zu meiner Maschine zurückkehren würde, um einen Weg zu Wasser oder zu Lande ausfindig zu machen, um das Flugzeug nach Timbuktu zu schaffen.
Wir brachen morgens um fünf Uhr auf, und nach einem tagelangen Marsch zu Pferd, Zebu und Kamel gelangten wir ohne weitere größere Abenteuer zu meiner Maschine. Lhote war zuerst sprachlos, dass die kleine »Klemm« tatsächlich völlig unversehrt dastand. Er erzählte mir nachher, er habe es nicht geglaubt, dass man in dieser Gegend ein Flugzeug glatt zu Boden bringen könne.
Aber was nützte die unversehrte Maschine – auf dem Wege hierher hatten wir feststellen müssen, dass es unmöglich war, die Maschine nach Timbuktu zu schaffen. Mit Booten konnte man nicht herankommen und die Maschine abmontieren und durch Träger zum Fluss schaffen ging auch nicht, da die Seen und die Sümpfe, die unbedingt dabei passiert werden mussten, teilweise doch zu tief waren. Außerdem hatte die Maschine, die acht Tage in der glühenden Sonne stand, schon stark gelitten. Man hätte eventuell hier einen Startplatz bauen können, aber dazu hätte ich erst aus Europa Ersatzteile für den Motor haben müssen – und bis dahin wäre die Maschine völlig verrottet gewesen. Zudem stand die Zeit der Tornados unmittelbar bevor und dann wäre es mit einem Weiterflug sowieso aus gewesen.
Es blieb also nichts anderes übrig, als den Motor und die Instrumente auszubauen und mit deren Transport zum Niger so lange zu warten, bis das Überschwemmungsgebiet seine größte Trockenheit erreicht haben würde. Die Maschine musste zurückgelassen werden.
In einem Augenblick, wo niemand zuschaute, nahm ich Abschied

von meiner lieben »D-1713«, die mir in den drei Monaten wie ein guter Kamerad ans Herz gewachsen war.
Am vierten Tag trafen wir wieder in Timbuktu ein.
Dann kam der Rückschlag – ich war geschwächt, bekam Fieber und glaubte, dass ich mir die Malaria oder noch Schlimmeres geholt hätte. Außerdem fühlte ich mich in Timbuktu gefangen. Es gab keine Eisenbahn, kein Auto, kein Flugzeug, und Motorboote konnten auch nicht verkehren, weil der Wasserstand zurzeit zu niedrig war. Zudem war ich die einzige weiße Frau in Timbuktu – eine Tatsache, die mir erklärlich genug war, denn das Klima war hart für Europäerinnen – alles war schon sehr bitter.
Nach einigen Tagen war mein Gesundheitszustand so schlecht, dass ich den Gouverneur in Bamako telegrafisch bat, ein Flugzeug zu senden und mich abholen zu lassen. Prompt kam am anderen Tag eine Militärmaschine und ein Brief mit der Aufforderung, schnellstens nach Bamako zu kommen.
Morgens bei Sonnenaufgang kletterte ich in die 450-PS-»Potez«-maschine, die für zwei Personen bestimmt war und in der ich nun mit dem Monteur zusammen auf einem Platz sitzen musste. Es war reichlich unbequem – aber was hieß das jetzt schon! Mittags landeten wir wieder in Bamako, wo ich von allen Offizieren und Bekannten mit ehrlicher Freude und leichter Rührung, wie die verlorene Tochter, empfangen wurde.
Vierzehn Tage waren seit meinem Abschied von Bamako vergangen und nun musste ich noch einige Tage hierbleiben, weil der Zug nach Dakar nur einmal wöchentlich fuhr. Inzwischen hatte ich mit Berlin gekabelt und angefragt, ob man mir meine alte Maschine, die ich für die jetzt verlorene »Klemm« als Bürgschaft hinterlassen hatte, nicht für den Rückflug zur Verfügung stellen könnte.
Ich war kaum aus dem Telegrafenamt heraus, da kam ein Telegramm aus Berlin, dass die »B. Z. am Mittag« bereit sei, mir eine Ersatzmaschine für den Heimflug zur Verfügung zu stellen. Dann wurde ich an den Zug gebracht. Wir fuhren um zwei Uhr ab und in der Nacht hatten wir trotz offener Fenster und Ventilatoren drinnen eine Temperatur von fast 40 Grad.

Schon von Timbuktu aus hatte ich eine Nachricht an meine Landsleute nach Bissao gegeben, damit sie sich, falls sie etwas von meinem Unfall hörten, keine Sorgen machten. Ich hatte ihnen telegrafiert, dass ich mit dem Zug Tambaccounda passieren würde, das »nur« 500 Kilometer Autostraße von Bissao entfernt war. Hier trafen wir am nächsten Tag ein, als ich gerade im Speisewagen saß. Ich wurde aus dem Zug gerufen und draußen stand mein einer »Vati« und ein guter Bekannter, die mit dem Auto des Gouverneurs gekommen waren, um mich für die paar Tage, die zwischen meiner Ankunft in Dakar und der Abfahrt des Dampfers lagen, nach Bissao zu holen.
Gerührt wurde ich in die Arme geschlossen und man sagte mir: »Sie haben jetzt gar nichts mehr zu reden. Sie sind erholungsbedürftig und werden über Ostern bei uns wieder auf den Damm gebracht.«
Herrgott, habe ich eine Freude gehabt!
Schnell holte ich meine Koffer aus dem Zug und in der Nacht vom Sonnabend zum Ostersonntag fuhren wir zurück nach Bissao, wo wir morgens um zehn Uhr eintrafen. Hier schlief ich erst einmal einen ganzen Tag lang.
Der Gouverneur war zu meinem Empfang von Bolama herübergekommen und ich merkte deutlich, wie sehr man sich um mich gesorgt hatte.
Doch schon nach zwei Tagen war es wieder mit der Ruhe vorbei, denn ich bekam ein Telegramm, dass die neue Maschine zum Start bereit wäre und der Pour-le-mérite-Flieger Theo Osterkamp sich erboten hätte, sie nach Casablanca herunterzufliegen. Das war eine große Freude; denn ich wusste bestimmt, Osterkamp bringt mir nur ein wirklich tadelloses Flugzeug.
Wieder ging es zurück mit dem Auto nach Tambaccounda, um nun endgültig den Zug nach Dakar zu besteigen. Ohne Zwischenfälle kam ich dort an, um meine erste größere Schiffsreise anzutreten. Die spielte sich schließlich so ab, dass ich jeden Tag erst einmal durchschnittlich 15 Stunden lang schlief, um wenigstens wieder einigermaßen beieinander zu sein, wenn ich die neue Maschine übernehmen sollte.

Am fünften Tage, kurz vor der Ankunft in Casablanca, höre ich Motorengeräusch und sehe eine heruntergleitende kleine Sportmaschine. Sollte das mal wieder ein Ozeanflieger sein?
Die Maschine nahm direkten Kurs auf uns und nun erst kam ich darauf, dass es meine neue »Klemm« ist, die mir von Casablanca zur Begrüßung ein Stück aufs Wasser entgegengeflogen war.
Es dauerte eine Ewigkeit für mich, bis der Dampfer endlich am Kai lag. Am Ufer stand Osterkamp mit unangenehm langem Gesicht, denn ihm hatte die »D-1713« früher gehört. Neben ihm ein heftig winkender Mann mit Fliegerhelm und Brille, Berichterstatter der B. Z., Klötzel, der mit mir zurückfliegen sollte. Ich muss offen gestehen: so sympathisch mir Klötzel persönlich war, begeistern konnte mich der Gedanke nicht, einen fliegerisch nicht vorgebildeten Mann als Passagier zu bekommen.
Wir einigten uns dann, dass ich Osterkamp bis Algier mitnehmen sollte, da mein Gesundheitszustand immer noch nicht der beste war, sodass vorerst für alle Fälle stets ein Flieger in der Nähe war.
Der Leidtragende bei dieser Umgruppierung war Klötzel, doch ihm konnte ich versprechen, dass ich mit ihm bei anderer Gelegenheit einmal 4000 Kilometer zur Entschädigung fliegen würde.
Am folgenden Morgen machte ich einige Probeflüge auf der neuen Maschine. Es war wieder eine »Klemm«, aber diesmal mit einem doppelt so starken Motor, und zwar dem »Argus AS-8«, eine schöne Maschine, die schon im vergangenen Jahr den Europarundflug mitgemacht hatte. Am 23. April 1931, also über einen Monat nach meiner Notlandung bei Timbuktu, traten wir den Rückflug an.
Als Osterkamp mir das Flugzeug übergab und noch kein Gedanke an seine Teilnahme an meinem Rückflug war, hielt er mir einen längeren Vortrag über die Flugeigenschaften meiner Ersatzmaschine.
»Sie ist nett, sehr nett sogar, aber sie hat ihre Mucken. Sie wurde für einen Wettbewerb gebaut, merk dir das! Deshalb hat sie besonders schmale Flächen bekommen. Also, liebes Kind, du wirst viel Freude an ihr haben, solange alles normal geht – doch bei einer Notlandung sehe ich schwarz. Da nimm dich in Acht, dass sie dir nicht abschmiert.«

Ich hatte liebenswürdig zu diesen Belehrungen gelächelt und sie bald vergessen – im Notfall würde ich schon selbst merken, was mit ihr los war.
Ein paar Tage später fiel mir die Gebrauchsanweisung für die neue Maschine wieder ein, und zwar akkurat in dem Augenblick, als ich mit Theo vor mir auf dem Passagiersitz zur Notlandung ansetzte. Wir kamen von Casablanca und wollten über Fez nach Oran. Nach der Tanklandung in Fez startete ich wieder. Unterwegs stellte sich bald heraus, dass sich der dort bezogene Brennstoff wohl nicht der nötigen Sauberkeit erfreute. Jedenfalls flog ich knallend und schießend über Marokko, sodass sich alle Vögel in Sicherheit brachten. Es hörte sich ganz lustig an, konnte aber für uns recht fatale Auswirkungen haben.
Theos Rücken vor mir drückte seine konzentrierte Empörung über das bevorstehende Ereignis aus. Er war ganz Abwehr – wie ein Stachelschwein. Mir fielen währenddessen seine prophetischen Worte ein: »Aber bei einer Notlandung sehe ich schwarz!«
Und dann waren wir auch schon unten.
Ich slipte vorsichtig im Gedenken an Theos Warnung wegen der abnorm kleinen Fläche den letzten Rest von Geschwindigkeit weg und setzte auf einem gepflügten Acker auf. Bremsen gab es keine und so rollten wir in ganz hübschem Tempo auf einen Graben zu, der das Feld begrenzte. Genau zwei Meter fünfzig davor stand die Maschine.
Theos Rücken vor mir entspannte sich langsam und wurde wieder gemütlich, bevor er sich zu mir herumdrehte.
»Besten Dank und Glückwunsch zu der unerwartet sanften Landung in Algerien«, schüttelte er mir die Hand. »Weißt du eigentlich genau, wo wir sind?«
»Nein, nicht genau. Irgendwo zwischen Sidi-bel-Abbes und Oran – aber der Mann dort versteht vielleicht Französisch und kann uns Bescheid sagen.«
Auf dem Nebenacker pflügte ein Berber.
Friedlich, wie seine Vorfahren Hunderte von Jahren vor der Erfindung der Flugzeuge es getan haben, bearbeitete er sein Feld. Er wand-

te nicht den Kopf, er unterbrach nicht seine Arbeit – obwohl ich ihn beim Heruntergleiten beinahe gestreift hatte. Aller Wahrscheinlichkeit nach hatte er in seinem Leben noch kein Flugzeug aus der Nähe gesehen.
Theo und ich waren baff über so viel Interesselosigkeit an unserem Erscheinen – so was war bisher keinem von uns bei einer Notlandung passiert. Unser Erstaunen über dieses eigenartige Verhalten des braunen Mannes war so vollständig, dass wir gleichzeitig auf dem Wege zu dem pflügenden Berber kehrtmachten, um den so restlos in seine Arbeit Vertieften nicht abzulenken. Also sahen wir erst einmal nach unserm Motor.
Da ergab sich eine neue Schwierigkeit. Es war ein Typ, den keiner von uns bisher kannte.
»Weißt du mit dem Vergaser Bescheid?«, erkundigte sich Theo bei mir.
»Keine Ahnung – aber du hast die Maschine doch schon einige Tausend Kilometer geflogen. Hast du dir den Motor bei der Übernahme nicht erklären lassen?«, schob ich ihm den Schwarzen Peter zu.
»Nee, mein liebes Kind, dazu war keine Zeit – sonst säßest du jetzt noch allein in Casablanca. Aber da muss doch irgendwo eine Motorenanleitung sein. Lass mal sehen!« Mein Begleiter ließ sich nicht aus der Ruhe bringen.
Drüben auf dem Nebenfeld zog der Bauer Furche um Furche. Jedes Mal, wenn er am unteren Ende seines Feldes ankam, war er keine zehn Meter von der Fläche meiner Maschine und von uns entfernt. Aber wir interessierten ihn offenbar nicht. Dabei hatten wir keineswegs das Gefühl, er übersähe uns mit Absicht – wir existierten einfach nicht für ihn. Das war alles.
In einer Hinsicht war es gut, dass er nicht zu uns hinsah, sonst hätte sich das für die deutsche Sportfliegerei blamable Ergebnis gezeigt, wie zwei nicht unbekannte Flieger eifrig im Instruktionsbuch nachblätterten, wie man wohl an die einzelnen Düsen herankäme.
Eigentlich war das eine Affenschande und wir sahen einander vorwurfsvoll an. Immerhin gelang es uns mithilfe der Motorenbeschreibung, den Vergaser zu reinigen. Dann ließen wir den Motor

Probe laufen – bis Oran würde es sicher gehen. Und dort müsste man den Rest des unsauberen Benzins ablassen.
Während der Motor lief, behielt ich den dunkelhäutigen Berber genau im Auge. Er hatte nicht mit einem Wimpernzucken darauf reagiert. Dabei stand einwandfrei fest, dass er weder blind noch taub war. Er nahm prompt das Bellen seines Hündchens wahr, er rief es zu sich und streichelte es – nur wir waren für ihn einfach Luft.
Bitter hatte ich mich oft über die Verständnislosigkeit bei meinen Notlandungen beklagt, wenn alle sich um die Maschine drängten, auf die leicht bespannten Flächen drückten oder sich dem noch laufenden Propeller näherten – nun begegnete mir der erste Mensch, der gar nicht daran dachte, auch nur eins von diesen Dingen zu tun.
Wir packten unser Werkzeug wieder ein. Ich rollte an den vorher ausgesuchten Startplatz und Theo kletterte auf den vorderen Sitz. Nach dem Start machte ich den letzten Versuch. In ein paar Metern Höhe brauste ich über den Kopf dieses seltenen männlichen Exemplars hinweg – nichts.
Er hatte recht. Er pflügte seinen Acker und ich flog in der Luft herum. Wir hatten nichts miteinander zu tun.
Das war mein letzter Eindruck von Afrika.
Am nächsten Tag flogen wir hinüber nach Sizilien und weiter nach Rom. Dort wurde Theo durch die Lufthansa von mir erlöst. Er stieg um und ich war wieder allein.
Ich wählte den Weg über Venedig–Klagenfurt. Über den Alpen wurde das Wetter immer schlechter und ich musste in Klagenfurt herunter – wo das Bett mir eigentlich in Wien winken sollte.
Am nächsten Tag war es besser. Ich flog nach Wien und von dort nach Dresden und Berlin, wo ich stolzen Einzug, von einem Geschwader von acht Flugzeugen eingeholt, hielt.
Am 29. April, nach ungefähr vier Monaten, war ich wieder zu Hause! Und was hatte ich aus Afrika mitgebracht?
Einen gewissen Abstand zu vielen Dingen, die mir früher ungeheuer wichtig schienen, und die Sehnsucht nach neuen Reisen in fremde Länder.

Weltflug – Immer nach Südosten

Wie sehr hat sich im Lauf der Jahrzehnte meine Einstellung und Beurteilung der verschiedenen Phasen meines bunten Lebens geändert! Ich musste erst eine ganze Reihe von Ohrfeigen einstecken, bis ich begriffen hatte, dass es einfach notwendig war, sich bei einer Unmenge an Alltagsforderungen zu bescheiden und anzupassen.
Doch es war nicht nur das, was wahrscheinlich jeder unternehmungslustige junge Mensch erlebt. Kriege, Attentate, Revolutionen und auch bedeutende Erfindungen hatten so viel neue Aspekte geschaffen zu allem, was ich vor zwanzig, dreißig, vierzig und fünfzig Jahren in den verschiedenen Ländern und auch mit den damals jungen, heute alten, aber immer noch bedeutenden Menschen erlebt habe, sodass viele meiner Eindrücke und Erfahrungen von damals heute wertvoller sind als zu ihrer Zeit. Sie haben Patina bekommen.
Ein seinerzeit blutjunger arabischer Prinz, der mir als der schönste Mann, der mir je begegnet war, erschien, wurde bei der großen Erdölkrise einer der mächtigsten Männer der Welt.
Der Sohn eines Königs, der mich – ich mit Hofknicks – empfing, heiratete die schönste spätere Königin, die jahrzehntelang die Titelseiten der Illustrierten zierte.
Ein junger deutscher Künstler wurde über zwanzig Jahre nach seinem Tod im Indischen Ozean noch einmal durch Artikel in vielen bedeutenden Zeitungen berühmt, als der Kapitän, der damals sein Schiff als Erster verlassen hatte und seine Gefangenen bombardieren und ertrinken ließ, sich einem Verfahren gegenübersah.
Auch ich erlebte, wie manche Dinge in ihrer Bedeutung geschrumpft – hingegen andere viel wichtiger geworden waren als während ihres Geschehens.

Ich hatte mir nie besondere Gedanken darüber gemacht, ob meine Eltern, besonders Mutter, zur Zeit meiner großen Flüge darunter gelitten hatten, da ich doch häufig in großer Gefahr war.
Eigentlich waren sie die größeren Helden. Man selbst empfindet ja die Gefahr gar nicht – oder man will sie nicht wahrhaben. Mir war das erst klar geworden, als ich nach meinem Afrikaflug in der hannoverschen Stadthalle, wo ein paar Jahre vorher alles mit Köhls Ozeanflug-Vortrag begonnen hatte, selbst über meine Abenteuer berichtete. Die Eltern saßen im ausverkauften Saal in der ersten Reihe, während ich mit vielen Lichtbildern unbekümmert auspackte, was es so alles an Gefahren unterwegs gegeben hatte. Plötzlich bemerkte ich, wie Mutter ganz blass wurde. Ihr Kopf sank zur Seite – sie war ohnmächtig geworden. Ich sauste von meinem Podium hinunter, Mutter schlug die Augen wieder auf. Vater und ich geleiteten sie hinaus.
Ihre ersten Worte waren: »Kind, entschuldige! So hast du uns das nie erzählt – was hast du alles durchgemacht! Ich habe immer geahnt, wie schwer vieles war – doch ich wollte dich nicht mit meiner Angst belasten. Verzeih, dass ich so versagt habe – aber nun geht es schon wieder.« Auf ihren Platz zurückgeführt, hörte sie sich tapfer den Vortrag bis zu Ende an.

Nach einem guten halben Jahr, das mit vielen Vorträgen, Fotoberichten und Vorbereitungen für den nächsten Flug ausgefüllt wurde, war es wieder so weit:
In Staaken stand die kleine »D-2160«, silbern gestrichen, mit großen Tanks, mit doppeltem Kompass, mit Ersatzpropeller – mit allem ausgerüstet, dass sie auf eine nette kleine Reise gehen konnte.
Und warum auch nicht? Im letzten Winter in Afrika war es so schön gewesen, als es aus dem winterlichen Deutschland hinaus immer mehr in die Sonne ging, und auch die Notlandung in der Wüste hatte mich nicht dümmer gemacht. Ich brannte darauf, jetzt alle meine dort gewonnenen Erfahrungen praktisch zu verwerten. Blieb also die Frage: wohin fliegen? als die wichtigste. Alles Drumherum: wie, weshalb, wie lange und so würde sich dann von selbst ergeben.

Der Globus wurde einmal wieder in Bewegung gesetzt. Was gab es da eigentlich noch, außer Europa und Afrika?
Indien lockte mich sehr stark, das Märchenland mit seinen reichen Maharadschas, ihren Palästen, mit Tigern und Elefanten. Aber Indien allein, das war nichts. Gute englische Sportflieger pflegten das schon damals so über ein verlängertes Wochenende zu machen. – Aber von dort aus konnte man in der angefangenen Richtung weitermachen: immer weiter nach unten rechts auf der Landkarte fliegen, nach Südosten. Von Indien über Siam, die Straight-Settlements nach Sumatra, Java.
Nach Indien gab es zwei Wege, die für uns (meine Maschine, deren Ansicht oft sehr ausschlaggebend war, und ich) in Betracht kamen. Der erste führte über den Balkan, die Türkei, Syrien, Irak, Persien nach Indien. Der andere war der noch interessantere. Über Russland, den Kaukasus nach Persien hinein; von da nach Afghanistan und über den weltberühmten Khyberpass nach Indien hinunter.
Sofort entschloss ich mich für den zweiten Weg. Erstens war er in dieser Zusammenstellung noch nicht von einem Sportflugzeug gemacht worden, zweitens konnte man ihn wohl unbedingt als den mit den meisten Überraschungen bezeichnen. Er würde jetzt im Winter allerdings seine Schwierigkeiten haben mit den hohen Bergen, dem Schneefall und der Kälte; aber nach den Wetterberichten konnte ich es ohne großes Risiko noch riskieren, wenn ich vor dem ersten November fortkam.
Während ich im August 1931 am Deutschlandflug teilnahm, liefen meine Gesuche um Erteilung der gesamten Überfluggenehmigungen, die Betriebsstofforganisation wurde in Angriff genommen, das Kartenmaterial zusammengestellt; ich kümmerte mich um meine persönliche Ausrüstung, nähte neue Knöpfe an meine alten Afrikashorts, lief in Berlin vergeblich nach fertigen Sommerkleidern umher – es sah sehr danach aus, dass ich spätestens Ende Oktober starten konnte.
Nacheinander trafen alle Genehmigungen ein, es hing nur noch an der UdSSR, die mich bei meinen täglichen Anfragen immer auf den nächsten Tag vertröstete. Sonst war alles fix und fertig. Alle entbehr-

lichen Wintersachen hatte ich meinen Eltern zum Einmotten geschickt, weil ich nicht die leiseste Idee hatte, wann ich mal wieder zu Hause sein würde. Dann fuhr ich nach Hannover zu den Eltern und sagte auf Wiedersehen. Sie waren so tapfer, ließen es sich kaum anmerken, wie schwer es ihnen wurde, wieder das einzige Kind in die Weltgeschichte hinausfliegen zu lassen, um mir die Freude nicht zu verderben.

Den 25. Oktober hatte ich als Starttag angesetzt. Die offene »Klemm« mit dem 80-PS-Argus-Motor war eingeflogen mit voller Belastung; der unentbehrliche Notproviant war verstaut. Ich hatte viel im vorigen Jahr in Afrika unten gelernt, was man an Gepäck und Belastung einsparen konnte und was unbedingt notwendig war. So kam diesmal ein kleiner Wasserfilter dazu, ein Schlafsack, Insektenpulver, eine Wolldecke – tausend Kleinigkeiten, die man eben erst herausfinden kann, wenn man einmal unter vollkommen wilden Verhältnissen, nur auf sich selber und die eigene Ausrüstung angewiesen, mitten in der Landschaft gesessen hat.

Am Tag vorher kam die große Enttäuschung: Die russische Botschaft meldete, dass mein Gesuch für die Überfliegung der UdSSR abgelehnt wäre. Was nun? Der Winter stand vor der Tür und die fliegerischen Bedingungen, um aus Europa herauszukommen, wurden mit jedem Tag schlechter. Während ich versuchte, durch eine zweite Anfrage über allerlei persönliche Beziehungen auf telegrafischem Wege doch noch die russische Erlaubnis zu bekommen, reichte ich gleichzeitig alle Einfluggenehmigungen für den Weg über den Balkan ein.

Diese Wartezeit, die sich zwei volle Monate lang hinzog, war eine schwere Prüfung für meine vierundzwanzigjährige Geduld. Zwischen gepackten Koffern saß ich in meiner öden Wohnung und fror erbärmlich, denn alles warme Zeug, mit Ausnahme der Fliegerkleidung, war in Hannover und ich wollte nichts zurückkommen lassen, weil ich jeden Tag damit rechnete, endlich losfliegen zu können.

Über meine beabsichtigte Reiseroute hatte ich nichts weiter herausgegeben, als dass ich ein Stückchen nach Südost fliegen wollte.

Ich kam mir so unendlich überflüssig in Berlin vor. Bis Mitte Oktober hatte ich dann mit allen Vorbereitungen schwer zu arbeiten gehabt, sodass ich abends immer nur in mein Bett fiel. Da war auch keine Zeit mehr für irgendwelche persönlichen Vergnügungen gewesen. Jetzt, durch den verzögerten Start, war auf einmal ein Vakuum entstanden, das sich nicht ausfüllen ließ.
Meine Arbeit war fertig, aber ich hatte innerlich schon so mit zu Hause abgeschlossen, dass ich mich nicht ohne Weiteres für eine begrenzte Zeit wieder hineinfinden konnte. Es war ganz sonderbar: meine Interessen waren im Moment so verschieden von denen aller meiner Freunde, weil ich so viel weiter weg dachte. Außerdem konnte und wollte ich über alles das, was mich so intensiv beschäftigte, nicht sprechen – mit einem Wort, ich kam mir schrecklich überflüssig vor mit meinen weltumspannenden Plänen, hier frierend in Berlin zwischen meinen gepackten Koffern sitzend, aber ohne Erlaubnis abzureisen.
Auch für die Balkanroute wurden die Wetterbedingungen immer ungünstiger und auf Russland war kaum mehr zu hoffen.
Fliegen ist nicht schwer; aber ehe man dazu kommt, sei es rein zum praktischen Unterricht oder zu solchen großen Unternehmungen, das will wahrhaftig gelernt sein.
Je länger ich saß und wartete, desto mehr Zweifel kamen mir, ob ich nun bei meiner Ausrüstung auch wirklich an alles gedacht hatte. Immer wieder fiel mir etwas Neues ein, was ich noch mitnehmen könnte, das sich dann aber später als vollständig überflüssig herausstellte.
Mittags, am 3. Dezember, bekam ich die Nachricht, dass alle meine Gesuche für den Durchflug über den Balkan genehmigt wären.
Ich hatte in diesen zwei Monaten schon so oft Generalprobe in Packen, Abschiedsstimmung und so weiter bestanden, dass es mir nichts Neues mehr war. Wieder einmal wurden die Koffer gerichtet, Staaken angerufen, damit für den nächsten Morgen alles klargemacht würde. Am Abend ging ich mit einigen Freunden ins Kino. Die Eltern rief ich nicht an, um nicht wieder einen blinden Alarm zu

veranlassen, denn es sah für den Start am nächsten Morgen nicht sehr hoffnungsvoll aus.
Die Wetterberichte waren wenig erfreulich: in Deutschland Regen und Pappschnee, Temperatur um den Gefrierpunkt herum; im Balkan Schnee und Kälte bis zu minus 15 Grad.
Gut sah es am nächsten Morgen nicht aus, aber es stand fest, dass ich wenigstens versuchen würde, bis Budapest zu kommen. Durchzufliegen, wie ich ursprünglich vorhatte, war nicht möglich, denn die Wetterstelle gab böse Berichte wie Vereisungsgefahr in den tschechoslowakischen Bergen, Nebel, Schneestürme durch.
Ich sah mich schon abends in Breslau sitzen, womöglich mit Besuch von Berliner Freunden, die kommen würden, um noch einmal auf Wiedersehen zu sagen, nachdem es jetzt wirklich nach Ernst aussah. Es war mein größter Wunsch, wenigstens in einem andern Lande zu sein, eine andere Sprache zu hören – das Gefühl zu haben: jetzt geht das Abenteuer wirklich wieder los!

Der gute Wiedmann von der »Luftfahrt«, meiner alten Fliegerschule, drehte zum letzten Male den Motor durch und erklärte mit größter Sicherheit: Es wird schon gut gehen! –
Na, dann also! Die unzähligen Ersatzteile, Koffer, Hutschachtel, Grammofon usw. waren verstaut, ich von oben bis unten in Pelzsachen gehüllt wie ein kleiner Weihnachtsmann – Wiedersehen, Hals- und Beinbruch! und ich rollte allein hinüber zur Startfahne. Es war gegen neun Uhr morgens am 4. Dezember 1931.
Der gute »Lupo« am Start ahnte natürlich nicht, als er mich nach Breslau abfertigte, dass es von da aus weiter bis nach Australien gehen würde – aber ich auch nicht. Meine gute Maschine benahm sich anständig und hob nach einem verhältnismäßig kurzen Anlauf mit einem eleganten Hopser ab. Letztes »Winke-Winke« über den einsamen Männern auf dem großen Staakener Flugplatz und ab dafür, Kurs Südost!
Pfui, was für ein ekliges Wetter! Stellenweise regnete es unterwegs. In Breslau wurde ich schon erwartet mit dem Betriebsstoff und Wettermeldungen. Ich durfte keine Zeit verlieren, wenn ich bis zur

Dunkelheit in Budapest sein wollte. Sogar zwei Reporter waren da – weiß der Himmel, woher sie eine Ahnung hatten, dass ich weiter wegwollte!
Der »Wetterfrosch« schüttelte äußerst bedenklich sein Haupt und riet ab, das Durchkommen nach Budapest zu versuchen, weil es in den Bergen böse aussähe. Aber ich konnte ihm nicht helfen, ich wollte es auf alle Fälle wenigstens versuchen, versprach aber zurückzukommen, wenn es wirklich zu riskant sein sollte.
Also kurz: Ich kam durch. Man frage mich nicht, wie – aber es ging. Es würde mich interessieren, was an dem Tage die Bewohner in den kleinen Orten gedacht haben, als ich in den tschechoslowakischen Bergen gerade über ihre Kirchturmspitzen hinwegflog. Und kalt war es! Ich zog den wollenen Kopfschützer über das ganze Gesicht und da, wo ich atmete, bildeten sich kleine Eiszapfen.
Mit einbrechender Dunkelheit kam ich nach Budapest, wo eben die Landelichter für mich aufgingen, nachdem man meinen Start von Breslau durchgegeben hatte.
Also wenigstens war es geschafft, dass ich am ersten Tage aus Deutschland hinausgekommen war.
Eigentlich hatte ich nicht die Absicht gehabt, gleich nach der ersten Etappe einen Tag auf meinen Lorbeeren auszuruhen, aber Budapest ist zu schön, um es beim ersten Besuch mit einer im Hotel verschlafenen Nacht abzutun. Ich gab einen Tag zu, ließ mir von den ungarischen Fliegern etwas von der Stadt zeigen, ging dann mit ihnen bei Zigeunermusik essen und danach tanzen.
Wenn ich mir eingebildet hatte, der Sonne und der Wärme entgegenzufliegen, dann war es vorläufig damit noch nichts. Am Morgen des Starts blies mir ein kräftiger Südostwind mitten vor den Propeller, sodass mir die ungarische Puszta, die jetzt im Winter öde und unromantisch dalag, reichlich lang erschien, bis ich endlich die Donau wiedersah und bei Belgrad über die jugoslawische Grenze in die Berge des Balkans kam. Sieben Stunden dauerte der Flug bis Sofia. Am nächsten Tag war ich mittags in Istanbul. Na also, hier waren es in der Mittagssonne doch schon plus zwölf Grad. Ich fing langsam an, mich wieder als Weltreisende zu fühlen. Die ersten paar

Tage sind immer scheußlich; man steht hilflos seinen vielen kleinen Koffern gegenüber, weiß nie, wo was drinnen ist, nimmt abends immer den verkehrten mit in die Stadt und wenn man ihn dann aufgemacht hat, quillt einem ein Haufen Sachen entgegen, die man frühestens in den Tropen brauchen wird, und man bekommt natürlich den Koffer nie wieder zu.
Ich schnupperte eifrig in der neuen fremden Stadt herum, dem alten Konstantinopel, das ehemals so bedeutend gewesen war, in der Hagia Sophia, den vielen Moscheen und dem Serail, den alten Zisternen mit den riesigen Säulenhallen unter der Erde. Ein interessantes Märchen von vergangener Pracht und Blüte!
Und der erste Basar! Mir zuckte es in den Fingern, so allerlei von den Schätzen, die da für wenige Piaster zu haben waren, als erste Reiseandenken zusammenzukaufen.
Die Stadt ist unglaublich schön mit dem blauen Marmarameer, dem Bosporus, an dem sich zu beiden Seiten die Sommersitze der Menschen, denen es gut geht, hinziehen.
Für mich war eins der faszinierendsten Dinge in Istanbul seine Lage, zu einer Hälfte in Europa und zur andern in Asien.
Ich erinnere mich genau, als ich auf meinem Afrikaflug von Südspanien hinüber nach Afrika flog, war ich sehr aufgeregt. Es ist schon etwas Besonderes, zum ersten Mal aus dem eigenen Erdteil zu einem fremden zu reisen. Und dann noch dazu mit dem Flugzeug und allein!
Das Gespanntsein auf den neuen Erdteil war geblieben. Es war so merkwürdig, dass da drüben, nicht 500 Meter weg, nur eben über den Bosporus, der nächste fremde Kontinent lag.
Dieses Asien führte sich nicht sehr gut bei mir ein.
Istanbul ließ ich in strahlendem Sonnenschein hinter mir liegen, doch schon bald nach dem Überfliegen des Bosporus wurde es wieder kalt und scheußlich.
Die Berge, die auf der Karte ganz manierlich ausgesehen hatten, waren hässlich schroff, schneebedeckt und viel höher als angegeben. Dann kamen auch noch Wolken, sodass ich gar nichts mehr von der Landschaft unter mir sah.

An diesem Tage rächte sich meine Nachlässigkeit gegenüber allen Verkehrsmitteln, die eine bestimmte Abfahrtszeit haben. Morgens in Istanbul musste ich einen Zug nehmen, um zum Flugplatz hinauszukommen. Selbstverständlich verpasste ich ihn. –
So kam ich an diesem Tage durch meinen verspäteten Start nur bis Konia, einer türkischen Stadt, über tausend Meter hoch in der anatolischen Hochebene liegend.
Nun musste ich meine Verspätung mit zwei Tagen Kälte abbüßen. Denn hier oben lag wieder Schnee und es fror.
Der Flugplatz war einer von jenen, die man nur mit »Nase« finden kann. Die meisten Flieger, die hierherkommen, pflegten sich irgendwo nahe der Stadt niederzulassen, weil niemand diesen Platz fand. Ich erkannte ihn eigentlich nur an einem Auto, das da irgendwo verlassen in der Gegend stand und von dem ich mit Recht annahm, dass es mein Benzin herausgebracht hatte.
Als ich in die Stadt kam, stellte sich heraus, dass noch ein anderer Flieger hier war: Jim Mollison, der inzwischen den London–Kapstadt-Rekord gebrochen hat, oder vielmehr, dessen Rekord gerade wieder gebrochen worden ist. Man kennt sich in diesen Rekorden niemals aus. Es erinnert mich immer etwas an das Gedicht von Ringelnatz über »das weibliche Rekördchen«. Außerdem hatte er ebenfalls in den letzten Monaten den Atlantik von Ost nach West überflogen und sich mit der englischen Rekordfliegerin Amy Johnson verheiratet – wirklich ein mutiger Mann!
Also, Mollison war in der Türkei ohne Erlaubnis gelandet und das sollte man hier nicht tun; die Türken mögen das gar nicht gern.
Da saß er nun, der arme Rekordflieger, und durfte nicht wieder weg. Seine Maschine stand draußen in dieser grässlichen Kälte und ihn hatte man ins »Hotel« gesetzt, von wo man ihn fünf Tage später mit der Bahn aus dem Lande wieder hinausexpedierte. Wie diese Tragödie ausgegangen ist, weiß ich nicht, aber ich schätze, dass ihn diese fünf Tage Hotel Konia mindestens so viel Mühe gekostet haben wie sein schneidiger Rekord zum Kap.
Erst am übernächsten Morgen konnte ich weiterfliegen.

Drei Stunden dauerte es, bis der Motor ansprang, nachdem er zwei Nächte bei fünf Grad Kälte draußen gestanden hatte.
Meine beabsichtigte Tagesstrecke war Aleppo in Syrien. Dazwischen lag der Taurus mit seinen 3500 Meter hohen Bergen, die bei Fliegern nicht sehr beliebt sind. Dann ging es hinunter in die Ebene an der Nordküste des Mittelmeeres. Mir war gerade mal so recht fidel zumute, es war schön warm und für die Nacht Aussicht auf einen anständigen Hangar für meine Maschine bei den französischen Militärfliegern sowie auf ein ordentliches Hotel für mich.
Beim Fliegen über den Golf von Alexandretta sahen die dahinterliegenden Berge so harmlos und unbedeutend aus – was konnten mir auch schon Berge von dieser Höhe imponieren! Ich flog nichts ahnend heran und bekam sofort ein paar solche Böen verpasst, dass ich unangeschnallt aus der offenen Maschine gefallen wäre. Gut, also würde ich eine Kurve fliegen und es noch mal einige Hundert Meter höher versuchen – wieder nichts! Es war so eklig, dass ich wahrhaftig dachte: jetzt werden meine Flächen gelegentlich abmontieren. Ich hatte zwar meinen Fallschirm im Rücken, aber er war nicht angeschnallt, also wertlos. Ich wurde mit all meinen 80 Pferdchen vollständig steuerlos hin und her geworfen und kam mir recht armselig vor.
Mit allen möglichen Tricks versuchte ich, über die Berge zu kommen, doch es war vollständig aussichtslos. Außerdem hatte ich bei dieser Schüttelei ein ausgesprochen unangenehmes Gefühl.
Später in Australien sprach ich zufällig mit Kingsford-Smith über diesen Sturm und er erzählte mir, dass ihm an derselben Stelle genau dasselbe passiert ist; der Sturm hat ihm tatsächlich in der Tragfläche zwei Rippen gebrochen.
Auf meiner Karte war zu sehen, dass da in Alexandretta ein kleines Notlandeterrain war. Da blieb nur eins – sofort zu landen.
Ich fand ohne Schwierigkeiten den kleinen Flugplatz und mir wurde keineswegs besser, als ich am Boden die Grashalme wie ein Meer bei Windstärke zehn wogen sah. Es nützte nichts, zum Zurückfliegen war es zu spät. Ich landete auf dem natürlich ganz menschenleeren Platz bei einer Windgeschwindigkeit von ungefähr 100 (!) Kilometern am Boden – also rückwärts!

So etwas Tolles hatte ich bisher noch nie erlebt. Die Landung klappte, aber sowie die Maschine stand, machte sie Miene, sich über die rechte Fläche zu überschlagen. Ich war im weiten Umkreis ganz allein und versuchte dadurch, dass ich mich lang auf die andere Fläche legte, den Druck des Windes auszubalancieren. Im Nu hatte ich mir überall die Finger aufgerissen und wenn nicht bald einige Syrer gekommen wären, dann hätte es vorerst keinen Weiterflug gegeben.
Wie kam ich mir hilflos und unglücklich vor! Wir konnten die Maschine nicht in die Stadt hineinbringen, denn in der Sekunde, in der wir sie aus dem Wind genommen hätten, würde sie sofort einen seitlichen Salto gemacht haben. Mithilfe der Leute, zu denen noch ein französischer Gendarm hinzugekommen war, montierte ich die Flächen ab und klappte sie seitlich bei. Man kann sich nicht vorstellen, was für eine Arbeit das war. Vier Männer konnten sie kaum halten, wenn sie mit der Breitseite in den Wind kam. Es war nichts weiter zu machen, als das Flugzeug so gut wie möglich zu verankern und über Nacht eine Wache von einheimischen Soldaten dazuzustellen und Gebete zu sprechen, dass am nächsten Morgen noch etwas von ihm übrig sein würde.
Meine Idee, einen großen Lastwagen davor zu stellen, um der Maschine Windschatten zu geben, war nicht ausführbar, weil niemand für Geld und gute Worte in einer Nacht wie dieser sein Fahrzeug hergeben wollte, es sei denn, dass ich für den Gesamtwert die Garantie übernahm.
Nachts im Hotel war nicht viel an Schlaf zu denken, weil ich immerzu auf den Wind horchte.
Am nächsten Morgen zum Frühstück die Nachricht des französischen Kommandanten, dass die Maschine vom Wind stark beschädigt sei, war nicht sehr ermunternd. Glücklicherweise hatte sich wieder ein ehemaliger Flieger aus unserer großen internationalen Familie eingefunden, der mir seine Hilfe anbot.
So ganz furchtbar schlimm war es nicht mit dem Bruch. Einige Sperrholzplatten waren eingedrückt worden und dann hatte der Sturm durch das andauernde Rütteln, das sich trotz aller Veranke-

rung nicht ganz ausschalten ließ, verschiedene Eisenteile, die die beigeklappte Fläche mit dem Rumpf verbinden, herausgerissen oder gelockert. Aber ich konnte ohne besonderes Risiko noch den kurzen Weg hinüber nach Aleppo fliegen.

Nur das Unglück war, dass der Wind auch am nächsten Tage nicht so viel nachließ, dass man einen Start ohne Bruch riskieren konnte. Die Leute meinten, dass die Dauer dieser Stürme ganz verschieden sei; manchmal hielten sie vierzehn Tage lang an.

Ich pendelte den ganzen Tag zwischen der Stadt und dem Flugplatz hin und her, weil der Wind draußen so stark war, dass man sich nur mit großer Mühe aufrecht halten konnte. Nachmittags gegen vier Uhr ließ der Sturm gerade so viel nach, dass man versuchen konnte, die Flächen wieder aufzumontieren.

Das Dumme war, dass ich jetzt in der Dunkelheit die Stunde nach Aleppo hinüberfliegen musste. Doch da gab es nicht viel zu überlegen; denn nach einstimmiger Ansicht aller Leute hier war es sicher, dass der Wind in der Nacht wieder dieselbe Stärke bekommen würde, und dann war für den nächsten Tag mit einer flugfähigen Maschine nicht mehr zu rechnen. Also los! Denn bei der Nachtlandung hatte ich immerhin die Chance, glatt zu landen.

Während des Tankens nahm der Sturm schon wieder zu. Dieses Mal kam ich über die Berge. Zur Vorsicht hatte ich den Fallschirmgurt angelegt.

Die Pechsträhne schien vorüber zu sein. Es wurde sehr schnell dunkel, natürlich war kein Stern da und nicht ein Fetzen Mondschein, wie immer, wenn man ihn mal braucht. Doch meine Instrumentenbeleuchtung funktionierte gut und ich sah nach einer knappen Stunde die Lichter von Aleppo auftauchen. Der Flugplatz, der 20 Kilometer von der Stadt entfernt ist, war nicht ganz einfach zu finden. Doch er war auf meiner Karte sehr genau eingezeichnet. Ich flog also direkt an die Stadt heran, rechnete von da aus den Kompasskurs zum Platz aus und sah nach kaum zehn Minuten Lichter unter mir. Da die ganze Landschaft ringsherum ziemlich unbewohnt war, konnte ich sicher annehmen, im Hafen oder wenigstens darüber zu sein.

Ich kreiste einige Male, aber es ereignete sich nichts. Also suchte ich mir ein Stück Boden, das mir offen und frei schien, und schwebte hinunter. Meine Landelichter waren das Einzige, was man sehen konnte. An den Boden »roch« ich mich sozusagen heran und auf einmal saß ich tadellos mitten auf dem Platz. Glücklich wie ein kleines Kind rollte ich zu der inzwischen beleuchteten Halle, weil ich doch nun endlich seit Istanbul wieder mal da war, wo ich eigentlich hingehörte – auf einem richtigen Flugplatz. Am nächsten Morgen bei Tageslicht sahen die kleinen Schäden nicht mehr so grässlich aus, besonders nachdem sich ernsthafte, erfahrene Monteure damit beschäftigten. Die französische Militärfliegerei stellte sich mir einmal wieder in nobelster Art zur Verfügung und obwohl es Sonntag war, wurde bei Grammofonmusik wieder alles schön heil gemacht, sodass ich am andern Morgen wieder weiter nach der Sonne suchen konnte.

Zwischen Aleppo und Bagdad zieht sich auf einer Strecke von 750 Kilometer eine Salzwüste, durch die der Euphrat und Tigris hindurchfließen. Es führte auch eine Autostraße hindurch. Sie hielt sich immer ziemlich nahe an den Euphrat.

Zu gleicher Zeit mit mir startete eine französische Militärmaschine, die ich aber gleich aus den Augen verlor. Weil unter mir alles eben wie ein Brett war und die Luft nicht zu warm, konnte ich in einigen Metern Höhe über die Wüste fliegen, was ich nach Möglichkeit immer tue, wenn nicht vernunftmäßige Gründe dagegen sprechen. Hier war es ungefährlich, weil beinahe die ganze Strecke ein großer Flugplatz war und ich mich immer in Sichtweite des Euphrat hielt. Ganz tot war die Wüste hier in der näheren Umgebung des Flusses nicht. Von Zeit zu Zeit flog ich über Eingeborenensiedlungen, über weidende Kamele, Storchenschwärme und scheuchte einige Gazellen auf. Alles Lebende rannte beim Lärm meines Motors aufgeregt zusammen und wieder auseinander.

In der Mitte der Wüste kam ich über den Flugplatz von Deir-es-Zor, auf dem gerade die Militärmaschine landete, die wahrscheinlich etwas abgeschnitten hatte.

Später wurde die Umgebung des Euphrat wunderschön. Die kleinen

Siedlungen waren von Palmwäldern eingerahmt. In den Fluss hinein ragten uralte Brunnenanlagen. Das alles war die natürliche Vorbereitung auf Bagdad, die Märchenstadt. Sie tauchte nach fünfstündigem Flug aus dem Dunst auf – ein wunderschöner Anblick, weil sie aus der Luft so ganz orientalisch aussah mit ihren Moscheen, den Palmenwäldern und den braunen Lehmhütten der Eingeborenen.
Es war hier allerlei zu erledigen. Ich musste mich gegen die Cholera impfen lassen, weil ich sonst nicht nach Persien hineindurfte. Der deutsche Generalkonsul Litten stand mir in allen meinen Angelegenheiten so hervorragend zur Seite, als wenn er in seinen Jahren draußen nie etwas anderes getan hätte, als durchkommende Sportfliegerinnen zu betreuen.
Am fünften Tage flog ich weiter mit einer dicken Tasche voller Empfehlungen für halb Indien. Durch die vorzügliche Stellung, die sich Litten hier im Laufe der Jahre geschaffen hatte, wurde ich überall glänzend aufgenommen und vom High-Commissioner abwärts tat jeder alles, um mir für die Weiterreise so viel Annehmlichkeiten wie nur möglich zu verschaffen.
Beim Start musste ich Litten versprechen, ihm sofort nach der Landung in Buschir ein Telegramm zu schicken, weil er die Gegend kannte und wusste, dass ich bei einer Notlandung nichts zu lachen haben würde. Wenn das Telegramm nicht eintraf, wollte er Flugzeuge zur Suche ausschicken. Das in der Mitte meiner Tagesstrecke liegende Basra wollte ich nach Möglichkeit überfliegen, weil dort das Zentrum der Cholera war, um nicht in Persien Schwierigkeiten mit den Quarantänebestimmungen zu bekommen.

Notlandung am Persischen Golf und ein Fliegender Teppich

Als ich an die Nordküste des Persischen Golfes kam, gab mein Motor einen hässlichen Knall von sich. Nanu, was war denn da los? Unter mir sah es für eine Notlandung nicht gerade hoffnungsvoll aus, da gab es nur Sumpf, nicht einen Fetzen trockenen Landes. Nach einer kleinen Atempause ging das Geknalle weiter, bis ich zuletzt wie ein Maschinengewehr durch die Landschaft flog. Stellenweise blieb der Motor ganz weg, sodass ich ziemlich schnell an Höhe verlor. Aus den Anzeichen war einwandfrei festzustellen, dass sich in meinem Vergaser Sachen befanden, die nicht hineingehören.

Ich quälte mich bis nach Bandar Dilam, einem kleinen persischen Dorf an der Nordostküste des Golfes, bei dem es nach der Karte ein Notlandeterrain geben sollte. Ich kam wirklich mit der letzten Motorumdrehung in ein passendes Gelände, vier Kilometer vom Ort entfernt, hinein.

Hier muss ich bemerken, dass alles, was ich nach dem damaligen Brauch als »persisch« bezeichne, heute »iranisch« genannt wird.

Da hatte ich wieder einmal Glück gehabt! Die Angelegenheit sah sehr hoffnungsvoll aus, denn als ich meinen Benzinreiniger und den Vergaser aufmachte, kam eine solche Unmenge Schmutz heraus, dass es kein Wunder war, dass der Motor gestreikt hatte.

Ich war fest überzeugt, dass ich in einer Stunde wieder starten könnte. Inzwischen kamen braune Perser zu Pferde, Esel und zu Fuß von allen Seiten heran. Wir hatten etwas Verständigungsschwierigkeiten, aber dass sie zuallererst meinen Pass sehen wollten, war unmissverständlich herauszuhören. In wildem Galopp tobten sie damit ab zur Ortschaft, weil sie mit unseren europäischen Schriftzeichen nichts anzufangen wussten.

Zum Glück hatte ich von dem persischen Gesandten in Bagdad einen Empfehlungsbrief für den Gouverneur von Buschir bekommen, dessen Kopie ich in persischer Sprache und Schrift bei mir trug. So hatte ich wenigstens etwas, das den Leuten hier einen Schimmer vermittelte, was denn dieses wilde fliegende Mädchen eigentlich wollte.
Ich reinigte alles, so gut es ohne Hilfsmittel, wie leere Gefäße, eben möglich war. Doch erwies sich danach der Versuch, den Motor wieder zu starten, als vergeblich. Er sprang zwar an, aber ehe ich von der Andrehkurbel zurück zum Führersitz laufen konnte, um mit der Gasdrossel nachzuhelfen, schlug er wieder zurück und blieb stehen. Die einzige Möglichkeit war, einen der Perser an der Kurbel drehen zu lassen, eine vollkommen ungefährliche Sache, die ich ihm durch Zeichen genau erklärte. Der Motor sprang auch an, aber in seiner Angst vor dem laufenden Propeller tat er gerade das Gegenteil von dem, was ich ihm gesagt hatte: Er ging nicht vorsichtig seitlich weg, sondern machte einen Satz nach vorne und lief mir um ein Haar in den rotierenden Propeller. Meine schöne Hoffnung, vor dem Abend in Buschir zu sein, schwand nicht nur langsam dahin, sondern ich musste sogar einsehen, dass ich ohne Hilfe eines Menschen, der eine Ahnung von Maschinen hatte, wohl kaum und wenn, dann nur in sehr langer Zeit klarkommen würde.
Zum Glück gab es im Dorf eine Telegrafenstation, sodass ich wenigstens mein Beruhigungskabel nach Bagdad schicken konnte.
Auf dem Wege zum Ort stellte ich fest, dass ich wieder einmal eine gute Nase für das einzige trockene Stück in der Umgegend hatte. Meiner Schätzung nach gab es in Bandar Dilam ungefähr dreihundert Einwohner. Die Häuser und Hütten waren alle aus Lehm gebaut. Etwas leid haben mir die wenigen Frauen getan, denen wir auf den Wegen bei unserm Einzug begegneten. Nach der Ortssitte mussten sie sich alle zur Wand drehen.
Eine Telegrafenstation war zwar da, aber die Beamten konnten nicht in lateinischen Buchstaben telegrafieren. Der Chef sprach einige Brocken Englisch, aber nicht genug, um eine direkte Nachricht nach Bagdad geben zu können. Damit blieb also nur der Weg über die deutsche Gesandtschaft in Teheran. Und auch da war ich nicht

sicher, wie weit die Perser verstanden hatten, was ich eigentlich durchgegeben haben wollte.
Durch diese Verständigungsschwierigkeiten haben sich, glaube ich, alle diese Märchen gebildet, die dann, wie ich später sah, alle Zeitungen für eine Woche beschäftigt haben, dass ich verschollen sei, restlosen Bruch gemacht hätte und selber verletzt wäre. Zehn Tage später, als ich schon in Delhi saß, bekam ich ein Telegramm des deutschen Gesandten in Teheran, in dem er sagte, dass er meine Nachricht an das Generalkonsulat in Bagdad weitergegeben hätte. Tatsache war jedenfalls, dass ich mit heiler Maschine ganz vergnügt in Bandar Dilam saß, den mir angebotenen Tee mit den Leuten trank und überlegte, wie ich mein Schiff nun wieder flottkriegte. In der Luftlinie war ich nur 150 Kilometer von Buschir entfernt, also musste es eine Möglichkeit geben, dahin zu kommen, um mir Hilfe zu holen. Bald hatte ich heraus, dass es am Platz ein Auto gab, in dem einmal wöchentlich die Post nach Buschir und den dazwischenliegenden Dörfern gebracht wurde. Ich pochte sehr energisch auf meinen persischen Empfehlungsbrief, um den Leuten klarzumachen, dass ich ein gern gesehener Gast in ihrem Lande sei, dem sie alle mögliche Unterstützung zukommen lassen müssten, wollten sie nicht mit ihren Behörden Schwierigkeiten bekommen. Nach langem Hin und Her in Persisch erklärten sie sich endlich bereit, mich am nächsten Morgen mit der Post mitzunehmen.
Auf einem niedlichen kleinen Esel ritt ich noch einmal zu meiner Maschine hinaus, um sie für die Nacht gut festzumachen. Dann ging es an die Suche für mein Nachtquartier. Über Wohnungsnot war hier nicht zu klagen. Wir fanden eine große, ganz leer stehende Hütte, die ich zugewiesen bekam. Es war ein einfaches Lehmgebäude ohne Einrichtung. Sie sah gleich etwas wohnlicher aus, als die Leute einige Teppiche brachten und eine offene Schale mit glühenden Holzkohlen. Kaum hatte ich mich niedergelassen und meine Koffer aufgemacht, als der Polizeibeamte wieder schickte, um mir sagen zu lassen, dass dieses abgelegene Haus wohl nicht das Richtige für mich sei; ich möchte lieber im Büro der Kaserne übernachten. Ich packte mein Schlafzimmer zusammen und zog um.

Die Perser interessierte das Ganze glühend, sie wichen nicht von meiner Seite. Ich mochte es gar nicht so gern, dass sie immer mit ihren nackten Füßen auf meinen Schlafteppichen herumstolzierten. Zum Schluss setzte ich sie alle an die Luft, rollte mich in meinen Schlafsack und schlief, so gut es bei dem Geräusch der auf und ab patrouillierenden Soldaten vor meinem vergitterten Fenster eben ging. Ich muss sagen, ich habe schon viel schlechtere Nächte zugebracht.
Am nächsten Morgen erschien das etwas antike Auto auf der Bildfläche, an das ich bisher noch nicht so richtig geglaubt hatte. Mir kam das Ganze beinahe unheimlich einfach und unkompliziert vor. Aber da war es und ließ geduldig alles in sich hineinpacken, wofür meiner Ansicht nach ein mittlerer Lastwagen gerade genügt hätte. Und – weiß Gott, sie quetschten mich auch noch mit ans Kinn gezogenen Knien irgendwo hinein. Viel passieren konnte uns unterwegs nicht, denn wir waren verstaut wie die Sardinen und mussten uns bei einem Überschlag alle glänzend gegenseitig abfedern.
Die Straße, auf der wir uns dreizehn Stunden lang in mäßigem Tempo entlangbewegten, hielt nach meiner Erfahrung den Rekord an Unwegsamkeit. Schwierig war die Verständigung mit meinen Mitreisenden, weil mein persischer Wortschatz sich auf fünf ganze Worte beschränkte. Aber dafür lächelten wir uns von Zeit zu Zeit gegenseitig liebenswürdig an.
Beängstigend waren für mich die vielen Stopps in den Dörfern, um die Post abzuliefern. Ich fiel durch meine helle Hautfarbe und die europäische Kleidung unangenehm auf. Dazu kam der Übereifer dieser persischen Dorfgendarmen, von denen jeder immer viel zu viel von mir wissen wollte. Ich stand bei jedem neuen Verhör Todesängste aus, dass sie vielleicht doch noch aus meinem Pass etwas herausfinden würden, was den Vorschriften nicht genügte. Und wenn ich einmal in solch einem Nest festsaß, dann gute Nacht für die nächsten Tage! Aufatmen konnte ich erst, als mir, schon nach Sonnenuntergang, bedeutet wurde, dass wir die letzte Station vor Buschir passiert hatten. Eine tolle Fähre war noch zu überwinden. Ich begab mich so lange in die Dünen, um das Rutschen des Wagens

in den Fluss wenigstens nicht mit ansehen zu müssen. Aber sogar das ging vorüber.

Durchgeschüttelt und kaputt kamen wir endlich nachts in Buschir an und da dauerte es weitere zwei Stunden, ehe wir jemanden herausgeklopft hatten, bis ich schließlich ein Bett bekam.

Und hier, in dieser Nacht in Buschir, fand meine erste Begegnung mit dem »Fliegenden Teppich« statt.

Als ich in dem persischen Rasthaus in Buschir nach dieser abenteuerlichen Fahrt in dem überladenen greisen Ford ankam, saß da am Schreibtisch ein riesengroßer weißer Mann, noch ziemlich jung, in einer offenen Lederjacke. Ich dachte mir, er wird so eine Art Manager für dieses Unterkunftshaus sein.

Er stand auf und begrüßte mich erst in Englisch und wir unterhielten uns dann weiter in Französisch, weil das zu der Zeit meine bessere Sprache war. Er wusste, dass ich die notgelandete Fliegerin war, weil ich telegrafiert hatte, damit man sich keine Sorgen machte. Also war er über das mitten in der Nacht mit einer Horde von Persern allein erscheinende weiße Mädchen nicht weiter erstaunt. Nach ein paar Worten stellte sich heraus, dass der vermeintliche Hotelmanager ebenfalls ein Flieger war.

Dieser große weiße Mann begann nun zu erzählen, dass er Moye Stephens heiße und mit Richard Halliburton, einem sehr bekannten amerikanischen Reiseschriftsteller, dem die Maschine gehörte, sich seit gerade einem Jahr auf einem Flug um die Welt befinde, über den dann Halliburton, der im Moment noch studienhalber in Teheran saß, ein Buch schreiben würde, das den gleichen Namen wie ihr Flugzeug, »the flying carpet«, tragen würde.

Meine Müdigkeit hatte ich vollständig vergessen und bei Whisky, der, wie sich später herausstellte, zum ständigen Bordgepäck des »Fliegenden Teppichs« gehörte, ließ ich meinen Kollegen etwas über seine Abenteuer auspacken.

»Kennen Sie vielleicht zufällig eine deutsche Fliegerin, die Anfang des Jahres bei Timbuktu eine Notlandung gehabt hat? Ich habe ihren Namen vergessen«, war die erste Frage.

»O ja«, meinte ich, »ich erinnere mich, von ihr gehört zu haben«, und

erwartete mit Spannung seinen Bericht über meine Erlebnisse in Afrika. Tatsächlich bekam ich eine wahrheitsgetreue Schilderung der Ereignisse, weil der »Fliegende Teppich« gerade acht Tage, nachdem ich Timbuktu verlassen hatte, dort gelandet war.
Na, das war ein Spaß, als ich erklärte, dass dasselbe Mädchen jetzt vor ihm saß! Es musste ja zwangsläufig einmal geschehen, dass zwei Maschinen, die um die Welt herumfliegen, sich gelegentlich begegneten.
Es stellte sich heraus, dass wir bis Singapur die gleiche Route haben würden, also sicher noch manche Chance, uns wieder zu begegnen. Ich erzählte dann von meiner Notlandung und dem umständlichen Weg im Auto hierher; und dass ich gekommen sei, um mir eine Hilfe zu holen. Sofort bot mir Stephens an, in seiner Maschine mit mir nach Bandar Dilam hinüberzufliegen. Er setzte das Einverständnis von Halliburton, dem das Flugzeug gehörte, voraus, nachdem ich ihm versichert hatte, dass die Landebedingungen dort völlig unproblematisch seien. Er hielt es für ganz selbstverständlich, dass man sich unter Fliegerkameraden in solchen Situationen zu helfen hatte. Mir kam es vor, als wenn mitten in der Nacht die Sonne wieder aufgegangen wäre. Denn richtig Ruhe haben würde ich doch erst wieder, wenn mein kleines Flugzeug mit mir am gleichen Platz möglichst in einer Halle stand und nicht in Wind und Regen an irgendeinem hässlichen Golf.
Mittags am nächsten Tage wurde der »Fliegende Teppich« klargemacht, ein »Stearman«-Doppeldecker mit einem Whirlwindmotor, und ich saß hilflos vorn im Passagiersitz und musste mich von einem fremden Mann fliegen lassen.
Bandar Dilam muss sich in diesen Tagen wie ein Großflughafen vorgekommen sein. Die Beamten nahmen es jetzt schon mit ruhiger Selbstverständlichkeit hin, dass nun zwei Flugzeuge da parkten, und interessierten sich in erster Linie für Stephens Pass, den er natürlich nicht bei sich hatte. Sie drohten mit der landesüblichen Strafe von acht Tagen Gefängnis. Die Arbeit am Motor nahm uns doch länger in Anspruch, als wir gerechnet hatten, sodass wir an diesem Tage nicht fertig wurden. Am Spätnachmittag flogen wir wieder nach

Buschir zurück, um am nächsten Tage weiterzumachen. Am andern Morgen kam der von mir mit gemischten Gefühlen erwartete Halliburton an. Gemischt darum, weil ich nicht wusste, wie er sich zu dieser Extratour in seinem Weltflugprogramm stellen würde. Doch mit ihm war das alles in Ordnung. Diese Hilfeleistung war für ihn so selbstverständlich wie das Aufheben eines Handschuhs.

Wir durften also wieder losfliegen – diesmal mit dem Pass – und an diesem zweiten Tage wurden wir auch mit dem Reinigen der Tanks, Düsen, Leitungen, Filter und Vergaser fertig. Am vierten Tag nach der Notlandung kamen wir mit beiden Maschinen in Buschir an. Abends saß ich am Bettrand von Dick Halliburton, der ziemlich hohes Fieber hatte, und ließ mir erzählen.

Er war der Typ, dem man die Idee mit dem magischen Teppich, der seinen Besitzer zu all den zauberhaften Plätzen der Welt trägt, zutrauen konnte. Neben einem recht gesund entwickelten Geschäftssinn war er von einer glühenden Begeisterung für alles Romantische beseelt. Mit zwanzig Jahren hatte er sein Elternhaus in Amerika verlassen und machte abenteuerliche Reisen. Mit dreiundzwanzig Jahren hatte er ein Buch veröffentlicht, »The Royal Road to Romance«, das ihm bei einer Auflage von 150 000 ein kleines Vermögen einbrachte. Vom Fliegen selber verstand er nichts, aber in Stephens hatte er für alles Technische eine ideale Ergänzung gefunden.

Trotz des Fiebers wollten Dick und Moye – wir nannten uns der Einfachheit halber alle beim Vornamen – am nächsten Morgen weiter nach Djask fliegen. Ich machte natürlich mit, denn es ist immer eine herrliche Sache, wenn man draußen dieselbe Strecke am gleichen Tage mit einem andern Flugzeug zusammen fliegen kann. Wenn man sich auch in der Luft nicht sieht, so hat es doch unendlich viele Vorteile für sich; denn die Gefahr eines längeren Verschollenseins wird dadurch auf das Minimum reduziert.

Ich fand Djask, diesen kleinen persischen Platz auf der entlegenen Küstenspitze im Persischen Golf, so interessant, dass ich einen Tag länger als die Amerikaner blieb, die am nächsten Morgen weiterflogen – Dick wieder mit hohem Fieber.

Eigentlich gab es nicht sehr viel zu sehen. Aber ich nahm auf diesem

Flug das erste Bad in der See. Und dann nicht zu vergessen: die zeitungfressende Kuh!
Jeden Morgen kam sie angetrabt mit den Wassersäcken und bekam zur Belohnung die alten Zeitungen, die sie mit Wonne hinunterschlang, da es in der ganzen Gegend nicht einen Grashalm gab. Ich fürchte, sie wurde allen durchkommenden Fliegern als Kuriosum von Djask vorgeführt. Nächste Haltestelle sollte Indien sein. Zum Tanken musste ich in Guaddar zwischenlanden, wo ich die französische Postmaschine traf, die gerade von Karachi gekommen war und mir nicht sehr schöne Wettermeldungen gab. Später hörte ich, dass sie am selben Tage noch zwischen Djask und Buschir wegen schlechten Wetters notlanden musste und für drei volle Tage verschollen blieb. Danach konnte sie aber wieder ohne Hilfe starten und setzte ihren Flug fort.
Karachi, die erste Stadt des Wunderlandes Indien, bedeutete für mich eine herbe Enttäuschung!
Genau weiß ich nicht, was ich eigentlich erwartet hatte – aber jedenfalls etwas ganz anderes als diese Hafenstadt, die, wie ich fand, in jedem andern Lande der Welt genauso gut hätte liegen können.
Der einzige Trost bei der Landung auf dem riesigen Flugplatz, mit unzähligen Hallen und Flugzeugen aller Art, war der »Fliegende Teppich«, der gerade sein Öl eingefüllt bekam. Ich fühlte mich gleich etwas zu Hause, weil wir doch alte Bekannte waren, und glaubte, jetzt würden wir hier zusammen Weihnachten verbringen. Mir kam schon eine Ahnung, als ich Moye noch am Spätnachmittag an der Maschine herummurksen sah, dass es mit dem Weihnachten in Karachi wohl nichts werden würde. Und tatsächlich, nach meiner Landung erklärten sie mir als Erstes, dass sie am nächsten Morgen bei Sonnenaufgang nach Delhi starten würden – weitere 1200 Kilometer! –, um mit Bekannten aus Amerika Weihnachten zu feiern, und natürlich müsste ich mitkommen.
Wie schrecklich waren diese Aussichten. Ich war so müde, als ich ankam, dass ich nicht daran dachte, noch irgendwas zu tun und am Morgen in aller Herrgottsfrühe wieder weiterzufliegen.
Die beiden ließen aber keine Ruhe, ich sollte wenigstens mein Flug-

zeug fertig machen, weil ich sonst die ganzen Tage über Weihnachten dasäße und überhaupt nicht in die Halle könnte. Ja, das musste ich wirklich einsehen; die Maschine musste klar sein, damit ich wenigstens jederzeit abfliegen konnte. Aber weiterfliegen mit ihnen am nächsten Tag wollte ich nicht, dazu war ich zu müde.

Während ich an der Maschine arbeitete, ließ ich in der Stadt feststellen, ob irgendein deutscher Vertreter da war. Nichts Derartiges.

Verschiedene Leute, die draußen auf dem Flugplatz waren, hatten aus unserer Unterhaltung gehört, dass ich über die Feiertage allein in Karachi bleiben würde, und boten mir an, Weihnachten bei ihnen zu feiern. Grässlich, so einfach zu Weihnachten irgendwo hingestupst zu werden, nur weil die Leute Mitleid haben, dass man ganz allein ist!

Erst als es schon dunkel war, wurde ich mit meiner Arbeit fertig und sah so außer dem Hotel nichts von Karachi.

Nach dem Essen setzten wir uns alle zu dem üblichen Whisky auf mein Zimmer. Mir wurde von Minute zu Minute trübseliger zumute, wenn ich an den nächsten Tag dachte. Ich hatte einfach keinen Schneid, trotz aller Müdigkeit ins Bett zu gehen.

Die beiden waren so nett wie zwei Vatis zu mir und wollten mich nicht allein lassen; aber sie mussten nach Delhi, weil sie bei ihren Freunden angesagt waren und sich sehr darauf freuten.

Dick meinte: »Nun wird das Kind brav ins Bett gehen, ein paar Stunden tief schlafen und morgen mit uns nach Delhi fliegen. Und da bringt dann der Weihnachtsmann eine wunderschöne Puppe von den beiden Daddys.«

Das brave Kind sträubte sich noch bis nach Mitternacht, um dann endlich zu kapitulieren.

Am Morgen des Heiligen Abends wurde ich um halb fünf Uhr herausgeklopft. In völliger Dunkelheit fuhren wir zum Flugplatz hinaus. Es überrascht mich jedes Mal wieder, wie von Grund aus ein paar Stunden Schlaf den Menschen verwandeln können. Am Abend vorher war ich so kaputt gewesen, dass ich glaubte, ich würde den ganzen nächsten Tag durchschlafen müssen. Und jetzt nach vierstündigem Schlaf war ich munter wie selten. Mit dem ersten Tagesgrauen

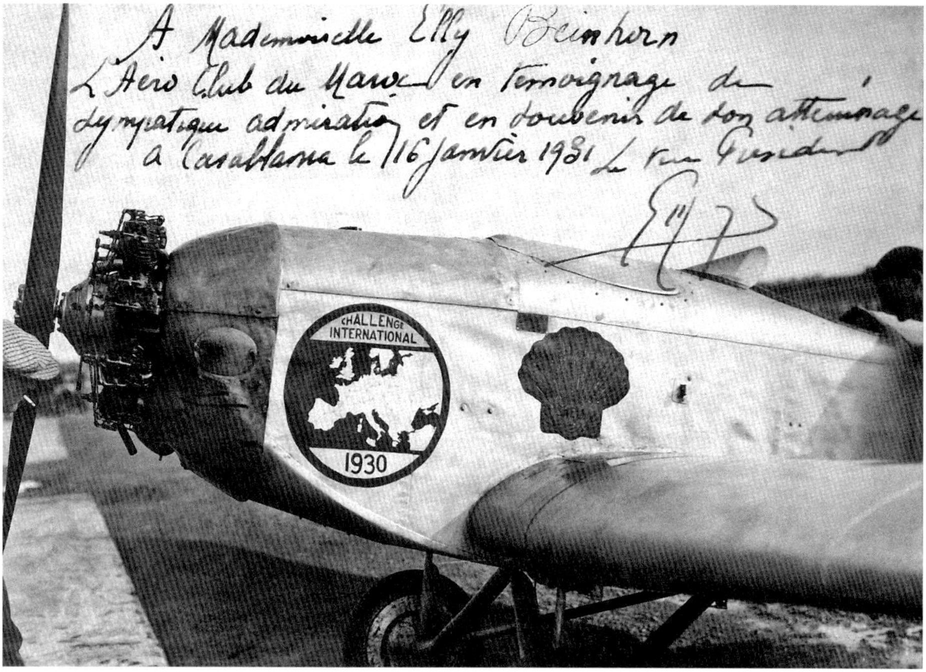

Aufbruch ins Abenteuer: Das Titelbild von Elly Beinhorns Afrika-Album

Ankunft in Casablanca: Nach zwei Notlandungen endlich in Afrika

Großer Empfang für das »fliegende Mädchen«

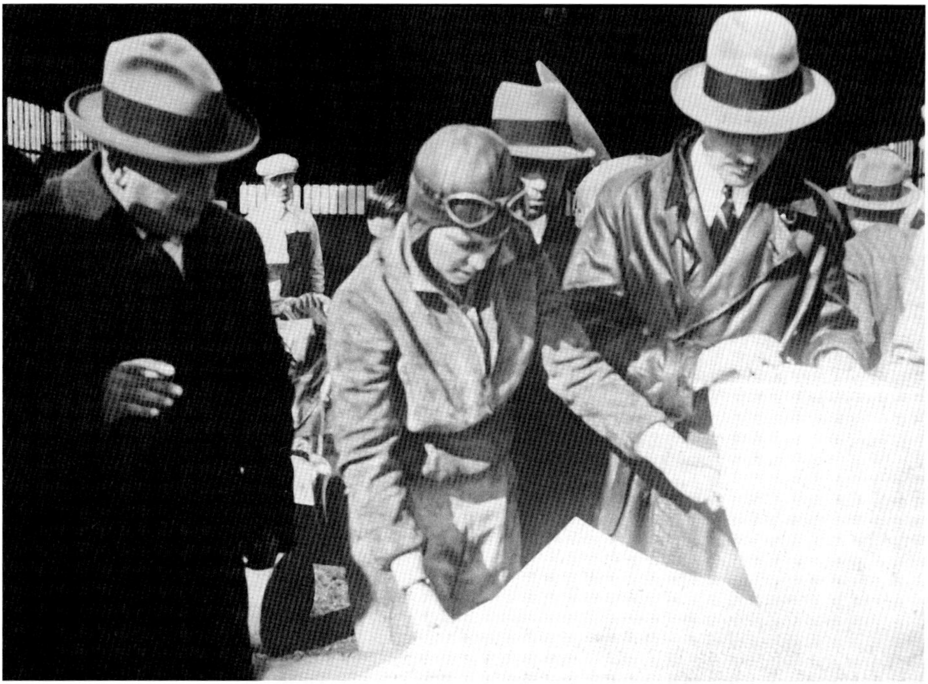

In Casablanca: Kartenstudium vor dem Weiterflug nach Guinea Bissao

Flugplatz Casablanca

Kurz vor dem Ziel über Bissao: Der ersehnte Fernflug wurde ein großes Abenteuer.

Das kleine Flugzeug und seine Pilotin wurden groß bestaunt.

Flug über die Wüste

»Badezimmer« im Expeditionslager von Professor Bernatzik

Die Notunterkunft im Lager der Songhais. In dieser Hütte schlief Elly Beinhorn.

Nach der Notlandung: Die Tuareg-Frau Adah mit Elly Beinhorns Pferd

Henri Lhote, der französische Ethnologe, ritt mit Elly Beinhorn zurück zur Notlandestelle, in der Hoffnung, das Flugzeug zu retten.

starteten wir die Motoren und man sah die blauen Flammen aus den Auspuffrohren blitzen.
Ein tüchtiger Gegenwind blies auf der ganzen Strecke bis Jodhpur, wo ich zwischenlandete, um zu tanken. Schön warm war es hier. Ich wurde erwartet und es war alles für einen kleinen Lunch vorbereitet. Der Maharadscha von Jodhpur war selbst ein begeisterter Flieger mit eigener Maschine. Er war zurzeit nicht anwesend, hatte aber seinen Mercedes-Kompressor geschickt, um mich in die Stadt zu bringen.
Ein hübsches Weihnachtsgeschenk war der Flug von hier nach Delhi. Zuerst führte er noch über eine ziemlich öde Strecke, doch dann tat sich die Ebene auf und das ganze Gelände war dicht besiedelt. Da waren kultivierte Felder, Dörfer und Städtchen, schöne Gebäude, kleine Schlösser mit Teichen, ein ganz neuartiger Stil. Ich flog niedrig, damit mir nur nichts von Indien entgehen sollte. Da waren offene Häuser, die wohl so etwas wie türkische Bäder waren. Genau konnte ich die Leute da drinnen beobachten, wie sie aufsprangen, als die Maschine so dicht über das offene Dach hinwegfegte.
Delhi, die alte indische Stadt, die jetzt wieder Hauptstadt war, hatte sich durch die viele Anbauerei zu einer stattlichen Größe entwickelt. In Neu-Delhi, der Regierungsstadt der Engländer, hatte man eine Menge von äußerst pomphaften Gebäuden hingestellt, die den Eingeborenen eindrucksvoll die Macht und den Reichtum ihrer damaligen Beschützer vor Augen führten. Auf dem Flugplatz, wo ich zuerst eintraf, warteten eine Menge Leute – nicht auf mich, wie ich bald an ihren erstaunten und enttäuschten Gesichtern herausfand, sondern auf den »Fliegenden Teppich«, der kurz nach mir eintraf. Ich beneidete die Boys etwas, dass sie hier am Heiligen Abend alte Bekannte von zu Hause trafen.
Selten habe ich meine Maschine mit so viel Genugtuung in die Halle geschoben wie an diesem Tage. Nicht einen Handschlag tat ich an ihr, sondern nahm nur stolz wie ein Lufthansa-Kapitän meine Koffer und fuhr zum Hotel.
Es war gerade noch zeitig genug, um ein Weihnachtstelegramm an meine Eltern zu schicken, die ja, genau wie ich, das erste Mal allein waren.

Die Engländer feiern ihr Weihnachten etwas verschieden von dem unsern. Der Hauptfeiertag ist hier der 25. Dezember. Am Heiligen Abend wird getanzt, man wirft Papierschlangen und trägt bunte Kappen.
Jedenfalls wollten wir uns alle drei an diesem Abend so fein machen wie irgend möglich.
Dick war zum Essen bei seinen Bekannten und so saß ich allein mit Moye, bevor wir uns dann später wieder im Klub zum Ball trafen, und er erzählte mir einiges von sich.
Nach Beendigung der Schule hatte er sich brav in die Universität gesetzt und Jura studiert, wie der Vater es wünschte. Aber in jeder freien Minute trieb er sich auf dem Flugplatz herum, bis er es nicht mehr aushalten konnte und den Vater bat, ihn doch fliegen lernen zu lassen.
Doch der Vater teilte das Vorurteil der meisten Menschen der vorigen Generation über die Gefährlichkeit dieses modernsten Verkehrsmittels und wollte den Sohn nicht in der Ausführung seiner ausgefallenen Pläne unterstützen, um bei einem Unglücksfall nicht mitschuldig zu sein.
Dem sechzehnjährigen Jungen brach es fast das Herz, dass er nicht fliegen durfte, bis er schließlich herausfand, dass er, wenn er wöchentlich bestimmte Stunden praktischer Arbeit auf dem Flugplatz leistete, entsprechende Unterrichtsstunden frei bekam. Das war der Weg!
Von nun an wurde nicht mehr allzu viel für das Studium getan, bis er schließlich seinen Pilotenschein bekam. Die Eltern hatten sich inzwischen damit abgefunden, dass sie den Sohn nicht von seinem Fliegerspleen heilen konnten, und sagten schließlich Ja.
In der Zwischenzeit war Stephens jahrelang als Kapitän einer Fluglinie über die Rocky Mountains geflogen. Nebenbei hatte er zu Hause seine kleine Privat-Kunstflugmaschine, mit der er gelegentlich Akrobatik für den Film wie zum Beispiel »Hells Angels« flog. Bis er dann eines Tages von Halliburton das Angebot bekam, dessen Maschine um die Welt zu fliegen. Der hatte mit ihm sicherlich keinen schlechten Griff getan, denn der »Fliegende Teppich« hat dann

erfolgreich ohne den geringsten Zwischenfall seinen abenteuerlichen Ausflug um die Erde beendet.
Von Delhi habe ich trotz sechstägigen Aufenthalts kaum mehr gesehen als der Durchschnittstourist.
Mich beeindruckte die große Moschee sehr, wo sich das Leben der Einheimischen während des ganzen Tages abspielt. In Filzschuhen, soweit man sich nicht Schuhe und Strümpfe ausziehen wollte, durften wir Andersgläubigen als nicht gerade lästige, aber doch überflüssige Gäste darin umherlaufen und staunend den ersten Eindruck von der ganzen Buntheit des indischen Lebens in uns aufnehmen.
Schon in Persien hat mir jeder Mensch gesagt: wenn ich nach Indien käme und den Taj Mahal nicht besuchte, dann hätte ich Indien nicht gesehen.
Es ist immer etwas Gefährliches um diese weltberühmten Plätze. Man hat vorher so viel von diesen Wundern gehört, dass die Erwartung aufs Äußerste gespannt ist. In den allermeisten Fällen folgt notwendig eine Reaktion ins Negative.
Da es so nah an meiner Strecke lag, wollte ich natürlich nicht versäumen, das Grabmal einer großen Liebe, das zu den modernen Weltwundern gezählt wird, anzusehen.
Meine Kollegen aus der Neuen Welt hatten wieder einmal eine besonders originelle Idee: Stephens sollte im Rückenflug um den Taj Mahal herumfliegen; dazu wollten sie eine zweite Maschine chartern, von der aus der »Fliegende Teppich«, der Taj und das umliegende Gelände als Sensationsluftaufnahme für das Buch fotografiert werden sollte.
Mir dauerten die Vorbereitungen zu lange, weil ich möglichst Silvester im deutschen Klub in Kalkutta feiern wollte und es schon der 30. Dezember war.
Wahrscheinlich lag es an mir selbst, dass der Taj Mahal mir nicht den Eindruck machte, den ich nach den vielen Erzählungen erwartet hatte. Vielleicht lag es auch daran, dass ich ihn nicht im Mondschein gesehen habe, wenn er wie ein lebendig gewordener Traum wirken soll.
Frühmorgens flog ich von Delhi herüber, parkte meine Maschine auf

dem kleinen Militärflugplatz von Agra, nahm ein Taxi und fuhr zum Taj Mahal, den ich vor der Landung schon in allen Höhen überflogen hatte.

Sicherlich war es zum Teil mein eigener Fehler, dass ich enttäuscht war, weil ich wie ein richtiger Tourist angefahren kam und mir von dem Führer alles Wissenswerte erklären ließ. Ich gab ihm dann eine Rupie und dafür machte er zweimal Echo in dem Grabgewölbe mit den beiden Sarkophagen und schenkte mir eine Blume, die auf den Gräbern – der Erbauer ruht jetzt hier zusammen mit seiner Lieblingsfrau – geweiht war. Sicher, ich fand den Taj wundervoll und imposant als Bauwerk, aber nicht wie ein Märchen. Doch gut vorstellen kann ich mir, dass, wenn ein Reisender zufällig nach Agra käme, ohne eine Ahnung von der Bedeutung des Taj Mahal zu haben, und er würde in einer Vollmondnacht genauso zufällig etwas aus der Stadt hinausgehen und dabei ganz unerwartet auf das riesige Marmorgebäude mit der Goldeinlegearbeit stoßen, er von dem Anblick so hingerissen sein würde, dass er an seine Wirklichkeit nicht glauben würde.

Ich habe das Gefühl, dass es heute eine Modesache in Indien ist, wenn die Rede auf den Taj Mahal kommt, von seiner absolut märchenhaften Schönheit in einer Vollmondnacht zu sprechen. Schade, mir hat man damit den Taj verdorben, der mich ohne alle die Voraussagen sicher aufs Tiefste beeindruckt hätte; und seitdem habe ich eine gewisse Angst vor allen weltberühmten Sehenswürdigkeiten bekommen.

Ein ganz kleines bisschen enttäuscht fuhr ich in meinem gemieteten Automobil wieder auf den Flugplatz zurück und von da flog ich nach der Abfertigung der üblichen Autogrammbücher am selben Nachmittag nach Allahabad am Ganges. Da der dortige Flugplatz keine Halle hatte, zog ich es vor, am nächsten Morgen gleich weiter nach Kalkutta zu gehen, um vielleicht von da aus einige Ausflüge von der großen Straße weg zu machen.

Programgemäß kam ich am Silvesternachmittag in Kalkutta an, wo ich von einer richtigen deutschen Abordnung in Empfang genommen wurde.

Über hundert Deutsche lebten in dieser indischen Riesenstadt. Sie hatten ihren deutschen Klub, in dem ich Silvester ganz.wie zu Hause verbringen konnte.

Mit großem Interesse hatte ich immer das Weiterkommen meiner Kollegin Marga von Etzdorf verfolgt und hoffte, sie bald auf ihrem Rückflug, der meinen Hinflug kreuzen musste, hier irgendwo zu treffen. Mein Rückweg sollte von Niederländisch-Indien nach Tokio führen. Aber die Nachrichten über die Unruhen zwischen Japan und China wurden von Tag zu Tag unerfreulicher, sodass ich auf dieser Route mit unangenehmen Verzögerungen rechnen konnte. Was war da zu machen?
Sollte ich mein Programm, das bis ins Kleinste vorbereitet war, einfach umwerfen und mich nach einer zurzeit ruhigeren Ecke der Welt umsehen? Sehr nahe liegend war es, von Java aus einfach nach Australien hinüberzufliegen. Nur hatte ich nicht den leisesten Schimmer, wie es auf dieser Strecke mit Flugplätzen aussehen würde. Ich wusste zwar, dass schon einige Rekordflüge dahin gemacht worden waren, aber bei all diesen Maschinen konnte man mit Sicherheit einen viel größeren Aktionsradius voraussetzen, als ich ihn mit meinen acht bis neun Stunden bei einer Durchschnittsgeschwindigkeit von 140 km/h aufzuweisen hatte. Außerdem war die Erlaubnis zum Überflug noch nicht eingereicht und keine Shellorganisation vorbereitet.
Auf alle Fälle schrieb ich über diese neue Idee erst einmal nach Hause, mit der Bitte, nichts davon zu erzählen, denn die Ausführung war noch so in unendlicher Ferne, dass ich mich noch nicht festlegen wollte.
Fliegerisch tat sich so allerlei in Kalkutta. Da war ein äußerst rühriger Fliegerklub, die Mitglieder zum Teil Engländer, zum Teil reiche Inder, die eigene Maschinen hatten. Gerade als ich ankam, hatten sie einen Flugtag zu Ehren des zurzeit in Kalkutta weilenden Maharadschas von Nepal vorbereitet. Sie baten mich, mit meiner Maschine, wenn möglich, einige Kunstflüge zu zeigen. Natürlich sagte ich zu, denn man kann sich vorstellen, dass ich nach dem vie-

len Geradeausfliegen gern einmal wieder etwas in der Luft herumtoben wollte.
Außerdem konnte ich bei der Gelegenheit gleich die Vielseitigkeit unserer modernen deutschen Kleinflugzeuge demonstrieren.
Es war allgemein bekannt, dass die Erlaubnis zur Einreise nach Nepal kaum zu bekommen war. Die Nepalesen wollten sich damals nach Möglichkeit von allem europäischen Einfluss freihalten. Vielleicht konnte also die an dem Flugtag zu erwartende persönliche Bekanntschaft mit dem Maharadscha von Nutzen sein.
Inzwischen war auch der »Fliegende Teppich« eingetroffen. So konnte ich mit Stephens ein kleines privates Kunstflugturnier ausfliegen. Dieser kleine Flugtag wurde ein voller Erfolg. Hier unten bekamen zu jener Zeit die Leute nur sehr selten Kunstflug zu sehen; besonders die Nepalesen, der ganze Stab des Maharadschas, die aus den Bergen des Himalaja heruntergekommen waren, konnten sich überhaupt nicht beruhigen. Wie ich später hörte, hat der Maharadscha dem Bengal-Flying-Club als Anerkennung für die Vorführungen eine Maschine geschenkt.
Kalkutta war der Platz in Indien, wo man sich nur einmal eine Woche lang hinzusetzen brauchte, wenn man einige der berühmten Flieger der Welt sehen wollte. Eigentlich alle paar Tage kam irgendeine Maschine durch, die sich auf einem großen Flug befand.
Hier traf ich zum ersten Mal Kingsford-Smith, wohl den berühmtesten aller Kollegen, der sich mit seinem gelungenen Pazifikflug den Namen des besten Fliegers der Erde gemacht hatte. Er kam gerade mit der Weihnachtspost von England zurück und blieb nur über Nacht da.
Sir Charles – er wurde bald nach unserem ersten Treffen für seine einmaligen Verdienste geadelt – fand 1935 den Fliegertod. 1977 plante eine indisch-australische Expedition den Versuch, das Wrack von Kingsford-Smiths Flugzeug »Lady Southern Cross« fast fünfundvierzig Jahre nach dessen Verschwinden an der burmesischen Küste vor der Insel Aye in neun bis 27 Meter Tiefe auffinden zu können.
Für einen Langstreckenflieger ist es eine recht makabre Vorstellung,

die tapferen Piloten – vorausgesetzt, dass die Berechnungen stimmen – nach beinahe einem halben Jahrhundert aus ihrem feuchten Grab wieder an das Licht der Erde befördert zu wissen!

Auch Herr Bata, der tschechische Schuhkönig, kam eines Tages in seiner dreimotorigen »Fokker« angeflogen. Auf der ganzen Strecke bis Niederländisch-Indien hatte er seine Vertretungen in jeder Stadt und machte ein Bombengeschäft mit seinen Schuhen, deren Preise sogar unter denen der Chinesen blieben. Als Piloten hatte er sich den bekannten englischen Flieger Allan Stag gechartert, der vor vielen Jahren als Erster von England nach Indien geflogen ist.

Unterwegs hatten sie Motorschwierigkeiten bekommen, sodass Stag sich weigerte, mit der »Fokker« weiter südlich über die Dschungelgebiete ohne Notlandungsmöglichkeit zu fliegen. So blieb Herrn Bata nichts weiter übrig, als sich mit dem Postflugzeug nach Singapur zu begeben, während die Motoren inzwischen in Kalkutta durchgesehen wurden.

In die Zeit meiner Anwesenheit hier fiel die Verhaftung Mahatma Gandhis. Die sichtbare Auswirkung bei den Indern war gewaltig. Sie hatten ihre Läden geschlossen, veranstalteten Umzüge mit Fahnen in den Straßen ihrer Viertel. Überall gab es Zusammenrottungen von Menschen, Reden wurden gehalten und bewaffnetes Militär musste sie in Schach halten.

Ein Stückchen echtestes Indien fand ich mitten in Kalkutta bei Rabindranath Tagore. Sein Haus, das heißt, eins seiner Häuser, lag in einem kleinen Gässchen in der alten indischen Stadt – ein palastartiges Gebäude.

Vor dem Haus saßen junge indische Studenten. Der große Dichter hatte eine Kunstschule, an der junge Leute beider Geschlechter in allen Zweigen der verschiedenen Künste unterrichtet werden. Er hatte eine ganz neue Richtung in der modernen Erziehung geschaffen, die schon dadurch besonders gekennzeichnet wird, dass junge Männer und Mädchen zusammen in Gruppen lernen.

Es ist bekannt, dass außer dem weltberühmten Dichter aus der Familie Tagore eine Reihe von namhaften Künstlern hervorgegangen sind.

Die eigentliche Tagore-Schule war in Santiniketan, einem kleinen Ort in Bengalen, doch man war zu der Festwoche anlässlich des siebzigsten Geburtstages des Dichters nach Kalkutta herübergekommen, wo unter anderem auch ein von ihm selbst geschriebenes Stück in der großen offenen Halle seines Hauses aufgeführt wurde.
Man hat viel über Rabindranath Tagore geurteilt und vieles an ihm verurteilt. Aber ich glaube, um die volle Wirkung seiner Persönlichkeit zu empfinden, musste man ihn in seiner eigensten Umgebung erleben. Auf mich wirkte er wie das verkörperte Indien, hier im Kreise seiner ihn verehrenden Familie, mit dem langen weißen Haar und Bart und der klangvollen Stimme. Ohne Zweifel hat er unendlich viel für die bengalische Kunst getan. Abgesehen von seinen eigenen Werken hat er die gesamte alte bengalische Literatur gesammelt und ebenso viel für die Musik geleistet. Persönlich bedeutete er für mich mit seiner liebenswürdigen, abgeklärten Art ein ungeheuer eindrucksvolles Erlebnis.
Das Hotelleben in Indien war etwas Grässliches, sehr unangenehm dabei der ständige Krach, denn die Türen waren alle nach oben hin offen, um etwas Ventilation zu schaffen. Auf die Hotelbedienung konnte man sich nicht verlassen. Dafür hielt man sich einen persönlichen Boy. Morgens um sechs Uhr erschienen alle diese Helfer und setzten sich vor die Türen ihrer Brotgeber. Natürlich unterhielten sie sich dabei und so war an Schlafen nicht mehr zu denken. Im Hotel konnte man nur wohnen mit voller Verpflegung. Für mich war das äußerst unpraktisch, weil ich fast immer zu den Mahlzeiten auswärts war. Ich wohnte schon beinahe acht Tage im Hotel, als ich zum ersten Mal zu einer Mahlzeit in den Speisesaal kam. Ich dachte, das kann nicht wahr sein! Als ich hereinkam, brach die Kapelle ab und spielte den Fliegermarsch! Es stellte sich dann heraus, dass es ein Wiener Orchester war, das diese deutsche Sitte kannte. Die Musiker wussten aus den Zeitungen, dass ich im Hotel wohnte, kannten mich aber nicht persönlich. So hatten sie bis jetzt bei jedem Konzert einmal den Fliegermarsch gespielt und dabei alle Leute beobachtet. Ich denke, dass meine Überraschung und Freude sie für diese Aufmerksamkeit entschädigt hat.

Mit 80 PS zum Mount Everest

Es stand vom Beginn meines Fluges an fest, dass ich den Himalaja sehen musste. Ich weiß, dass mich immer schon früher alles, was ich von diesen höchsten Bergen der Erde gesehen oder gehört hatte, aufs Stärkste interessierte, und da bestand kein Zweifel, dass ich ihnen jetzt meinen Antrittsbesuch abstatten würde.
Es ist etwas unbeschreiblich Großartiges um solch ein kleines eigenes Flugzeug. Da ist irgendwo in der Welt ein ganz ausgefallener Platz, den man sehen möchte. Und mit solch einem nach nichts aussehenden Ding kann man das ermöglichen – und das ganz allein und unabhängig.
Hier war die Frage, lohnte es sich überhaupt, die Maschine mitzunehmen, weil man über Nacht in der Eisenbahn nach Darjeeling fahren kann. Flugplätze gab es da oben keine.
Natürlich hatten schon viele Flieger versucht, in den Himalajabergen eine Landung zu machen, aber alle hatten sie wieder umkehren müssen.
Durch Bekannte hatte ich in Kalkutta Herrn Dupuis, einen Franzosen, der in Darjeeling eine Autovertretung hatte, kennengelernt. Er riet mir, direkt am Südhang der Berge bei Baghdogra zu landen; es wäre da eine ausreichend große, ebene Fläche. Er erbot sich, vorauszufahren und alles für die Landung zu arrangieren. Als Gegenleistung erbat er sich, mit mir nach Kalkutta zurückfliegen zu dürfen.
Natürlich gab ich diesen meinen Spezialtipp an den »Fliegenden Teppich« weiter. Die Amerikaner hatten sowieso die Absicht, auch in die Berge zu fliegen. Außerdem war es ganz selbstverständlich, dass, wenn einer von uns etwas besonders Interessantes herausknobeln konnte, er die anderen davon profitieren ließ.

Nach drei Stunden kam ich an dem verabredeten Platz an, auf dem natürlich noch nie vorher ein Flugzeug gelandet war.
Der Typ der Bevölkerung war von allen, die ich vorher gesehen hatte, vollkommen verschieden: Mongolischer Gesichtsschnitt, breite, harte Gesichter, denen man es ansah, dass sie aus nichtwarmen Ländern kamen. Tatsächlich ist die Bevölkerung hier ein Gemisch von Rassen aller umliegenden Länder.
Das Flugzeug direkt vor ihrer Nase erstaunte sie bis zur Fassungslosigkeit. Es ist unglaublich, wie die Sonne und das wärmere Klima doch gleich den ganzen Menschenschlag verändern. Waren die Inder unten im Süden leicht, immer freundlich und etwas verspielt gewesen, so wirkten diese Bergbewohner schwer, unelastisch und etwas hilflos. Am Spätnachmittag, nachdem ich mit meiner Maschine schon klar war, kam der »Fliegende Teppich«. Wir verankerten die Flugzeuge, erbaten einige Polizisten und erklärten ihnen, dass zwar alle Leute die Maschinen ansehen dürften, dass wir ihnen aber rieten, sie nicht zu berühren, weil böse Geister drinnen wohnten. Dieses Mittel war, glaube ich, hier das einzige, was etwas Aussicht auf Erfolg versprach. Es galt eben zu verhüten, dass sie sich vielleicht etwas als Amulett herausholten.
Meine Absicht war, mit dem Auto nach allen Richtungen so weit wie möglich in die Berge hineinzufahren, um zu sehen, ob ich nicht doch irgendwo eine Landemöglichkeit finden würde, von der aus man dann weiterplanen konnte.
Ich muss sagen, dass meine Vorstellung vom Himalaja doch recht naiv gewesen ist. Jedenfalls den Gedanken an eine Landung mit Wiederstart musste ich nach der ersten Inspektion schleunigst aufgeben. Hier konnte man nur froh sein, solange der Motor lief – und man selber möglichst hoch über dem Berggelände flog.
Darjeeling, das schon über 2000 Meter hoch liegt, ist von dem Platz, auf dem wir gelandet waren, in der Luftlinie nur ungefähr 30 Kilometer entfernt. Man kann sich ungefähr ausrechnen, wie die Straße bei der Steigung auf diese kurze Strecke aussehen muss. Sie führt an der Außenseite der Berge entlang, wird immerzu von der Eisenbahn überschnitten und hat über 700 Kurven. Um diese Straße mit dem

Auto zu fahren, sollte man schon ein einigermaßen geübter Fahrer sein. Und mehr als einer ist schon seitlich in den viele Hundert Meter steil abfallenden Abgrund gerutscht. Man darf nicht vergessen, es war Anfang 1932!

Wir brauchten für diese 30 Kilometer Luftlinie über drei Stunden. Immer wieder wurde etwas Neues über die bisherige Kleidung angezogen, weil es für uns, die wir aus der Ebene kamen, doch recht kalt war. Aber eigentlich war ich erstaunt, dass es hier im Januar nicht noch viel winterlicher war. Die nahe Lage zum Äquator macht doch allerlei aus. Im Hotel war es scheußlich kalt, weil man, nicht vorbereitet auf unsere Ankunft, kein Feuer in den Zimmern gemacht hatte. Vorläufig sah dieser großartige Ausflug in den Himalaja nicht sehr erfolgreich aus. Zu essen bekamen wir nur, was wir aus Dupuis' Speiseschrank selber zusammenkratzten, denn im Hotel war der Tag schon lange zu Ende.

Am nächsten Morgen – strahlend blauer Himmel und direkt gegenüber dem Hotel, in der dünnen Luft greifbar nah erscheinend, lag das ganze Kinchinjungaplateau mit seinen schneebedeckten Gipfeln.

Unbeschreiblich schön ist der Anblick und ich bin sicher, dass niemand, der ihn gesehen hat, ihn jemals vergessen wird. Und dazu direkt von diesem Darjeeling selbst, das rings um den Berg wie angeklebt erscheint. Zurzeit wirkte es allerdings ziemlich tot, weil die meisten Besucher nur während des Sommers kommen, um sich von der brütenden Hitze in der Ebene zu erholen. Damals im Winter erschien alles kalt und einsam, denn Darjeeling selbst war doch sehr auf den Touristenverkehr eingestellt. Der Poloplatz hier sollte der einzige ebene Fleck in all den Bergen sein, wo man eventuell ein Flugzeug landen könnte. Aber er war doch viel zu klein und ringsherum von Bäumen umgeben. Man würde zur Not vielleicht gerade ohne Bruch hineinlanden können. Aber hinaus würde man mit einem normalen Flugzeug nie wieder kommen, dazu war die Luft hier oben auch schon zu dünn.

Nachmittags fuhren wir nach Nepal hinüber. Die Grenze war von Darjeeling nicht mehr als 25 Kilometer entfernt. Wenn wir auch nur

am Rande des verbotenen Landes waren, so hatte es doch einen ganz bestimmten Reiz. So konnte ich auch mit vollem Recht behaupten, in Nepal gewesen zu sein. Wir machten allerlei Fotos und Filme von dem der Grenze am nächsten liegenden Dorf, das sich aber kaum von den anderen Ansiedlungen hier in den Bergen unterschied.
Eine besondere Attraktion für die Touristen, die nach Darjeeling kamen, war der Ritt auf den Tiger Hill, einen höheren Berg, ungefähr drei Reitstunden entfernt, von dem aus sie, wenn sie Glück haben und keine Wolken antreffen, ein winziges bisschen von der Spitze des Mount Everest sehen können. Dazu muss man aber morgens um zwei Uhr aufstehen, um vor Sonnenaufgang am Aussichtsplatz zu sein. Man rät keineswegs vorbei, wenn man annimmt, dass ich für dieses Vergnügen in der Kälte nicht zu haben war.
Es ist schon etwas Großartiges, den höchsten Berg der Erde, der so liegt, dass man ihn von allen zivilisierten Plätzen nicht sehen kann, mit eigenen Augen erblickt zu haben. Dick Halliburton war dieser Ansicht und stand wirklich in der Nacht seines zweiunddreißigsten Geburtstages auf und kam gerade zurück, als wir schon beim Frühstück saßen, glücklich wie ein Kind, weil er wirklich die Spitze des Mount Everest in den ersten Sonnenstrahlen gesehen hatte.
Für mich stand es fest, dass ich nicht den Himalaja verlassen würde, ohne einen Blick auf den Everest gehabt zu haben, aber wenn ich schon ein Flugzeug hier heraufgebracht hatte, dann wäre es eine Schande gewesen, es nicht auf diesem, sicherlich dem aussichtsreichsten Wege aus der Luft zu versuchen. Nachdem die Absicht einmal bestand, hinüberzufliegen, ließ ich vorläufig noch seelenruhig meine kleine Maschine unten in Baghdogra stehen und sah mir mehr von den Plätzen in der Umgegend an.
Um Darjeeling herum gibt es eine Menge interessanter Länder. Zuerst ist da Nepal, von dem ich schon sprach, dann Tibet, das in der kurzen zur Verfügung stehenden Zeit nicht zu erreichen war, sowie die beiden anderen selbstständigen Königreiche Bhutan und Sikkim, die jedes von einem inländischen Maharadscha regiert wurden.
Mit Dupuis zusammen holte ich mir die Erlaubnis zum Betreten sikkimischen Bodens, in der wir uns ehrenwörtlich verpflichten

mussten, nicht die Grenzen der anderen Länder zu überschreiten. Dupuis war bekannt mit dem Maharadscha von Sikkim und hatte außerdem englische Freunde in Gangtok, der Hauptstadt. Wir packten den kleinen Baby-Austin mit allerlei nützlichen Sachen für eine richtige Buschfahrt voll, weil man in diesen Gegenden niemals wusste, wann man wo ankommen würde. Von Darjeeling aus mussten wir erst ganz hinunter ins Tal der Teesta, die nicht hoch über Meereshöhe fließt, und dann wieder herauf auf 2000 Meter nach Gangtok. Die Fahrt war wirklich nur mit solch einem kleinen, schmalen Wagen zu machen. Die Straße, eigentlich nur ein Maultierpfad, war stellenweise so eng, dass ein normal großer Wagen nicht hätte passieren können.

Die Fahrt war großartig. Unten im Flusstal wucherte üppigste Tropenvegetation, denn in Sikkim gab es die großen Apfelsinenplantagen, die den Hauptexportartikel des Landes ausmachen. Man hat es hier auch mit der Anpflanzung von Chinarinde versucht und ist so weit gekommen, dass man den Chininbedarf des Landes aus der eigenen Produktion deckt.

Die eingeborenen Sikkimer sind, wie alle die Bergvölker hier oben, sehr sympathisch. Sie sind wie freundliche Kinder, die gerne alles tun, um was man sie bittet. Vor Autos hatten sie noch einen Mordsrespekt, weil man erst vor ganz kurzer Zeit die ersten Wagen hier heraufgefahren hat. Oben stellten wir das Baby so lange in den Stall und machten unsere Besuche per Pony. Diese kleinen Pferde sind gute Läufer, aber sie halten sich immer an der Außenseite der Berge, wo man direkt unter sich den tiefen Abgrund hat. Mein Pony hatte die Angewohnheit, vor jedem Schatten eines Astes oder der Telegrafenstangen zu scheuen, sodass ich verschiedene Male um ein Haar unten in der Schlucht gelegen hätte. Später fanden wir heraus, dass man mir irrtümlich ein falsches Pferd gegeben hatte, das für diese Mucken bekannt war.

Am nächsten Sonntag war Markt in Gangtok. Es herrschte ein tolles Durcheinander von all den in der Umgegend wohnenden Völkern, zwar nicht ganz so farbig wie unten in Indien, aber das erwartete man auch hier in dem veränderten Klima nicht.

Der Maharadscha hatte sich seine Frau, eine Tibetanerin, von Lhasa geholt. Ihrem Einfluss war es wahrscheinlich zu verdanken, dass der Maharadscha eine ganze Gruppe von tibetanischen Künstlern zum Bau eines Tempels hatte herunterkommen lassen. Und da stand auf einmal dieses kleine bunte Wunderwerk mitten in der äußerst unromantisch und primitiv gebauten Stadt. Um den Tempel außenherum waren lange Stangen mit weißen, beschriebenen Tüchern aufgerichtet, auf die die Tibetaner ihre Gebete schreiben. Wenn dann der Wind im Laufe der Zeit die Tücher ausfranst und die Schrift hinwegträgt, dann glauben sie, dass die Götter ihre Wünsche erhört haben. Drinnen gab es unzählige geschnitzte Figuren der vielen Geister und einen großen goldenen Buddha.
Der englische Resident von Sikkim, der das gleiche Amt für Tibet und Bhutan hat, war wohl *der* weiße Mann, der die längste Zeit in Lhasa verbrachte. Schon der Name dieser tibetanischen Hauptstadt hatte so viel geheimnisvollen Reiz, weil es für uns Europäer beinahe unmöglich ist, dahin zu gelangen. Stunden und Stunden habe ich mit ihm gesessen, seine Fotos angesehen und mir erzählen lassen. Jetzt war ich hier unmittelbar an der Grenze des verbotenen Landes und sollte wieder umkehren, ohne es betreten zu haben.
Kolonel Weare, der englische Resident, meinte, es würde möglich sein, mir die Erlaubnis wenn auch nicht bis Lhasa, aber doch wenigstens bis Gyantsee zu verschaffen – selbstverständlich ohne Flugzeug. Das bedeutete, dass ich meine fliegerischen Absichten alle aufgeben musste. Denn Tibet kann man nur im Sommer besuchen, das heißt, eine Frau würde, wenn überhaupt, die Erlaubnis nur für die Zeit zwischen April und September bekommen. Dazu erforderte es eine komplette Expedition. Ich fragte Kolonel Weare, ob er glaubte, dass sich all der Aufwand für mich lohnen würde, weil ich keinerlei wissenschaftliche Vorbildung hätte. Seine Antwort war:
»Ich liebe dieses Volk und das Land; darum kann ich nicht objektiv urteilen.«
Für die zwei hier oben lebenden weißen Familien war jeder Besuch ein Festtag. Die andere Familie war die des Sekretärs des Maharadschas, eines Engländers mit seiner französischen Frau. Sie standen

noch immer im Briefwechsel mit den Mitgliedern der Expedition Dyrenfurth und zeigten mir mit großer Freude die letzte Karte von der Gattin des Professors. Inzwischen war ich mir über die Einzelheiten, wie ich zum Everest fliegen wollte, zusammen mit Dupuis klar geworden, sodass es mir keine Ruhe mehr ließ. Außerdem hatte ich keine Ahnung, wie das Wetter unten in der Ebene aussah und was meine kleine Maschine da im Freien machte.

Nach langem Hin und Her hatte ich mich entschlossen, auf diesem Fluge Dupuis mitzunehmen, um vielleicht einiges Filmmaterial mit nach Hause zu bringen. Es dauerte lange Zeit, bis er mich überredet hatte, denn mir war nicht ganz wohl, wenn ich an das erhöhte Risiko dachte, das die Mitnahme eines Passagiers, der noch dazu Familienvater war, mit sich brachte. Doch der Gedanke mit dem Filmapparat war doch so lockend, dass ich schließlich im Vertrauen auf meinen bis jetzt immer einwandfrei laufenden Motor zustimmte.

Als wir wieder unten in Baghdogra ankamen, war der »Fliegende Teppich« schon nach Kalkutta zurückgeflogen. Man erzählte mir, dass Moye und Dick am Tag vorher zum Everest geflogen seien. In einer Höhe von 16000 Fuß seien sie auf ungefähr 20 Meilen an den Berg herangekommen. Der Flug hin und zurück hatte dreieinhalb Stunden gedauert.

Das waren außerordentlich interessante Anhaltspunkte für mich; denn meine größte Sorge war, dass die einzige Karte, die hier vom Himalaja aufzutreiben war, vielleicht große Fehler hatte, sodass ich in der kalkulierten Zeit nicht wieder aus den Bergen herauskäme und dann auf einmal mit Benzinmangel festsäße. Und mit irgendwelcher Hilfe bei einer Notlandung war in dieser Landschaft nicht zu rechnen.

Aus der von den Amerikanern geflogenen Zeit sah ich, dass die Karte ungefähr stimmen musste, denn so hatte ich mir meine Flugzeit von Baghdogra zum Everest und zurück auch ausgerechnet. Mir tat das Herz weh bei jedem neuen Kilo, das ich einladen musste. Doch es nützte nichts, für fünf Stunden Benzin musste ich unbedingt mitnehmen, denn es konnte schlechtes Wetter eintreten, sodass Wolken zu umfliegen waren oder dass ich den Landeplatz nicht auf Anhieb wiederfand – ein genügender Sicherheitsfaktor musste da sein. Außerdem musste ich Notproviant an Bord nehmen und alle verfügbaren Pelzsachen, denn es war bei der Höhe, die wir erreichen mussten, um überhaupt etwas zu sehen, mit großer Kälte zu rechnen. Dupuis selbst hatte 160 Pfund – mit Rücksicht darauf hatte er in den letzten Tagen kaum noch zu essen gewagt – und mit all der anderen Zuladung kamen wir auf ein ganz anständiges Gewicht, das die 80 Pferdchen hinaufschleppen mussten. Überflüssig zu erwähnen, dass ich am Tage vor dem Start den Motor noch einmal gründlich durchsah.

Am nächsten Morgen war das Wetter nicht so gut, wie ich es mir gewünscht hätte. Die etwa zehn Kilometer entfernten Berge waren im Dunst überhaupt nicht zu sehen.

Trotz der Belastung kamen wir ohne Schwierigkeiten von dem nicht sehr großen Feld ab und überflogen nach kurzer Zeit die nepalesische Grenze. Während unter uns die Berge immer höher und wilder wurden, schraubte sich die brave kleine Maschine bis auf 3000 Meter hinauf, aber vom schneebedeckten Massiv war noch nichts zu sehen. Die auf der Strecke liegenden Berge waren doch ein gutes Teil höher, als auf der Karte angegeben. Außerdem kamen jetzt Wolken, eine dicke geschlossene Schicht, die endlos hinaufzureichen schien. Ich hatte mir gedacht, dass ich ganz im Tal eines auf der Karte eingezeichneten Flusses bis an die Groß-Himalaja-Kette herauffliegen könnte. Der Fluss war zwar da, aber es war alles »zu«. Würden wir es schaffen, über die Wolken hinüberzukommen, oder sollte ich so kurz vorm Ziel wieder umkehren müssen und zu bedauern haben, dass ich von Darjeeling nicht morgens um zwei zum Tiger Hill geritten war, um den Everest zu sehen?

Nein, wir schafften es! Als ich an die Wolkendecke kam, machte ich kehrt, um mir beim Kreisen etwas durch die Aufwinde hinaufhelfen zu lassen. Dupuis sah sich ganz unglücklich um, weil er bei der 180-Grad-Wendung natürlich glaubte, es ginge wieder nach Hause. Aber gleich hatte er die Idee begriffen.

Genau wusste ich, dass wir nur über die Wolkenschicht kommen mussten, um die ganze Kette der höchsten Berge der Erde in unmittelbarer Nähe vor uns liegen zu sehen. Die Maschine hing buchstäblich am Propeller und eine Bö hätte genügt, uns über den Flügel abrutschen zu lassen. Schließlich war es geschafft, ganz wenige Meter über dem Wolkenmeer segelten wir auf die direkt vor uns liegenden schneebedeckten Berge los.

Da lag er nun, der ersehnte Everest, von dem ich schon zwei Nächte geträumt hatte. Aber da trat eine ungeahnte Schwierigkeit auf: *Welcher* von den vielen schneebedeckten Bergen war er nun eigentlich? Man sollte eigentlich annehmen, dass man ihn sofort an seiner Höhe erkennen würde. Doch beim Vergleichen mit meiner Karte stellte sich heraus, dass der am höchsten erscheinende Berg gar nicht der Everest war, sondern ein anderer, dessen Name ich jetzt vergessen habe. Aus dieser Perspektive erschien er nur am höchsten, weil er durch seine südwestliche Lage zum Everest direkt vor unserer Nase war, während jener etwas weiter entfernt niedriger erschien. Nachdem ich alles genau mit der Karte verglichen hatte, war ich aber sicher, dass wir ihn in all seiner Einsamkeit aufgestöbert hatten.

Es ist kaum möglich, eine Schilderung, die dem tatsächlichen Eindruck annähernd gleichkommt, zu geben. Ich hatte das Gefühl, an die ersten Felsen des Groß-Himalaja-Plateaus mit der Hand heranreichen zu können. Wir flogen dann an der ganzen Kette entlang bis zum Kinchinjunga nach Osten, immer gerade »soso« am Propeller hängend. Direkt unter uns lagen wie eine Riesensteppdecke die Wolken und darauf eilte der scharfe Schatten des Flugzeuges weiter. Die Amerikaner sagten mir später, als wir uns gegenseitig unsere Erlebnisse erzählten, dass ich froh sein könnte, die Wolken unter mir gehabt zu haben, sodass ich nichts von den Bergen darunter sehen konnte; sonst wäre die Freude vielleicht verdorben worden. Nun mussten wir aber schnellstens sehen, wie wir uns am besten wieder aus den Wolken herausdrehten, denn es waren schon über zwei Stunden seit dem Start vergangen. Wir hatten Glück, etwas weiter im Süden öffnete sich die Wolkenschicht, sodass wir langsam hinuntergehen konnten. Nach dem Überfliegen von Darjeeling nahm ich Kurs auf Baghdogra, nach dem ich in dem Dunst in der Ebene eine

ganze Zeit lang suchen musste. Im Hinabgleiten rief ich Dupuis zu, dass er tüchtig schlucken sollte, um den sonst unvermeidlichen Kopfschmerzen und dem Ohrensausen zu entgehen. Der Flug war für ihn doch eine ziemliche Anstrengung gewesen, weil er gar nicht daran gewöhnt war. Sogar ich hatte während des ganzen Tages Ohrensausen und konnte dann, als wir nach einem nur kurzen Tankaufenthalt in Baghdogra wieder in Kalkutta landeten, die vielen Glückwünsche nur verstehen, wenn sie mir direkt in die Ohren gebrüllt wurden.
Kein Mensch hier hatte für möglich gehalten, dass man diesen Flug mit solch einer kleinen, ganz normalen Maschine würde schaffen können.

Ein kleines Malheur passierte auf dem Wege nach Rangoon – ein kleiner Bruch, der erste auf dieser Reise. Es fing schon morgens beim Start in Kalkutta etwas unglücklich damit an, dass ich nach fünf Minuten wegen stark sinkenden Öldrucks wieder umkehren musste. Dann trat mir jemand ein Loch in die silberne Bespannung meiner Fläche.
Trotz all dieser Verzögerungen kam ich doch noch am selben Tag nach Rangoon. Das Überfliegen dieser Stadt mit den goldenen Türmen der Pagoden, mit dem riesigen liegenden Buddha (den ich erst für eine Zigarettenreklame hielt) machte mir nicht die Freude, die es sicherlich anderen Fliegern machen wird, die genau wissen, wo der Flugplatz liegt. Ich wusste es jedenfalls nicht. – In dreieinhalb Fliegerjahren passierte mir das zum ersten Mal und ich bin mir selten so dumm vorgekommen. Bei Sonnenuntergang, nachdem ich alle bekannten Fliegertricks zur Auffindung geheimnisvoll verborgener Plätze ohne Erfolg ausprobiert hatte, landete ich schließlich irgendwo zwischen den Reisfeldern auf der Spur eines Ochsenwagens, um nach der Lage des Platzes zu fragen.
Bis dahin war alles gut gegangen. Hunderte von Eingeborenen waren in den drei Minuten, die über der Fragerei hingingen – bis mir die genaue Richtung zum Flugplatz klar geworden war –, weil die Burmesen kein Englisch verstanden, von allen Seiten herbeigelaufen.

Ich musste mich also beeilen, dass ich wieder hier herauskam, ehe es ganz duster war.
Beim Wiederstart, als die Maschine schon mit Tempo über den winzig kleinen Platz, auf dem nur die Spur des Ochsenwagens brauchbar war, rollte, kamen plötzlich aus dem angrenzenden Busch, direkt in der Richtung meines Startes, einige Eingeborene gelaufen. Ich konnte nicht mehr abbremsen, weil ich sonst in voller Fahrt in die vor mir beginnenden Bäume gerannt wäre; vor ihnen vom Boden loskommen konnte ich auch nicht – blieb also nur seitlich ausweichen, von der Spur herunter, große Löcher an beiden Seiten – bums, krach – aber ich war in der Luft und drei Minuten später über dem Flugplatz.
Ich hatte meinen Schwanzsporn gebrochen und den Block der Fahrgestellwicklung an der einen Seite. Der Trost, dass es eigentlich den meisten hier zum ersten Mal ankommenden Fliegern passierte, dass sie aus demselben Grunde wie ich draußen notlandeten und wegen des schlechten Geländes echten Bruch machten, war reichlich schwach. Im ersten Augenblick sah alles recht trostlos aus, aber es wurde wieder zusammengepappt.

Empfang beim König von Siam

Über die Urwälder von Südburma ging es nun nach Bangkok, der Hauptstadt von Siam, dem heutigen Thailand. Kein erfreuliches Fluggelände und schon manche Flugzeugbesatzungen haben hier in den waldbedeckten Bergen, wo man sich nicht hundert Meter durcharbeiten könnte, bei einer Notlandung den Tod gefunden.
Vielleicht ist es ganz interessant, die Eindrücke eines 1932 allein fliegenden Mädchens mit denen der Tausenden von heutigen Thailand-Touristen zu vergleichen.
Bangkok selbst liegt in einer großen sumpfigen Ebene, die man etwas zu drainieren versuchte, indem man das Wasser in Kanäle leitete. Autostraßen im Lande gab es so viel wie keine, weil die Steine dazu aus den Bergen heruntergeschafft werden müssten, nachdem man sich durch den Urwald erst einmal bis zu ihnen durchgearbeitet hatte. Das würde so unerhört teuer werden, dass man es erst einmal mit den Straßen in der Hauptstadt selbst hatte bewenden lassen.
Es war komisch, da rollten Hunderte von Autos in Bangkok auf den schönen Asphaltstraßen umher, aber sie konnten nicht über die Stadtgrenze hinausfahren. Schon um den 25 Kilometer im Norden der Stadt liegenden Flugplatz zu erreichen, gab es nur die Eisenbahn.
Ein mindestens ebenso wichtiges Verkehrsmittel war hier die Rikscha. Überall in den Straßen sah man die Kulis mit den strammen Beinen und den großen, nach oben spitz zulaufenden Strohhüten entlangrennen. Es gab 1.- und 2.-Klasse-Rikschas. An jeder Kreuzung musste man sich ängstigen, die Deichsel eines um die Ecke kommenden Gefährts in den Magen zu bekommen, weil die Burschen bei dem erstaunlichen Tempo nicht auf den Zentimeter stoppen konnten.
Die Klongs – die Kanäle –, auf denen man abends bei Vollmond herrlich romantische Kanufahrten machen konnte, sind wichtige

Verkehrsadern, denn sie waren schon da, als man an Autostraßen noch nicht dachte. So ist es erhalten geblieben, dass sich das Leben vieler Siamesen ganz in diesen kleinen, nur mit Strohmatten abgedeckten Booten abspielt.

Der Siamese – heute der Thai, der Freie –, das heißt der gebildete, kultivierte, ist sehr sympathisch. Schon dadurch, dass er einem freien Volk angehört, ist es eigentlich unmöglich, ihn mit anderen eingeborenen Völkern hier unten zu vergleichen. Durch sein würdevolles Auftreten verschafft er sich sofort die Stellung, die ihm nach seinem Wert zukommt.

Es gibt Viertel in Bangkok, die stark an ein Märchenbuch erinnern. Allein die dreihundert Tempel mit all den bunten eingelegten Glasstückchen geben der Hauptstadt einen ganz persönlichen Charakter, den ich sonst nirgends wiedergefunden habe. Man kann über die siamesische Baukunst sagen, sie sei kitschig, oder was man will. hübsch und erfreulich für das Auge ist sie zweifellos. Es sieht in der Sonne alles so leicht und freundlich aus. Der Watt-Phra-Keo, die Tempelstadt mit dem ehemaligen Palast des Königs, liegt mitten im Zentrum. Ebenso die Riesenschaukel, auf der alljährlich ein großes Schaukelfest abgehalten wird, bei dem es gilt, einen mit Gold gefüllten Beutel zu angeln. Das ist wirklich wie manche mit viel Liebe und Fantasie ausgedachten Bilder aus den Märchenbüchern unserer Kindertage.

Prinz Rangsit, der in Deutschland erzogen worden war und eine Deutsche zur Frau hatte, machte mir den Vorschlag, es zu arrangieren, dass ich dem königlichen Paar vorgestellt würde.

Viele Siamesen, an erster Stelle die gesamte königliche Familie, waren begeisterte Filmamateure. Sie hatten einen speziellen Filmklub gegründet, in dem von Zeit zu Zeit Wettbewerbe stattfanden. Ein solcher Abend sollte für meine Vorstellung bei Hofe gewählt werden.

Alle Teilnehmer, die zum größten Teil dem Hofe oder den allerersten Kreisen angehörten, hatten eine bestimmte Meterzahl Film bekommen, den sie anlässlich eines Volksfestes aufzunehmen hatten. Der Film wurde dann nur entwickelt, nicht retouschiert oder geschnitten

und ohne Namensnennung an diesem Abend vorgeführt. Das Publikum, über hundert geladene Gäste, hatte durch Abstimmung die Preise zu verteilen. Der König und die Königin waren selber Mitglieder des Klubs, beide begeisterte Filmamateure.
In Erwartung des königlichen Paares saßen wir im Park vor dem Klubhaus. Die diplomatischen Vertreter aller Nationen waren eingeladen. Es spielte die siamesische Kapelle des Königs.
Dann fuhr der Rolls Royce mit dem Königspaar vor, auf dem Kühler die siamesische Flagge. Die Musik brach ab, wir erhoben uns alle, während die Nationalhymne gespielt wurde.
Die Majestäten nahmen auf zwei Sesseln gegenüber dem Kreise der Gäste Platz. Nach kurzer Zeit kam Prinz Rangsit zu uns und bat den deutschen Gesandten Dr. Asmis, mich nun dem Königspaar vorzustellen.
Ich hatte eingedrillt bekommen, durch einen Hofknicks zu beweisen, dass die Fliegerei keineswegs die guten Sitten des weiblichen Geschlechtes verdirbt.
Der König und die Königin erhoben sich, gaben mir die Hand und ich sank vor einigen Hundert Augen in zwei tiefe Knickse. Aufs Liebenswürdigste unterhielten sich der König und die Königin einige Zeit mit Dr. Asmis und mir in Englisch, dann waren wir entlassen und alles durfte sich wieder setzen, nachdem auch das königliche Paar wieder Platz genommen hatte.
Es war ein sehr schönes Bild, alle die dunkelhäutigen Siamesen in ihren farbigen Sarongs. Kniend reichten die Diener den Majestäten die Erfrischungen und zu alledem spielte die Kapelle des Königs auf alten siamesischen Instrumenten nur eigene Musikstücke.
Die deutsche Kolonie in Bangkok war verhältnismäßig groß, sie zählte über hundert Menschen. Kurz vor meinem Weiterflug hielt ich ihnen im Deutschen Klub einen Vortrag über den bisherigen Verlauf des Fluges. Erstaunt war ich über die große Zahl der ebenfalls anwesenden Siamesen, die alle Deutsch verstanden.
Durch meine Landsleute hatte ich gehört, dass im Hospital der bei dem Absturz der holländischen Postmaschine hier schwer verletzte australische Kolonel Bringsmead läge. Sie meinten, dass er, jetzt auf

dem Wege der Besserung, sich sicher über den Besuch einer Fliegerkollegin freuen würde. Natürlich war ich gern bereit und wie ich dann sah, war mein Besuch sicher eine erwünschte Abwechslung für ihn. Ich erzählte ihm, dass ich unter günstigen Umständen die Absicht hätte, nach Australien hinüberzufliegen, wozu er mir aufs Entschiedenste zuriet. Ich traf ihn dann später noch einmal in Soerabaya, wohin er auf der Durchreise mit seinem Pfleger kam. Er hat dann aus eigenem Antrieb die ersten Telegramme nach Australien aufgegeben, dass man mir einen guten Empfang bereiten möchte. Die Woche Siam war wie ein Kapitel aus einem Buch unserer Kindertage und es kam den Vorstellungen am nächsten, die ich mir von einer Reise ins Wunderland gemacht hatte.
»Auf Wiedersehen und recht, recht schönen Dank!«
Kompasskurs wie immer Südost, diesmal etwas mehr Süd, über Alor-Star nach Singapur. Den Flug möchte ich nicht noch einmal unter den gleichen Bedingungen machen, weil ich während der sieben Stunden bis Alor-Star dachte, dass ich ein Leck im Öltank hätte. Als ich es feststellte, war es zum Umkehren nach Bangkok schon zu spät. Unter mir gab es für Stunden nichts als Urwald und Berge. Ich saß während der ganzen Zeit und starrte auf meine Ölkontrollinstrumente. Einfach fertig vor Spannung kam ich abends in Alor an, um festzustellen, dass der Tank vollkommen dicht war und das Öl, das mich so geängstigt hatte, unten am Rumpf entlang in den Sitz gelaufen war. So etwas ist nicht angenehm in Deutschland, aber es ist unvergleichlich viel unangenehmer im Fernen Osten mit seinen für Notlandungen nicht erfreulichen Bodenverhältnissen.
In Singapur war bei der Royal Air Force gute Gelegenheit, meinen Motor gründlich durchsehen zu lassen, bevor es über den Äquator und die nächsten Wasserstrecken ging.

Da war ja auch wieder mal der gute alte »Fliegende Teppich«.
Dick und Moye hatten die Strecke von Kalkutta hinunter ziemlich rasch abgemacht, weil Halliburton sie schon von seiner früheren Weltreise kannte. Sie saßen jetzt hier, um ihre Räder gegen Schwimmer auszutauschen. Unsere Wege gingen von nun ab aus-

einander, weil sie über Borneo und Neuguinea nach den Philippinen wollten.
Ich glaube, dass Singapur damals die Stadt war, die das Ideal eines Kompromisses zwischen Europa und den Tropen, was Lebensbedingungen für uns Weiße anbelangt, darstellte. Ob der General Raffles, als er diesen Platz gründete, wohl geahnt hat, zu welcher Bedeutung es sein Singapur in ganz kurzer Zeit bringen würde? Da liegt es, direkt unter dem Äquator; doch es ist gar nicht so heiß, wie man eigentlich annehmen sollte. Gelegentlich regnet es mal einen kleinen Schauer herunter, dann scheint die Sonne wieder.
Auf der ganzen Reise fand ich, dass hier der Standard der Häuser – oder vielmehr Bungalows der Europäer – bei Weitem der höchste war. Geräumige Häuser mit Riesengärten waren es, die meistens vom Besitzer selbst »gediggt« wurden. Graben ist hier unten ein großer Sport, wie alle Arten von Gartenarbeit.
Man war hier in sehr vielem recht verwöhnt. Junge Leute, die hierherkamen, gewöhnten sich nach kurzer Zeit einen Lebensstil an, den sie zu Hause unter den gleichen Verhältnissen niemals aufbringen könnten.
Außer dem Wintersport konnte man jeden Sport hier betreiben – und dies das ganze Jahr hindurch, weil das Wetter kaum wechselt.
Als Einwohner hatte man damals keine Steuer zu zahlen und eigentlich alles war recht preiswert, besonders vom Osten kommende Seiden, da Singapur als Freihafen keinen Zoll erhob.
Anziehen konnte man sich sehr gut für wenig Geld. Die chinesischen Schneider, die unerhört geschickt sind, kosteten ebenfalls nicht viel. Die Schwierigkeit war nur, ihnen genau zu erklären, was man nun eigentlich wollte.
Na, und dann Schuhe! Diese chinesischen Maßschuhe waren ein Traum!
Es mag sein, dass ich vielleicht vergessen habe, über einige Dinge zu erzählen, die besonders wichtig erschienen. Zum Beispiel wie sich eigentlich die Gesundheit zu diesem dauernden Klimawechsel stellt, der niemals genügend Zeit lässt, sich richtig zu akklimatisieren. Ich denke, dass ein gesunder Mensch, soweit er ein vernünftiges Leben

mit ausreichendem Schlaf führt, ganz gut durchkommt. Ich habe auf den beiden großen Flügen nie irgendetwas gehabt, das mir die Freude hätte verderben können.
Selbstverständlich ist die Ernährung immer etwas wechselnd, aber solange man sich unter Europäern befindet, ist der Unterschied nicht erheblich. Und auch die Eingeborenen finden instinktiv immer das heraus, was für ihr Klima das Beste ist. Wir finden es für unseren Geschmack nicht immer sehr reizvoll – besonders am Anfang; ich denke dabei besonders an die weltbekannte Reistafel, die in Niederländisch-Indien eine große Rolle spielt und die vielen Europäern erst monatelang durch ihre scharfe Würzung zu schaffen macht –, doch gesund sind alle diese Tropenspezialitäten immer.
Aber so viel ist sicher: Jedes Mal, wenn ich wieder nach Deutschland zurückkam, habe ich das erste richtige Landbrot mit Landbutter und harter Mettwurst sehr genossen.
Viel schwieriger ist für mein Gefühl die Frage des Schlafens in all den verschiedenen Betten rings um die Welt herum. Wer in dem Punkte mit empfindlichen Nerven ausgestattet ist, bleibe besser zu Hause. In Indien sind die meisten scheußlich hart, weil sie anstatt einer Sprungfedermatratze Holzbretter haben. Überhaupt, was es so alles für Schöpfungen an Schlafgelegenheiten gibt, findet man bei so einer weiten Reise mit Entsetzen heraus.

Zum ersten Mal flog ich auf den Äquator los!
Irgendwo auf der Strecke nach Java sollte er liegen. Meine Karte, das heißt ihr Maßstab, war so klein, dass der Äquator gar keinen Platz darauf gefunden hatte. Ich zog aber doch nach gewissen Peilungspunkten der Küste – denn ich würde den Äquator über dem Wasser zwischen Singapur und Sumatra kreuzen –, die ich mir auf größeren Karten zusammengesucht hatte, eine Linie, um den großen Moment richtig würdigen zu können.
Beim Verlassen von Singapur musste ich mich von dem »Fliegenden Teppich« und seiner Besatzung trennen. Das war sehr schmerzlich, nachdem wir über 10000 Kilometer zusammen geflogen waren, ohne uns jemals in die Haare zu kommen! Doch wir trösteten uns,

dass wir uns in der im heutigen Zeitalter der Flugzeuge stark zusammengeschrumpften Welt schon mal wieder gelegentlich über den Weg fliegen würden.

In meinem Führersitz ist immer eine »eiserne« Kognakflasche, oder besser ein Fläschchen, das für Universalzwecke gedacht ist, Kälte, Hitze, Bauchweh, Desinfektion – alles! Als der große Moment gekommen war, wurde es unter allerlei Zeremonien geöffnet, dreimal an Holz geklopft, je einen Tropfen tupfte ich an die Schläfen und auf die Nasenspitze und ein kleiner Schluck kam in den Magen, zu dem ich mir selber Hals- und Beinbruch wünschte. Die solidare Äquatortaufe kam gleich in Form von verschiedenen gewaltigen Tropengüssen nach.

Das Wetter, das sich bis jetzt immer durch außerordentliche Beständigkeit ausgezeichnet hatte, war auf dieser recht unangenehmen Strecke äußerst mäßig. Von den Urwäldern Sumatras sah ich gerade so viel, dass mir beim Gedanken an eine Notlandung reichlich flau zumute wurde. Hinunter bis Palembang gab es keinerlei Besiedlung mit Ausnahme einiger Eingeborenenpfahlbauten, die außerhalb der Küste im Wasser lagen. Die Stämme des Waldes unter mir standen auf viele Meilen unter Wasser. Das Leben dieser Leute, die eigentlich gar keine Gelegenheit haben, zu gehen, ist beinahe unvorstellbar.

In Batavia kam ich wie gewöhnlich zu früh für den Empfang an, weil ich recht guten Rückenwind gehabt hatte.

Mit der Insel Java hörte mit einem Schlage aller Urwald und Busch auf, da gab es nur Reisfelder und Plantagen, nicht ein Stück Land hier im Westen der Insel blieb ungenutzt.

Der Spezialbesuch, den ich dem Krakatau, dem zwischen Sumatra und Java liegenden Krater, dessen Ausbruch Tausenden von Menschen im Ausgang des vorigen Jahrhunderts das Leben kostete, zugedacht hatte, fiel aus, da er durch Regen und Wolken völlig verhüllt war.

Regenzeit auf den Sundainseln! Westmonsun. Das ganze Bild hatte sich mit einem Schlage geändert. Manchmal regnete es einen ganzen Tag lang durch.

Und nicht nur der Regen veränderte die Stimmung. Auch die Stadt Batavia, heute Djakarta, und alle die andern holländischen Ansiedlungen waren grundverschieden von den sonstigen Tropenstädten. Vorbei war es mit dem Hauch von Luxus um das Leben der Weißen hier draußen. Da waren nicht mehr große Bungalows mit großen Gärten, wie kleine Schlösschen anzusehen. Hier war alles viel ernsthafter und mehr auf das rein Praktische ausgerichtet.
In der Geschäftsstadt drinnen war der Betrieb wie überall; doch draußen in den Wohnvierteln lagen sie alle aneinandergeklebt, die kleinen Häuschen mit den winzigen Vorgärtchen. Es gab auch Weiße ohne Autos und so sah man nach langer Zeit wieder einmal Europäer in der Straßenbahn fahren. Wenn hier in Batavia ein Baby schreit, dann ist man mindestens in vier Häusern darüber unglücklich. Billig sind sie keineswegs, diese kleinen Villen. Meistens mietet man sie möbliert, weil man nicht ein Menschenalter lang hier in Indonesien bleiben will.
Der Luxus mit den Bediensteten ist allerdings so geblieben wie in den anderen Kolonien weiter nördlich. Es ist unglaublich, wie wenig der Eingeborene in diesem Klima leistet. In einem Häuschen von fünf kleinen Zimmern und einem Gärtchen beschäftigt man im Durchschnitt fünf bis sechs Leute, weil jeder nur immer eine bestimmte Sache tut. Es fängt an mit der Köchin, dann gab es die Babu, die Waschfrau, die den ganzen Tag über in ihrer Waschwanne herumwirtschaftet, dann einen oder zwei Boys, den Gärtner, den Chauffeur und wenn Kinder da sind, muss man auch eine Kinderfrau haben. Sie bezogen alle schon damals auch für unsere europäischen Begriffe ganz beachtliche Gehälter.
An jedem Platz traf ich jetzt immer mehr und mehr Deutsche. Und es wurde von nun an zu einem ungeschriebenen Gesetz, dass sie mir überall einen Empfang gaben, und ich musste dann einen Vortrag halten. Es herrschte immer große Begeisterung, besonders da ich von hier ab die Erste mit einer deutschen Maschine war, die hingeflogen kam. Manch alten Deutschen, der jahrelang die Heimat nicht gesehen hatte, habe ich verstohlen eine Träne aus dem Auge wischen sehen, wenn ich von der Heimat sprach, der es jetzt – 1932 – so schlecht ging.

Meine Australienidee hatte sich inzwischen zu einem richtigen Komplex ausgewachsen. Nachdem ich schon einmal auf den Sundainseln war, hatte ich nicht die geringste Lust, wieder umzukehren und bis Bangkok denselben Weg zurückzufliegen. Die Erlaubnis zum Einflug nach Australien hatte ich inzwischen bekommen. Jetzt war das Wichtigste: Kartenmaterial und Auskünfte zu erhalten.
In Java lebte der holländische Militärflieger Pattist, der ein Jahr zuvor mit einer dreimotorigen »Fokker« nach Sydney geflogen war. Er saß in Bandoeng, der Zentrale der niederländisch-indischen Militärfliegerei. Das machte mir nichts aus, so konnte ich gleich zwei Fliegen mit einer Klappe schlagen. Der Deutsche Verein dort hatte zu meiner Landung in Batavia (heute Djakarta) wie alle Plätze mit deutschen Kolonien in Java ein Telegramm geschickt mit der besonders dringenden Bitte um einen Besuch. Bandoeng lag nur eine knappe Flugstunde von Batavia entfernt in den Bergen und versprach allerlei zu bieten. So flog ich einfach eines Morgens hinüber und hatte dabei noch den Vorzug, einmal wieder für einige Tage in einem etwas kühleren Bergklima zu sein. Der Besuch lohnte sich in jeder Beziehung. Ich traf Kapitän Pattist, ebenso den Deutschen Verein, der wieder seinen Vortrag bekam, und außerdem hatte ich einige typisch javanische Erlebnisse.
Pattist war einer von der Sorte der vorsichtigen Flieger. Bevor er nach Australien flog, hatte er sich alles menschenmögliche Material zusammengestellt und war eigentlich schon so genau über alles orientiert, dass er nicht mehr hinzufliegen brauchte. Natürlich wurde der Flug ein voller Erfolg – eben weil die Vorbereitungen erstklassig waren.
Mir riet er auf das Entschiedenste ab, mit einer kleinen einmotorigen Maschine ohne ausreichende Navigationsinstrumente, die schlechte Strecke über die Kleinen Sundainseln und die Timorsee zu fliegen. Prinzipiell hatte er recht. Ich werde auch jedem anderen, der unter den gleichen Bedingungen wie ich hinüberfliegen wollte, versuchen, die Idee auszureden.
Nachdem er aber einsehen musste, wie ernst es mir mit dem Plan war, arbeiteten wir uns doch tiefer in das vorhandene Material hin-

ein. Ich bekam einen vollständigen Satz Karten von ihm für die ganze Strecke und er gab mir einige sehr wertvolle Tipps für die Navigation über dem Wasser – er tat eben alles, wie das unter Fliegerkollegen üblich war. Bevor ich ihn verließ, riet er mir noch einmal, nicht die längere Wasserstrecke nach Darwin hinüberzufliegen, sondern wenn überhaupt, dann nur von Koepang nach Wyndham. Ich versprach, kein Risiko einzugehen und die endgültige Route von dem Zustand meines Motors abhängig zu machen. In Bandoeng bekam ich noch einen Abdriftmesser eingebaut, um über dem Wasser eine Idee vom Wind zu haben.

Bandoeng selbst liegt auf einem Hochplateau von ungefähr 800 Metern, und auf den es rings umgebenden Bergen gibt es bis 2000 Meter hinauf alle möglichen Arten von Plantagen, auf denen in der Hauptsache Tee und Chinarinde angebaut werden. Ein großer Teil der Pflanzer waren Deutsche, darunter einige von einem hier während des Ersten Weltkrieges internierten Handelsdampfer zurückgebliebene Offiziere.

Einen Touristenkrater, in den man mit dem Auto direkt hineinfahren konnte, glaubte ich mir mit gutem Gewissen schenken zu können. Doch dafür durfte ich den Plantagenbetrieb nicht versäumen anzusehen, weil er so typisch für Java ist.

Ich weiß nicht, ob es sehr bekannt ist, dass 97 Prozent der Weltproduktion des Chinins in Niederländisch-Indien und davon wieder 90 Prozent allein in Java gepflanzt wurden. Ich muss gestehen, dass ich zwar schon allerlei Chinin geschluckt habe, aber davon, außer dass es aus der Rinde eines Baumes hergestellt wird, nicht das Geringste darüber gewusst habe.

Hier standen sie jetzt alle hübsch in Reih und Glied, die Chinabäume. Im Vorbeifahren ließ ich mir allerlei über ihre Behandlung erzählen. Mitten in der Pflanzung sah ich einen kahlen, abgeholzten Fleck und auf meine Frage erklärte mir Herr von Dinglage, der Pflanzer, dass Diebe dort gehaust hätten, die einfach die Rinde von einer ganzen Reihe nebeneinanderstehender Bäume abgeschält hätten. Seinem Auge tat das ordentlich weh, weil es sein Stolz war, die Bäume immer nur einzeln zwischen den andern herauszuschälen, so-

dass keine Lücke entsteht, weil der Baum nach dem Schälen eingeht. Nach dem kleinen Abstecher in Bandoeng ging es wieder auf die eigentliche Strecke zurück nach Soerabaya. Meinen Abflug konnte ich jetzt niemals mehr heimlich und allein machen, ich konnte die früheste Morgenstunde wählen, die Leute kamen doch immer zum Flugplatz hinaus. Diesmal hatte ich ein Ehrengeleit. Kapitän Pattist startete mit mir zur selben Zeit, um mich ein Stückchen zu begleiten. Er flog mit seinem laut rumorenden Motor über mir und als er sich verabschieden wollte, überholte er mich, flog vor mir eine Kurve und winkte: »Hals- und Beinbruch!«
Die noch niedrigstehende Sonne brannte mir mitten ins Gesicht und ich legte schleunigst »Tropenkleidung« an, das war, fingerdick Fett auf das Gesicht, einen Schal um den Nacken herum, da wo der empfindliche Punkt für den Sonnenstich ist, dann ein Stück Papier über die Nase und ein ebensolches über den freien Streifen auf der Stirn zwischen Helm und Brille. Besonders schön für das Auge war diese Aufmachung nicht, aber auf alle Fälle praktisch. Ich pflegte diese Sonnengarnitur immer erst anzulegen, nachdem ich den Flugplatz eine Weile verlassen hatte, und sie vor der Landung wieder wegzutun.
An diesem Tage war ich sogar noch weitergegangen, indem ich mich für den über mir fliegenden Pattist so schön wie möglich gemacht hatte, das heißt, dass ich bis zu seinem Abschiedswinken mir mutig die Sonne überall hatte hinbrennen lassen. Er war aber mit seiner Kurve noch nicht an mir vorbei, als ich schon das ganze Gesicht mit Fett verschmiert und in Papier gepackt hatte.
Aber Pattist war noch einmal umgekehrt und hatte sich im Gleitflug, sodass ich ihn bei meinem eigenen Motorengeräusch nicht gehört hatte, wieder direkt bis an mich herangeschlängelt und brauste dann plötzlich mit allen seinen 400 Pferden direkt an meiner Flächenspitze und meinem inzwischen sehr verwandelten Kopf vorbei. Ich hatte den Eindruck, dass er bei diesem zweiten Abschied etwas wehmütig lächelte.
Der Flughafendirektor von Soerabaya-Darmo war der dickste Mann der Stadt. Er war wundervoll liebenswürdig und hilfsbereit wie alle

behäbigen Leute und stolz auf seine erstaunliche Figur. Man nannte ihn den »Reistafelkönig«. Bei meiner Ankunft war ein solches Durcheinander von Menschen, Blumen, Kindern und Autos, dass ich gar nicht gemerkt hatte, wie auch ein wunderschönes Foto von Herrn Belaz und mir, wir direkt vor meiner Maschine stehend und vor uns ein Kind mit einem Blumenstrauß, gemacht worden war, das prompt am nächsten Tag in einer holländischen Zeitung mit der Unterschrift »Das junge Paar« erschien.
Der bei meiner Landung anwesende Kommandeur der Marineflugstation bot mir an, dass, wenn ich etwas an der Maschine gemacht haben wollte, ich nach Morokambangan, dem Militärflugplatz, hinüberfliegen dürfte, um es da zu erledigen. Mit großer Freude nahm ich das Angebot an, weil ich den Motor noch einmal auf das Gründlichste durchsehen wollte.
Die Holländer konnten wirklich stolz darauf sein, was sie hier auf dieser Station in jahrelanger Arbeit geschaffen hatten. Über sechzig Wassermaschinen standen da in den vielen Hallen, davon allein fünfundvierzig Dornier-Wal-Flugboote.
In ihren Werkstätten beschäftigten sie viele Hunderte von Eingeborenen.
Mit berechtigtem Stolz wurde mir alles gezeigt und zum Schluss durfte ich mit einem Offizier zusammen ein Dornierflugboot fliegen.
Wenn mein späterer Überflug nach Australien so hervorragend verlaufen ist, dann habe ich das zum großen Teil hier der Marineflugstation zu verdanken, die mit ihrer tadellosen Arbeit und der absolut zuverlässigen Durchsicht auch der am unwichtigsten erscheinenden Teilchen dafür gesorgt hat, dass mein Argus wie eine Uhr lief.
Zum ersten Mal habe ich in den Tropen eine Regenzeit mitgemacht. Der Regen selber ist nicht schlimm, im Gegenteil oft sehr angenehm, aber diese Feuchtigkeit in der Luft! Es gab nicht ein Stück in meinen Koffern, das nicht trotz täglichem In-die-Sonne-Hängen mit weißen Schimmelflecken übersät war. Oh, diese Feuchtigkeit in der Luft! Manchmal glaubt man, nicht mehr atmen zu können.

Als Nächstes stand nun Bali auf dem Programm, das ich meinen Eltern und allen Bekannten, soweit ich mich überhaupt auf ein bestimmtes Ziel festgelegt hatte, als südlichsten Punkt genannt hatte. Ursprünglich wollte ich von da wieder umkehren und nach China und Japan hinauffliegen. Es gab an der Nordküste von Bali zwar einen Flugplatz, oder vielmehr einen Notlandeplatz, der aber ohne Halle und Besetzung war. Alle Gründe sprachen dagegen, die Maschine jetzt in der Regenzeit mitzunehmen, besonders da man in einer Nachtfahrt mit dem Dampfer hinkommen konnte. Außerdem lag dieser Flugplatz für mich am ungünstigsten Ende der Insel, sodass ich von da noch über 150 Kilometer bis zum Süden hätte fahren müssen, wo ich für die meiste Zeit zu bleiben beabsichtigte.
Die kleine »Klemm« war auch auf der Marinestation so gut aufgehoben und stand unter so vielen Kameraden, dass sie sich sicherlich recht wohlfühlen würde.

Tragödie auf der Trauminsel Bali

Ganz genau kann ich mich noch erinnern, als ich das erste Mal bewusst von Bali hörte oder vielmehr sah, war das vor vielen Jahren ein Foto in einem Magazin: ein Mädchen mit nacktem Oberkörper, braun wie Milchschokolade, mit riesengroßen schwarzen Augen und auf dem Kopf eine seltene Orchidee. Eigentlich bestand das Bild nur aus den Augen und der Orchidee.
Unter dem Foto befand sich eine kurze Schilderung von Bali: die Insel von zauberhaftem Reiz, Tempeltänze, Jungfrauen, den Göttern geweiht. Dieses Bild hatte auf mich eine ganz ähnliche Wirkung wie eine Karl-May-Geschichte. Die Bali-Illusion konnte ich mir auch bis zum Moment des Anlegens in Boeleleng erhalten, weil verschiedene Leute, die ich auf dem Hinflug getroffen hatte, einstimmig erklärten, dass es einer der schönsten, wenn nicht überhaupt der schönste Platz der Erde sei.
Die Ankunft meines Dampfers stand unter einem etwas unglücklichen Stern. Um fünf Uhr waren wir geweckt worden, da wir, laut Fahrplan, um sechs Uhr anlegen sollten. So standen wir also brav wie die Soldaten alle um sechs Uhr frierend an Deck, um Kilometer vor uns etwas Graues, in dicke Regenwolken Gehülltes zu sehen, was angeblich die Küste von Bali war.
Im Hafen wurden wir in viele wartende Autos verfrachtet und nun ging die Kolonne ab nach dem Süden der Insel, nach Denpasar, weil sich unten das ganze sehenswerte Eingeborenenleben abspielt.
Um dahin zu kommen, mussten wir über die Bali in der Mitte von Westen nach Osten durchziehende hohe Bergkette hinüber. Immer noch der Regen! Die Eingeborenen, denen wir auf der Straße begegneten, hatten sich als Regendach ein riesiges Bananenblatt über den Kopf gehängt und liefen so gewissermaßen unter ihrer eigenen klei-

nen Hütte herum. Ich wohnte nicht in dem großen Touristenhotel, sondern in einem kleinen, das einem Deutschen gehörte und einen deutschen Manager hatte. Ich war ganz allein herübergekommen, um einmal etwas von den vielen Menschen auszuspannen.
Am ersten Tag abends nach dem Essen war ein Tempeltanz vor dem großen Touristenhotel arrangiert. Nicht zehn Meter voneinander entfernt lebte und handelte auf der einen Seite das uralte Indonesien und auf der andern die moderne Welt der Weißen. Jenes hatte von der andern Seite nur ein quadratisches Holzpodium entliehen und einen Scheinwerfer, alles andere war echt. Uns gegenüber saßen die Musikanten mit ihren schönen holzgeschnitzten Instrumenten und machten ihre Gamelanmusik zu dem Tanz von zwei kleinen Tempeltänzerinnen, die wie unbeteiligt ihre eingelernten Bewegungen mit wunderbar kindlicher Grazie und Unschuld vorführten. Sie tanzten mit allen Körperteilen, aber sicher am wenigsten mit den Beinen. Ihr Tanz ist ein Schreiten, die Hände mit den langen, schmalen Fingern tanzen, der Kopf tanzt. – Nicht eine Miene verändert sich während des ganzen Tanzes in ihrem Gesicht. Unberührt und hochmütig sehen sie durch das weiße Auditorium hindurch und man fragt sich, wie war es möglich, diese Menschen in einen festen Kontrakt, nach dem sie sich einmal wöchentlich in all ihrer uralten Kunst und Kultur vor uns produzieren müssen, hineinzuzwingen?
Dann brach die Musik ab und zwei Minuten später war der ganze Zauber verschwunden. Die Vergnügungsreisenden meinten, es sei jetzt Zeit für einen Whisky.

Nun muss ich einen Sprung zwischen den Jahrzehnten machen.
Immer wieder ergaben die damaligen Erlebnisse bis zum heutigen Tage für mich neue Berührungspunkte.
Die Sonne brannte auf den Strand von Varna.
Wir Europaflieger des Jahres 1965 hatten hier einen freien Tag und genossen die Zeitlosigkeit ohne Navigationsaufgaben, Bildersuche und Ziellandungen.
Ein Mann kam auf uns zu. »Haben Sie etwas Zeit für mich? Ich heiße Spies. Konrad Spies war mein Onkel.«

Kosja hatten ihn seine Freunde und sein Vetter Walter Spies genannt. Dreißig Jahre versanken hinter der Weite des Schwarzen Meeres. Damals waren wir auch am Meer gewesen – dem Teil des Ozeans, in dem die Insel Bali lag.

Wir entfernten uns etwas von den anderen Fliegern. Für mich war es, als ob plötzlich der Schatten einer dunklen Wolke über das helle Ufer zog. Wie damals im März 1932 am Strand von Lebih auf der glücklichen Insel.

»Kürzlich ist ein Buch über Walter erschienen, ein wundervolles Buch mit herrlichen Bildern und dem Abdruck all seiner Briefe. Daher kenne ich Sie so gut – und eigentlich schon seit Jahren. Das Schicksal von Konrad lässt mich, die Familie nicht los. Sie waren doch dabei. Und darum wollte ich Sie immer schon einmal aufsuchen – und nun gerade hier und heute begegne ich Ihnen so ...«

Er deutete auf seine Badehose.

Ach, wie unwichtig war das.

An jenem Märztag waren wir auch alle in Badekleidung gewesen, als das Schicksal so unvorstellbar grausam zuschlug.

Es hat mich Jahre gekostet, um den Schock von damals zu vergessen. Lange Zeit habe ich nicht über dieses Erlebnis sprechen können. Es gibt Dinge, die ein Mensch, der das Pathos so sehr ablehnt wie ich, kaum in ihrer ganzen Tragik und Unheimlichkeit beschreiben kann. Doch die Jahre haben viele, auch andere, noch tiefere Wunden vernarben lassen.

Damals gab es auf Bali nur ganz wenige, meist amerikanische Touristen. Sie hatten von Forschungsreisenden über die Einmaligkeit dieser Insel, über ihre Tempel und ihre Bewohner gehört. Sie wurden nicht enttäuscht – alles war noch wunderbarer, als sie es sich vorgestellt hatten.

Eine Anzahl Künstler war dort geblieben. Für sie bedeutete diese Insel das Paradies – besonders für die Maler.

Einer von ihnen war Walter Spies.

Ich kannte seinen Namen.

Victor von Plessen hatte mit ihm seinen preisgekrönten Film »Die Insel der Dämonen« gedreht. Als ich ihm sagte, dass ich vielleicht

dorthin fliegen würde, gab er mir einen Brief an ihn. Victor war immer noch so erfüllt von der Begegnung mit diesem einmaligen Menschen, dass er mir vieles von ihm erzählte.
»Walter ist ebenso sehr Musiker wie Maler – er ist Künstler bis in die Fingerspitzen. Er ist in Moskau – so viel ich weiß – 1895 geboren. Sein Vater war ein sehr angesehener Kaufmann, der seit Jahrzehnten mit seiner Familie in Russland lebte. Den Ersten Weltkrieg verbrachte er in russischer Internierung im Ural. Nach der Revolution war er einige Jahre in Deutschland und fuhr 1923 als Matrose nach Java. Bald wurde er dort Kapellmeister und Komponist am Hofe des Sultans von Jogjakarta.«
»Als Europäer?«, fragte ich. »Die Musik und die Instrumente sind doch ganz anders in Indonesien.«
»In kurzer Zeit hat er sich durch Zuhören und Zuschauen in die Gamelanmusik vollständig hineingefühlt – man könnte tagelang über diesen großen Künstler erzählen. Heute nur noch so viel: Wenn Walter Ihnen Bali zeigt, werden Sie es erleben wie niemals ein Tourist«, schloss Victor, »doch seien Sie nicht enttäuscht, wenn er es nicht tut. Wir Europäer gehen ihm in seinem Paradies, seitdem die Zahl der Besucher ständig wächst, sehr auf die Nerven. Sie dürfen es dann um Himmels willen nicht persönlich auffassen – es genügt schon, wenn er sich gerade in eine Arbeit vergraben hat oder vor Ihnen ein paar Besuche da waren.«
Damals – 1931 – in Berlin lag Bali für mich so weit weg wie der Mond. Allerdings hatte ich es mir als eine Art Traumziel für meinen großen Flug nach Südosten, mit dem ich mich um die höchste deutsche fliegerische Auszeichnung, den Hindenburgpokal, bewerben wollte, vorgestellt.
»Wenn Sie in Ihrer kleinen Sardinenbüchse allein je so weit kommen sollten, hätten Sie sich ein Zusammentreffen mit Walter ehrlich verdient«, fügte Plessen seinen Überlegungen hinzu.
Wie recht er hatte, konnte er kaum selbst bis ins Letzte ermessen. Zum Beispiel bestand meine »Sardinenbüchse« keineswegs aus Metall, sondern aus dünnem Sperrholz und Leinwand, getragen und zusammengehalten von ein paar Holmen und Spanten.

Und nun hatte mich dieses Gebilde tatsächlich – wenn auch mit allerlei ungeplanten Überraschungen und einigen Notlandungen – bis nach Bali getragen. Oder präziser gesagt: bis zum benachbarten Soerabaya.

Ich dachte nicht daran, Walter Spies ungebeten zu überfallen. Wenn es einen Menschen gab, der seinen Wunsch nach Ungestörtheit in seiner Idylle verstehen konnte, so war das ich.

Mein erster Eindruck von Bali war zwiespältig.

An mein zwar kleines und primitives Flugzeug, das mich aber königlich unabhängig machte, gewöhnt, war mir schon dieser Dampfer, auf dem es neben den Schweinen im Laderaum eine Gruppe von lärmenden amerikanischen Reisenden gab, erheblich auf die Nerven gegangen. Dann kam die feuchte, teils kühle Fahrt über die Berge und dann noch abends der Tempeltanz für die Touristen.

Ich hätte die paar weißen Zuschauer erschlagen können. Zu sehr war ich auf meinen Flügen daran gewöhnt, den Touristen aus dem Wege zu gehen, um echte Eindrücke des jeweils besuchten Landes zu bekommen.

Das musste doch auch hier möglich sein.

Immerhin, Bali war 200 Kilometer lang und 150 Kilometer breit. Damals lebten dort ungefähr eine Million Menschen.

»Nun, wie hat Ihnen der Tempeltanz gefallen?«, fragte mich beim Heimkommen der deutsche Hotelbesitzer erwartungsvoll. »Der Tanz und die Musik waren wundervoll und die neugierigen Touristen dabei widerwärtig – morgen mache ich mich selbstständig. Diese für Fremde arrangierten Unterhaltungen sind nichts für mich.«

In den kommenden Tagen durchstreifte ich die Insel mit dem deutschen Hotelbesitzer oder einem Balinesen, der etwas Englisch sprach. Es war die Zeit der Feste um Neujahr. Alle Tempel und Kampongs – die Häuser der Einheimischen – waren mit Blumen geschmückt. Wir wanderten durch die terrassenartig angelegten Reisfelder.

Ich war der einzige weißhäutige Besucher bei den Hahnenkämpfen am Tag vor Ngepi, dem großen Fasten, an dem die Dämonen über die Insel gehen. Nur noch einmal im Jahr – eben an diesem Tag – war

es erlaubt, den hochgezüchteten Kampfhähnen Messer an die Sporen zu binden. Jeder Kampf wurde bis zum bitteren Ende des unterlegenen Tieres ausgefochten.
Mancher Balinese hat bei diesen Kämpfen alles, was er besaß, restlos verspielt. Diese sonst so ruhigen und besonnenen Menschen waren einfach nicht wiederzuerkennen, wenn der Gong zur ersten Runde ertönte.
»You want a bet?«, fragte mein Begleiter in seinem lustigen Pidgin-Englisch.
»Oh, nein – danke!« Mir war der Gedanke grässlich, wettend mit dem Leiden dieser mordlustigen Tiere Geld zu verdienen. Ich war das einzige weibliche Wesen im Kreis der am Boden hockenden Männer, die mit rollenden Augen den Kampf verfolgten. In den Pausen versuchten die Besitzer ihre wertvollen Tiere durch allerlei Tricks möglichst angriffslustig zu machen. Jeder Kampf, genau nach Größe und Gewicht zusammengestellt, war hochinteressant, solange kein Blut floss. Doch dann tat mir das Martyrium des unterlegenen Tieres so leid, dass ich mich jedes Mal abwendete, wenn sich die letzte tödliche Phase unter einem Korb abspielte, unter den die beiden Kampfhähne zum Schluss gesteckt wurden.
Wir besuchten eine heilige Quelle, in der viele Eingeborene saßen, um sich in dem warmen Wasser von den verschiedensten Leiden zu kurieren. Alles, was man sah, die Hütten, die geflochtenen Matten neben den Eingangspforten, die Tempel, die Kunstwerke von Opfergaben auf den Köpfen der schönen Frauen, die damals alle stolz mit nacktem Oberkörper, nur den selbst gewebten Sarong um die Hüften gewickelt, durch diese tropischste aller Tropenlandschaften schritten, war von vollendeter Schönheit.
Ich selbst kam mir wie verzaubert vor.
Während ich sonst immer sehr präzise vorausplante, geriet ich hier in eine seltsame Passivität, die mich aber alles um mich her mit hellwachen Sinnen aufnehmen ließ.

»Sie werden erwartet«, begrüßte mich mein Landsmann in seinem Hotel, als ich von einer dieser Fahrten und Wanderungen zurückkam: Die Vettern Walter und Konrad Spies, zwei besonders gut aussehende Männer, der Ältere blond mit blauen Augen, der Jüngere dunkler im Typ.

»Victor Plessen hat Sie bei uns angemeldet«, begann Walter, der Ältere. »Ehrlich gesagt, wir hatten eigentlich keine Lust, uns gerade jetzt zurzeit der großen Feste einen europäischen Besuch anzutun. Aber ein wenig neugierig sind wir doch auf das fliegende Mädchen, nicht wahr, Konrad? Noch besser hat es uns gefallen, dass Sie uns nicht sofort überfallen haben.«

»Vielen Dank für alle sogenannten Komplimente – aber Sie sehen, ich komme ganz gut zurecht. Ich habe schon unendlich viel Schönes gesehen.«

»Seien Sie Walter nicht böse«, mischte sich Konrad freundlich ein, »aber Sie können sich kaum vorstellen, was sich bei uns so alles einfindet. Er meint es nicht so – darum sind wir ja hier, um Sie einzuladen, zu uns nach Ubud zu kommen.«

Innerlich jubelte ich, ließ es mir aber vorerst nicht anmerken. Bei den »Spiesens« in ihrem Haus – das konnte die Krönung meiner Reiseerlebnisse werden. Zweifellos war Walter zu der Zeit der berühmteste Europäer auf der Insel.

»Kommen Sie gleich mit uns?«, fragte Walter Spies.

»Nein – danke, lieber morgen Vormittag. Ich möchte noch einen angefangenen Artikel über die letzte Flugetappe zu Ende schreiben und fortschicken. Das kann ich besser allein hier im Hotel als inmitten so vieler neuer Eindrücke.«

»Damit erübrigt sich die Frage, ob ich Ihnen helfen kann«, meinte Konrad, »denn ich bemühe mich auch, journalistisch oder vielmehr schriftstellerisch tätig zu sein.«

Am Vormittag des fünften März war ich mit meinem Gepäck in Ubud, wo am Abend vor meiner Ankunft amerikanische Gäste Walter und Kosja besucht hatten. Darüber ist noch zu berichten. Es war das erste Mal, dass ich meinen Koffer in einer vollkommen echten Bali-Umgebung auspackte. Der Blick hinaus auf das Land war so schön, dass ich die Wirklichkeit dieses Erlebens kaum fassen konnte.

»Was halten Sie davon, wenn wir vor dem Essen noch schwimmen? Walter wäre auch einverstanden.«
Kosja lehnte in meiner Tür.
»Schwimmen – da bin ich jederzeit begeistert dabei.«
»Wohin sollen wir fahren, Walter? Nach Tertumpul, wo es auch ein Becken für Europäer gibt – vielleicht gefällt das der Elly besser –, oder an den Strand nach Lebih? Dann können wir auf dem Rückweg gleich die Post von Giangar abholen.«
»Entscheide du das«, meinte Walter. »Ich kann auf die Post verzichten.«
»Gut – wenn es Ihnen recht ist, fahren wir an den Strand«, schlug Konrad vor.
Mir war es egal, weil ich beide Plätze nicht kannte.
Kosja sah mich nachdenklich an. Ich hatte das Gefühl, er sah durch mich hindurch. Diese Augen, dieser ganze junge Mensch wirkte auf mich wie der Anblick eines tiefen klaren Bergsees.
Ich warf noch einen langen, verzauberten Blick auf den Fluss, auf die terrassenförmigen Reisfelder, dann zog ich rasch meine Badesachen aus dem Koffer.
Walter und der balinesische Chauffeur warteten draußen schon auf uns.

Der Strand von Lebih gefiel mir nicht.
Der Sand war nicht hell wie an anderen Stellen. Der Himmel hatte sich bezogen und so sah das Wasser nicht blau aus wie sonst, sondern graugrün, etwas unheimlich. Doch das alles kam mir erst später richtig zu Bewusstsein.
Wir sprangen ins Wasser, der Sog zog uns den Sand unter den Füßen hinweg.
»Gibt es hier keine Haifische?«, fragte ich fast schon gewohnheitsmäßig wie an all diesen offenen tropischen Badestränden.
»Aber natürlich – sehr viele«, antwortete Konrad. Und wie zur Bestätigung tauchte er lachend unter und hängte sich an meinen Fuß. Wir schwammen und tobten eine Weile in dem undurchsichtigen Wasser umher und gingen dann, jeder vom anderen knapp zehn Meter ent-

fernt, ans Ufer – nur noch bis zu den Hüften im Wasser. Da hörte ich Konrad schreien – ein Schrei aus Übermut, voller Lebensfreude? Nein – das war ein anderer, anhaltender Schrei – das war höchste Angst und Entsetzen.
Kosja befand sich zwischen Walter und mir. Von beiden Seiten eilten wir auf ihn zu. Direkt vor uns wurde er unter Wasser gezogen und der riesige Schwanz eines Fisches peitschte die Oberfläche, die sich rot färbte.
Weder vorher noch später habe ich jemals eine solch grauenhafte Angst verspürt wie in diesen Sekunden.
Wir zogen Konrad ans Ufer. Sein rechter Oberschenkel war völlig zerfleischt, ebenso die Hände. In der kurzen Zeit war er ganz ausgeblutet – da war nichts mehr abzubinden.
Doch schien er keine Schmerzen zu empfinden. Von Zeit zu Zeit war er bei vollem Bewusstsein. Mit Walter sprach er Russisch, mit mir Deutsch und mit dem Fahrer Balinesisch. Ich saß hinten im Auto und hatte seinen Kopf auf meinen Schoß gebettet, ein Badetuch über seine Verletzungen gebreitet.
So schnell wie möglich fuhren wir ins Hospital von Denpasar und hielten nur einmal vor einer Hütte an, da er um etwas zu trinken bat. Der holländische Arzt gab ihm eine Injektion und ließ uns nach einer kurzen Untersuchung wissen, dass er uns keine Hoffnung machen könne.
Trotzdem wurde das Bein amputiert, alle Wunden versorgt und Kosja atmete ruhig, als er in ein Zimmer transportiert wurde. Doch sein Atem wurde immer schwächer und nach einigen Stunden war er friedlich eingeschlafen.

Dieses Geschehen hat mir monatelang zu schaffen gemacht. In den ersten Nächten bin ich umhergelaufen, ohne schlafen zu können. Übermannte mich der Schlaf, schreckte ich aus fürchterlichen Albträumen hoch: Ein riesiger Fisch hatte mich in seinen Zähnen.
Viel früher als beabsichtigt verließ ich die »Insel der Dämonen«, wie sie Victor von Plessen in seinem Film genannt hatte.

Walter Spies litt unvorstellbar unter dem Verlust seines Lebensgefährten. Dieser große Künstler, dessen Leben ganz der Schönheit und der menschlichen Vervollkommnung gewidmet war, die er in dieser paradiesischen Umgebung gefunden zu haben glaubte, konnte den Schicksalsschlag lange Zeit nicht bewältigen.
Als der erste Schock überwunden war, kamen ihm eine Reihe von Vorkommnissen aus den letzten Monaten zu Bewusstsein, die er mir noch vor meiner Abreise erzählte.
Doch darüber möchte ich Walter Spies selbst in einem Brief sprechen lassen, den er drei Tage nach dem Unglück an Konrads Vater schrieb: »Ich hatte Kosja so schrecklich, schrecklich gern und wir lebten wunderbar ruhig und verstanden uns herrlich miteinander. Und nun beruhigt mich etwas der Gedanke, dass alles so geschehen musste, weil es irgendwo vorgeschrieben stand.
Stell dir vor, Onkel Rudolf, was für merkwürdige Dinge vorher passiert waren.
Vor einigen Wochen fuhr Kosja mit einem Freund im Auto am europäischen Friedhof vorbei. Plötzlich sagte er: ›Nun können wir eigentlich umdrehen und heimfahren. Jetzt habe ich gesehen, wo ich bald liegen werde.‹
Ein weiteres Geschehen: Mit einem andern Freunde, der einen balinesischen astrologischen Kalender besitzt, suchten sie sich die Tage heraus, an denen sie geboren sind. An Kosjas Geburtstag stand im Kalender: er werde jung sterben, von Kala Ruhu aufgefressen, einem balinesischen Ungeheuer, das in der Luft umherfliege und periodisch Sonne und Mond verschlinge.«
So weit Walters Brief.
Kosja hatte diese Weissagung so ernst genommen, dass er am Abend vor meiner Ankunft, als Walter ihn bat, zu den amerikanischen Gästen zu kommen, nur sagte: »Ach, was hat das für einen Sinn? Ich werde doch sehr bald von Kala Ruhu aufgefressen.«
In dem Brief an den Onkel hieß es weiter: »Es ist merkwürdig, aber alles, was zu dem Unglück führte, lag ganz in Kosjas Hand, der sonst nie eine Führung übernahm, sondern eigentlich alle Entschlüsse mir überließ. Er war es, der darauf drängte, Elly Beinhorn so schnell wie

möglich einzuladen, er verlangte, wir sollten vor dem Essen zum Schwimmen fahren – er bestimmte den Badeplatz. Als er begann zu tauchen, sagte er immer wieder: Da kommt er – da kommt der Haifisch. Niemals vorher hat er so etwas gesagt.«
Es war wohl kein Hai – sondern ein großer Barrakuda. Irgendwie kam ich mir schuldig vor, einfach dadurch, dass mein Kommen der Anlass zu all diesem Schrecklichen gewesen war. Aber auch darüber schrieb Walter an seinen Onkel:
»Es ist furchtbar, aber es sieht so aus, als ob Konrad all das selber heraufbeschworen hätte! Er hatte sich in den letzten Wochen so verändert. Er war voller Lebenslust, erfüllt von großen Plänen und sagte mehrmals, er habe nun endlich seinen rechten Weg gefunden.« Was so großartig und schön begonnen hatte, musste in all dieser Vollkommenheit so tragisch enden.

Niemand, der das Glück hatte, diesem begnadeten Menschen Walter Spies zu begegnen, wird ihn je vergessen. Es ist viel über ihn geschrieben worden – am vollständigsten in dem Erinnerungswerk von Hans Rhodius. Auf vielen Gebieten der Kunst und der Wissenschaft hat er Überdurchschnittliches geleistet – vor allem jedoch als Musiker und Maler.
Er bezauberte die Menschen seiner Umgebung durch seine Liebenswürdigkeit, seine Bescheidenheit, durch seine absolute Lauterkeit und Hilfsbereitschaft. Und es erschien wie ein Hohn des Schicksals, ihn, der sein Leben bedingungslos der Schönheit geweiht hatte, so elend zugrunde gehen zu lassen.
Nach Jahren des Glücks mit ausgewählten Freunden aus aller Welt, zu denen Charly Chaplin und Vicky Baum zählten, wurde Walter Spies nach dem Einmarsch der Deutschen in Holland interniert, zuerst auf Java, später auf Sumatra.
Im Januar 1942, vor dem Eindringen der Japaner auf Insulinde, sollte der holländische Dampfer »Van Imhoff« 478 Deutsche und 110 Niederländer nach dem damals britischen Colombo in Sicherheit bringen. Es waren Missionare, Künstler, Ingenieure, Pfarrer und Kaufleute. Einer dieser Internierten war Walter Spies.

Am 19. Januar um 10 Uhr 30 griff ein japanischer Bomber die »Van Imhoff« an. Die fünfte Bombe riss ein so großes Leck in die Bordwand, dass das Schiff sechs Stunden später, 110 Seemeilen von der Küste Sumatras entfernt, im Indischen Ozean versank. Mit der »Van Imhoff« fanden 412 Deutsche, doch kein Niederländer den Tod.
Dreiundzwanzig Jahre später, 1965, hatte dieser Untergang ein Nachspiel. Unter dem Titel »Das Totenschiff« veröffentlichte der »Spiegel« Einzelheiten dieses Geschehens:
In Stacheldrahtkäfigen von knapp einem Meter Höhe hockte der größte Teil der Gefangenen im Zwischendeck. Es gab zu wenig Rettungsboote. »Im Ernstfall brauchen deutsche Schiffbrüchige nicht gerettet zu werden«, hatte eine geheime Anweisung gelautet. Als das Schiff sank, gingen zuerst der Kapitän und dann die Mannschaft in die Boote. Ein Wachsoldat warf den Gefangenen im letzten Moment die Schlüssel für die Käfige zu. Ein kleiner Teil der zurückgelassenen Deutschen rettete sich auf Bambusflöße, die meisten gingen mit dem Schiff unter. Ein verkantetes Rettungsboot und ein Arbeitsboot erreichten die Küste von Sumatra, doch alle Flöße blieben verschollen.
Eine Untersuchung der niederländischen Justiz nach einer Veröffentlichung des Geschehens durch einen der Überlebenden endete mit der Feststellung: Es gäbe keinen Grund für einen Strafantrag. Im Januar 1966 schrieb Benno Reifenberg (in der FAZ) einen umfassenden Bericht über Walter Spies, sein Leben auf Bali und über das Buch von Hans Rhodius. Er schließt mit der Feststellung: »Wie verlockend dies liebliche Eiland ist – es braucht einen großen Charakter, um sich selbst so absolut in das Leben der Insel und der Balinesen einzufügen, wie das Walter Spies tat.«
Wochen später schickte mir der Flieger Georg Spies dieses großartige Buch, mit dem ein Holländer, der Walter Spies überhaupt nicht persönlich kannte, ihm ein bleibendes, würdiges Denkmal geschaffen hat.
Ein anderes Gedenken aus Stein ist in Hamburg den 412 Deutschen gewidmet, die im Indischen Ozean umkamen.

Doch wieder zurück nach Soerabaya 1932.
Inzwischen hatte sich in der Australienangelegenheit allerlei Neues ereignet. Nach der Besprechung mit Pattist war ich entschlossen, nur die kürzere Wasserstrecke nach Wyndham zu fliegen, um bei dem zur Zeit herrschenden starken Gegenwind das Risiko von Benzinmangel unter allen Umständen auszuschalten.
Von Koepang, dem Flugplatz von Timor, nach Darwin waren es 850 Kilometer, wovon eigentlich die ganze Strecke über Wasser führte, dagegen von Koepang nach Wyndham betrug die gesamte Etappe 750 Kilometer, und davon führten nur 500 Kilometer über Wasser. Bei vernünftiger Überlegung musste ich zugeben, dass ich, bei den schlechtesten Bedingungen, wie Sturm in entgegengesetzter Richtung, keine Sicht und dichter Regen, auf der kleineren Wasserstrecke eigentlich unter den alltäglichen Bedingungen flog.
Während meiner Zeit in Bali hatte ich nach Wyndham um Auskunft über den gegenwärtigen Zustand des kleinen Notlandeplatzes gebeten. Die Antwort war jetzt da und sagte, dass eine Landung dort zur Zeit vollkommen unmöglich sei. Dagegen war nichts zu machen, denn nach den Details des Telegramms war im Falle einer Landung mit sicherem Bruch zu rechnen.
Was nun? Sollte ich nun doch gegen meinen Wunsch wieder umkehren oder sollte ich gegen meine Überzeugung einfach im Vertrauen auf halbwegs vernünftige Wetterbedingungen nach Darwin fliegen?
Jetzt bewährte sich mein guter Engel einmal wieder. Durch die Shellvertretung hörte ich, dass drei englische Flugboote angemeldet seien, die einen Übungsflug nach Darwin machen würden. Sofort setzte ich mich mit der Royal Air Force, die ich von meinem Aufenthalt in Singapur gut kannte, in Verbindung und fragte an, ob man mir gestatten würde, am gleichen Tage wie ihre Boote die Timorsee zwischen Koepang und Darwin zu überfliegen.
Die Antwort kam prompt und besagte, dass man natürlich nichts dagegen einzuwenden hätte, aber keine Garantie für meine Sicherheit übernehme, denn im Falle einer Notlandung könne man bei starkem Seegang nicht eines der Flugboote mit einer Besatzung von vier Mann riskieren. Das hatte ich nun auch wirklich nicht erwartet

und war glücklich und froh, dass ich wenigstens mitfliegen durfte. Ich hatte mir den Betrieb auf der Timorsee etwas anders vorgestellt, als er sich dann in Wirklichkeit zeigte; meine Idee war, es müsste so ähnlich aussehen, wie in der Hauptsaison zwischen Bremerhaven und Helgoland, sodass ich, wenn es wirklich zu einer Notlandung kommen sollte, die Chance hatte, dass die mit Radio ausgerüsteten Flugboote in der Nähe fahrende Schiffe anfunken und mit ihnen meinen genauen Stand- oder vielmehr Schwimmort angeben konnten.

Doch das war nicht die einzige Schwierigkeit. Die niederländisch-indische Luftfahrtbehörde schrieb an das deutsche Generalkonsulat einen Brief mit dem dringenden Ersuchen, mir den Plan auszureden. Bei der geringen Besiedelung der Kleinen Sundainseln mit Weißen wäre mit keinerlei Unterstützung auf den Plätzen, die ich zum Tanken anfliegen musste, zu rechnen. Außerdem seien sie teilweise, weil sie ja nur als Notlandeplätze gedacht wären, in der augenblicklichen Regenzeit in nicht einwandfreiem Zustand. Und sollte es auf oder zwischen den Inseln zu einer Notlandung kommen, so könnte das Gouvernement mit Rücksicht auf die augenblickliche wirtschaftliche Depression sich nicht mit allen Hilfsmitteln, wie Militär- und Handelsmaschinen, zur Verfügung stellen. Das war etwas hart, aber ich konnte darauf keine Rücksicht nehmen, denn bei einem so ausgedehnten Fluge wie dem meinigen musste man immer das tatsächliche Risiko allein tragen. Ich wusste aus meinen Erfahrungen in Afrika, dass, selbst wenn alle Hilfsmittel bereitwilligst zur Verfügung gestellt wurden, es natürlich passieren konnte, dass man für lange Zeit irgendwo verschollen war.

Aber auch diese Frage war beinahe gelöst durch das Zusammenfliegen mit den Booten. So hatte man wenigstens an jedem Tag die Kontrolle, ob ich meine Tagesetappe erreicht hatte. Wenn ich bis zum Abend nicht eingetroffen war, so wusste man zum Mindesten, zwischen welchen Punkten ich notgelandet sein musste.

Bis zum Start hatte ich noch einige Tage Zeit, weil ich auf die Boote warten wollte, und flog in der Zwischenzeit meinen Motor ein und kontrollierte die frisch kompensierten Kompasse. Ebenfalls probierte ich den Abdriftmesser genau aus, um möglichst viel Erfahrung mit dem neuen Instrument zu bekommen.

Vor dem Abschied von Soerabaya besuchte ich den Krater Bromo, der ungefähr 2000 Meter hoch eine dreiviertel Stunde südöstlich der Stadt liegt. Wie immer tagsüber lag er ganz in Wolken eingehüllt und ich hatte hart zu arbeiten, um ihn überhaupt richtig herauszufinden. Der Krater selbst liegt in einem Bergkessel und ist von einem großen, flachen Kreis umgeben, der das »Sandmeer« genannt wird, durch das die besuchenden Touristen hindurchreiten müssen, um zum Vulkan selbst zu gelangen.

Neben dem offenen, arbeitenden Krater war eine andere, geschlossene vulkanische Berggruppe, die ich mit einigen Bedenken umflog, weil mir niemand garantieren konnte, dass sie nicht im nächsten Moment in die Luft fliegen würde. Das Schwierigste war hinterher das Wiederhinausfinden aus den Bergen, die höher waren als der Krater selbst, nämlich wegen der Wolken, die inzwischen ringsherum auflagen.

Dieses ganze Java ist überhaupt ein einziger Hexenkessel mit all seinen Vulkanen. Es würde mich nicht sehr erstaunen, wenn ich eines Tages wieder mal hierhinfliegen würde, und die ganze Insel wäre im Wasser verschwunden.

Pünktlich am angegebenen Tage trafen die drei englischen Flugboote auf der Marinestation in Soerabaya ein, eingeholt von einem holländischen Geschwader von drei Booten. Abends war ein Empfang beim englischen Konsul. Einige Offiziere dort kannte ich schon von Singapur.

Am nächsten Morgen verließ ich den Flughafen als Erste; außer der Wasserstrecke wollte ich nicht mit den Booten zusammen fliegen, weil sie immer die direkte Luftlinie über Wasser nehmen. Solange es nicht unbedingt nötig war, wollte ich jedes überflüssige Risiko vermeiden und hielt mich immer möglichst an die Küste der Inseln. Die Zwischenräume allein waren groß genug, um mich bequem zwischen den Inseln ertrinken zu lassen.

Meine erste Tagesstrecke führte nach Bima auf der Insel Soembawa. Das Wetter war keineswegs schön. Viel öfter, als mir lieb war, musste ich auf das offene Wasser hinausfliegen, weil an der Küste solche Gewitterregen lagen, dass ich mich mit meiner kleinen Holzmaschine nicht hineintraute. Der Motor lief, dass es tatsächlich eine Freude war.

Bali überflog ich ganz niedrig, um an einigen verabredeten Plätzen zu winken.

Kurz vor Bima kam ich in ein Tropengewitter, wie ich es noch nie erlebt hatte. Seitdem ich hier während der Regenzeit flog, hatte ich immer nach Möglichkeit versucht, diese ganz dicken Schauer zu umfliegen. Aber hier saß ich auf einmal mittendrin, während ich noch vor einem Moment im schönsten Sonnenschein geflogen war. Bis dahin war ich eigentlich erstaunt gewesen, wie gut es sich doch während der Regenzeit fliegen ließ. Dieses Mal war der Regen so dicht, dass er richtig in meinen Sitz hereinfloss und unten wieder hinauslief, während sonst immer auch bei starken Regengüssen mein Führersitz durch die Vorwärtsgeschwindigkeit ziemlich trocken geblieben war. Für Minuten konnte ich nichts sehen und fürchtete, dass Wasser in meine Magnete kommen würde. Dazu war ich dicht über den Bergen und durch die starke Belastung des Regens auf den Flächen konnte sich die Maschine trotz Vollgas nicht auf gleicher Höhe halten. Als es sich wieder lichtete, sah ich schon den Platz von Bima liegen und landete gleich darauf, nass wie eine Katze.

Keine weiße Seele war auf dem Platz, nur Eingeborene und einige Chinesen. So konnte ich wenigstens mit meinem Malaiisch protzen und es klappte alles vorzüglich. Nach zwei Stunden war die Maschine klar und in einem komischen Auto, das sich gut für einen amerikanischen Ulkfilm geeignet hätte, fuhren wir an der Bai von Bima entlang in die »Stadt« hinein.

Inzwischen waren auch die Boote eingelaufen, die direkt vor der Ansiedlung an ihren vorbereiteten Bojen angelegt hatten.

Am nächsten Morgen ging es weiter nach Koepang auf Timor. Wir flogen wieder die gleiche Strecke ganz verschieden, die Boote Luftlinie über das Wasser und ich, soweit es möglich war, an der Küste der Inseln entlang. Wenn das Wetter am Tag vorher nur stellenweise

schlecht gewesen war, so hielt es sich heute während der ganzen Zeit in demselben Stil. Meine Absicht war gewesen, an der Nordküste der ziemlich lang gestreckten Sundainsel Flores hinaufzufliegen, weil ich da zwei kleine Notlandeplätze hatte. Nach der Karte war auch anzunehmen, dass die Besiedlung dort stärker war. Aber es war wegen der vielen Regengebiete nicht zu machen. So pendelte ich über der an sich schmalen Insel immer zwischen der Nord- und Südküste hin und her, wo gerade mal ein Stück Sicht zu erwischen war.
Von der sicherlich sehr reizvollen Landschaft unter mir sah ich nicht viel und außerdem dauerte diese Etappe unerwartet lange. Mir wurde etwas schwach, wenn ich mir vorstellte, dass am nächsten Tag für die lange Wasserstrecke ebensolches Wetter sein würde.
Zwischen Flores und Koepang musste ich 150 Kilometer über das Meer fliegen und konnte so noch einmal gut meine Navigationsinstrumente ausprobieren. Genau an dem berechneten Punkt kam ich auf Timor heraus. In der Bai von Koepang lagen die Flugboote schon schön festgemacht und ein kleines Motorboot, wahrscheinlich mit Benzin, sauste zwischen ihnen hin und her.
Über Koepang selbst war strahlend blauer Himmel, aber etwas weiter weg über dem Flugplatz lag wieder eine von den hässlichen, dicken Regenwolken. Da sie im Heranziehen war und es dahinter gleichmäßig schwarz aussah, blieb mir nichts übrig, als in dem Regen zu landen. Im hohen Bogen spritzte das Wasser nach beiden Seiten weg, als die Räder den Boden berührten. Und weich war es! Na, der Start mit voller Belastung konnte ja lustig werden. Mit Vollgas musste ich sofort weiterrollen, um nicht stecken zu bleiben.
Ausgerechnet hier, vor dieser wichtigen Etappe, musste ich noch einmal so einregnen, dass ich nicht sicher war, ob nicht vielleicht doch Wasser in die Magnete oder die Verschlüsse der Benzintanks gelaufen war. Und dazu noch die Aussicht, einen zweiten Tag hier in diesem Wetter im Freien stehen zu müssen, weil die englischen Boote vor der Wasserstrecke eine kleine Überholung ihrer Motoren vornehmen wollten.
Bei dem anhaltenden Regen war nichts anderes zu machen, als die Maschine so gut wie möglich zuzudecken – sogar die Ölpapier-

regenschirme der Eingeborenen mussten herhalten – und trockenes Wetter abzuwarten.
Sehr gut war in allen diesen holländischen Kolonien die Einrichtung der Pasang-Grahans, das sind Regierungsrasthäuser für die reisenden Beamten, die aber auch gegen mäßige Bezahlung, soweit sie nicht überfüllt waren, privaten Reisenden zur Verfügung standen. So waren wir trotz der im Allgemeinen auf den Kleinen Sundainseln recht primitiven Verhältnisse immer gut untergebracht und brauchten uns um nichts zu kümmern – außer um die Flugzeuge.
Nachmittags besuchten wir ein nicht weit entferntes timoresisches Dorf. Auf dem Wege dorthin fuhr unser Chauffeur mit bemerkenswerter Lässigkeit genau wie in Bali über alle Sorten von Kleinvieh hinweg, höchstens auf Rinder wurde des Wagens wegen Rücksicht genommen.
Die Timoresen müssen ihrem Aussehen nach polynesischer Abstammung sein. Von der Zivilisation waren sie trotz ihres Wohnsitzes so nah bei einer Europäerstation so gut wie gar nicht beeinflusst. Wild und kriegerisch sahen sie aus mit ihren um den ganzen Kopf herum weit abstehenden krausen Haaren. Sie hatten sehr hübsche selbst angefertigte kleine Büchsen für Kreide und Tabak mit allen möglichen kosmetischen Instrumenten, wie Ohrreinigern und selbst gemachten Pinzetten zum Haarauszupfen, daran hängen. Von Geld verstanden sie nichts und so überließen wir es unserem Führer, angemessene Preise zu bestimmen, um einige von diesen außerordentlich originellen Sachen einzuhandeln.
Bevor ich meinen Motor am nächsten Tag anrührte, machte ich zuerst einen Probeflug, um festzustellen, ob er irgendwo Wasser hineinbekommen hatte. Und tatsächlich hustete er nach dem Start, der bei dem total aufgeweichten Boden ein kleines Kunststück war, einige Male unangenehm, lief sich dann aber wieder frei.
Das Wetter war besser, die Sonne sogar so stark, dass wir nur schweißtriefend unter einer ausgespannten Decke arbeiten konnten. Überflüssig, zu erwähnen, dass ich den Motor wieder bis ins Allerletzte durchsah. Da stand der kleine Reisekamerad nun fix

und fertig, bis an den Kragen vollgetankt. Am nächsten Tag sollte er zeigen, ob er mir die gute Behandlung, die er auf der ganzen Reise bekommen hatte, auf dieser wichtigen Etappe lohnen würde.
Abends hielten wir im Pasang-Grahan eine große Sitzung ab, um uns genau über den Flug klar zu sein. Ich hatte mir noch einmal meinen Aktionsradius unter den schlechtesten Bedingungen, wie Schlechtwetter, keine Sicht, sehr starker Gegen- oder Seitenwind, durchgerechnet; ich konnte es wagen.
Mit dem Staffelführer verabredete ich, dass wir uns zu einer bestimmten Minute an der Südküste von Timor treffen wollten; um Benzin zu sparen, wollte ich nicht mit ihnen um die ganze Westspitze der Insel herumfliegen, denn bei dem zu erwartenden Gegenwind wollte ich nicht eine Minute verschenken, um einen größeren Sicherheitsfaktor zu haben.
Jetzt kam es darauf an, genau zu der bestimmten Minute aus dem weichen Flugplatz herauszukommen; wenn es nicht klappte, konnte ich nicht mehr damit rechnen, die Boote noch vorzufinden, denn schließlich war ihr Flug nicht unternommen worden, um die Weltgeschichte unsicher machende Sportfliegerinnen zu unterstützen. Vor der angesetzten Zeit konnte ich auch nicht starten, um eine Sicherheitsspanne zu haben, weil ich dann auch wieder nur unnütz wertvolles Benzin verflogen hätte.
Jedenfalls ging ich früh ins Bett, um alles andere als wundervoll zu schlafen. Bis in meine Träume verfolgte mich der weiche Platz und ich sah mich in seiner Mitte bis über die Achsen im Dreck stecken. – Vor Sonnenaufgang war ich draußen, denn es war sehr wichtig, dass wir mit dem ersten Tageslicht starteten; erfahrungsgemäß ist frühmorgens der Wind nicht so stark. Während ich meine Koffer verstaute, mussten mehrere Autos das Gelände in der Startrichtung abfahren, um den härtesten Boden herauszufinden.
Daumen gedrückt und Vollgas! Ha, sie kommt auf Fahrt und tatsächlich noch ein gutes Stück vor dem Ende des Platzes hebe ich ab. Ich glaube, während des ganzen Startes habe ich nicht zu atmen gewagt. Aber jetzt schwebte ich in der Luft und ließ die letzten Fetzen des Morgennebels unter mir. Zwanzig Minuten hatte ich für die

Überquerung der Insel gerechnet und war auf die Minute pünktlich an der verabredeten Flussmündung im Süden. Aber wo waren die »Daddys«? Nun musste ich doch noch unnütz Benzin vergeuden und flog ihnen entgegen. Da tauchten sie auch schon wie drei winzig kleine Vögel aus dem Dunst auf. Der Geschwaderführer flog an der Spitze und die beiden andern Boote gestaffelt hinter ihm. Ich nahm, wie verabredet, ihre Mitte, sodass wir uns vorerst immer im Auge hatten.

Nachdem wir die Küste verlassen hatten, war jedes unangenehme Gefühl vollkommen vorüber; jetzt gab es nur eins von beiden: entweder der Motor hielt durch oder nicht. Und das würde sich ja im Laufe der nächsten Stunden entscheiden.

Und mein guter alter Argus tat seine Pflicht! Was ich mir so unter dem Schiffsverkehr auf der Timorsee vorgestellt hatte, erwies sich als reichlich optimistisch. In den vollen sieben Stunden, die es bei dem starken Gegenwind bis hinüber nach Australien dauerte, sah ich nichts als Himmel und Wasser und, da ich wegen des Windes recht niedrig flog, gelegentlich Fliegende Fische. Keinen Dampfer, nicht ein armseliges Fischerboot an der Küste.

Zum ersten Mal, als eines der Flugboote direkt an den Wasserspiegel hinunterging, erschrak ich und dachte: Was nun, wenn eines von ihnen eine Notlandung hat? Aber dann erinnerte ich mich, dass ich am Abend vorher bei der Besprechung gehört hatte, dass eines der Boote jede Stunde den genauen Wind messen sollte.

Von Zeit zu Zeit donnerte mal eine Maschine an meiner Seite vorbei, um ein Foto zu machen. Dabei schwenkten die Offiziere schadenfroh die vollen Teetassen und die brennenden Zigaretten.

Bei keinem der anderen beiden Erdteile, die ich vorher allein angeflogen hatte, bin ich so stolz gewesen wie hier, als die flache australische Küste in Sicht kam und die unterschiedliche Färbung des Wassers zeigte, dass Riffe dicht unter der Oberfläche lagen.

Von Darwin reihten wir uns in guter Formation auf und flogen unsere Begrüßungsrunde. Dann machte ich mich wieder selbstständig und verfügte mich zu meinem Landflugplatz. Eine kleine rote Motte turnte zur Begrüßung über mir herum und, gewarnt durch meine

Koepang-Erfahrungen, ließ ich sie erst landen, um mich in Australien nicht mit einem Kopfstand einzuführen.
Wie komisch das war: alles weiße Menschen! Überhaupt keine Eingeborenen. Mir brummte der Schädel von der prallen Sonne, die sieben Stunden lang auf meinen Kopf gebrannt hatte.
Es war etwas wie Geburtstag. Man hatte schon ein Fest arrangiert und riesige Kabelstöße erwarteten mich, von denen die Mehrzahl aus Australien kam, wo ich außer Kingsford-Smith und Kolonel Brindsmead nicht eine Seele kannte. Aber das war nur eine sehr bescheidene Vorbereitung auf die unerhörte Gastfreundschaft, die ich hier in diesem Lande genießen sollte.

Als zweites fliegendes Mädchen allein nach Australien

Niemals bevor ich damals einen Flug antrat, las ich irgendwelche Reisebeschreibungen über das Land, das ich sehen würde, um mich nicht unbewusst in meinen ersten Eindrücken beeinflussen zu lassen. So wusste ich von Australien außer seiner ungefähren Lage auf der Landkarte nichts weiter, als dass es da Känguruhs gibt, dass die Australier von deportierten Verbrechern abstammen und dass es natürlich das Kreuz des Südens dort gibt, das in jedem Roman, der in Australien spielt, besonders eindrucksvoll auf das liebende Paar herabstrahlt.

Wenn ich ganz ehrlich sein soll: Ich habe während zwei Monaten in Australien nicht viele Känguruhs in Freiheit gesehen, trotz mancher Tage im Busch.

Auch das mit den Verbrechern stimmte nicht. Man hat hier wohl einige Schiffsladungen Deportierte angesiedelt, doch der Prozentsatz von deren Nachkommen ist, auf die heutige Bevölkerungszahl verteilt, sehr gering.

Na, und das Kreuz des Südens! Strahlen tut es nur auf der australischen Flagge. Am Himmel halten sich die fünf Sterne bescheiden mit ihrem Glanz unter den vielen andern zurück.

Aber sonst – dieses Australien brachte eine Überraschung nach der andern. Am 22. März kam ich in Port Darwin an und flog am übernächsten Tag weiter hinunter nach Sydney.

In der Fliegerei war diese Gegend von Australien, von Nordwesten nach der Ostküste, als denkbar unangenehm bekannt. Das stimmte nur bedingt. Ich bin, weiß Gott, über andere Strecken geflogen. Es gab allerdings Hunderte von Quadratmeilen Busch ohne irgendwelche Besiedelung. Aber die Bodenorganisation auf der ganzen Strecke war so vorzüglich durch die Anlage von künstlichen Brunnen, den

»bores«, in Abständen von dreißig Meilen und vielen kleinen Landeplätzen, dass außer einer Notlandung eigentlich nichts Aufregendes passieren konnte, soweit man dieser Route folgte. Meine Notlandung im Süden der Sahara hatte mich gelehrt, keine Experimente mit Abkürzungen zu machen.

Die Entwicklung, die Australien während nur zwölf Jahren in der Fliegerei geschaffen hatte, war typisch für dieses Land ohne Vergangenheit. Es hat viele unserer Entwicklungsstadien übersprungen, einige zu seinem Schaden, andere zum Vorteil – in der Fliegerei hat es nichts geschadet. So fand man hier in diesem kleinen, abgelegenen Erdteil eine fliegerische Organisation vor, die erstaunlich war. Probleme, an denen wir jahrelang laboriert haben, hat man im Nu erkannt und ohne zu zögern gelöst. Und so fand ich hier Bedingungen für die Fliegerei vor, die nahezu als ideal zu bezeichnen waren. Man hatte gleich im Anfang eingesehen, dass man auf schwierigen Strecken durch die Anlage von Notlandeplätzen deren Kosten in wenigen Jahren durch verhütete Brüche wieder hereinholt. Ein guter Teil dieser Plätze im Busch, die bei nur ganz kleinen Stationen lagen, besaßen sogar Hallen.

Die Flugkarten waren mit der Hand gezeichnet; und da es von Darwin nach dem Osten keine durchgehende Eisenbahn oder Autostraße gab, musste man sich seinen Weg von einer Station zur andern entweder nach der Spur der Ochsenwagen suchen oder, wenn eine solche nicht vorhanden war, an der Telegrafenlinie entlangfliegen.

Die Schwierigkeit beim Folgen der »tracks«, der Wagenspuren, war, dass sie jedes Jahr nach der Regenzeit neu eingefahren werden und dadurch immer verschieden sind, während die Karten für mehrere Jahre bleiben. Aber mit einem anständigen Kompass und etwas Nase ging es ganz gut. Außerdem hat man auf den meisten Tracks eine gewisse Kontrolle durch die Wasserlöcher.

Die erste Station machte ich auf einer romantischen Rinderfarm, Newcastle-Waters. Es macht mir immer einige Schwierigkeit, diese Namen zu übersetzen, denn es war eine echte »cattle-station«.

Vom Flugplatz, wo ich wegen der Tausende von Fliegen meine Maschine mit einem Netz über dem Kopf fertig gemacht hatte, mar-

schierten wir mit meinen Köfferchen in der Hand bis zur Lagune. Da mussten Schuhe und Strümpfe ausgezogen werden; die Koffer wurden auf ein kleines Floß aus Benzindosen gestellt und mit der Hand hinübergezogen und wir wateten bis an den Bauch durch das lehmige Wasser. An der andern Seite wartete ein antiker Ford – ein Lastwagen natürlich – und brachte uns zu der einzigen hier mit ihrem Mann lebenden weißen Frau, die mir Schlafgelegenheit für die Nacht geben wollte.
Abends thronten wir alle vor der kleinen Wellblechbude meiner Gastgeber, wir zwei Weiblichkeiten auf dem Prunkstück, dem Oberteil eines ehemaligen Autositzes, unter das man in der Mitte eine Benzindose geschoben hatte.
Um uns herum saßen die Farmer und ihre Helfer, wundervolle braune Buschtypen, mit meist hellblauen Augen, und rauchten ihre Pfeife, während ich ihnen auf meinem Grammofon Platten aus der ganzen Welt vorspielte. Ernst und verschlossen war jeder in seine Gedanken versunken. Ich hätte viel gegeben, zu wissen, was sich da hinter den gefurchten Stirnen abspielte. Wovon mochten sie träumen, diese Burschen, die hier für Jahre auf der winzigen Station lebten, immer dieselben Gesichter um sich, keine Abwechslung außer der Postmaschine und gelegentlich einem Privatflieger?
Fünf Tage flog ich über den australischen Busch, über die nicht hohen Berge mit ihren Silber- und Kupferminen. Unter mir Sand, Steppe und Timber, dazwischen die spärlichen Ansiedlungen, die mit jedem Tage, je weiter ich nach Osten kam, etwas größer wurden, sich aber mit ihren symmetrisch angelegten Straßen zwischen Wellblechhäusern wie ein Ei dem andern glichen.
In diesem Riesenland, von dem ich nur ungefähr ein Drittel gesehen habe, lebten damals nicht mehr als acht Millionen Menschen! Als ich nach Etappen in Cammoweal und Longreach, langweiligen kleinen Städten, in den roten Sand hineingebaut, in Charleville ankam, fiel mir ein, dass Ostersonntag war. Als Osterei bekam ich das erste warme Bad nach unendlich langer Zeit. Man denke sich, in einem blau gekachelten Badezimmer mit warmem Wasser durch die heißen Quellen! Eine Halle für mein Flugzeug war auch da. Und so überleg-

te ich mir, dass es die letzte Gelegenheit war, noch einmal etwas im Busch umherzufahren, bevor es wieder in die Zivilisation zurückging.

Charleville war *der* Platz für eine Ostertour. In der Stadt gab es allen Komfort für mich und meine Maschine, aber nicht zehn Kilometer entfernt war man im Busch. Wir hatten Gewehre mitgenommen, um ein oder zwei von den Känguruhs, »die uns zu Hunderten über den Weg laufen sollten«, zu schießen – sie liefen aber gerade an diesem Tage nicht. Dafür schossen wir aber an den spärlichen Wasserlöchern Wildenten.

Da gibt es zwei Sorten von großen Vögeln, die mir in Australien aufgefallen sind: das ist der »Native compagnon«, dessen deutsche Bezeichnung ich nicht weiß, ein großer Vogel, der nur paarweise im Busch umherläuft und trotz seiner Größe ein guter Flieger ist und mit ausgebreiteten Flügeln eine Spannweite bis zu drei Meter hat. Und dann der echt australische Emu, der dortige Strauß, dem afrikanischen sehr ähnlich, nur kleiner und mit anderen Federn. Der Emu kann nicht fliegen, seine Flügel sind im Laufe der Jahrhunderte zu winzigen Stümpfen verkümmert, doch er ist ein ausgezeichneter Läufer.

Man sagt von den Emus, sie seien so neugierig, dass sie, wenn man mit einem weißen Taschentuch winkt, ganz nah herankommen, um sich zu überzeugen, was eigentlich los sei.

Aber von nun ab war es auch endgültig mit der Buschromantik zu Ende. Auf der nächsten Etappe kurz vor Brisbane wurde ich von einem großen Geschwader des Aeroklubs eingeholt und zum ersten Mal kam mir richtig die Tatsache zum Bewusstsein, dass ich als erste deutsche Fliegerin bis nach Australien geflogen war.

Aus war es mit der Ruhe. Das Arbeiten fing erst nach dem Fliegen an. Da waren Empfänge, Ehrenmitgliedschaften, Radio, Tonfilm, Vorträge und in den wenigen Minuten ohne offizielle Pflichten saßen wir, Captain Jones, der Pilot der kleinen Shell-Motte, und ich, in unserem Büro im Hotel und versuchten, uns durch die Telegramme, Briefe und all den Kram durchzuarbeiten. Es war für mich eine große Erleichterung, dass ich einen Menschen zu meiner Verfügung hatte,

der sich genau mit den australischen Verhältnissen auskannte, der immer raten konnte, was unbedingt erledigt werden müsste und was auszulassen war. Ohne seine Unterstützung hätte ich wahrscheinlich in dem fremden Land Fehler über Fehler gemacht.
Von Sydney lag schon telefonisch und telegrafisch so viel zu Erledigendes vor, dass ich erst noch mal einen Tag ausspannen wollte, ehe der Betrieb in noch größerem Ausmaß weiterging.
Dazu fuhren wir nach Southport, einem kleinen Badeort an der Küste des Stillen Ozeans, wo ich einen ersten Begriff vom »Surf« bekam. Schneeweißer Strand und das tiefblaue Wasser, das in langen Brechern heranrollte, wie ich sie in dieser Höhe noch nie gesehen hatte.
Auch in Southport war es nichts mit der Ruhe. Kaum waren wir angekommen, da erschien schon eine Abordnung, an der Spitze der Bürgermeister, alle Honoratioren der Stadt und einige Reporter; es wurden viele Reden gehalten. Dann fuhren wir an den Strand, um den Surf auszuprobieren. Mir zu Ehren hatte man schnell eine Vorführung des »Lebensrettungsklubs« arrangiert. Diese »life-saving-clubs« gibt es an der ganzen Küste entlang und Australien würde jedes Jahr Hunderte von Ertrunkenen mehr zu beklagen haben ohne die heldenhafte, freiwillige Arbeit dieser jungen Sportler, deren Aufgabe es ist, Schwimmer, die durch die vielen Unterströmungen hinausgetrieben worden sind, zu retten.
Nach zwei Monaten ging ich hier zum ersten Mal wieder ins offene Meer. Merkwürdig, wie die Zeit doch alles verändert! Nach dem Unglück in Bali war es für mich selbstverständlich gewesen, dass ich in den Tropen nie wieder in der See schwimmen würde. Aber der Reiz war so groß, dass ich hineingehen musste. Außerdem gaben die vielen Menschen ein gewisses Gefühl der Sicherheit und ich versuchte mir vernunftmäßig klarzumachen, dass die Chance, von einem Hai angefallen zu werden, nicht größer sei, als vom Blitz erschlagen zu werden.
Ich weiß nicht, ob ich jemals wieder mit ganz ungetrübter Freude in den warmen Gegenden draußen baden kann. Ich glaube nicht. Die furchtbare Angst lässt mich nicht wieder los. Sogar in den hai-

geprüften Bädern im Sydney-Hafen konnte ich den Druck nie loswerden.
Von Brisbane nach Sydney flog ich sechs Stunden an dieser herrlichen Küste entlang. Für Southport hatte ich einen Dankesbrief geschrieben und ihn mit Sand beschwert. Um das Päckchen waren lange Bänder in den deutschen Farben gewickelt und über dem verabredeten Punkt warf ich es ab.
Wunderbar war dieser Flug an der Küste des Stillen Ozeans entlang bis nach Sydney und eine gute Vorbereitung auf den Anblick der Stadt aus der Luft, der wirklich einer der schönsten war, die ich bisher gesehen hatte. Nie werde ich es mir verzeihen, dass ich zur Eröffnung von »our bridge«, der Sydney-Hafenbrücke, vierzehn Tage zu spät gekommen bin.
In Brisbane vor dem Start hatte ich einen Instruktionszettel für die Ankunft in Sydney in die Hand gedrückt bekommen, den ich während des ganzen Fluges eifrig memoriert hatte. Besondere Schwierigkeiten machte es, die Namen der einzelnen Würdenträger, die zur Begrüßung Reden halten würden, auseinanderzuhalten. Am Sonnabend, dem 2. April 1932, nachmittags Punkt vier Uhr, hatten wir Rendezvous mit den mich einholenden Maschinen an der weltberühmten Brücke, die ich erst gar nicht finden konnte, weil gerade in der verabredeten Höhe eine Wolkenschicht lag. Fünf Minuten vor vier Uhr war ich am Platz und dann kamen sie eine nach der andern herangeflogen, um das fremde Flugzeug zu ehren. Besonders stolz war ich, dass sogar Kingsford-Smith mit einer Maschine, vollbesetzt mit Mitgliedern des Deutschen Klubs, gestartet war, um mir entgegenzufliegen.
Der Empfang war überwältigend. Leider goss es in Strömen. Rührend waren die Australier in ihrer von Herzen kommenden Liebenswürdigkeit und Begeisterung, die sich trotz Regen und Polizeiabsperrung nicht davon abhalten ließen, mir die Hände zu schütteln.
Ahnungslos hatte ich mir in Brisbane das Grab meiner eigenen freien Zeit geschaufelt, als ich nichts ahnend bei dem Empfang auf dem Flugplatz vor dem Radio auf die vielen Begrüßungen eine kleine englische Antwortrede hielt. Damit war erwiesen, dass meine

Sprachkenntnisse ausreichten, um mich gut verständlich zu machen – und nun ging es los!
Australien ist nun einmal das Land der Reden. Ich möchte wissen, wie viele Speeches ich in den nächsten vier Wochen gehalten habe. Es nützte nichts, es musste sein. Und wirklich, für Australien habe ich gern die Zeit geopfert, wenn es auch manchmal bitter schwerfiel, als draußen die Sonne schien und alle nicht berühmten Leute ihre Badesachen zusammenpackten und sich am Strand in die Sonne legten, während ich empfangen wurde und Reden schwingen musste. Doch man war so unbeschreiblich nett zu mir und es freuten mich alle die Ehrungen, die mir in diesem Lande erwiesen wurden. Einen außerordentlich verständnisvollen Ratgeber hatte ich in dem deutschen Generalkonsulat mit Dr. Buesing an der Spitze, der sich hier in acht Jahren eine äußerst angesehene Position geschaffen hatte. Wenn es mir gelegentlich einmal zu bunt wurde, redete er mir immer gut zu und dann ging es wieder.
Am Tag nach meiner Landung ließ ich meine Maschine in die Stadt in ein großes Warenhaus überführen, wo der Aeroklub zurzeit eine Luftfahrtausstellung hatte. Ich nahm die Gelegenheit gern wahr, um mein Flugzeug als Produkt der deutschen Industrie einer möglichst großen Zahl von Menschen zu zeigen. Da mir die Australier durch all ihre Gastfreundschaft und Liebenswürdigkeit so viele schöne Stunden geschenkt hatten, bot sich hier eine Gelegenheit, wenn auch nicht bei den Einzelnen, so doch bei der Masse mich zu revanchieren. In dem Warenhaus hielt ich zwei öffentliche Wohltätigkeitsvorträge, bei denen ich es durch den Andrang bis auf drei Ohnmächtige brachte. Ich erzählte, von Kingsford-Smith eingeführt, auf einem kleinen Holzpodium stehend, etwas von meinen Flugerlebnissen, als ich mich, ohne es zu merken, dem Rande der Plattform näherte. Ein in der ersten Reihe stehender Mann unterbrach mich, um auf die Gefahr aufmerksam zu machen, und ich antwortete, ohne zu überlegen: »Oh, macht nichts! Ich kann doch fliegenl« Ich glaube, diese Bemerkung war der größte Erfolg des Vortrags.
Besonders gern sprach ich in den deutschen Klubs in Australien. Ein guter Schlag von alten deutschen Pionieren, die viel bei der Urbar-

machung des Landes geholfen haben, lebte hier. Sie waren keine Salonhelden, aber das Herz und alles sonst Wichtige hatten sie auf dem rechten Fleck. Viele von ihnen konnten nicht mehr fließend Deutsch sprechen, doch ihr Herz hing mit großer Liebe an dem alten Vaterland, von dem ich ihnen ein gutes Stückchen herübergebracht hatte.

Inzwischen geschahen in Sydney schreckliche Sachen mit der kleinen »Klemm«, die sich auf ihre erste Seereise nach Südamerika begeben sollte. Vollkommen auseinandermontiert wurde sie, bis man zuletzt kaum noch feststellen konnte, was alle diese komischen Teile eigentlich bedeuten sollten. Ein Flug über den Pazifik wäre mit so einer winzigen Maschine natürlich unmöglich gewesen.
Seit vier Wochen schwimmen wir nun auf dem Stillen Ozean herum, die kleine Maschine, in zwei riesige Holzkisten eingepackt, im Laderaum und ich in der Touristenklasse.
Erst sind wir nach einem etwas wehmütigen Abschied von unsern vielen Freunden in Australien auf der »Maunganui« in fünf Tagen nach Neuseeland gefahren. Das war eine tolle Überfahrt! Wir waren noch nicht aus dem Hafen heraus, da ging das Gerolle schon los und über 75 Prozent der Passagiere waren für die nächsten drei Tage in ihren Kabinen verschwunden.
Mir war selber nicht ganz wohl zumute am ersten Tag, aber ich musste schon zu jeder Mahlzeit erscheinen – eine seekranke Fliegerin, die allein von Berlin nach Sydney geflogen ist, wäre undenkbar gewesen!
In Wellington, Neuseeland, wurde ich trotz der verpackten und zurzeit außer Dienst gesetzten Maschine für voll genommen. Der Aeroklub hatte sich etwas sehr Nettes für meinen freien Tag bis zur Abfahrt des andern Dampfers, auf den ich umladen musste, ausgedacht: einen kleinen Flug zum Frühstück bei dem Aeroklub von Wairarapa.
Durch Radio und die australischen Zeitungen hatte man so viel über mich gehört, dass ich auch hier nicht um den üblichen Empfang mit dem kleinen Vortrag über meinen Flug und ein Radiointerview herumkam.

Ich war gleich nach der Ankunft mit meinem ganzen Gepäck auf die »Ionic« übergesiedelt, wo ich zuerst entsetzt war, als ich meine Kabine sah: ein kleines weiß gestrichenes Loch mit einer Schlafbank und vier Haken – sonst nichts. Ich war den Tränen nahe, als ich mir vorstellte, dass ich beinahe einen Monat da hausen sollte. Aber dann kam ein netter Offizier, ich bekam eine Kabine mit vier Betten ganz für mich allein und eine Heizsonne, denn es war nun im beginnenden Winter scheußlich kalt.
Am nächsten Morgen fand der Flug nach Masterton statt. Himmelhoch hatte ich den Kapitän der »Ionic« gebeten, unter keinen Umständen ohne mich abzufahren; wie es werden sollte, falls wir eine Notlandung hatten, wagte ich nicht auszudenken.
Wir flogen mit zwei Motten des Aeroklubs. Ich hatte einen Piloten mit mir, durfte aber selber fliegen. Unglaublich, wie verschieden Neuseeland von dem war, was ich mir vorgestellt hatte. Die ursprüngliche Eingeborenenbevölkerung, die Maori, die damals bis auf 60 000 Menschen zurückgegangen sind, hat man in Reservaten angesiedelt, wo sie, aufgespart für die Touristen, ihr eigenes Leben weiterleben durften. Alle andern Siedler waren weiß. Wellington war ein Miniatur-New York mit bescheidenen Wolkenkratzerchen. Landschaftlich sind beide Inseln berühmt wegen ihrer Schönheit, man findet alles, von den Palmen bis zu den Schneealpen der Südinsel. Das Land, dessen Name für uns zu Hause einen wilden, romantischen Klang hat, ist durch und durch zivilisiert.
Nach einer Stunde landeten wir in Masterton, der Hauptstadt des Bezirks Wairarapa. Der Aeroklub hatte eine Holzbank als Podium vorbereitet und ich musste eine Rede halten.
In der Stadt gab es dann einen Lunch und danach verlieh mir der Präsident als erstem weiblichen Wesen die Ehrenmitgliedschaft. Wir stießen mit Limonade an, weil Wairarapa auf eigenen Beschluss trocken ist. Ich fand die Idee reizend und bin sehr stolz, Ehrenmitglied eines neuseeländischen Aeroklubs zu sein.
Dann flogen wir wieder nach Wellington und ich drehte meiner »Ionic« eine schneidige Ehrenrunde, direkt über dem Oberdeck. Ein solches Touristenschiff war wohl die billigste Überfahrtmöglichkeit.

Für mich war zeitlich nichts anderes infrage gekommen und mir wurde etwas schwül, als ich meine 286 Reisegefährten sah, die alle in der gleichen Klasse wohnten. So unangenehm es am Anfang aussah, so nett wurde es nachher. Erst unterwegs erfuhr ich, dass wir für zwei Stunden vor einer winzigen Insel mitten im Pazifik stoppen würden, der Meutererinsel Pitcairn.
Inzwischen ist sie durch den Film »Meuterei auf der Bounty« weltbekannt geworden. Wir alle auf der »Ionic« waren tief beeindruckt von der Aussicht mit den Nachkommen der Meuterer zusammenzutreffen.
Wie werden sie aussehen, diese Leute mit der romantischen Abstammung, die da jahraus, jahrein, verloren in dem riesigen Ozean, zusammengedrängt auf einem Inselchen, unter uns unbegreiflichen Bedingungen leben?
Bei jeder Mahlzeit bedrängte ich unsern Kapitän, der verschiedene Male dort angelegt hatte, nach neuen Details. Zuletzt drohte er, wir würden erst nachts ankommen und ich würde überhaupt nichts sehen, weil wir ungefähr zwei Meilen außerhalb stoppen müssten und die Pitcairnleute nur bei Tag in ihren Ruderbooten herüberkämen.
Große Aufregung herrschte an Bord, als am zwölften Tage nach der Abreise von Wellington morgens aus dem Dunst die Felsen der kleinen Insel auftauchten.
Die auffallendste Erscheinung unter den Pitcairnern war Christian, ein Nachkomme des Führers der Meuterer. Man hatte ihm erzählt, dass eine Fliegerin an Bord sei, die allein um die halbe Welt geflogen wäre, und nun lief er umher, bis er mich gefunden hatte, um mir die Hand zu schütteln. Wie er vor mir stand, reichte ich gerade bis an die untersten Knöpfe seiner Weste.
Dieser Morgen war voll von Sensationen. Man denke sich, vierzehn Tage Pazifik ohne irgendetwas und dann auf einmal Pitcairn mit all seinen Überraschungen. Und nicht nur das: Am Heck hatte die Mannschaft sofort nach dem Herunterlassen der Taue mit den scharfen Eisenhaken und dem Salzfleischbrocken darauf zwei Haifische gefangen, die mithilfe der erfahrenen Pitcairner hochgehievt wur-

den. Der eine landete auf Deck, der zweite riss, gerade als man ihn über der Reling hatte, durch sein tolles Herumschlagen mitsamt dem Haken ab und fiel ins Meer zurück.
Pitcairn ist nicht die einzige Insel hier mitten im Ozean; da ist noch die unbewohnte, mit Ratten überschwemmte Hendersoninsel, und vielleicht gehören sogar die weiter entfernten Osterinseln zu diesem Gebirge unter dem Wasser, von dem gerade einige Gipfel herausragen.
Mit reich beladenen Booten kehrten die Pitcairner wieder auf ihre Insel zurück. Ihr Leben ist natürlich in vielem verändert. Sie sind durch die vorüberkommenden Schiffe in wenn auch unregelmäßiger Verbindung mit der Zivilisation. Sie haben einen Zahnarzt von Neuseeland kommen lassen; die Kinder werden fast alle nach dort in die Schule geschickt und jeder hat sein kleines Vermögen von einigen Pfund. Die passierenden Schifffahrtslinien haben ihnen eine kleine Radiostation eingerichtet, mit der sie zwar empfangen, aber nicht senden können. So wissen sie wenigstens einige Stunden vorher, wann sie ein Schiff zu erwarten haben, und können sich vorbereiten. Auf der Insel haben sie Wasser, sie haben sich Orangenplantagen angelegt und die Fischerei spielt eine sehr wichtige Rolle für ihren Lebensunterhalt. Man hat einige Ziegen importiert, sodass sie Milch bekommen, sogar ein Hund ist da. Auch zwei Ochsen soll es jetzt geben, die schwere Lasten transportieren können.
Trotz allem, wenn man dieses Inselchen da mitten aus dem Ozean herausragen sieht – man begreift es nicht. Zweihundert Menschen leben da, weil ihre Ahnen aus Furcht vor dem Arm des Gesetzes sich auf den verlorensten Punkt der ganzen Erde geflüchtet hatten. All diese Feststellungen beziehen sich auf das Jahr 1932. Bisher hatte ich keine Gelegenheit, diese einzigartige Insel noch einmal zu besuchen.
In zwei Tagen werden wir mit unserm schwimmenden Haus wieder Land sehen und dann kann ich meine kleine Maschine auspacken und mich wieder selbstständig machen. Aber ein Gutes hat diese lange Schiffsreise gehabt: Seit Jahren, eigentlich solange ich in der Fliegerei bin, habe ich noch nie so lange in demselben Bett geschlafen – und werde es auch hoffentlich sobald nicht wieder tun.

Folgende Doppelseite: Alle Zeitungen hatten von Elly Beinhorns abenteuerlichem Afrikaflug berichtet – vor allem über ihr Verschollensein.

„Glück ab!“

Die deutsche Fliegerin Elli Beinhorn, die vor kurzem mit dem Silbernen Sportfliegerabzeichen ausgezeichnet wurde, ist zu einem Flug nach Westafrika gest…

Elli keine Salonfliegerin

Eigener Funkspruch

Madrid, 14. Januar

Auf ihrem Fluge von Madrid nach Sevilla hatte die tüchtige Deutsche, die in ganz Spanien wegen ihres Alleinfluges über Europa und nach Afrika deshalb so außerordentlich bestaunt wird, weil es hier fast nur „Salonfliegerinnen“ gibt, ein recht unangenehmes Erlebnis, das leicht ernste Folgen hätte haben können.

…iehkeit hat E… den Flug v… getroffen, …dition zus… ng der…

Rechts:
Elli Beinhorn, die bekannte Sportfliegerin, trat soeben ihren Afrikaflug an. Sie spricht hier zu den Hamburger Hörern. Phot. Atlantic.

Die deutsche Fliegerin Elli Beinhorn, die mit einem kleinen Klemm-Flugzeug allein nach Westafrika gestartet ist.

Elly Beinhorn fliegt nach Westafrika — De…

w Berlin, 4. Jan. (Tel.)

Heute früh startete Frl. Elly Beinhorn, die erst kürzlich mit dem silbernen Sportfliegerabzeichen ausgezeichnet wurde, mit ihrem 40-PS-Klemm-Flugzeug vom Flugplatz Staaken aus zu einem Fluge nach Westafrika. Ihre erste Zwischenlandung wird sie in Stuttgart vornehmen, um dort noch im Klemm-Flugzeugwerk einige Ersatzteile zu besorgen. Der Weiterflug geht über Südfrankreich, Spanien nach Marokko, von dort an der Küste entlang nach Casablanca, Port Etienne und Dakar nach Bissao in Portugiesisch-Guinea. Dort trifft Frl. Beinhorn mit der wissenschaftlichen Expedition des Forschers Bernatzik und Professor Dr. Struck-Dresden zusammen, um mit ihrem Flugzeug zu Forschungsflügen ins Innere des Kontinents und nach den Bissagosinseln zur Verfügung zu stehen. Sie gedenkt etwa … Monate in Afrika zu bleiben.

Stuttgart, 5. Januar

Eigene Meldung.

Die deutsche Afrikafliegerin Elli Beinhorn ist um 10.20 Uhr vom hiesigen Flugplatz Böblingen nach Lyon gestartet.

Die deutsche Sportfliegerin Elli Beinhorn, die gestern früh in Berlin-Staaken zu ihrem Fluge nach Westafrika startete, landete gestern abend noch auf ihrem ersten Etappenpunkt Stu… nach 6½stündigem ununterbrochenen Fluge

Afrika-Flug einer deutschen Piloti…

…bekannte deutsche Fliegerin Elly Beinh… …erlin zu einem Allein-Fluge nach We… …artet. Die erste Zwischenlandung hat … Stuttgart vorgenommen.

Elly Beinhorn in Basel gelandet.

(Drahtmeldung.)

Basel, den 5. Januar.

Die Fliegerin Elly Beinhorn, die heute um 10.20 Uhr in Stuttgart zu ihrem Afrikaflug nach Lyon gestartet ist, mußte wegen des schlechten Wetters bei Bössingen im Schwarzwald landen. Sie geriet bald nach ihrem Start in dichtes Schnee-treiben … Nebel, so daß sie sich zu einer Landung auf einem Felde entschließen mußte. Nach zweistündigem Aufenthalt erhob sie sich mit ihrem Klemm-Flugzeug vom völlig verschneiten Felde, und nach kurzem Weiterfluge landete die Fliegerin in Basel. … Fliegerin wird morgen früh, falls das Wetter günstig …, Weiterflug nach Lyon antreten.

Elli Beinhorn in Lyon gelandet

Die Afrikafliegerin Elli Beinhorn … ist am Diensta… um 15 Uhr nach dreistündigem Flug auf dem Flugplatz in Lyon gelandet. Beim Flug über den Schweizer Jura herrschte wieder Schneetreiben. Die Sicht war sehr schlecht. Die Fliegerin hatte empfindlich unter der Kälte zu leiden. Elli Beinhorn hofft, am Mittwoch bis Barcelona zu kommen. Sie wird wahrscheinlich den Weg über einen der Pyrenäen-Pässe nehmen.

Elli und der große Sturm

Es regnet Liebesbriefe für Elli Beinhorn, die Afrikafliegerin. Selbst gesetzte Männer geraten in Ekstase. Der Direktor eines weltbekannten Berliner Instituts sendet uns heute folgendes Gedichtlein, das den Sturm der vergangenen Nacht, den „Boreas“, aus Ellis Flug erklärt:

Kleine Ursachen — große Wirkungen

Als Elli kam nach Afrika,
Da war der Zephyrus schon da,
Und streichelte den kleinen Klemm,
Hm, Hm, Hem, Hem.
Darob ergrimmt der Boreas,
Der Sturm im großen Wasserglas
Der Welt.
Der stieß mit Wucht
Und beinerschütternd
Mark — und bein erschütternd
Ins alte Horn der Eifersucht.

W. S.

Madrid. Escorial, San Lorenzo

„Elli“ in …

Lyon—Barcelon…

Elli Beinho… …fliegerin, traf gegen … Lyon kommend, auf… Sie wurde von dem … Berolbingen, … Ohne Zwischenlan…

Strecke Lyon—Ba… gelegt, nachdem … Golf von Lyon … meldungen als …

Elli Beinhor… Barcelona auf… nach der span… Alicante … Zwischenland… Marokko zur…

Notlandung auf sumpfigem Boden

Sevilla, 14. Januar. (Drahtb.) Die deutsche Fliegerin Elly Beinhorn, die, wie gemeldet, [...]en nachmittag auf dem Sevillaner Flug[...]s Tablada wohlbehalten landete, hatte un[...]wegs infolge Verrußung der Zündkerzen auf sumpfigem Boden eine Notlandung vor[...]nehmen müssen, in den die Ma[...]schine tief einsank. Nach längeren vergeblichen Startversuchen der Fliegerin gelang es schließ[...]lich, zusammen mit zur Hilfeleistung herbei[...]geeilten Bauern, das Flugzeug auf trockenen Boden zu bringen und ihren Flug fortzusetzen. Bei ihrer Ankunft in Tablada wurde die Flie[...]gerin vom deutschen Konsul und Vertretern der Behörden begrüßt. Der Sevillaner Aero-Klub veranstaltet ihr zu Ehren morgen einen Empfang. Übermorgen wird Elly Beinhorn ihren Flug nach Casablanca fortsetzen.

Sevilla. Gesamtansicht

[...] Elli und Walter [...] Rande der Sahara

Eigener Drahtbericht

Kap Juby, 19. Januar

[...]deutsche Afrika-Fliegerin Elli Beinhorn [...]wohlbehalten auf dem hiesigen Militär[...] nachdem sie in einem glänzenden Fluge [...]n Atlas überquert hatte.

[...]raf hier den schweizerischen Afrika-Flieger [...]Mittelholzer, und beide benutzten die Ge[...], Ihrem Korrespondenten für die „B. Z. [...]ttag" gemeinsame Wüstengrüße auf[...].

[...]lein Beinhorn wird morgen ihren Flug [...]lla Cisneros an der Goldküste (West[...]fortsetzen, um von dort aus dann nach [...]weiterzufliegen.

(Nach[...]en.)

Wie wir bereits meldeten, ist die Afrika[...]fliegerin Elli Beinhorn mit ihrem Klemm-Flugzeug in Cap Juby (Spanisch-Marokko) glatt gelandet, nach[...]dem sie die Strecke von Agadir über die Sahara in 5 Stunden zurückgelegt hatte. Elli Beinhorn hat als Endziel ihres Fluges die Bissagos-Inseln (Portu[...]giesisch-Guinea) angegeben; dort wird sie 4—5 Monate stationiert sein, um im Dienste der Expedition der Afrikaforscher Bernatzik und R. Struck Flüge zwecks Erforschung Innerafrikas zu unternehmen. Wir bringen im Folgenden unserer Leserschaft eine Schil[...]derung der mutigen, jungen Fliegerin, in der sie ihren Flug nach Italien in humorvoller Weise beschreibt.

Ma[...] Beinhorn überfällig

Fliegerin [...]

Madrid, 22. Januar. (Eig. Drahtb.) Die deutsche Sportfliegerin Elly Beinhorn, die am Sonntag mit ihrem Flugzeug in Cap Juby eingetroffen ist, wollte am Dienstag ihren Weiterflug nach Villa Cis[...]neros antreten. Seither ist über ihr Verbleiben nichts zu hören. Es besteht die Möglichkeit, daß sie zwischen Cap Juby und Villa Cisneros einer er[...]fahrungsgemäß sehr gefährlichen Gegend, notlanden mußte und nun erst durch Flugzeuge der spanischen Fliegertruppe gesucht werden muß.

[...]n Fra[...]

Von Elli Beinhorn

Wo ist Elli?

Eigener Funkspruch

Madrid, 22. Januar

Die deutsche Sportfliegerin Elli Beinhorn, die am Sonntag mit ihrem Flugzeug in Kap Juby eingetroffen ist, wollte am Dienstag ihren Weiterflug nach Villa Cisneros antreten. Seither ist über ihr Verbleiben nichts zu hören.

Es besteht die Möglichkeit, daß sie zwischen Juby und Cisneros, einer erfahrungsgemäß sehr gefährlichen Gegend, notlandete und nun erst durch Flugzeuge der spanischen Fliegertruppen gesucht werden muß.

Elli wiedergefunden

Eigener Drahtbericht

Madrid, 23. Januar

Die deutsche Afrika-Fliegerin Elli Beinhorn, über deren Verbleib in den letzten Tagen nichts bekannt war, ist nunmehr in Villa Cisneros eingetroffen.

Sie erklärte dort, daß sie auf ihrer letzten Flugetappe in einen Sandsturm geraten sei. Dieser Flug sei der schwerste gewesen, den sie bisher auf diesem an Schwierigkeiten reichen Fluge erlebt habe. Eigentlich habe sie nichts anderes gesehen als eine graue, fast schwarze Wand von aufgewirbelten Sandmassen, die vom Erdboden bis in mehrere hundert Meter Höhe gereicht hätten. Es war unmöglich, hier durchzufliegen, und sie mußte daher auf das Meer hinaus abbiegen, um den Sandmassen, die sofort ihren Motor zerstört hätten, zu entgehen.

Sie hat vorher nicht melden können, wo sie geblieben sei, da durch die Stürme der letzten Tage die Küsten-Funkstationen gestört waren. Irgendwelche Nachrichten zu geben, war daher unmöglich.

Elli Beinhorn will ihren Weiterflug morgen antreten und bis nach Port Etienne in Französisch-Senegal fliegen.

[...]lly Beinhorn am Cap Juby

[...] Juby, 19. Januar. (Drahtb.) Die [...]liegerin Elly Beinhorn ist in ihrem [...]-Flugzeug gestern abend in Cap Juby [...]ch-Marokko) gelandet, wo sie den schwei[...]n Flieger Mittelholzer antraf, der [...] dem Wege nach Europa befindet. Sie [...]n Agadir und legte die Strecke Agadir-[...]by, die zum größten Teil über die Wüste [...]führt, in fünf Stunden zurück. Diese [...] ist von den Verkehrsfliegern besonders [...]chtet, weil die dortigen aufständischen [...]stämme schon öfter Flugzeuge be[...]en haben. Das Klemm-Flugzeug befand [...]bestem Zustand, so daß die Fliegerin be[...] morgen den Weiterflug nach Villa [...]eros antreten wird.

Elli Beinhorn im Sandsturm.

Berlin, 24. Jan. Die Afrika-Fliegerin Elli Beinhorn ist nunmehr in Villa Cisneros gelandet Sie geriet auf der Schlußetappe Juby-Cisneros in einen für die dortige Gegend typischen Sandsturm, dem sie nur durch Umfliegen auf das Meer hinaus entgehen konnte. Sie konnte vorher nichts über ihren Verbleib melden, da die Küstenstationen teilweise wieder durch die Stürme der letzten Tage gestört waren.

[...]anuar.

[...] Afrika-[...]

[...]tags, von [...]

[...]platz ein. [...]

[...]anka, Graf [...]

[...]e, begrüßt. [...]

[...]iegerin die [...]

[...]nden zur [...]

[...]eg über den [...]

[...]r die Wetter-[...]

[...] waren.

[...]s drei Tage in [...]

[...]lang der Küste [...]

[...]tagena oder [...]

[...]hne eine weitere [...]

[...]asablanca in [...]

Elly Beinhorn in Rio d'Oro gelandet.

Madrid, 24. Jan. Die deutsche Fliegerin Elly Beinhorn, die Donnerstag um 9.40 Uhr von Kap Juby aufgeflogen war, ist ohne Zwischenfall in Rio d'Oro gelandet.

Elly Beinhorn begrüßt die Sahara.

Elly Beinhorn ist mit ihrem Klemm-Flugzeug gestern abend in Kap Juby (Spanisch-Marokko) gelandet, wo sie den bekannten Schweizer Flieger Mittelholzer antraf, der sich auf dem Flug nach Europa befindet. Elly Beinhorn legte die Strecke Agadir—Kap Juby (etwa 700 Kilometer), die zum größten Teil über die Wüste Sahara führt, in 5 Stunden zurück. Diese Strecke ist von den französischen Verkehrsfliegern besonders gefürchtet, da die aufständischen Araberstämme öfter auf Flugzeuge geschossen haben. Die Fliegerin will Dienstag den Weiterflug nach Villa Cisneros antreten.

Erfolgreiche deutsche Afrika-Fliegerin.

Dakar, 29. Jan. Die Afrikafliegerin Elly Beinhorn ist am vergangenen Montag von Villa Cisneros abgeflogen und nachmittags in Port Etienne in Franz. Senegal gelandet. Damit hat sie den gefährlichsten Teil der Reise, den über das Gebiet der aufständischen Araber, glücklich und ohne Zwischenfall überflogen. Dienstag setzte sie ihren Weiterflug über St. Louis nach Dakar fort. Sie flog die rund 600 Kilometer lange Strecke in knapp 4 Stunden, obwohl sie unterwegs wiederum einem Sandsturm ausweichen mußte. Donnerstag früh wird Elly Beinhorn nach Bolama und Bissao starten, wo sie dann die Expeditionsteilnehmer erwarten wi[...]

Und wieder großer Empfang, hier auf dem Flugplatz Aspern bei Wien 1931, …

… auch von den Kollegen (rechts von E.B.: Willy Stör, links von E.B.: Wulf-Diether Graf zu Castell, der spätere Schwiegervater von Bernd Rosemeyer jun.)

Elly Beinhorns geliebte Messerschmitt 108. Sie gab ihr den Namen »Taifun«.

Mit ihrer »Heinkel HE 71« überflog sie 1933 noch einmal Afrika.

Landung in Kairo

Im Cockpit: Elly Beinhorns liebster Platz

Mit ihrer einmotorigen Maschine schaffte sie es über die Kordilleren.

Elly Beinhorn in den Dreißigerjahren

Über dem Reich der Inkas

Das Leben auf einem Schiff macht entsetzlich faul. Jede Kleinigkeit, sich die Haare waschen lassen, einmal beim Fotosteward die Aufnahmen ansehen, ist schon eine gewaltige Arbeit, für die man direkt Zeit ansetzt, um am Abend festzustellen, dass man wieder einmal nichts erledigt hat. Nachdem wir so ungefähr einen Monat lang mit der guten alten »Ionic« durch den Pazifik gebummelt waren, erschien es mir beinahe unmöglich, jemals wieder die alte Aktivität zu entwickeln.

Doch der Betrieb in der Kanalzone machte mich schnell wieder munter, besonders, da dort neue Fliegersorgen auftauchten. Es stellte sich heraus, dass es an der ganzen südamerikanischen Westküste hinunter für die nächsten 2000 Kilometer keinen Landflugplatz gab. Es sah erst so aus, als wenn ich gleich am selben Nachmittag nach der Ankunft in Balboa meine zwei Riesenkisten mit den Flugzeugteilen auf ein anderes Schiff laden und bis nach Lima fahren würde. Ich wollte das unter gar keinen Umständen und lud meinen ganzen Kram in Panama aus in der vagen Hoffnung, doch irgendeine Möglichkeit zum Durchfliegen dieser üblen Strecke herauszuknobeln. Dazu setzte ich mich erst einmal auf die Eisenbahn und fuhr hinüber nach Colon, wo ich hoffte, dass man sich auf dem Militärflugplatz der Amerikaner meiner etwas annehmen würde.

Der Kommandeur der amerikanischen Fliegertruppe am Panamakanal erlaubte mir nicht nur, mit meinen Flugzeugfragmenten anzukommen, sondern er lud mich auch noch ein, in seinem unmittelbar am Platz liegenden Haus zu wohnen. So bekam ich gleich einiges von dem hier herrschenden militärischen Drill ab und die verbummelten Gewohnheiten von der Überfahrt vergingen mir in kurzer Zeit. Jeden Morgen um Punkt sechs Uhr ballerte direkt vor unseren

Schlafzimmerfenstern beim Aufziehen des Sternenbanners eine Kanone los, mit deren Krach man Tote hätte aufwecken können. Mir ist immer noch nicht ganz klar, warum man dieses recht störende Geschütz ausgerechnet vor das Haus des verdienstvollsten Offiziers gesetzt hatte. Der Trost, dass man sich daran nach einigen Wochen gewöhnen würde, nützte bei meinem kurzen Aufenthalt nicht viel.
Mein Flugzeug kam unbeschädigt aus sämtlichen Kisten hervor, wie ja nicht anders zu erwarten war, nachdem ich es in Australien vor dem Verladen für viele englische Pfunde versichert hatte. Die Beschreibung der vor mir liegenden Strecke war nicht so besonders lieblich, nachdem es da 2000 Kilometer lang aber auch nicht das winzigste Fetzchen Land für eine Notlandung geben sollte. Die steil ins Meer abfallenden Berge waren mit dichtem Urwald bedeckt und dazu fielen dauernd schwere Tropenregen, in denen man nicht zehn Meter weit sehen konnte.
Mein sonst mit Erfolg angewandter Trost, dass es schon nicht so schlimm sein würde, hatte hier wenig Aussicht auf Bewährung, weil die Auskünfte von der amerikanischen Luftlinie stammten, die diese Strecke zweimal wöchentlich mit Wassermaschinen beflog.
Zwangsweise warf ich zwei Privatkoffer und mein Reisegrammofon, das mir auf dem ganzen Fluge ein Stückchen Zuhause gewesen war, mit den in vier Erdteilen zusammengekauften Platten hinaus und ließ dafür den sechsten Tank im Passagiersitz einbauen, mit dem es mir jetzt möglich war, ungefähr elf Stunden ohne zu landen in der Luft zu bleiben.
Doch selbst damit konnte ich Guayaquil noch nicht erreichen. Aber schließlich fanden wir die Lösung, indem ich einfach auf der halben Strecke die Küste verließ und über die Kordilleren nach Cali in Kolumbien flog, wo die »Scadta« vor einigen Jahren in 1000 Meter Höhe einen Notlandeplatz angelegt hatte.
Meinen Respekt, die kleine »Klemm« benahm sich wieder einmal hochanständig, als sie mit der enormen Belastung ohne Weiteres von dem nicht gerade erstklassigen panamaischen Flugplatz abhob. Ich hatte mich beim Start nicht angeschnallt, um für den Fall eines Misslingens nicht mit diesem Benzindepot zu verbrennen.

Glücklicherweise war das Wetter nicht so schlimm, wie ich es nach all den Schilderungen erwartete. Da hatte ich auf den Kleinen Sundainseln während der Monsunzeit üblere Sachen erlebt. Vielleicht hatte ich auch nur einen ausnahmsweise guten Tag erwischt. Als dann die vorausgesagten schweren Regenschauer anfingen, ging ich tief auf den Wasserspiegel hinunter und versuchte, die verwischte Küstenlinie immer möglichst im Auge zu behalten.

Für eine Notlandung sah es allerdings sehr unerfreulich aus. Da gab es nichts als Urwald, und zwar den dichtesten, den ich je gesehen habe. Bei meiner geringen Flughöhe sah ich in den Bais viele von den riesengroßen Tigerhaien, die an der kolumbianischen Küste besonders häufig vorkommen. Mit der »Panagra«, der amerikanischen Luftverkehrslinie, hatte ich einen genauen Nachrichtendienst ausgearbeitet. Ich überflog alle ihre auf der Strecke liegenden Radiostationen, damit man im Falle einer Notlandung sofort eine Idee hatte, zwischen welchen Posten ich sein musste, um keine Zeit mit nutzlosem Suchen zu verlieren. Bei Buenaventura, wo die deutsch-kolumbianische »Scadta« ihre nordwestlichste Station hatte, flog ich meinen Landsleuten einige Begrüßungsrunden, sie antworteten mit dem Aufziehen der deutschen Flagge.

Cali liegt am Rande einer großen Hochebene. Vor mir war noch keine Sportmaschine hier gelandet, und die temperamentvollen Kolumbianer empfingen mich mit großer Begeisterung. Die »Scadta« hatte von der Hauptstadt Bogotá eine Maschine zu meiner Begrüßung und Unterstützung heruntergeschickt. Mir tat es unbeschreiblich wohl, mich nach den vielen Wochen Englischsprechens mit einem deutschen Fliegerkollegen einmal wieder richtig zu unterhalten. – Die Regierung und alle offiziellen Stellen waren vollzählig vertreten und man munkelte sogar von der Verleihung eines kolumbianischen Ordens, den ich mir aber in Bogotá abholen müsste. Leider war dazu keine Zeit.

Um den Start am nächsten Morgen machte ich mir Sorgen; denn hier in 1000 Meter Höhe fiel die Motorleistung schon ab. Außerdem war es damit allein nicht getan, denn unmittelbar danach musste ich weitere 1200 Meter hinaufklettern, um wieder über die Berge an die

Küste zu kommen. Die volle Benzinladung musste ich auch mitnehmen, da ich auf der langen Strecke ohne Zwischenlandemöglichkeit mit Gegenwind zu rechnen hatte.

Aber mein braver »Argus« schaffte es. Auf dem höchsten Punkte des Passes hatte sich eine Menge Autos versammelt, deren Fahrer sich das Schauspiel ansahen, wie ich da noch unterhalb des Überganges herumkreiste und mich Meter für Meter von jedem kleinsten Aufwind heraufdrücken ließ. Und wie ich dann schließlich mit einem ganz kleinen Zwischenraum zwischen mir und den Bergen mit einem tiefen Atemzug gewissermaßen hinüberfiel, winkten sie alle zum Abschied.

Tatsächlich, die Bezeichnung »grüne Hölle« hat in diesem Gebiet wegen des unendlichen, dicht geschlossenen Urwaldes viel für sich. Schließlich kam ich doch trotz aller Unkerei nach Guayaquil, wo ich den ersten kleinen mumifizierten Menschenkopf zu sehen bekam. Ich hatte so viel schon über diese Trophäen der Kopfjäger gelesen und trotzdem war ich erstaunt, wie vollkommen menschlich und gar nicht unästhetisch ein solches bis auf Faustgröße geschrumpftes Menschengesicht aussieht. Dabei ist die Vorstellung, dass dieser Mund einmal geatmet und gesprochen hat, unheimlich.

Diese Kordilleren können einen fürchten machen. Ich durfte einfach nicht daran denken, dass mich mein Motor im Stich lassen könnte. Ich wollte nicht mehr als unbedingt nötig über diese schrecklichen Berge mit ihrem hohen, unheimlichen Urwald und noch weiter oben über ihre vereisten Schneegipfel und Abgründe fliegen. Mein kleiner Motor hatte schon so vieles verkraftet, was an die Grenzen seiner Leistungsmöglichkeit ging. Ich wollte das Schicksal nicht weiter herausfordern. Schließlich hatte er seit einigen Hundert Flugstunden keine Expertenhand seines eigenen Werkes mehr gesehen.

Über Peru und seine früheren Herrscher hatte ich schon viel gelesen, ehe ich ahnte, dass ich eines Tages die Straßen der Inkas, auf denen eine Handvoll spanischer Eroberer unter Führung von Francisco Pizarro »den letzten Sohn der Sonne« besucht und elend verraten hatten, allein überfliegen würde.

Die Geschichte der Inkas, die wir in der Schule verhältnismäßig kurz behandelt hatten, faszinierte mich schon damals so sehr, dass ich mir in unserer Schulbibliothek ein ausführlicheres Buch über diese Epoche besorgte. Wie ganz anders die Geschichtsereignisse erscheinen, wenn man sich in der Landschaft, in der sie sich abgespielt haben, befindet – und wie viel umfassender noch ist der Eindruck, wenn man über sie hinwegfliegt.
Ich war wie immer vor Sonnenaufgang in Guayaquil gestartet. In Trujillo wollte ich zwischenlanden, um zuerst von oben, dann aber auch zu Fuß die Ruinen von Cham-Cham anzusehen, wo die Chimus von den Inkas vertrieben worden waren, bis dann wiederum die Spanier dieser absoluten Herrschaft der Indianerfürsten ein grausames Ende bereiteten.
Der Flug über die riesigen Ölfelder Ecuadors mit ihren Bohrtürmen, eine so gänzlich veränderte, nordamerikanisch anmutende Landschaft, hatte mich fast etwas traurig gestimmt. In den vergangenen Monaten hatte ich ganz vergessen, dass es zu Hause und in den USA riesige Industrien gab, deren Auswirkungen sich inzwischen bis in die entferntesten Winkel der Welt bemerkbar machten. Damals, 1932, ahnte ich nicht, welche weltbeherrschende Rolle das Erdöl in der Mitte der Siebzigerjahre spielen würde. Ich wurde erst wieder heiterer, als die technischen Anlagen aufhörten und ich über eine flache, unbewohnte Landküste flog, wo Fische und Vögel die unbeschränkte Alleinherrschaft ausübten.
Tausende von riesigen dunklen Pelikanen scheuchte ich bei meinem Fliegen in ganz geringer Höhe auf. Noch viel zahlreicher waren die Guanovögel. Unzählige lagen tot am Strande. Damals herrschte eine schwere Seuche unter ihnen. Manche versuchten noch mit ihren letzten Kräften sich bei meinem Herandonnern zu erheben und wegzufliegen. Mehrmals war ich selbst in eine Wolke von umherschlagenden Flügeln gehüllt. Es war eine reine Glückssache, dass mir keiner gegen den Propeller oder gegen meine Flächen knallte. Jetzt war ich also über Peru – einem der Länder meiner Träume. In Trujillo blieb ich über Nacht. In Chan-Chan, das ich am anderen Morgen besuchte, sollen über 50 000 Menschen gelebt haben.

Lima, die Hauptstadt, bot eine angenehme Überraschung. Man konnte sich beinahe wie in Spanien fühlen. Ich wohnte im »Country-Club«, einem wunderbaren Hotel mit eigener Schwimmhalle, Polo- und Golfplatz. Der deutsche Gesandte Roland hatte ein großes Programm für mich vorbereitet. Schade – am liebsten hätte ich mich nur in dem herrlichen Hotel ausgeruht und in dem Schwimmbad, ohne Angst vor Haien und anderen Raubfischen, herumgeplätschert.
In der Regel stand ich vor fünf Uhr auf und war mit dem ersten Tagesschimmer in der Luft, noch ehe die Sonne aufging. Die nicht abreißenden Empfänge auf diesen weltweiten Unternehmungen waren viel anstrengender als das Fliegen selbst.
Heute kann ein Mädchen zehnmal allein über den Ozean fliegen, was während der günstigen Jahreszeit häufig geschieht, unter anderem, um die größeren amerikanischen Sportmaschinen auf dem Luftweg an die europäischen Käufer zu überführen. Das ist billiger als der Schiffstransport. Darum kümmert sich heutzutage in Paris und London kein Mensch um solche Einzelgänger, soweit diese nicht von persönlichen Freunden erwartet werden. Sie müssen sich, wie alle anderen Maschinen, in die Warteschleifen einreihen und sich nach der Landung und Erfüllung der für einen Alleinflieger recht mühsamen Formalitäten um ein Taxi bemühen.
Damals wurde man unterwegs von der Fürsorge und Liebe der Menschen, besonders der seiner Landsleute, schier erdrückt. Ich war auf vielen Flugplätzen das erste dort landende Mädchen – und noch dazu allein fliegend – gewesen, sehr oft sogar das erste Flugzeug überhaupt.
Auf jeder Etappe gab es Pressekonferenzen aller örtlichen Zeitungen. Regierungen, die deutschen und andere Klubs veranstalteten Empfänge – es war alles ehrenvoll und rührend. Nur kostete es viel Kraft und besonders den geliebten und so nötigen Schlaf – die große Kraftquelle, die für mich einen besonders wichtigen Rang einnahm. Doch hier in Lima spielte sich dieses alles in einer so beschwingten Stimmung ab, dass ich mit allen Arrangements einverstanden war und diese auch in vollen Zügen genoss. Wahrscheinlich war dabei mein wundervolles Quartier so stimulierend. Bei idealem Klima war es

eines meiner schönsten Domizile auf der ganzen Reise. Auch die verständnisvolle Liebenswürdigkeit unseres Gesandten und seiner Frau war so wohltuend.
»Der Staatspräsident Sanchez Cerro wird Sie im Palast empfangen«, kündigte mir Dr. Roland an. Das war eine Ehrung, die natürlich nicht ausgeschlagen werden durfte – wenn sie mich auch wertvolle Zeit kosten würde, die ich gern zu einem Ausflug in die wundervolle Umgebung benutzt hätte. Doch schon allein im Interesse der deutschen Kolonie, die nach dem Ersten Weltkrieg überall draußen viele Schwierigkeiten zu überwinden hatte, war eine Geste dieser Art vonseiten der jeweiligen Landesregierung hochwillkommen. Allerdings war das Ansehen der Deutschen in Peru immer wesentlich höher gewesen als in vielen anderen außereuropäischen Ländern. Auch dadurch wurde der Flug in dieses herrliche Land so besonders erfreulich.
Dieser Präsidentenbesuch war eines meiner merkwürdigsten Erlebnisse unterwegs. Unser Gesandter hatte mir auf der Fahrt zum Palast einige Hinweise gegeben.
»Der Präsident ist keine sehr einfache Persönlichkeit. Eine Anzahl seiner Vorfahren sind Indianer gewesen. Er ist recht klein und er hat gegenüber manchem seiner Minister, die rein spanischer Abstammung sind, offenbar einige Komplexe. Dabei könnte er doch stolz auf seinen indianischen Blutsanteil sein. Er ist nicht besonders beliebt beim Volke – also machen Sie Ihre Sache gut – für alle uns Deutsche hier!«
Wir waren vor dem Palast angekommen und wurden von der Wache in Empfang genommen.
»Wir werden es kurz machen«, überlegte der Gesandte. »Übrigens – morgen will der Marineminister Benavides auch ein Essen für Sie geben – ein hervorragender Mann mit viel Stil. Ihm untersteht das hiesige Flugwesen. Er stammt aus einer der besten spanischen Familien. Auch seine Frau ist reizend, beide haben es nicht leicht, der Präsident …«
Er unterbrach seinen Bericht, als der wachhabende Offizier auf uns zukam. Die Unterhaltung verlief offensichtlich nicht ganz glatt. Im Gesicht des Peruaners war keine Bewegung, als unser Gesandter für

eine Weile auf ihn einsprach. Er gab nur eine knappe Antwort und blickte dabei zu mir hinüber.
Dr. Roland zuckte mit den Schultern, sagte halblaut zu mir: »Sanchez Cerro wünscht Sie allein zu empfangen – unglaublich! Das ist gegen jedes Protokoll!«
Der Wachoffizier deutete eine leichte Verbeugung vor mir an, mit einer Handbewegung, ihm zu folgen.
»Na – dann woll'n wir mal«, sagte ich noch im Weggehen. Ich fand es höchst interessant, nun als Fremde nur unter peruanischen Landeskindern durch den Palast mit der jahrhundertealten Geschichte zu wandern. Die Wände atmeten so viel Geschehen aus – am liebsten hätte ich mich allein in eine Ecke gesetzt und die Augen zugemacht. Wahrscheinlich hätte ich mir dann gut den vom Schweinehirten zum Konquistador emporgestiegenen Francisco Pizarro vorstellen können. Hier in diesem von ihm erbauten Schloss, in der von ihm 1535 gegründeten Stadt Lima, wurde der inzwischen zum Marquese erhobene Statthalter am 26. Juni 1541 von einer Handvoll mit ihm unzufriedener Spanier ermordet.
Der Präsident.
Er saß an einem Schreibtisch und erhob sich bei meinem Eintritt in diesem riesigen, salonartigen Zimmer.
Ich knickte etwas die Knie ein. Der Regierende Perus war ein ganzes Stück kleiner als ich, von zierlicher, sportlicher Figur, mit kantigen Gesichtszügen, darüber glatte schwarze Haare. Man sah ihm seine indianische Abstammung deutlich an.
Auf einen Wink zog sich der Wachoffizier zurück. Ein anderer Mann kam aus einem Nebenraum und stellte sich neben den Präsidenten. Der Dolmetscher. Wie lästig. Bei diplomatischen Konferenzen ist so eine Zwischenetappe sicher sehr begrüßenswert. Bei einer persönlichen Unterhaltung stört sie nur. Doch es war meine Schuld, dass ich nicht Spanisch sprechen konnte.
»Willkommen in unserem schönen Land, Señorita«, eröffnete Sanchez Cerro die Unterhaltung.
»Vielen Dank, dass ich Sie auf diesem historischen Boden besuchen darf.«

»Die Ehre und das Vergnügen liegen bei mir, eine so mutige junge Dame empfangen zu dürfen. Parlez-vous français, Mademoiselle?«, wandte er sich plötzlich direkt an mich.
»Oui, Monsieur le Président«, ich kramte mein bestes Schulfranzösisch hervor, »pas trop bien, mais quand même ...«
Wieder eine Handbewegung und ein paar spanische Worte. Der Dolmetscher ging hinaus.
Wir saßen wie verloren in dem weiten, hohen Raum. Der kleine Präsident noch mehr als ich. Er schien das ebenfalls zu spüren. Er stand auf.
»Permettez – ich möchte Ihnen den Palast zeigen. Kennen Sie die Geschichte dieses Landes?«
Ich nickte. Und ob ich sie kannte. Für mich war das Schicksal der Inkas immer eines der interessantesten, aber auch bedrückendsten Kapitel der Vergangenheit gewesen.

Spanien war im 16. Jahrhundert eine Weltmacht. Unter dem Zeichen des Kreuzes hatte es schon damals riesige Länder im heutigen Zentralamerika erobert und »bekehrt«. Der Ruhm des sagenhaften Dorado, des Goldlandes im Süden des amerikanischen Kontinents, war bis hinüber in die Alte Welt gedrungen und rumorte in den Köpfen abenteuerlustiger Spanier, die mit Recht glaubten, sich mit einer solchen Eroberung unsterblichen Ruhm – und sagenhaften irdischen Besitz erwerben zu können.
Ausgerechnet Francisco Pizarro, einem ausgesetzten Findelkind, der 1471 im spanischen Trujillo geboren wurde, blieb es vorbehalten, diesen Traum zu verwirklichen.
Er gehörte zu jenen begnadeten oder verfluchten Menschen, die, kaum mit Bildung, wie es Lesen und Schreiben zu der damaligen Zeit waren, belastet, das Zeug in sich hatten, hinreißende Taten zu vollbringen.
Doch so ganz von ungefähr kam das nicht.
Hernando Cortez, der spätere Eroberer Mexikos, war ein entfernter Verwandter von ihm, damals aber noch Pflanzer in der Neuen Welt. Pizarro stellte seinen Hirtenstab in die Ecke, bettelte sich durch nach

Sevilla, wo sich damals alle die jungen Abenteurer trafen, die »El Dorado« erobern wollten. Sein gesunder, kritischer Verstand ließ ihn erst einmal das Naheliegendste tun. Er schiffte sich zu seinem Verwandten in der Neuen Welt ein und lernte für eine Weile als Pflanzer das verheißungsvolle Land kennen.

Immer wieder hörte er von den sagenhaften Goldschätzen im Süden des Kontinents.

Damals war er schon hoch in den Dreißigern. Später, wieder heimgekehrt, diente er sich bis zum Hauptmann empor, kehrte mit dem Eroberer Balboa zurück und war einer der ersten weißen Menschen, welche die ungeheure Weite des Stillen Ozeans erblickten. Als Pizarro, jetzt in Panama lebend, von der Eroberung Mexikos durch seinen Vetter Cortez hörte, dachte er an die sich immer mehr verdichtenden Berichte über »El Dorado«. Er war jetzt über fünfzig Jahre alt.

Er tat sich mit zwei spanischen Landsleuten, die in Panama zu einigem Vermögen gekommen waren, zusammen. Sie rüsteten zwei kleine Schiffe aus und segelten gegen Süden. Sehr weit kamen sie nicht, aber die Gerüchte über die ungeheuren Goldschätze hatten sich immer mehr verdichtet, wo überall sie unterwegs angelegt hatten.

Die zweite Expedition, 1526 angetreten, war erfolgreich. Nachdem ein Teil der ursprünglich 120 Mann starken Besatzung gemeutert hatte und umgekehrt war, erreichte der Rest unter Führung von Francisco Pizarro die Küste Perus.

Unterwegs hatte der ehemalige Schweinehirt oftmals bewiesen, dass er alle Qualitäten des echten Konquistadors aufzuweisen hatte: viel Fantasie, unerhörte Härte und hohe Führungsqualitäten.

Das damalige Inkareich umfasste ein Gebiet, das heute die Länder Ecuador, Bolivien, Peru und Chile einnehmen. Die Zivilisation Perus hatte ihren Anfang von Kuzko genommen – nicht wie früher lange vermutet wurde, vom Titicacasee. Die Not – wie so oft im Leben die große kraftfördernde Quelle – erwies sich als Kulturbringerin. Es musste hart gearbeitet werden, um die Bevölkerung von vielen Millionen Menschen am Leben zu halten. Die Bodenbeschaffenheit war schlecht, verglichen mit den Ländern Südamerikas an der Ostküste.

Die Inkaherrscher fühlten sich als Abkömmlinge der höchsten Gottheit – als die Sonnensöhne.

Am Ende des Saales hatte der Präsident eine Balkontür geöffnet, die uns auf einen großen Platz blicken ließ. Er bat mich hinauszutreten und stellte sich neben mich. Unten gingen einige Peruaner vorbei. Sie schauten zu uns herauf und erhoben die Hand zum Gruß. Nicht sehr begeistert, wie mir schien. Andere schauten überhaupt nicht nach oben.

Mir war diese kleine Machtdemonstration etwas peinlich. Wieder versuchte ich mich etwas kleiner zu machen neben dem Abkömmling der Sonnensöhne.

»Meine Untertanen haben die Pflicht, mich zu grüßen, und ich möchte, dass auch Ihnen diese Ehrung zuteil wird«, sagte Sanchez Cerro.

Da war ich an spontanere Begrüßungen gewöhnt. Doch ich nickte nur schweigend.

»Meine Landsleute sind nicht alle meine Freunde. Ich habe viele Gegner. Kommen Sie!«

Er schloss die Tür hinter mir nach dieser wenig gelungenen Vorführung. Wieder gingen wir durch einige spärlich möblierte Räume. Ein riesiger wunderbarer Teppich erregte meine Bewunderung.

»Er wurde vor Jahrhunderten hier im Lande gewebt«, erklärte der Präsident, »… und diese Fresken sind weltberühmt – betrachten Sie nur alle die Einzelheiten.«

Nach langem Wandern landeten wir schließlich an einem vorbereiteten Teetisch und versanken in tiefen Sesseln.

Wieder einmal empfand ich die tiefe Beglückung meines Erlebens in aller Welt. Welches Mädchen durfte allein diese Orte und Schätze an bevorzugter Stelle sehen – das war die Mühseligkeit und wohl auch manchmal die Gefahr unterwegs tausendmal wert. Sanchez Cerro sah mich über seinen Teetassenrand mit traurigen Augen an. »Lassen Sie mich mit Ihnen mitfliegen!«

Ich glaubte sein Französisch nicht recht verstanden zu haben. Doch er fuhr fort: »Ich bin der einsamste Mensch hier in meinem Palast.

Mit Ihnen könnte ich andere Länder, andere Menschen erleben und vielleicht auch lächeln, das habe ich hier ganz verlernt.«
Er tat mir plötzlich leid, dieser kleine Landesfürst. »Selbst wenn ich wollte – ich könnte Sie gar nicht mitnehmen, Monsieur le Président. Dann würde das Benzin nicht reichen für jede der nächsten Etappen. Außerdem würde es Ihnen wahrscheinlich gar nicht gefallen in dem kleinen offenen Flugzeug bei Sturm und Regen oder bei Hitze und Kälte über den Kordilleren.«
»Das alles würde mir nichts ausmachen – nur einmal heraus hier aus der ständigen Bedrohung.«
Zu meiner peinlichen Betroffenheit riss er plötzlich die oberen Knöpfe seines Anzuges auf. »Sehen Sie hier und da!« Er deutete auf tiefe Narben. »Das sind nur ein paar meiner Verwundungen, die von Attentaten herrühren. Eines Tages wird eines vollen Erfolg haben und ich werde daran sterben«, stellte er ruhig und tiefernst fest. Wie recht er damals hatte, erfuhr ich erst Jahre später.
»Ich könnte doch ein größeres Flugzeug kaufen, in dem wir zusammen fliegen würden«, war sein nächster Gedanke.
Er musste wirklich sehr verzweifelt sein. Für mich war der Gedanke so absurd, mit dem kleinen Präsidenten über die Anden zu fliegen, dass ich beinahe lachen musste. Doch dazu hatte diese ganze Unterhaltung einen zu tragischen Unterton. Aber irgendwie musste ich uns aus dieser Sackgasse hinaussteuern.
»Da würden Ihre Anhänger verblüfft staunen, wenn ihr Präsident plötzlich mit mir in die Lüfte entschwinden würde – nein, nein, so geht es nicht. Aber gern mache ich mit Ihnen einen Rundflug über Ihr Land«, schlug ich vor. »Aber nein«, erinnerte ich mich, »selbst das geht nicht in meiner »Klemm«, da auch im vorderen Sitz ein Zusatz-Benzintank für die großen Etappen ohne Landemöglichkeiten eingebaut worden ist.«
Sanchez Cerro lächelte mit ernsten Augen. »Sehen Sie, ich habe einfach kein Glück auf dieser Erde.«
»Außerdem habe ich diesen Flug für einen Wettbewerb als Alleinflug angemeldet« – das stimmte zwar nicht so ganz, aber passte ganz gut hierher. »Also, selbst wenn ich Sie gern mitnehmen möchte – es

ginge gar nicht. Doch vielleicht ein anderes Mal – wenn ich wiederkomme!«
Verstohlen sah ich auf meine Uhr. Beinahe zwei Stunden waren vergangen. Was mochte sich der Gesandte nur denken? Das ging weit über die Zeit eines Höflichkeitsempfanges hinaus. Und immer noch schien der Präsident keineswegs bereit, mich zu entlassen. Ein riesiger Gobelin zeigte den »Sieg« über die Inkas. Wir standen davor, jeder in seine Gedanken versunken.

Vor meinem Geiste rollten im Tempo des 20. Jahrhunderts die wesentlichen Geschehnisse seit dem Bestehen des Inkareiches ab, das damals von seinen Bewohnern nicht Peru, sondern »Tavantinsuyu« – die vier Himmelsgegenden – genannt wurde. Sein Entstehen hatten sie dem von der Sonne gesandten Manko Kapak zu verdanken, der seine mit ihm zur Erde geschickte Schwester Mama Oello heiratete. So entstand die Dynastie der Inkas, was so viel wie Fürst oder König bedeutet.
Bis in die Mitte des 15. Jahrhunderts war es in diesem Land aufwärtsgegangen. Der Inka Huayna Kapak hatte die Fahnen Perus bis an die Grenzen Zentralamerikas hinaufgetragen. Doch bevor die Spanier das Land eroberten, hatte der innere Verfall schon begonnen. Es gab im Inkastaat kein Privateigentum. Das kommunistische Ideal war vollkommen verwirklicht – allerdings eindeutig zugunsten der herrschenden Kaste.
Die Masse des Volkes vegetierte dahin ohne kräftigen Trieb, das eigene Leben zu verbessern. Kein Peruaner konnte etwas anderes werden als das, wozu er seit seiner Geburt bestimmt war. Das waren keine Voraussetzungen, mit denen man dem Goldhunger und der Abenteuerlust der spanischen Konquistadoren widerstehen konnte. Dazu kam noch ein zweiter entscheidender Faktor: Ein Bruderkrieg hatte die Kräfte im Land zersplittert.
Huayna Kapak hatte ein uraltes Gesetz verletzt, das jeweils den ältesten Sohn zum Nachfolger bestimmte. Die Vorliebe für einen seiner jüngeren Söhne, der Atahualpa hieß, verleitete ihn, die Rechte des legitimen Kronprinzen zu verkleinern. Er ordnete eine Teilung des

Reiches an. Die südliche Hälfte mit der Hauptstadt Kuzko erhielt Huaskar, die nördliche mit Quito erbte Atahualpa.
Der alte Inka verschied mit bösen Vorahnungen. Uralte Volkssagen sprachen von nie gesehenen Fremdlingen, die das Land erobern würden. Beim letzten Sonnenfest in Kuzko hatten Erscheinungen darauf hingedeutet, dass dieser Zeitpunkt ganz nahe gerückt war. Außerdem hatte er durch seine Späher Kunde erhalten, dass weiße bärtige Männer am Ufer der Meeresküste gelandet seien.
Was der große Inka nicht ahnen konnte: Das war Balboa mit seinen Gefährten gewesen – unter ihnen Francisco Pizarro, der Jahre später das Inkareich vernichten sollte.

»Sehen Sie hier dieses Gemälde«, unterbrach der Präsident meine Gedanken, »da ist Pizarro am Hofe Kaiser Karls V.«, der ihm zugesagt hat, seine Eroberung des Goldlandes zu unterstützen. Der ehemalige Schweinehirt erhielt damit den offiziellen Auftrag, »El Dorado« zu erobern. Um sein Ansehen zu erhöhen, wurde er auf diesem Gemälde zum Hidalgo und zum Ritter von San Jago ernannt.
Was musste der Abkömmling beider Rassen vor dieser Darstellung der Geschichte seines Landes empfinden? Oder dachte er darüber überhaupt nicht nach? Doch die tiefe Melancholie in seinen Augen ließ erkennen, dass die Tragik der Geschehnisse von damals ihn nicht unberührt gelassen hatte.
»Wie herrlich waren die Männer damals gekleidet«, versuchte ich die düstere Stimmung aufzulockern.
»Finden Sie? Mir kommt dieser Aufputz recht unmännlich vor.«
»Immerhin – diese Männer haben schließlich ein halbes Weltreich erobert«, konnte ich nicht umhin festzustellen.

Doch meine Gedanken kehrten wieder in das 16. Jahrhundert zurück.
Zwischen den Inkabrüdern kam es nach einigen Jahren zum Streit und offenen Krieg, der mit dem Sieg des Atahualpa endete. Sein Vater hatte richtig vorausgesehen, dass sein jüngerer Sohn der – entgegen dem uralten Gesetz – geeignetere Nachfolger war.

Das war im Jahr 1532. Inzwischen war Pizarro mit seiner Streitmacht unterwegs, landete bei Tumbez, gründete den Stützpunkt San Miguel und trat am 21. September 1532 mit hundertzehn Kriegern und siebenundsiebzig Reitern seinen Marsch ins Ungewisse an.
Eines der kühnsten Abenteuer der Weltgeschichte hatte begonnen. Durch tropische, insektenverseuchte Urwälder, über die eisigen Kordilleren führte der ehemalige Hirte seine murrenden Leute, die endlich die riesigen Goldschätze als versprochenen Lohn sehen und in den Händen halten wollten.
Das Ende dieses Abenteuers ist unverständlich, vielleicht beschämend, aber auch todesmutig.
Mit einer Handvoll Abenteurer, seinen paar Feuerwaffen, den Reitern und zwei kleinen Geschützen marschierte dieser Pizarro zu dem mächtigsten Herrscher mit seinem gut ausgerüsteten Heer in dessen eigenem Land. Die Peruaner hatten noch nie Pferde gesehen und hielten sie wohl mit den darauf sitzenden Menschen für überirdische Wesen.
Atahualpa – voller Neugier und anscheinend ohne Arg – lud die Fremdlinge in sein Hoflager ein.
War es nur Neugier und Gastfreundlichkeit?
Die Spanier versuchten dies später als einen geplanten Hinterhalt Atahualpas und seiner Krieger hinzustellen, um sich der Waffen und Pferde der Eindringlinge zu bemächtigen.
Der große Inka hielt sich zu diesem Zeitpunkt nicht in seiner Hauptstadt Kuzko, sondern zu einem Badeaufenthalt in Kaxamalka bei den heißen Quellen auf. Dorthin hatte er Pizarro und seine Leute eingeladen. Nach einigem diplomatischen Hin und Her nahm Pizarro die Einladung an.
Oviedo, der Geschichtsschreiber der Konquista, hat uns die Rede überliefert, die der spanische Feldherr seiner Handvoll Abenteurer hielt und die Unzufriedenen überzeugte, dass hinter den eisstarrenden Bergen der Sieg und die riesige Beute nun endgültig auf sie warteten. Natürlich war in dieser Ansprache auch die Rede von der heiligen katholischen Mission, die diese ungläubigen Heiden dem wahren Glauben zuführen sollte.

Als die Spanier nach unsäglichen Mühen jenseits der Berge die Stadt mit ihren dampfenden Quellen und das riesige Zeltlager der Truppen des Sonnensohnes vor sich liegen sahen, verließ sie wieder einmal der Mut. Doch Pizarro, der sich vor seinem Ziel sah, gelang es wieder, ihnen den nahen Sieg vor Augen zu führen.
Natürlich hat man später versucht, dieses dunkelste Kapitel in der Geschichte der spanischen Eroberungen mit einem geplanten Verrat des Inka zu erklären.
Die Spanier wussten: Für sie gab es kein Zurück. Nur den Sieg oder den Tod.
Francisco Pizarro schickte seinen Bruder Hernando und den Ritter Soto zu dem Inka, den sie bald an seiner »Borla«, der rotseidenen Stirnbinde, erkannten, die nur der Sonnensohn zu tragen berechtigt war. Sie verkündeten ihm die gleiche Botschaft wie schon seinem an die Küste geschickten Gesandten: »Wir sind im Auftrage unseres Kaisers Karl V. hier, um dem Inka gegen seine Feinde zu helfen und um ihm den rechten Glauben zu bringen.«
Der stolze Inka erwiderte mit großer Würde, sein Fasten würde am nächsten Tag beendet sein, dann würde er dem spanischen Feldherrn seine Aufwartung machen.
Die Berichte aus der damaligen Zeit schilderten Atahualpa als einen ungefähr dreißigjährigen Mann von schöner Gestalt und gebieterischer Haltung. Wahrscheinlich war er sich als Herrscher über ein riesiges Reich seiner Macht so sehr bewusst, dass er dieses Häufchen Fremdlinge als eine Art kurioser Expedition in sein mächtiges reiches Land auffasste und gar nicht auf die Idee kam, es zu fürchten.
Und so geschah das Unglaubliche, das mich schon als Kind im Geschichtsunterricht beinahe zu Tränen gerührt hatte. Immer wieder hatte ich zwischen den Schuljahren und heute in den Bibliotheken nach weiteren Berichten über die Eroberung Perus gesucht und sie verschlungen.

Und nun stand ich hier mit dem Präsidenten dieses Landes vor dem riesigen Bild seiner Eroberung.
Es war fast nicht zu glauben! Es war eines dieser modernen Wunder.

»Venez, mademoiselle – es gibt noch vieles anzusehen«, ermunterte mich Sanchez Cerro zum Weitergehen.
»Bitte, noch einen Augenblick.« Ich konnte mich nicht losreißen vom Anblick des Dominikanerpriesters – das Kreuz in den erhobenen Händen vor dem letzten »Sohn der Sonne«.
Am Morgen des 16. November 1532 bereitete Pizarro seine kleine Streitmacht auf den Gewaltstreich vor. Er stellte sie strategisch so günstig wie irgend möglich auf, die Soldaten, die Reiter, die Geschütze.
Wieder einmal sank allen der Mut, als der Inka an der Spitze seines gewaltigen Begleitheeres nahte.
Doch ein Wunder geschah: Auf der weiten Prärie vor der Stadt hielt der Heerhaufen an und Atahualpa schickte eine Botschaft in das Lager der Spanier, er werde nur mit einem kleinen Gefolge und unbewaffnet kommen. Gibt es ein klareres Zeichen für die edle Gesinnung des mächtigen Inka? Eine Prozession von unvorstellbarem Prunk vollzog sich vor den Augen der spanischen Abenteurer: die goldbeschlagene Sänfte, die Edelsteine am Gewand des Herrschers, der goldene Thron.
Und dann begann der große Verrat.
Padre Vicente de Valverde trat an den Thronsessel des Inka und ließ ihm durch den Dolmetscher Felipillos erklären, er werde jetzt die Taufe vornehmen. Der Papst habe Kaiser Karl V. den Auftrag erteilt, die Bewohner des Landes zu bekehren.
Was mag während dieser Rede im Kopf des großen Herrschers vorgegangen sein!
Nicht ahnend, dass sein Schicksal schon besiegelt sei, erklärte er unwillig, dass er nicht daran denke, sich einem fremden Menschen zu unterwerfen und schon gar nicht einem anderen Gott.
Während seiner Rede hatte er die Bibel aus der Hand des Dominikaners gerissen und sie zornig zu Boden geworfen.
Das war das Signal – nach den Berichten der Spanier.
Der Priester lief in die Säulenhalle, in der Pizarro sich aufgestellt hatte, und rief ihm zu: »Seht, wie überall die Heiden herandrängen – greift sie an! Ich erteile Euch die Absolution!«

Der Konquistador ging auf den Platz und schwenkte eine weiße Fahne – das verabredete Zeichen zum Angriff.
Von drei Seiten warfen sich die Spanier auf die waffenlosen Peruaner. Der Überfall gelang vollständig. Die Angegriffenen machten gar keinen ernsthaften Versuch, sich zu wehren. Sie versuchten nur ihren geheiligten Inka zu schützen, bildeten immer wieder einen neuen Wall um ihn und boten die Brust den Schwertern der Eindringlinge. Atahualpa wäre trotzdem erschlagen worden, wenn nicht Pizarro rechtzeitig eingefallen wäre, dass ihm ein gefangener Inka sicherlich nützlicher sein würde als ein toter.
In den Berichten aus der damaligen Zeit schwankte die Zahl der Erschlagenen zwischen zwei- und zehntausend.
Der Inka selbst soll sich mit seinem Geschick in kurzer Zeit abgefunden haben, berichteten die Eroberer.
Später machte der Inka einen Versuch, sich freizukaufen. Es wurde ein regelrechter Vertrag darüber abgeschlossen. Mit Schätzen beladene Karawanen kamen aus der Hauptstadt und ein riesiger Raum wurde bis an die Decke mit Gold und Edelsteinen gefüllt.
Die Spanier nahmen die Schätze und hielten den Vertrag nicht. Dem Inka wurde der Prozess gemacht und am 29. August 1533 fand der letzte Sonnensohn sein trauriges Ende auf dem Marktplatz von Kaxamalka. Doch ungeheure Schätze strömten nach Spanien und alle Teilnehmer der Eroberung wurden fürstlich belohnt.
In Europa blühten Handel und Gewerbe auf wie nie zuvor. Vielleicht war das der einzige Segen, den diese Konquista nach sich zog. Den Eroberern von Peru ist die Vergeltung bald gefolgt. Fast alle Teilnehmer des Feldzuges sind eines gewaltsamen Todes gestorben – die meisten in mörderischen Kämpfen gegeneinander.

»Wissen Sie, wann und wo Pizarro gestorben ist?«, fragte ich den jetzigen Herrscher Perus.
»Hier in diesem Palast wurde er von einer Rotte spanischer Verschwörer am 26. Juni 1541 ermordet«, sagte der Präsident. »Aber lassen Sie uns von der Gegenwart sprechen, erzählen Sie mir noch etwas von Ihrem Flug!«

Nach beinahe drei Stunden konnte ich mich endlich verabschieden. Ich war glücklich, als ich wieder draußen in der strahlenden Sonne stand. Aber ich werde diese Stunden in dem düsteren Palast nie vergessen.
Am Tag meines Abfluges bekam ich vom Chef der peruanischen Fliegertruppe, Gilardi, das peruanische Fliegerkreuz verliehen. Außer mir hatten bisher nur die französischen Transozeanflieger Costes und Le Brix diese Auszeichnung erhalten. Zu dem Orden – es war mein erster – gab es zwei Rosetten, im Knopfloch zu tragen. Monate später, wieder in Berlin, bemerkte ich, wie ein würdiger älterer Herr missbilligend auf die blauschwarze Rosette im Knopfloch meines Kostümaufschlages blickte.
»Unverschämtheit«, sagte er halblaut zu seiner Begleiterin, »diese dumme Gans erlaubt sich, mit so etwas herumzulaufen! Wahrscheinlich hat sie es von ihrem Vater oder sonst jemandem stibitzt und will sich damit interessant machen.«
Nun – verdenken konnte ich dem alten Herrn seinen Unwillen nicht! Es war ein wenig viel verlangt, im Jahre 1932 zu glauben, dass ein junges Ding sich einen Orden ehrlich verdient hatte.

Sanchez Cerro wurde knapp ein Jahr später, am 30. April 1933, in Lima ermordet. Der kleine Präsident hatte sein gewaltsames Ende vorausgeahnt.

Revolution in Chile

Nun ging es wieder hinunter in die Kälte.

Kaum acht Tage waren vorüber, dass ich in Colon am Panamakanal nachts vor Hitze und Feuchtigkeit kaum schlafen konnte, und schon wieder musste ich die Pelzschuhe herauskramen, denn hier, südlich vom Äquator, beginnt im Juni der Winter. Immer wenn ich an diesen Flug die Westküste Südamerikas hinunter zurückdenke, sehe ich vor mir nichts als Urwald, Wüste und kahle Felsen. Also auf nach Chile: Das Land, von dem alle Zeitungen täglich die tollsten Revolutionsmeldungen brachten.

Natürlich hatten diese außergewöhnlichen Zustände in Chile auch ihren Einfluss auf meine Reisepläne. Es begann damit, dass die von Deutschland aus für mich eingeholte Einfluggenehmigung durch den inzwischen erfolgten Wechsel der Regierung nicht mehr gültig war und wir von Lima aus das neu gebildete Luftfahrtministerium ein zweites Mal fragen mussten, ob man auch unter diesen neuen Umständen meiner kleinen Sportmaschine und mir gestatten würde, das Land zu besuchen. Doch das war nur eine Formsache, die in wenigen Tagen erledigt war.

Der erste chilenische Hafen, den ich anflog, war Arica. Dort machte alles einen so friedlichen Eindruck, als wenn man in diesem Lande gar nicht wüsste, was eine Revolution überhaupt ist.

Ein achtzigjähriger deutscher Konsul saß hier. Ich habe auf meinem ganzen Südamerikaflug nicht einen Platz gefunden, an dem mich keine Deutschen begrüßt hätten. Hinterher habe ich doch lachen müssen, als einige Zeitungen irrtümlicherweise die Meldung brachten, dass ich ausgerechnet diesen reizenden alten Herrn für die nächste Etappe als Passagier mitgeführt hätte.

War die Gegend am nächsten Tag scheußlich! Zwischen Arica und

Antofagasta fiel die Küstenkordillere 1000 Meter steil ins Meer ab. Die hier verkehrende Luftfahrt hatte eine Strecke ausgearbeitet, die von der Küste weg etwas ins Innere des Landes hineinführt. Dort sollte es auch einige Notlandemöglichkeiten geben. Mit dieser Route konnte ich aber nichts anfangen, weil die Wolkenhöhe nicht ausreichend war, um über diesen Pass hinwegzufliegen. Also blieb mir nur der Weg außen an den Felsen entlang, deren Spitzen in Nebel eingehüllt waren. An der linken Seite die steilen Felsen, über mir die geschlossene Wolkendecke und unter mir die Brandung des Stillen Ozeans. Da gab es nicht einen Meter breit, wo man sich bei einer Notlandung hätte hinsetzen können.
Ich kann nur sagen, dass ich glücklich war, als ich mich dem Flugplatz von Antofagasta näherte. Einige Male flog ich über verlassene Salpeterminen, die man stehen und liegen gelassen hatte, wie sie gerade waren, denn ein Abtransport der Maschinen oder sogar der teilweise zur Küste hingelegten Eisenbahnarme hätte sich in diesem Land mit den unendlichen Entfernungen nicht gelohnt.
Man kann über erhabene Einsamkeit denken, wie man will, auf mich machte sie hier einen deprimierenden Eindruck. Das einzig Interessante daran war, dass diese vollständig kahlen Sandfelsen, die nur höchstens einmal in der Nähe von Ansiedlungen eine riesengroße Reklameankündigung aufgekratzt bekommen hatten, immer von der Beleuchtung abhängig, vollständig die Farbe wechselten. Hier in Südamerika habe ich wirklich blaue, grüne und rote Berge gesehen, richtig blau und richtig rot! Und dazu immer im Hintergrund die schneebedeckten Anden, die mich wieder darauf aufmerksam zu machen schienen, dass noch ein entscheidender Teil meiner Luftreise vor mir lag.
Wenn ich an Antofagasta zurückdenke, muss ich mich heute noch schämen. Schon in Arica hatte ich etwas läuten hören, dass zurzeit das Benzin für alle Autofahrer in Chile rationiert sei. Aber was interessierte mich das schon, mir war meine Organisation für den ganzen Flug garantiert. Um zum Flugplatz zu kommen, musste man ungefähr 30 Kilometer zwischen den Felsen hindurchfahren und meine

liebenswürdigen, hier ansässigen Landsleute hatten es sich trotz aller augenblicklichen Schwierigkeiten nicht nehmen lassen, mich möglichst zahlreich zu empfangen. Ich landete, schüttelte alle Hände, ließ mir gratulieren und begab mich dann sofort an das Klarmachen der Maschine für den Start am nächsten Morgen.
In meiner Gedankenlosigkeit hatte ich mir nicht überlegt, was es für alle diese Deutschen hieß, bei einer wöchentlichen Ration von fünf Liter Benzin pro Auto mit vielen Wagen diese kleine Überlandfahrt mir zu Ehren anzutreten, um zu beweisen, dass ich auch weit weg von zu Hause überall Freunde hatte. Schon morgens früh waren sie heraufgekommen, hatten ohne Mittagessen in der Kälte und dem Sturm gewartet, um nur ja meine Landung nicht zu verpassen.
Und ich sagte dann eben guten Tag und beschäftigte mich anschließend zwei Stunden mit meinem Flugzeug, ohne für die erhofften Privatinterviews zu sprechen zu sein. Erst später ging mir auf, dass ich vielleicht meine Landsleute durch meine große Sachlichkeit etwas enttäuscht hatte, denn für diese Fahrt zum Flugplatz saßen sie jetzt wieder zwei Wochen lang ohne Benzin da. Ich hoffe nur, dass auch sie meine Situation damals mit ihrer ganzen Verantwortung verstanden haben und mir darum nicht böse waren.
Am nächsten Tag landete ich nachmittags in Ovalle, da ich wegen schlechten Wetters in Santiago nicht, wie ursprünglich geplant, die ganze Strecke von 1250 Kilometern direkt durchfliegen konnte.
Hallo, was war denn das? Am anderen Morgen kurz nach dem Start über den Bergen fängt der Motor an, sich ganz schlecht zu benehmen. Anscheinend bekam er kein Benzin, es musste wieder einmal irgendwas vor der Düse oder im Filter sitzen. Also 180 Grad kehrt und zurück nach Ovalle. Einmal kam ich durch das dauernde Aussetzen des Motors bis auf 800 Meter hinunter zwischen die Berge und überlegte mir schon, wohin ich den Bruch – und ein solcher wäre es in dem Gelände unbedingt geworden – setzen sollte, um mir selbst möglichst wenig wehzutun. Aber im letzten Moment fand ich doch noch eine Gashebelstellung, mit der ich mich wieder bis zum Flugplatz zurückmogelte. Die Ursache des Versagens, einige Wassertropfen im Brennstoff, war bald gefunden und beim zweiten Mal kam ich

glücklich nach Santiago durch, von wo mir doch tatsächlich eine deutsche »Klemm«, die einem dortigen Sportflieger gehört, entgegengeflogen kam.
Ich will nicht immer wieder von all den Empfängen, die überall auf mich warteten, erzählen. Von der in allen Zeitungen so schrecklich und bluttriefend klingenden Revolution war hier für den harmlosen Reisenden immer noch nichts zu merken. Ich hatte außerdem ganz andere Sorgen, denn wenn ich mir nur das rings um die Stadt liegende Panorama der Hochanden ansah, kam mir zu Bewusstsein, dass ich vor deren Überfliegung meinen Motor unbedingt noch einmal auf Herz und Nieren überprüfen müsste, nachdem er schon über dreihundert Stunden unter den schwersten klimatischen Bedingungen gelaufen war.
Überhaupt war die erste Frage aller Leute, als sie das kleine Flugzeug sahen: »Sie wollen doch nicht etwa mit der Maschine hinüber auf die andere Seite?!« Gerade hier, direkt an den Kordilleren, hatte man vor ihr den meisten Respekt, weil man die Opfer ihrer Tücken in fast allen Fällen persönlich kannte. Auch mir war von dem Moment an, als der Plan zum ersten Mal auftauchte, vollkommen klar gewesen, dass die Überquerung dieser bis zu 7000 Meter hohen Gebirgskette kein Spaß war. Also sagte ich mir, dass übergroße Hast gerade an diesem Punkt des Fluges grundverkehrt wäre, und nahm meinen Motor ganz auseinander, um die Überzeugung zu bekommen, dass er mich auch diesmal nicht im Stich lassen würde – natürlich mithilfe dortiger Mechaniker.
In der Zwischenzeit sah ich mir Santiago und seine Umgebung an. Besonders angenehm für mich war das große Ansehen der Deutschen in Chile.
An einem Nachmittag war ich zum Tee bei den Militärfliegern eingeladen. Reger Betrieb, viele Maschinen, die Uniformen der Offiziere ganz ähnlich denen unserer in Deutschland vor dem Kriege. Vor den Gebäuden ein Felsblock, auf dem bewegungslos ein Kondor wie aus Bronze gegossen saß.
Nach Schluss des Flugbetriebes standen immer noch einige Jagdmaschinen vor der Halle und auf meine Frage, ob man sie für die

Nacht nicht einstellen würde, meinte einer der Offiziere: »In diesem Lande weiß man nie, was sich in der Nacht noch ereignet.«
Auf dem Rückweg in die Stadt trafen wir auf der Alameda, der chilenischen Straße »Unter den Linden«, und vor der Moneda, dem Regierungspalast, überall große Ansammlungen von Menschen. Es lag ohne Zweifel etwas in der Luft.
Schon eine Stunde später wurde diese Ahnung bestätigt, als mir der Portier meines Hotels mitteilte, dass durch Gegenrevolution die Regierung Grove gestürzt wäre. Einige Schießereien in den Straßen hätten stattgefunden, verschiedene Leute seien verletzt und verschärfter Belagerungszustand über die Stadt verhängt worden.
Während des Essens donnerten andauernd die Militärmaschinen in niedrigster Höhe über die Stadt, das hörte sich so unheimlich an, dass ich jede Minute auf den Einschlag von Bomben gefasst war.
Ich erinnerte mich noch genau an die Zeit der Revolution in Deutschland, als vor meinem elterlichen Haus der Ruf erscholl: »Straßen frei! Es wird geschossen!« Und wie dann die Gewehrkugeln in die Hauswand einschlugen. Etwas anders war das hier schon. Der Eindruck dieser Revolution, die mich als Besucher des Landes nicht so unmittelbar berührte, war natürlich viel objektiver und interessanter als damals. Aber nach kurzer Zeit trat doch wieder das Traurige solcher Zustände in den Vordergrund bei der Überlegung, wie schädigend sich solche Störungen nicht nur für die Bürger des betreffenden Landes, sondern auch auf die internationalen Handelsbeziehungen auswirken. Im wilden Galopp klapperten die Karabinieri mit langen Lanzen auf ihren kleinen Gäulen durch die Asphaltstraßen und trieben alle Menschenansammlungen auseinander.
Ringsumher herrschte wilder Betrieb und ich verstand nicht einmal ganz die tatsächlichen Zusammenhänge. Noch spät nach Mitternacht gingen wir in die verschiedenen internationalen Pressebüros, die wie toll eine Depesche nach der anderen hinausjagten. So bekam ich wenigstens einige Übersicht, was eigentlich um mich herum vorging.

In den Straßen rotteten sich trotz der herumreitenden Karabinieri immer wieder die Menschen zusammen, um die Lage zu besprechen, und erst auf die erstaunten Blicke der Leute kam mir zu Bewusstsein, dass ich hier morgens um drei Uhr draußen das einzige weibliche Wesen war. Doch da ich schon einmal um die Welt flog, um die Eigenarten fremder Länder zu erleben, würde ich es mir nie verziehen haben, wenn ich diese chilenische Revolutionsnacht verschlafen hätte.

Am nächsten Morgen nahm ich auf alle Fälle meine Kamera mit, um auf der Alameda etwas Revolutionsbetrieb zu filmen.

Männer sind Männer – auch wenn sie revolutionieren. Liebenswürdigerweise ritten mich die recht aktiven Karabinieri mitsamt meiner Filmkamera nicht über den Haufen, sondern entwickelten direkt vor meinem Objektiv eine immer regere Tätigkeit. Durch meinen Ausweis wussten sie, wer ich war, und ich möchte den Mann in dieser Situation sehen, dem nicht der Gedanke, in einem fremden Land auf der Leinwand zu erscheinen, zu Pferde mit der Lanze in der Hand die geängstigte Masse vor sich hertreibend, stolzeste Genugtuung bereiten würde. Es langte sogar noch zu einem gelegentlichen liebenswürdigen Seitenblick in die Kamera.

Vor der Moneda waren Panzerautos mit Maschinengewehren aufgefahren, einige Soldaten standen zur Bewachung davor, das Publikum betrachtete sie aus respektvoller Entfernung. Ich war in der Gesellschaft eines deutschen Diplomaten und fragte ihn, ob man mir hier das Filmen übel nehmen würde.

Dieser ging darauf zu dem Karabiniere, erklärte, wer ich sei, und bat, dass ich meine Kamera benutzen dürfe. Als er die Erlaubnis hatte, meinte er, es ginge doch nicht, die Maschinengewehre mit den wasserdichten Überzügen zu filmen, weil dann ja kein Mensch an ihre wichtige Rolle während der Revolution glauben würde. Worauf der nette Karabiniere die Überzüge abnahm, Patronen einlegte und das Publikum schon wieder angsterfüllt wegzurennen begann. So habe ich an diesem ganz ruhigen Vormittag wirklich noch recht brauchbare Revolutionsaufnahmen zusammenbekommen.

Die Geschichte mit der Fluggenehmigung für Chile war immer noch nicht zu Ende. Die Regierung hatte während meines Aufenthaltes im Lande wieder einmal gewechselt und ich musste doch tatsächlich vor meinem Abflug zum dritten Male eine formale Erlaubnis einholen, um das Land verlassen zu dürfen.
Die Arbeit am Motor ging ihrem Ende entgegen und es lockte mich, vor dem Flug schon einmal von der Landstraße aus einen kleinen Einblick in die Kordilleren zu bekommen. Mit dem Auto fuhren wir bis auf 1500 Meter zu einem der Elektrizitätswerke hinauf, die Santiago mit Strom versorgen. Da oben warteten schon die gesattelten Pferde für uns; jetzt ging es auf schmalen Wegen bis an die Schneegrenze heran.
Was wir unterwegs an primitiven Hütten der Bergbewohner trafen, ist unvorstellbar. Man sagt, dass die Kindersterblichkeit in diesen Gegenden erschreckend hoch sei. – Ich bin auf dieser Reise durch allerlei Länder gekommen, die behaupten, diesen traurigen statistischen Rekord für sich in Anspruch nehmen zu können.
Da oben gab es noch eine Drahtseilbahn oder vielmehr einen Schlitten, der an einem Seil weitere 500 Meter am Berg hochgezogen wurde. Man wird mir glauben, dass ich auf meinem ganzen Flug nicht so viel Angst gehabt habe wie in diesen zehn Minuten, als mein Leben an diesem Drahtseil hing, das ich vorher nicht auf Bruchfestigkeit und technische Vollkommenheit geprüft hatte. Neben dem Wasserreservoir für die Kraftanlage wuchsen über zwei Meter hohe Kakteen, von deren nadelspitzen Stacheln wir uns einige mitnahmen und sie für den Rest des Nachmittags zum Grammofonspielen verwandten. Unglaublich gut waren unsere Ponys, die in einer Höhe von 2000 Metern ohne das geringste Anzeichen von Ermüdung die Berge hinaufgaloppierten, dass ich mir wie ein Tierquäler vorkam. Dabei gingen sie mit einer solchen Sicherheit, dass immer wenn wir an eine schwierige Stelle des Weges kamen und ich absteigen wollte, damit das Pferd nicht stürzte, meine Begleiter nur meinten: »Bleiben Sie nur um Gottes willen oben, denn wo Sie sich bestimmt die Knöchel brechen, findet das Pony im Dunkeln noch allemal seinen Weg.«
Bei schwierigen Abstiegen setzte das Pferd vorsichtig einen Vorder-

lauf vor den anderen und ließ die hinteren einfach nachrutschen. Aber gestolpert oder sogar gestürzt ist in all diesen Gebirgsgegenden, soweit ich dabei war, nicht eines.
Inzwischen war mein Motor wieder zusammengebaut und ich hatte ihn auf dem Boden mehrere Stunden langsam einlaufen lassen, bevor ich ihn zu einem Probeflug in größere Höhe herannahm. Geholfen wurde mir bei meinen Vorbereitungen von allen Seiten. Die »Panagra«, die zwischen New York und Südamerika verkehrende Luftfahrt, hatte mir ein Sauerstoffgerät zum Überflug der Anden in die Maschine eingebaut. Die hohen Pelzstiefel, mit denen ich im Dezember von Berlin gestartet war, wurden wieder parat gestellt und ich ging vor dem eigentlichen Start mit der frisch überholten Maschine einmal versuchsweise auf 4000 Meter, um genau zu wissen, dass mein »Argus« noch in seinem alten bewährten Zustand war. Ich sah einmal nach, ob ich den Pass auch wirklich finden würde, und stellte dabei fest, dass da oben in der Höhe eine scheußliche Kälte herrschte.
Schon bei diesem Flug bis hinauf auf 4000 Meter sah ich, dass ich für den tatsächlichen Überflug, zu dem ich mindestens 5000 Meter Höhe gebrauchen würde, an Gewicht jedes nur mögliche Kilogramm weglassen musste, denn ohne einen vernünftigen Sicherheitsfaktor durfte ich an dieses reichlich kühle Unternehmen nicht herangehen. Aber nachdem ich heil die allgemein als so gefährlich geschilderte Revolution in Chile überstanden hatte, würde mir auch mein Stern weiter bis Argentinien hinüberhelfen.

Im Leichtflugzeug allein über die Anden

Die Deutsche Gesellschaft in Santiago de Chile gab für mich ein Essen, zu dem auch alle offiziellen Vertreter des Landes eingeladen waren. Mir gegenüber saß ein junger chilenischer Offizier und naturgemäß kam im Laufe des Abends die Unterhaltung wieder einmal auf meinen beabsichtigten Überflug nach Mendoza. Der Offizier erkundigte sich nach der Gipfelhöhe meiner Maschine und als ich ihm erklärte, dass ich unter günstigen Umständen beinahe 6000 Meter würde erreichen können, war er beruhigt und erzählte, dass er selber schon vor mehreren Jahren mit einer Sportmaschine denselben Versuch gemacht hätte.

Aber es sei eben leider nur ein Versuch geblieben. Das Flugzeug konnte nicht höher steigen als 4200 Meter. Damit glaubte er es schaffen zu können, weil der Pass an der höchsten Stelle genau 4000 Meter hoch ist. Er kam aber in die bekannten und so gefürchteten Abwinde, die ihn 1800 Meter weit hinunterwarfen. Teilnehmend erkundigte ich mich, ob sich das Flugzeug nicht kurz über dem Boden wieder über der dickeren Luftschicht gefangen hätte, und er erklärte: »Nein, es hat einen regelrechten Bruch gegeben.« Meine nächste Frage war, dass er doch hoffentlich unverletzt davongekommen sei, und er meinte nur: »Nein, etwas habe ich doch dabei abbekommen.« Und als er mich kurz darauf um einen Tanz bat, sah ich, dass sein eines Bein um zehn Zentimeter kürzer war als das andere. Ein Andenken an die Anden.

Beinahe unglaublich klingt die Geschichte von Guillaumet, einem französischen Piloten der Aéropostale, der allein mit seiner Postmaschine in 7000 Metern Höhe über die Berge flog und durch schlechtes Wetter und Wolken gezwungen war, nach Süden hin auszuweichen.

Auch er kam in Abwinde und kreiste zum Schluss 4000 Meter hoch über einer zugefrorenen Lagune. Alle Versuche, wieder Höhe zu gewinnen, waren erfolglos; als sein Brennstoff zu Ende ging, landete er auf der Eisdecke dieses Sees. Mehrere Tage blieb er bei einer Temperatur von minus 20 Grad bei seiner Maschine, immer in der Hoffnung, dass suchende Flugzeuge oder Hilfsexpeditionen ihn entdecken würden.

Dann begann Schneetreiben – und das Flugzeug verschwand langsam unter der weißen Decke. Ausgerüstet war er mit Notproviant in Form von Rum, Schokolade und Zucker, was sich bei diesen Höhen als am besten zur Aufrechterhaltung der Energie bewährt hatte. Schließlich machte er sich auf den Marsch, um zu versuchen, menschliche Ansiedlungen zu erreichen. Seine Schuhe fielen ihm nach kurzer Zeit von den Füßen; da zerschnitt er seinen Fallschirm und wickelte die Fetzen um die schon halb erfrorenen Glieder.

In der Zwischenzeit war das Flugzeug fünf Meter tief eingeschneit und keine der zahlreichen Suchexpeditionen entdeckte auch nur die geringste Spur des Vermissten, den man eigentlich schon aufgegeben hatte.

Dieser war inzwischen mehr als eine volle Woche lang umhergeirrt in der wahnsinnigen Kälte mit Sturm und Schneetreiben. Schlafen durfte er nicht, weil er sonst erfroren wäre. Bis er zu der Überzeugung kam: Jetzt kann ich nicht mehr weiter.

Er ließ sich an einer Felsspalte nieder, um auf das Ende zu warten. Dabei fiel ihm ein, dass die Versicherungssumme an seine in Paris lebende junge Frau vielleicht nicht ausgezahlt werden würde, ehe man seinen Körper gefunden hätte. Mit der letzten übermenschlichen Anstrengung, die ihn über einen Tag kostete, schleppte er sich zu einer nur wenige Hundert Schritt höher liegenden, vom Sturm schneefrei gefegten Felsplatte.

Da angekommen, sah er ganz dicht vor sich eine Hütte von Bergbewohnern, aus der die Leute bei dem Herannahen dieser menschenunähnlichen Erscheinung schreiend entflohen. Bis wieder nach Stunden ein Kind dieser Familie den Einfall hatte, ob dieses Wesen nicht im Zusammenhang mit dem verlorenen Flugzeug stehen könnte, dessentwegen man Läufer bis in die entlegensten Hütten hinaufgeschickt hatte.

So wurde er gerettet und im Krankenhaus waren nach Wochen seine erfrorenen Glieder wieder kuriert. Im Frühjahr, als der Schnee wegtaute, schickte die Aéropostale eine Expedition mit Maultieren hinauf zum Flugzeug, das fünf Meter unter der Schneedecke überwintert hatte. Man zerlegte es in kleine Teile und brachte es hinunter. Dort wurde es gründlich überholt und 1932 flog dasselbe Flugzeug mit demselben Piloten wieder die Strecke zwischen Santiago und Mendoza.
Traurige Geschichten gibt es über die frühere Andenfliegerei eine Menge. Ich holte mir alle meine Auskünfte und das Kartenmaterial von Robinson, dem Chefpiloten der »Panagra«, der diese Strecke seit Jahren mehrmals wöchentlich flog. Er machte mich darauf aufmerksam, dass ich mir jetzt im Winter bei dem unsicheren Wetter die schlechteste Zeit des ganzen Jahres ausgesucht hätte. Aber er bereitete mich so gut vor und gab mir so viele wertvolle Tipps, dass ich, wenn ich gutes Wetter abwartete, mit großem Vertrauen an diese Etappe herangehen konnte.
Hier muss ich den Ereignissen vorgreifen: Knapp ein halbes Jahr später bekam ich die Nachricht, dass eine von Robinson geführte Maschine der Panagra mit acht Passagieren bei einem Andenflug vermisst und vierzehn Tage ergebnislos gesucht worden war.
Um ehrlich zu sein: Etwas belasteten mich all diese Unglücksfälle doch. Aber denen gegenüber standen natürlich eine ganze Reihe von glatt durchgeführten Überflügen. Jedenfalls betrachtete ich täglich etwas skeptisch das wunderbare Bergpanorama mit der Feststellung, dass ich die erhabene Schönheit der Berge wesentlich höher schätzen würde, wenn ich sie erst einmal westlich von mir liegen sähe.
Mein Gepäck ließ ich zurück mit der Weisung, es nach meiner Ankunft auf der anderen Seite mit der nächsten Verkehrsmaschine nachzuschicken.

Klar und kalt war es an dem Morgen, den ich endgültig zum Start angesetzt hatte, sogar so kalt, dass der Motor überhaupt nicht anspringen wollte. Aber ich habe bei all meinen Unternehmungen immer wieder die Erfahrung gemacht, dass diejenigen, die vor dem

Beginn die meisten Schwierigkeiten machen, nachher am besten ausgehen.
Mir fiel wieder meine Monate zurückliegende Tour zum Mount Everest ein, bei der mein kleines Flugzeug damals auf dieselbe Höhe hinaufkraxeln musste. In der Luftlinie war die ganze Strecke von Santiago bis nach Mendoza nicht weiter als 250 Kilometer, folglich musste ich sie normalerweise in gut zwei Stunden schaffen können, und was andere tagelang ausgehalten hatten, würde mich ja in dieser kurzen Zeit auch nicht erfrieren lassen. Zügig kletterte ich auf 1000 Meter hinauf, dann zeigte der Höhenmesser bald 2000 und 3000 Meter, aber darüber ging es mit dem Steigen viel langsamer. Ich saß schon zwischen den Schneebergen, unter mir in der Schlucht lagen Eisenbahnschienen der Andenbahn und die jetzt vollständig eingeschneite Autostraße. Doch es langte noch nicht zur Überquerung der höchsten Stelle, wo ich zwischen mir und dem Pass mindestens einen Zwischenraum von 1000 Metern haben musste. Also fing ich an zu kreisen und als nach dem Höhenmesser 4800 Meter erreicht waren, hoffte ich, es nun glatt zu schaffen.
Na, was war denn nun los? Auf einmal, während die Maschine für mein Gefühl ganz bewegungslos in der Luft hing, schien der Pass vor mir heraufzusteigen und der Höhenmesser ging wieder auf 4200 Meter hinunter.
Im Moment fielen mir alle Geschichten von den Fallböen, die ich jemals gehört hatte, wieder ein und mir war nicht ganz wohl zumute. Was blieb mir anderes übrig, ich flog ein Stück zurück und begann aufs Neue zu kreisen, um mich diesmal noch etwas höher hinaufzuarbeiten, damit die Berge ihre unangenehme Anziehungskraft verlören. Beim zweiten Mal wieder dasselbe Theater. Wie ein Brett, ganz ruhig in der Luft liegend, fiel die Maschine beinahe 1000 Meter durch. Aber dann beim dritten Mal klappte es! Nun hatte ich die höchste Stelle wenigstens hinter mir. Probeweise atmete ich etwas aus meiner Sauerstoffflasche, aber wirklich nötig schien es in dieser Höhe noch nicht zu sein.
Meine Instrumente führten sich inzwischen wie toll auf. Der Tourenzähler zeigte eine Tourenzahl an, bei der der Motor theoretisch

hätte auseinanderfliegen müssen, und dabei war die angezeigte Geschwindigkeit beinahe so gering wie beim Landen. Aber ich kam vorwärts.

Mein Thermometer zeigte minus 15 Grad Celsius, doch ich empfand die Kälte nicht als ernstlich unangenehm.

»Bockig« wurde es auch noch etwas, aber nicht besonders stark, nur war es mir merkwürdigerweise nicht möglich, die Maschine auf der gleichen Höhe zu halten, obwohl der Motor nicht im Geringsten nachließ. Hier in dieser Gegend laufen vier verschiedene parallele Höhenzüge der Kordilleren. Und so musste ich tatsächlich der nur noch 3000 Meter hohen Vorkordillere an der Eisenbahn entlang aus dem Wege gehen. So weit war ich inzwischen hinuntergerutscht.

Nur noch um die letzte Ecke herum und da lag schon nach genau zwei Stunden Mendoza am Westrand der 1000 Kilometer breiten argentinischen Pampa. Gerade als ich aus den letzten Bergen herauskam, begegnete mir einige 100 Meter tiefer als ich ein kleiner Doppeldecker, der mir anscheinend zur Begrüßung entgegenflog. Ich kreiste einmal über ihm, aber er schien mich nicht zu bemerken.

Die Landung in Mendoza war ähnlich der damals in Port Darwin, dem ersten australischen Hafen, nach der langen Wasserstrecke.

Wieder waren so viele nette Leute da, die sich mit mir über die gelungene schwierige Etappe freuten. Es ist tatsächlich eins der schönsten Gefühle, die ich kenne, wenn man so eine wirklich gefährliche Strecke gut hinter sich hat. Da hatten doch wieder leichtsinnige Freunde von der andern Seite der Anden den Schneid besessen, schon morgens bei meinem Start telefonisch Blumen für mich zu bestellen. Gut, dass ich es nicht gewusst hatte!

Vor meiner Landung waren, nachdem Santiago meinen Start per Funk durchgegeben hatte, zwei Maschinen gestartet, um mir zur Begrüßung entgegenzufliegen. Die eine war die »Motte« der Shell Company von Buenos Aires und die andere eine deutsche Junkers »Junior«, die einem argentinischen Sportflieger gehörte. Die »Motte« war mir am Tag vorher auf eine falsche Startmeldung hin schon einmal entgegengeflogen und dazu erzählte mir der Pilot nach seiner Landung eine tolle Geschichte, die ich nicht ohne Weiteres einem

Der Star: Elly Beinhorn auf einer Autogrammkarte

Elly Beinhorn war auch mit den technischen Dingen ihrer Flugzeuge vertraut und packte gerne mit an.

Zwischenlandung in Karachi

Moye Stephens, der Pilot des »fliegenden Teppichs«

Vorbereitung für den Flugtag zu Ehren des Maharadschas von Nepal

Posieren für die Presse: Auch im Hangar legte Elly Beinhorn Wert auf Stil.

Für den Maharadscha von Nepal wurde ein Flugtag veranstaltet.

Zwischenlandung in Karachi:
Auftanken und eine kleine
Wartung

Elly Beinhorn bei der Flugzeugpflege außen …

… und innen, beim Motorencheck.

jeden geglaubt hätte. Doch ich lernte diesen Flieger in den folgenden Tagen von einer so guten Seite kennen, dass ich mich auf jedes seiner Worte verlasse.

Also: Er war mit seiner »Motte« von Mendoza gestartet, um mir ein Stück entgegenzufliegen. Die höchste Höhe, die sein Flugzeug überhaupt erreichen konnte, war 4800 Meter. Und da sei er, als er an die Berge herankam, immer weiter gestiegen, obwohl er das Gas langsam zurücknahm. So kletterte ihm die Maschine bis auf über 6000 Meter hinauf und für ihn wurde die Situation allmählich beängstigend weil er weder entsprechend warm angezogen war noch Sauerstoffausrüstung bei sich hatte; so tat er schließlich das Einzige, was zu machen war: Er drehte wieder um und über der Ebene benahm sich sein Flugzeug wieder normal. Das wäre sozusagen das Pendant zu meinem unerklärlichen Hinabgleiten an derselben Stelle, nur aus der anderen Richtung kommend. Nun war alles gut gegangen und wir saßen zusammen in Mendoza, dessen Klima mir nach den 15 Grad Kälte vorkam wie an der Riviera. Zwei abgesetzte chilenische Präsidenten waren auch da und warteten darauf, ob nicht eines Tages der politische Wind wieder so wehen würde, dass sie sich in ein Flugzeug setzen könnten, um auf dem schnellsten Wege nach der anderen Seite zu einem ehrenvollen Empfang zurückzueilen. Mir war jetzt jedenfalls die Aussicht auf einen Flug über der flachen argentinischen Steppe nach all dem schwierigen Gelände in Südamerika keineswegs unangenehm.

Sturm über der Pampa

Mr. Abott, der Pilot der »Shell-Motte«, war heraufgekommen nach Mendoza, um mich nach Buenos Aires zu begleiten. Da seine Maschine langsamer war als meine und auch die 1000 Kilometer nicht ohne zu tanken durchfliegen konnte, wollte er morgen zwei Stunden früher als ich starten, um mich dann in Junin, ungefähr 200 Kilometer vor Buenos Aires, zu erwarten, damit wir zu gleicher Zeit ankämen.
Am Abend spät schickte er mir noch einen Brief aufs Zimmer mit Skizzen der Notlandeplätze und anderem Wissenswerten über die Strecke, der mit den Worten endete: »… und ich hoffe, dass Sie nach all dem strapaziösen Gelände, das Sie hinter sich haben, mit Vergnügen in höchstens zehn Meter Höhe über unsere flache, gutmütige Steppe dahingondeln werden.«
Aber daraus wurde nichts, denn diese Steppe war gar nicht gutmütig zu mir. Von Westen her wehte ein recht frischer, für die Jahreszeit auffallend warmer Wind und ich freute mich, das Märchen vom Rückenwind einmal selbst zu erleben. Kurz nach dem Start nahm der Wind derartig zu, dass ich mit einer Geschwindigkeit von über 200 Kilometern in der Stunde die Pampa unter meinen Flächen durchziehen sah. Das wäre sehr angenehm gewesen, aber leider wirbelte dieser Sturm auch den ganzen losen Sand auf und, was viel schlimmer war, die Aschenschicht, die sich beim letzten Vulkanausbruch wie eine graue Decke über das ganze Gebiet gelegt hatte, sodass ich nach kurzer Zeit von dem Gelände unter mir kaum noch Umrisse erkennen konnte. Und böig war es dabei, dass mir einfach die Puste wegblieb. Genauso ging es meinem Motor, der sich durch das Hinauf- und Heruntergeworfenwerden fortwährend verschluckte und kein Benzin bekam. Mit starken Bedenken sah ich die Enden meiner langen Tragflächen bei jedem Windstoß heftiger beben und konnte mir recht gut

vorstellen, dass sie sich schließlich einmal weigern würden, diese übergroße Beanspruchung auszuhalten. Außerdem hatte ich mit Rücksicht auf das beabsichtigte niedrige Fliegen meinen Fallschirm nicht angeschnallt.

Immer noch hoffte ich, durch dieses Sturmgebiet mit seinen aufgewirbelten Staub- und Aschenmassen, von dem in der Wettermeldung nicht das Geringste erwähnt war, hindurchzukommen. Da, auf einmal packte mich eine Bö, dass ich glaubte, meine Anschnallgurte würden reißen. Die hielten zwar aus, aber dafür flogen mir meine Karte und die auf meinem Sitz neben mir liegende Ersatzbrille weg. Trotzdem flog ich immer noch weiter, bis mich ein starkes Vibrieren des Seitensteuerhebels, den ich mit meinen Füßen bediente, veranlasste, mich umzudrehen, wo sich mir ein recht unerfreulicher Anblick bot. Die Brille war bei ihrem eigenmächtigen Flug im Seitensteuer gelandet und hatte sich mit dem Gummiband über das Lager geklemmt, wo sie jetzt im Winde fröhlich hin und her schlug. Jetzt gab es nur noch eins, und das war, unmittelbar umzukehren und zu versuchen, den Flughafen von Mendoza wieder zu erreichen. Nun hatte ich den ganzen Sturm gegen mich und brauchte zur Rückkehr für die Gott sei Dank nicht sehr lange Strecke beinahe die dreifache Zeit. Als ich mich schließlich bis an die Berge im Tempo eines uralten Automobils herangequält hatte, war es noch ein kleines Problem, den Flugplatz überhaupt wiederzufinden, denn auch hier hatten sich inzwischen die Sandmassen in Bewegung gesetzt.

Der Schaden war nicht so schlimm, die Brille hatte nur die Bespannung des Seitensteuers zerschlagen; das konnte leicht an Ort und Stelle repariert werden. Meine größte Sorge war, ob Mr. Abott gut einen Hafen erreicht hatte. Während des ganzen Tages telegrafierte ich die Strecke ab, bis ich schließlich herausfand, dass er durch seinen Start vor Sonnenaufgang noch durch diese schlechte Zone gekommen war, ehe der Sturm richtig einsetzte.

Am nächsten Morgen hatte der Wind um 180 Grad gedreht und blies mir jetzt, wenn auch nicht ganz so scharf, direkt entgegen. Aber immerhin machte es pro Stunde noch 50 Kilometer aus, sodass ich nicht auf einen Durchschnitt von über 100 Kilometer in der Stunde kam. Es trieben immer noch etwas Sand und Asche in der Luft herum, doch es war nicht zu vergleichen mit dem vorhergehenden Tag. Telegrafisch hatten wir vereinbart, uns in Junin, wo ein offenes Feld gelegentlich von den Verkehrsmaschinen zur Notlandung benutzt wurde, zu treffen, und er würde sich dann, während ich einige Runden über den Platz flog, mir anschließen.

Über sieben Stunden hing ich schon in der Luft, als plötzlich der Öldruck so erheblich zurückging, dass irgendetwas nicht in Ordnung sein musste. Ich kam gerade noch bis Junin, ehe er ganz auf Null herunterging. Glücklicherweise hatte Abott, schon startklar, auf mich gewartet; und wie ich gerade unter den vielen freien Feldern herumsuchte, um das Richtige herauszufinden, damit ich gleich etwas Unterstützung und ein Auto hätte, kam er schon angeflogen und ich deutete ihm an, dass ich landen müsste.

Er verstand sofort und landete vor mir auf der Wiese, neben der ich jetzt auch den Tankwagen stehen sah. Lieber Gott, meine Maschine sah wie eine Ölsardine aus und im Tank stand diese wichtige Schmiermasse gerade noch einen Zentimeter hoch. Noch 20 Kilometer weiter und der Motor hätte endgültig festgesessen. Eine böse Geschichte das! Die Ursache war eine brüchig gewordene Zylinderkopfdichtung, durch die das ganze Öl sich hinausgedrückt hatte. Mit Reparaturmöglichkeiten sah es hier sehr schlecht aus; aber im Moment hatten wir näherliegende Sorgen.

Von allen Seiten schoben sich dicke Regenböen heran und die Einheimischen behaupteten, dass es sich jetzt voraussichtlich solide einregnen würde. Der Sturm in der vergangenen Nacht hatte große Bäume entwurzelt und Häuser abgedeckt: Das waren alles zusammen reizende Aussichten, denn weit und breit war nichts, das der Maschine etwas Windschutz hätte geben können. Inzwischen begann es so zu regnen und zu hageln, dass bald keiner von uns mehr einen trockenen Faden am Leib hatte. Es blieb uns nichts weiter übrig, als unsere Maschinen hinter einem großen Heuhaufen zu verankern und alles Weitere auf den nächsten Morgen zu verschieben. Argentinische Landstraßen bei Regen zu der damaligen Zeit kann sich nur der vorstellen, der sie selbst erlebt hat. In halbmetertiefem Dreck quälten wir uns mühsam vorwärts, durch Wasserpfützen mussten wir hindurch, dass ich uns im Geiste schon alle elend darin untergehen sah.

Für mich bestand kein Zweifel, dass ich mich, ohne hier zu reparieren, nach Buenos Aires durchschlagen würde. Die Maschinen waren über Nacht glücklicherweise heil geblieben und an die Arbeit ging ich mit dicken Pelzhandschuhen, weil es grausam kalt geworden war. Erst musste ich einmal das bisschen verbrannte Öl, welches noch in den Leitungen geblieben war, herausbekommen; das neue Öl wurde in einer nahe gelegenen Estanzia gewärmt und wie ein Baby in dicke Tücher gehüllt mit dem Auto herangefahren – dreimal hintereinander. Ich packte mir noch eine Reihe von Ersatzkannen ein, um im schlimmsten Fall zwischenzulanden und noch einmal nachzufüllen. Kurz vor Buenos Aires kamen uns viele Maschinen entgegen, die mich begrüßen wollten. Sogar die Militärflieger hatten eine Staffel von Jagdmaschinen geschickt. Es war mal wieder ein richtig großer »Bahnhof« mit viel Menschen und allem Drum und Dran. Eine argentinische Sportfliegerin verpasste mir vor all den Pressefotografen den internationalen Freundschaftskuss auf die Wange, ich hörte von verschiedenen goldenen Medaillen munkeln, die mir verliehen werden sollten. Meine Maschine kam hinüber zu den Militärfliegern, die in kameradschaftlichster Weise alle Hilfe angeboten hatten; und für die Reparatur wurde mir sofort ein Stab der besten Mechaniker zur Verfügung gestellt.

Die deutsche Gesandtschaft hatte schon ein kleines offizielles Programm für mich vorliegen; die Schwierigkeit war nur, dass meine Koffer, die ich wegen des Andenflugs der »Panagra« mitgegeben hatte, erst in zwei Tagen ankommen würden. Nun musste ich schnellstens zum Mindesten ein Kleid und Schuhe besorgen und freute mich schrecklich darauf, wieder einmal in einer großen Stadt durch die Läden zu bummeln. War das komisch! Zu meiner Begleitung hatte sich ein junger Sekretär der deutschen Gesandtschaft angeboten, weil ich mich gar nicht auskannte und auch nicht genügend Spanisch sprach.

Er führte in sämtlichen Geschäften die Verhandlungen für mich. Ich gebe zu, dass ich für die Verkäufer, die uns in einem Tempo bedienten, das Engel hätte wild machen können, etwas schwierig unterzubringen war. Meine Schuhe wiesen große Löcher auf; an den Strümpfen, die ich wegen Zeitmangels noch nicht hatte wechseln können, prangten noch von der Arbeit in Junin dicke Ölflecke. Anspruchsvoll war ich auch – und das mit *der* Aufmachung! Dagegen sah man meinem Begleiter von Weitem den feinen Mann an.
Mit den Militärfliegern war ich schnell gut Freund geworden. Doch leider sprachen nur ganz wenige von ihnen fremde Sprachen und mit meinem Spanisch war es nicht weit her. Doch ein deutsches Wort kannten sie alle und ich war nicht wenig erstaunt, als ich bei ihnen von verschiedenen Seiten auf einmal mit: »Mein Mädchen« angerufen wurde und darauf das Gespräch ganz ernst in Spanisch weiterging. Den Ursprung dieser schönen Anrede fand ich später heraus, als sie mir auf dem Grammofon die Platte von Richard Tauber: »O Mädchen, mein Mädchen« vorspielten. Irrtümlicherweise hatten sie angenommen, dass das die normale deutsche Anrede für eine junge Dame sei.
Schöne Tage waren das in Buenos Aires, nur eine einsetzende Schlechtwetterperiode begann mir ernsthaft Sorgen um meinen Weiterflug nach Rio de Janeiro zu bereiten, da meine noch zur Verfügung stehende Zeit gering war. Professor Heinkel hatte mir telegrafiert, dass er mir für den Europaflug eine seiner neuen Maschinen zur Verfügung stellen wollte. Seit dem 29. Juni saß ich reisefertig jeden Morgen auf dem Flugplatz, doch die Wettermeldungen waren so ungünstig, dass ein Start bodenloser Leichtsinn gewesen wäre. Am 1. Juli ging mein Dampfer von Buenos Aires ab, dem ich noch bis nach Rio de Janeiro vorausfliegen wollte, um dort zu verladen. Täglich bekam ich Telefonanrufe und Telegramme aus Deutschland, dass ich unbedingt mit der »Cap Norte« zurückkommen müsse, und man riet mir von allen Seiten, nicht jetzt noch zum Schluss mir durch nicht sinnvollen Schneid den ganzen schönen Flug zu verderben.
Morgens am 1. Juli, als nachmittags um vier Uhr mein Schiff abfahren sollte, saß ich wieder um sechs Uhr auf dem Flugplatz, aber die

Wolken hingen bis auf unter 50 Meter herunter. Alle redeten mir zu, doch um Gottes willen die Maschine zu verladen und mir nicht auf der letzten Etappe im Nebel noch das Genick zu brechen. Immer noch in der Hoffnung, dass sich das Wetter bessern würde, wartete ich bis mittags um zwölf Uhr. Aber nichts geschah und die Meldungen von der gesamten Strecke waren so schlecht, dass es aussichtslos erschien, mein Schiff bis Rio wieder zu erreichen. Nun stelle man sich bitte Folgendes vor: Mein Flugzeug stand fertig beladen und bis an den Hals vollgetankt in El Palomar, dem Militärflugplatz, über 20 Kilometer vom Hafen entfernt, und durch die Bauart der Straßen, die bei jeder Kreuzung zwei tiefe Rinnen zum Abfluss des Regenwassers haben, war es unmöglich, die Maschine in der zur Verfügung stehenden Zeit mit dem Rumpfende auf ein Auto zu laden und hineinzufahren.
Man hatte allerdings in unmittelbarer Nähe des Hafens, während der Revolution, einen kleinen Flugplatz angelegt, um die per Schiff ankommenden Maschinen wegen dieser Schwierigkeiten mit den ungeeigneten Straßen auf dem Luftweg direkt zum Flugplatz zu bringen. Ich sah ihn mir an und stellte fest, dass er zu einer Landung ausreichen würde.
Aber – wie zu diesem Platz gelangen, in dessen unmittelbarer Nähe sich Hochhäuser befanden, deren oberste Stockwerke schon in den Wolken hingen? Noch dazu war in der kurzen Zeit nicht eine größere Karte von der Stadt aufzutreiben, nach der ich außenherum auf dem La Plata hätte zum Hafen fliegen können. Da erwies sich wieder der gute Abott, der mir schon in Junin auf das Tatkräftigste geholfen hatte, als ein echter Fliegerkamerad. Er, der hier jeden Baum und Strauch kannte, erklärte sich bereit, mir voranzufliegen, und ich musste nur versuchen, ihn trotz meiner schnelleren Maschine nicht zu überholen.
Zwei Uhr mittags war es bereits, als in El Palomar mein Motor ansprang. Das Benzin hatten wir bis auf einen kleinen Rest herausgelassen, um für den Fall eines außerprogrammmäßigen Ereignisses die Brandgefahr zu vermindern. Wir starteten zu gleicher Zeit und Abott flog in zehn Meter Höhe vor mir einen kleinen Bach entlang, der, wie er wusste, in den La Plata mündete. Diese Viertelstunde, bis

wir den großen Strom erreichten, habe ich noch immer als recht gefährlich in Erinnerung. Ein paar Mal verschwand die »Motte« kurz vor mir im Dunst und das Gefühl war nicht sehr reizvoll, vielleicht schon im nächsten Moment, während ich genug mit dem Umfliegen von Bäumen und Häusern zu tun hatte, mit ihr zusammenzuprallen. Dabei goss es in Strömen und die Regentropfen piekten mir wie scharfe Nadeln ins Gesicht.

Über dem La Plata flogen wir in einigen Metern Höhe und bei einem Versagen des Motors hätte es nichts als »ins Wasser«, möglichst nahe am Ufer, gegeben. Doch mein Vertrauen zu der Reparaturarbeit der argentinischen Militärfliegerei erwies sich als berechtigt und nach einer guten halben Stunde landeten wir zwischen Schornsteinen und Häusern hindurch im Herzen von Buenos Aires, 500 Meter von meinem Schiff entfernt.

Da wartete schon ein Stab von Mechanikern und ehe das von allen Seiten herbeiströmende Publikum begriffen hatte, was los war, hatten sie die Flächen bereits abmontiert, die Tanks entleert und die einzelnen Teile ans Schiff gefahren, wo die Maschine Punkt vier Uhr klar zum Übernehmen bereitstand.

Durch meine Schuld gingen wir so mit einer dreiviertelstündigen Verspätung aus dem Hafen.

Meine Traurigkeit nahm mit jeder Stunde ab, weil das Wetter nicht daran dachte, besser zu werden, und die nächtliche Musik des Nebelhorns – soweit ich sie überhaupt hörte – klang mir wie eine Tanzkapelle.

Für die ersten Tage erschien es mir doch sehr schwer, mich an das ruhige Schiffsleben zu gewöhnen, und mit Freude nahm ich die Einladung des deutschen Condor-Syndikates an, mit einer ihrer Maschinen von Rio de Janeiro nach Bahia hinaufzufliegen, von wo dann endgültig die »Cap Norte« mit meiner Maschine, einem süßen, kleinen brasilianischen Wollaffen und mir Kurs auf Europa nahm.

Nach drei Wochen Ozeanfahrt kamen wir in Bremerhaven an, wohin mit meinen vor Freude strahlenden Eltern auch viele gute Freunde zu meiner Begrüßung gekommen waren. Schon am nächsten Morgen hatte ich meine Maschine wieder zusammenmontiert und flog zum Empfang nach Hannover, wo der kleine Affe wegen des ganzen Trubels um mich herum vorläufig zurückbleiben musste. Als ich dann am selben Nachmittag in Berlin landete, kam mir erst richtig zu Bewusstsein, dass ich nun wirklich um die ganze Welt herumgekommen war, denn: im Dezember 1931 war ich von Berlin gestartet und mehr oder weniger immer in südöstlicher Richtung weiterfliegend, landete ich am 26. Juli 1932 wieder auf meinem Abflughafen.

Einen Weltflug würde ich wohl nicht wieder machen.
Es war zu viel auf einmal. Doch jetzt hatte ich einen Überblick und würde mir in Zukunft die Rosinen aus dem großen Kuchen der Erde herauspicken und sie in aller Ruhe und mit viel Liebe genießen.
Erzählen muss ich noch, dass die Stunde meiner höchsten Ehrungen und meines größten Kummers zusammenfiel. Es war am Tag meines offiziellen Empfangs im Aeroklub von Deutschland, Ernennung zum Ehrenmitglied dort und der Überreichung vieler wertvoller Ehrengeschenke.
Von außen schien es, als müsste ich das glücklichste Mädchen der Welt sein.
In mir sah es ganz anders aus. Mein Herz litt um die Freiheit und Weite, die ich nun wohl nie wieder sehen und genießen würde. So erschien es mir damals.
Nach vielem Zögern hatte mir mein Betreuer und Mitarbeiter in der Heimat an diesem Nachmittag endlich gestanden, dass ich 16000 Mark Schulden hätte. 1932 war das ein Vermögen.
Das bedeutete das Ende meiner freien Fliegerei.
Mehr als ich unterwegs gearbeitet hatte, konnte man nicht schaffen. Für Zeitungen und Illustrierte und für die Industrie. Und auf dem Schiff hatte ich schon über die Hälfte eines Buches über meinen Weltflug geschrieben.
Es war aus. Wozu war ich eigentlich wiedergekommen?
Während ich lächelnd all die Glückwünsche entgegennahm, war ich das unglücklichste Wesen im Saal, da ich keinen Ausweg aus diesem

Schuldenberg und keine Möglichkeit zu weiteren großen Flügen in eigener Regie sah.
Ich konnte doch weiterfliegen.
Der Hindenburgpokal mit seinem Preis von 10000 Mark und eine unerwartete Zuwendung vom Reichsverband der Flugzeugindustrie für den Werbewert meines Fluges machten mich wieder flott und es dauerte nicht lange, dann funkelte aufs Neue die Sonne eines andern Erdteils auf meinen Flügeln.

Damals – bei den Mayas

1932 sagte eines Abends Dick Halliburton zu mir:
»Elly, eines müssen Sie mir versprechen: Wenn Sie je durch Zentralamerika kommen ...«
Seine Erzählung damals im »Great Eastern« in Kalkutta hatte ich niemals ganz vergessen.
In den seltenen ruhigen Stunden, wenn meine Gedanken wieder einmal vorauseilten in die Länder, die ich noch nicht kannte, dann war sie wieder da, die Geschichte von dem unheimlichen Brunnen in Chichen-Itza.
Eines Abends in einer Gesellschaft in Berlin horchte ich plötzlich auf, als ich über den Tisch herüber aus einem Gespräch zwischen zwei Herren das Wort »Yucatan« aufschnappte.
Kaum war das Diner beendet, da saß ich schon neben einem Professor der Archäologie, in dessen Unterhaltung mit seinem Tischnachbarn ich unabsichtlich hineingehört hatte.
»Bitte erzählen Sie mir mehr von den Mayas! Wenn Sie wüssten, wie oft ich im Geiste an dem großen Cenote gesessen habe ...«, ermunterte ich den netten alten Herrn mit der goldenen Brille.
Dieser tat das äußerst gern. Sehr verwunderliche Dinge berichtete er über dieses einst so bedeutende Kulturvolk und versprach, mir eine Reihe von Fachbüchern zu schicken.
Als wir uns spät aus unserer Unterhaltung herausrissen, wusste ich, wohin mein nächster Flug führen würde: zu den Ruinen der Mayas in Yucatan.
Einen Flug ausschließlich zum Besuch von Ruinenstädten einer verschollenen Kultur zu machen hätte sich für mich – auch was die Auswertung der Reise betraf – nicht gelohnt. Dafür hatte ich zu wenig wissenschaftliche Vorkenntnisse. Er ließ sich aber sehr gut mit ande-

ren Plänen von mir kombinieren. Ich hatte schon seit Langem vor, die Länder nördlich des Panamakanals zu überfliegen und dann in den USA in einigen Klubs, die mich eingeladen hatten, Vorträge zu halten und viele Freunde zu besuchen.
Vom Plan zum Entschluss und vom Entschluss zum Start war bei mir kein weiter Weg. Ein zu weiter Weg war aber die Strecke über den Atlantik. So verlud ich mein Flugzeug auf den Dampfer »Portland« in Richtung Panamakanal. Diesmal war es eine »Klemm-Kl-32«, ausgerüstet mit einem Siemens-SH-14a-Motor von 160 PS. Bei einer Durchschnittsgeschwindigkeit von fast 200 Kilometern war ich, verglichen mit den früheren Flügen, nun wieder ein wenig schneller geworden.
Die Maschine hatte eine nett ausgestattete Kabine mit ursprünglich drei Sitzen. Einen davon hatte ich für meinen Zusatztank geopfert, konnte aber immerhin noch gelegentlich einen Gast mitnehmen und die Maschine vorführen.
In Erinnerung an das »Küchenwunder« hatte ich auch sie weiß-blau lackieren lassen. Hübsche blaue Lederpolster zierten die Kabine. Wie vor Jahren bei meinem Weltflug war ich Gast des Majors Brereton, des Kommandeurs der US-Luftwaffenbasis in France Field, dem größten Flugplatz am Panamakanal.
Irgendetwas musste auf dem Transport mit meinem Propeller passiert sein.
Als die Maschine fertig montiert war, merkte ich schon beim ersten Probelauf des Motors, dass da etwas nicht stimmte.
Tagelang dokterten wir mit den besten Mechanikern herum und wuchteten die vermaledeite Luftschraube neu aus. Schließlich flog ich los.
Mit einem unguten Gefühl startete ich nach Costa Rica. Über Urwald und immer wieder Urwald, der noch dazu häufig auf Bergketten von über 3000 Metern Höhe stand.
Diesen Flug werde ich in meinem Leben nicht vergessen. In France Field hatte sich herausgestellt, dass die beiden Propellerblätter nicht genau zusammenpassten. Wir waren uns nach den Probeflügen einig, dass unser Herumbasteln nur ein Notbehelf war. Auf alle Fäl-

le hatte ich telegrafisch eine neue Luftschraube nach Guatemala bestellt.
Glücklich und froh war ich, dass ich überhaupt heil bis Costa Rica kam. Im Anfang ging es recht gut und ich glaubte schon, mir unnötig eine Riesenausgabe gemacht zu haben.
Aber dann begann der Tanz!
Es war angsterregend – und ich bin bestimmt nicht leicht bange zu machen! Wenigstens im Flugzeug nicht. Das ganze Instrumentenbrett wackelte, meine beiden Kompasse drehten sich wie rasend durch die Vibration. Ich glaubte, die Flügelenden zittern zu sehen. Mir wurde heiß und kalt bei diesem machtlosen Dasitzen und Warten, ob der Propeller platzen würde oder nicht.
Wenn er platzte, das bedeutete dann das Herausbrechen des Motors und damit den unvermeidlichen Absturz. Sofern ich nicht vorzog, mit meinem Fallschirm über dem Urwald auszusteigen – und das wäre ein genauso hoffnungsloses Beginnen gewesen.
Ich zitterte mich bis nach San José durch. Aber dort hätten mich auch keine zehn Pferde wieder in die Maschine gekriegt, solange keine andere Luftschraube auf dem Motor war. Um keine Zeit zu verlieren, bis der Zeppelin meinen schleunigst umdirigierten Propeller brachte, flog ich mit einer Verkehrsmaschine nach Guatemala. Dort wollte ich inzwischen mit meinen Besuchen bei den noch lebenden reinrassigen Nachkommen der Mayas beginnen.
Oben in den Hochländern, über 2500 Meter, bei Pater Rossbach, der in Chichicastenango unter 40 000 Indianern lebte, hoffte ich, viel Neues für meine Mayapläne zu erfahren.
Da war ich an dem richtigen Platz. Allein die Sammlungen des Pater Rossbach hätten die Reise bis hierher gelohnt. Zwischen ein paar Tausend Büchern hauste dieser gütige weiße Mann, der weit über die Grenzen des Landes berühmt war, hoch oben unter seinen braunen Beichtkindern, die sich immer noch nicht so ganz von ihren alten Mayagöttern trennen konnten.
»Sehen Sie den kleinen Altar dort mit dem brennenden Kopalharz an den Stufen der Kirche?« Pater Rossbach deutete auf einige Indianer-

gestalten, die vor einem kleinen Tischchen knieten. »Man sagt, dass sie dort noch heute ihren alten Göttern opfern, ehe sie zu mir herauf in die Kirche kommen. Warum soll ich ihnen das nehmen? Es ist doch für diese primitiven Seelen so schwer, ein persönliches Verhältnis zu der abstrakten Idee des Christen-Gottes zu bekommen, so viel guten Willen sie auch haben«, schloss der Priester. Wie recht hatte er doch mit all seiner Duldsamkeit und Güte!

Von Guatemala flog ich, nachdem ich endlich meinen neuen Propeller hatte und nun ganz mit meiner Maschine ausgesöhnt war, weiter nach Yucatan. Alles, was ich schon in Guatemala von den Mayas gesehen und gehört hatte, war so einzigartig und unvorstellbar, dass ich mit hochgespannter Erwartung weiterflog. Zuerst nach Mérida, der Hauptstadt der Halbinsel Yucatan, die heute zu den Vereinigten Staaten von Mexiko gehört.

Nur wenige Menschen wussten damals überhaupt etwas von der Maya-Kultur. Selbst die Archäologen hatten sich erst in den letzten Jahrzehnten mit den geheimnisvollen Ruinenstädten im Urwald von Yucatan eingehender beschäftigt.

Man muss sich diese Halbinsel als ein mit Busch und Dschungel bedecktes Land vorstellen, das mit Ausnahme von zwei kleinen Bergzügen völlig flach ist und keinen oberirdischen Fluss aufweist. Alle Wasserläufe liegen unter der Erde. Über das Land verstreut sieht man beim Überfliegen von Zeit zu Zeit Seen oder vielmehr kreisrunde Wasserlöcher. Gleitet man tiefer hinunter, so stellt man fest, dass deren Wasserspiegel weit unter der Höhe des übrigen Geländes liegt. In diesen tief liegenden Brunnen, von den Mayas »Cenotes« genannt, sammelt sich das Wasser der unterirdischen Läufe. Wahrscheinlich ist hier der poröse Kalksteinboden eingestürzt und hat so das Wasser freigelegt.

Chichen-Itza, die einst blühende Hauptstadt des zweiten Mayareiches, lag an zwei solchen Brunnen, knapp einen Kilometer voneinander entfernt. Der eine diente als Trinkwasserreservoir, der andere war dem Regengott geweiht.

Ein Hahn kräht.
Ich reibe mir die Augen und werde langsam munter. Über mir ist ein merkwürdiges spitzes Dach aus Palmblättern. Träume ich noch? Aber nein! Durch die geöffnete Tür meines Bungalows sehe ich, kaum zweihundert Meter entfernt, das große Maya-Castillon. Sein oberstes Drittel ragt über den Dschungel hinaus.
Wie schön ist es doch!
Mutterseelenallein bin ich hier – außer einem Führer, der für mich bereit ist, wenn ich ihn rufe. Kein Mensch, der ein Wort Englisch spricht. Ich radebreche mich so einigermaßen durch mit meinem bisschen Spanisch. Niemand würde es für möglich halten, dass ich vorgestern Abend im Rundfunk von der Landeshauptstadt Mérida aus eine Begrüßungsansprache in tadellosem (abgelesenem) Spanisch gehalten habe.
Wenn ich nicht mag, brauche ich den ganzen Tag nicht ein Wort zu reden. Kein Mensch nimmt mir das übel. Sechs Wochen lang habe ich, nur unterbrochen von den Stunden allein in der Luft, von früh bis in die Nacht hinein reden müssen.
Bei der Landung in Mérida war die gesamte deutsche Kolonie versammelt. Als ich erzählte, dass ich wegen der Mayaruinen gekommen sei, wurde beschlossen, mich – ein so junges weltunerfahrenes Ding – natürlich nicht allein in die Wildnis gehen zu lassen. Es fanden sich neun Begleiterinnen und Begleiter. Mir wurde etwas angst vor meinem Besuch in Chichen-Itza, den ich mir ganz anders vorgestellt hatte.
Der liebenswürdige Gouverneur stellte einen Pullmanwagen zur Verfügung, den sonst nur Regierungsbeamte benutzen durften, und dann dampften wir los. Wegen der Hitze ging der Zug um halb sechs Uhr früh nach Dzitas ab. Unterwegs waren wir ausreichend beschäftigt, uns den Ruß aus den Augen zu wischen und die eklig stechenden Pferdefliegen totzuschlagen.
Mit Ausnahme der Stationen war die lange Strecke eintönig, ein ewiges Einerlei von Busch.
In Dzitas entfuhr mir ein Begeisterungsschrei, als nach langem Warten unser nächstes Beförderungsmittel angewackelt kam.

Dieses autoähnliche Gebilde passte durchaus in die Umgebung.
Dann hoppelten wir weiter über eine in der Luftlinie angelegte Straße. Wegen der überhängenden Dornen gerieten wir öfter in die Gefahr, unsere Locken zu verlieren. Die Damen hielten sich etwas den Kopf – die Sonne und das Auf-und-ab-Hopsen hatten einiges Schädelweh verursacht. Auf einmal waren wir da.
Neben der Straße war eine große Fläche von dem alles bedeckenden Busch gesäubert und dann lagen sie vor uns, die Mayaruinen von Chichen-Itza, auf die ich seit Monaten gespannt war.
Sicher würde ich nicht – wie meine Begleiter gern wollten – am nächsten Abend in dem Pullman zurückfahren.
Der Gouverneur bekam einen Brief, dass ich meine Landsleute bäte, den freundlich geliehenen Wagen zurückzubringen, weil ich nicht wisse, ob er bis zu meiner Rückkehr nicht doch von der Regierung gebraucht würde. Meinen Begleitern versprach ich, mir nach Möglichkeit in den Ruinen nicht das Genick zu brechen.
Am nächsten Mittag kam das vorsintflutliche Automobil zurück und wackelte mit den neun schützenden Begleitern wieder ab.
Nun war ich endlich allein.
Als Unterkunft bekam ich eine Hütte, ganz eingerichtet mit holzgeschnitzten Möbeln, alles im reinen Mayastil, kopiert nach unzähligen Vorbildern in den Ruinen. Das Bett, die Sessel, die in die Wand eingelegten Kacheln mit alten Mayamotiven, alles war frisch und sauber.
Das Tollste an dem ganzen Bungalow aber war ein weiß gekacheltes Bad mit Örtchen und Brausenische.
Mir wurde ganz schwach vor Glück. Und dazu weit und breit keine Spur eines einzigen Touristen und in keiner Ruine ein weggeworfener Filmpackstreifen oder eine Kaugummi-Verpackung!
Dankbar und begeistert war ich, dass mein Flugzeug mich noch rechtzeitig hierhergebracht hatte, bevor die Autostraße von Mérida nach Chichen-Itza fertig war, über die inzwischen viele Tausende Touristen gerollt sind.
Tagelang wanderte ich allein in den Ruinen umher, setzte mich auf

eine der neunundneunzig Stufen der Pyramide des Kukulkan und schaute auf den gegenüberliegenden Tempel der Krieger mit seinen tausend Säulen. Drüben ist »el caracol«, das Schneckenhaus, das wohl ein Beobachtungsstand der Sternkundigen war. Und das Nonnenkloster.

Jahrelang könnte ich hier leben! Und nie würde ich genug gesehen haben von dieser untergegangenen Welt!

Die meiste Zeit verbringe ich am Rande des Cenote, der dem Regengott geweiht war, und lasse im Geiste eines der großen Opferfeste vor meinen Augen vorüberziehen. So, wie es sich damals abgespielt haben muss, wie es die Aufzeichnungen der ersten Spanier, die hierherkamen, schildern. Unter den Augen von Tausenden Besuchern wurde die schönste Tochter der Edlen dem Regengott geweiht.

Was in den alten Büchern berichtet wurde, klingt wie eine schauerliche Sage. Jahrhundertelang ruhte das Geheimnis der geopferten Mayajungfrauen auf dem Grunde des Brunnens.

Um die Jahrhundertwende wurde dieses Geheimnis von dem jungen Edward H. Thompson entschleiert. Mit Baggern und Tauchanzug entdeckte er Gold und Jade von unermesslichem Wert auf dem Grund des großen Cenote und viele Skelette ganz junger Mädchen. Damit war der Beweis erbracht, dass alle Legenden, die seit Jahrhunderten um dieses schauerliche Fest im Urwald von Chichen-Itza geisterten, auf Wahrheit beruhten.

Sosehr mich auch dieses geheimnisumwitterte Gebiet anzog, eines Tages musste ich weiterfliegen. Aber immer wieder, noch in den nächsten Tagen und Wochen, während der vielen einsamen Flugstunden nach Norden, kehrten meine Gedanken zu den Eindrücken und Erlebnissen in Yucatan zurück.

Vollkommen unerwartet blühte mir in Los Angeles das Wiedersehen mit dem »Fliegenden Teppich«. Allerdings nur mit dem halben Teppich, dem Piloten Moye Stephens. Genau wie vor drei Jahren in Singapur stand er da unten am Flugplatz. Strahlend kam er auf mich zu und schüttelte meine Hände.

»Oh, Moye, welche Überraschung! Ich freue mich so! Do tell me: Ist Dick auch hier in Kalifornien?« Ich war ganz gerührt über das Wiedersehen mit dem einen meiner »daddies«.
»No, Elly. Er ist nicht hier. Bis vor drei Tagen hatten wir auch keine Ahnung, dass Sie hierher unterwegs sind. Wie immer (Moye dachte an Bandar Dilam und Buschir) tauchen Sie irgendwo ›out of the skies‹!«
»Denken Sie«, fuhr er fort, »diesmal ist Dick Halliburton auf den Spuren Hannibals. Dazu musste er sich einen Elefanten kaufen, mit dem er nun über die Alpen wandert – tolle Sachen hat er wieder unterwegs erlebt! Aber Sie waren ja selbst auf einer seiner verrückten Reisen dabei – Sie kennen das ja!«

Die Wochen und Monate vergingen nur so.
Wenn man als Flieger von den richtigen Leuten eingeführt wird, ist man in den USA von der ersten Minute an zu Hause. Man genießt dort eine so selbstverständliche Gastfreundschaft und Kameradschaft wie kaum in einem andern Lande.
Nach herrlichen Wochen in Kalifornien, zum Teil als Gast von Moyes Familie auf einer wunderschönen Ranch in den Bergen, wurde ich wie ein Postpaket mit Empfehlungsschreiben von Ort zu Ort weitergeschickt. Ich traf Amelia Earhart, die inzwischen über dem Pazifik verschollene weltberühmte »Miss Lindy«. Man nannte sie so wegen ihrer auffallenden Ähnlichkeit mit Charles Lindbergh.
Zu der Fliegerelite der USA gehörte auch Jimmy Doolittle, der einige Jahre später im Zweiten Weltkrieg seinen Ruhm von 1916 bis 1918 mit seinen Bombenflügen nach Tokio erneuern konnte. Als ich ihn und seine Familie besuchte, schossen wir harmlose Tontauben.
Und so begegnete ich, quer durch die Staaten fliegend, vielen Fliegerinnen und Fliegern, die jahrelang die Spalten der Zeitung füllten. Einen Brief an das Ehepaar Lindbergh gab ich nicht ab, weil zur Zeit meines Besuches in New York der Prozess gegen Hauptmann, der später wegen der Entführung des Lindberghsohnes verurteilt wurde, begonnen hatte. Ich fand es nicht für den rechten Augenblick, mich bei Lindberghs zu melden.

Meine vielen Vorträge hielt ich im winterkalten Norden der Staaten, erlebte programmgemäß einen heftigen Blizzard in Chicago und eilte mit kalter Nase im Dezember nach Miami und Florida. Dorthin war ich von Fliegerfreunden eingeladen worden, Weihnachten und Neujahr bei ihnen auf ihrem Hausboot zu verleben.
Das gab dann einen turbulenten Abschluss einiger erlebnisreicher Monate. Abgesehen von den besinnlichen Tagen in den Mayaruinen war immerzu »was los« gewesen.
Nun aber freute ich mich auf die Ruhe der Rückreise auf dem Dampfer. Wenn ich erst wieder einmal zu Hause war, dann würde die Beschaulichkeit die längste Zeit gedauert haben.

Eintagesflug: Deutschland–Asien–Deutschland

Und wieder zog dieser Amerikaflug den nächsten nach sich. Oft wurde ich gefragt, warum ich mich nicht mal mit dem Erfliegen von Rekorden beschäftigte. Einige seien doch verhältnismäßig einfach zu erobern. Meine Antwort aus tiefster Überzeugung war dann immer ungefähr so:
»Rekorde müssen sein wegen der ganzen Weiterentwicklung, zur Anregung für die Industrie, um für die Verkehrsfliegerei die Reklametrommel zu rühren. Aber mich interessiert das nicht. Ich möchte die Wunder der Welt erleben.«

Und so flog ich denn nach manchen weisen Reden dieser Art eines Tages mit Windeseile von Deutschland nach Asien und am selben Tag wieder zurück nach Berlin.
Die Vorgeschichte zu diesem Eintagesausflug nach Asien sah ungefähr so aus:
Tief beeindruckt war ich aus den USA zurückgekommen. Das war eine Flugzeugindustrie! Armselig mutete dagegen bei uns das Gewurstel mit lächerlichen Mitteln und winzigen Serien an.
In Amerika hatte ich all die großen Flugzeugwerke besichtigen dürfen und manches Mal war ich traurig, wie sehr wir nach dem Ersten Weltkrieg mit allem noch im Hintertreffen waren. Besonders auf meinem Spezialgebiet, dem der gut ausgerüsteten Reiseflugzeuge. In den USA hatte ich Reiselimousinen mit einer Durchschnittsgeschwindigkeit von über 250 Kilometern geflogen. Eingerichtet waren die Kabinen mit einem solchen Komfort und Luxus, dass sie mit jedem eleganten Auto wetteifern konnten.
Ja, mit solchen Maschinen war man in der Lage, draußen zu werben, der Industrie Aufträge zu vermitteln – eben die Dinge, um die

ich mich jahrelang bemüht hatte, aber mit welch dürftigem Erfolg! Ich hatte es den Interessenten draußen nicht einmal verdenken können, dass sie mit Bestellungen zögerten, wenn sie mein wetterzerrupftes Maschinchen am Ende eines Fluges mitleidig-anerkennend besichtigten. Meist hatte sich die Sperrholzbeplankung durch Sonne und Feuchtigkeit und das ewige Im-Freien-Stehen heftig geworfen. Von Herzen hätte ich unsern deutschen Konstrukteuren, die doch so viel – anerkannt von der ganzen Welt – konnten, gewünscht, einmal mit den Mitteln und dem Serienbau wie drüben arbeiten zu können.

Nachdem ich zurück war, sprach ich oft mit Leuten »vom Fach« über diese Eindrücke. Aber die waren gar nicht einverstanden mit meiner begeisterten Anerkennung der amerikanischen Reisemaschinen.

»Warten Sie, bis Sie die neue ›Messerschmitt‹ gesehen haben – dann sprechen wir noch einmal darüber, schade, dass sie den Europa-Rundflug nicht gewonnen hat!« So ähnlich waren alle Antworten von Kennern der Materie – kein Wunder, dass ich täglich gespannter wurde, dieses Wundertier der Lüfte endlich aus der Nähe zu sehen. Es ließ mir keine Ruhe, ich flog nach Augsburg.

Ganz hinten in einer dunklen Hallenecke der Bayrischen Flugzeugwerke stand sie, verstaubt und vergessen, die viel besprochene »Me-108«.

Es war Liebe auf den ersten Blick zwischen ihr und mir.

Und diese Liebe hat gehalten, bis meine letzte »Me« – inzwischen hatte ich die siebente oder achte, jeweils das neueste Modell – in den Krieg ziehen musste.

Ich machte auf der »Messerschmitt« ein paar Platzrunden und meine Liebe vertiefte sich. Was hatten die Piloten nur über diese großartige Maschine gemeckert?!

Allerdings hatte man sie für den Europaflug mit besonderen Querrudern ausgestattet, die nicht jedermanns Sache waren. Aber trotzdem – jeder Flieger musste doch merken, was für ein rassiges Flugzeug er hier in der Hand hatte.

Ohne auch nur einen Moment zu überlegen, ging ich zur Direktion und bat, mir die »Me-108« für eine Weile zu borgen.

Ich bekam sie.
Da ich sowieso in England einiges zu erledigen hatte, flog ich mit Hans-Rudolf Praesent, einem inzwischen in einer Lawine tödlich verunglückten Fliegerkameraden, nach London. Über dem Kanal hatten wir beinahe einen Vergaserbrand – aber wir begeisterten uns immer mehr für die »Messerschmitt« und mein Respekt vor den amerikanischen Reisemaschinen nahm langsam wieder normale Formen an.
Ich kam von diesem Fluge zurück mit der Überzeugung, dass es ein Verbrechen sei, wenn man mit diesem Flugzeug nicht in kürzester Zeit, in diesem Sommer noch, eine ganz aufregende Sache unternehmen würde – das kleine Biest von »Me« forderte unbedingt dazu heraus! Aber was?
Wesentlich war, dass die Maschine mit ihren 300 Kilometern Höchstgeschwindigkeit seinerzeit eine der schnellsten ihrer Klasse auf der ganzen Welt war.
Durch ihre hochwertigen aerodynamischen Eigenschaften war sie imstande, unglaubliche Mengen von Benzin mitzuschleppen, ohne in ihren Start- und Landeeigenschaften nachzulassen.
Bei der Normalausführung hatte die »Me-108« eine viersitzige Kabine mit eleganten klubsesselartigen Sitzgelegenheiten – so wie man sich die fliegende Limousine des Herrn Generaldirektors vorstellt. Ganz besonders gefiel mir das einziehbare Fahrgestell. Ohne Beine sah die Maschine in der Luft mächtig elegant aus und außerdem steigerte sich ihre Geschwindigkeit im beinlosen Zustand erheblich. Der Acht-Zylinder-Hirth-Motor HM 8 musste nach meinen bisherigen Erfahrungen mit Hirth-Motoren eine sichere Garantie für das Aushalten einer starken Belastungsprobe sein.
Als ich wieder in Deutschland landete, war mein Plan fertig. Einen Tag lang hatte ich über meinem Riesenatlas herumgeknobelt, welche größte Strecke ich in einem Tag mit Sicherheit – soweit es die in der Sportfliegerei gibt – würde schaffen können.
Ich dachte mir das Ganze mehr als eine Propaganda für die Maschine, die damals völlig unbekannt war – allerdings mit dem Gedanken im Hintergrund, den Erfolg dann auf meinen weiteren Flügen mög-

lichst wirtschaftlich auszunützen, durch Vorführung der »Me-108«, aber das war doch kein Name für ein Flugzeug, das ein Weltschlager werden sollte!
Nach einigem Überlegen nannte ich meine »Me« *Taifun*. Das war ein Name, unter dem man sich auch in Englisch und Französisch sprechenden Ländern etwas vorstellen konnte, etwas, das mit Tempo und Gebrause zusammenhing. Später wurde dieser Name für den ganzen Typ übernommen.
Als mein Plan ausgebrütet war, flog ich nach Augsburg und entwickelte auf einer Vorstandsbesprechung meine Idee, in einem Tag nach Asien und wieder zurück nach Deutschland zu fliegen.
Das Echo war gar nicht so begeistert, wie ich es mir vorgestellt hatte. Im Gegenteil, die BFM-Männer sahen mich mitleidig an, als wenn sie nur mit Mühe ihre Ansicht hinunterschluckten: Das arme Mädchen hat durch die vielen Flüge wohl etwas zu viel Sonne auf den Kopf gekriegt!
Doch ich ließ nicht locker.
Nach Stunden hatte ich den Vorstand überzeugt. Ich bekam die Zusage, die Maschine in kürzester Zeit mit Supertanks auszurüsten, den Motor zu überholen und alles zu tun, was für die Durchführung dieses Fluges nötig war.
»Ja, und Sie wollen doch nicht etwa wieder allein ...«
Jawohl, genau das wollte ich – *natürlich allein!*

Ursprünglich hatte ich von Berlin nach Asien und wieder nach Berlin zurückfliegen wollen. Da aber meine Maschine frühestens im August fertig wurde, waren bis dahin die längsten Tage vorüber. So entschloss ich mich nach langem Hin-und-her-Überlegen von Gleiwitz, *der* Stadt in Deutschland, die in Richtung Asien am günstigsten gelegen war, hinunterzufliegen bis an die asiatische Seite des Bosporus. Wenn alles klappte, müsste ich sogar noch eine gewisse Brennstoffreserve für Schlechtwetter übrig haben.
Ich hatte für den Flug den 13. August ausgewählt, weil ich nun mal eine Vorliebe für die Zahl 13 habe.
Am 12. August landete ich in Gleiwitz und schon im Laufe des Nach-

mittags wurden alle Zoll- und sonstigen Formalitäten für den Start in der Nacht erledigt. Die Hirth-Leute sahen sich meinen Motor noch einmal von allen Seiten an. Die BFM-Männer beguckten sich die Zelle von innen und außen. Der Shell-Mann rollte Riesenbenzinfässer herbei, deren Inhalt nacheinander in den schier unergründlichen Tanks verschwand.

Um sechs Uhr nachmittags stand die »Taifun« fix und fertig und bekam von mir noch einen Kuss auf die Blechschnauze. Dann zog ich mich bei einer Affenhitze in mein Hotel zurück, wo ich mich bis ein Uhr früh hinlegte, um dann munter und ausgeschlafen aufzuwachen.

Trotz der stockfinsteren Nacht – der Mond war schon um zwei Uhr untergegangen – hatten sich eine ganze Menge Reporter auf dem Flugplatz eingefunden, die mich, wohl wegen der recht unbequemen Startzeit, etwas säuerlich begrüßten.

Während draußen der Motor zum letzten Mal abgebremst wurde, verschwand ich noch einmal schnell im Flughafengebäude und war durch irgendeinen Zufall plötzlich – eingeschlossen. Ich brüllte, was ich konnte, aber das kümmerte keinen der Menschen, die nichts hörten, da draußen, hundert Meter weiter, mein laufender Motor erheblichen Krach machte. Schließlich fand ich eine offene Bürotür und kam so an ein Fenster, durch das ich hinaushüpfen konnte.

Zehn Minuten später war ich in der Luft.

Drei Uhr vierzig war es auf meiner Borduhr.

Im Osten zeigte sich der erste Schimmer des heraufziehenden Morgens.

Zunächst einmal räkelte ich mich zwischen meinen beiden Luftkissen zurecht und knipste an meinem Instrumentenbrett das Licht an, um zu sehen, ob auch alles in Ordnung war. Schon kurz nach dem Start flog ich über dichtem Bodennebel, aus dem nur die großen Gipfel der Hohen Tatra herausragten. Bis an die ungarische Puszta war alles unter mir »zu«.

Als der Bodennebel sich schließlich mit der zunehmenden Helligkeit verzog, wollte ich gern wissen, wo ich mich nun eigentlich befand.

Da meine »Taifun« nicht mit Funk ausgerüstet war, konnte ich mich nur nach Flugzeit, Kompass und Karte orientieren.
Der Bahnhof des nächsten Ortes lag sehr versteckt. Doch da kam mir eine gute Eigenschaft meiner Maschine zu Hilfe. Ich stellte einfach die Landeklappen heraus. Dadurch konnte ich in kurzer Zeit von 250 Kilometer Reisegeschwindigkeit auf nur 100 Kilometer zurückgehen – was mir die Feststellung erleichterte, dass ich mich über Hadju-Nánás auf genauem Kurs befand.
Danach zog ich die Landeklappen wieder ein und flog mit voller Geschwindigkeit weiter – eine herrliche Neuerung! Eine Weile war nichts Besonderes los, bis ich über den Transsylvanischen Alpen an eine Gewitterfront kam, die mir bei dem Gedanken an meinen Rückflug nachmittags nicht besonders gefiel – doch bis dahin konnte sich ja noch allerlei ändern.
Durch die hohe Geschwindigkeit der Maschine musste ich meine Karte fortwährend anders falten und hatte früh um sechs Uhr schon das fünfte Land überflogen.
Inzwischen war das Wetter wunderschön geworden. Über mir leuchtete ein wolkenlos blauer Himmel und in der Ferne sah ich wie einen feinen Pinselstrich das Marmarameer liegen.
Da es im Augenblick keine Schwierigkeiten gab, bemerkte ich zum ersten Male, dass dieses ewige Auf-einem-Fleck-Sitzen recht mühsam ist. Wütend zerrte ich mein Luftkissen, auf dem ich saß, von einer Stelle auf die andere.
Gegessen habe ich auf dem ganzen Hinflug nur eine Scheibe Brot und einige Weintrauben. Da ich gar keinen Durst hatte, brauchte ich auch nichts zu trinken, was später für die Landung bei großer Hitze nur gut war.
Bald war ich über Istanbul.
Dessen Flugplatz Jeshilkoy ließ ich unter mir liegen und flog gleich weiter auf die asiatische Seite des Bosporus an den großen, nicht zu verfehlenden Bahnhof Haidar Pascha, südlich von Instanbul. Natürlich wäre es noch eindrucksvoller gewesen, wenn ich in Asien gelandet wäre. Aber hier gab es auf mehrere Hundert Kilometer keinen Flugplatz, darum musste eine Beurkundung meines Überfliegens

genügen, die ein türkischer Major mit einigen Helfern vornahm. Hier, von Haidar Pascha, wurde die erste Meldung über meinen Flug nach Deutschland durchgegeben. 9.20 Uhr, also 5 Stunden und 40 Minuten hatte ich in einer kleinen Sportmaschine von Deutschland bis Asien gebraucht – es kam mir doch recht merkwürdig vor, wenn ich meine ersten Erfahrungen aus dem Jahre 1928 zum Vergleich heranzog.

9.34 Uhr landete ich in Jeshilkoy – nun schon wieder auf dem Rückflug!

Eine riesige Menschenmenge hatte sich zum Emfpang eingefunden mit Blumen, Schokolade und Mengen von Fresskoffern, selbst mit Seife und einem Handtuch, ja sogar mit einem Badeanzug für ein schnelles Bad im Marmarameer.

Der kurze Empfang auf dem Flugplatz war hervorragend organisiert. Da waren unter vielen anderen der Geschäftsträger der deutschen Botschaft in Ankara, der deutsche Generalkonsul von Istanbul und die gesamte deutsche Kolonie.

Alle strahlten vor Begeisterung, und den Türken machte es offensichtlich Freude, dass ich gerade ihr Land für diesen Fernflug gewählt hatte. Ihr Vorschlag, meine Maschine doch gleich dazulassen und ihnen zu verkaufen, kam mir aber im Augenblick nicht besonders gelegen.

Im nahe gelegenen Hotel war ein Frühstück vorgesehen, aber mitten auf dem reparaturbedürftigen Wege dorthin kehrte ich plötzlich zum Entsetzen meiner Gastgeber um. Der Gedanke an meinen langen Rückflug machte mich nicht besonders sitz- und frühstücksfreudig. Ich bat herzlich, doch gemeinsam ohne mich die Mahlzeit nach meinem Start einzunehmen – es sei noch ein recht langer Weg für mich.

Mir wurde verziehen.

Ja, und das »Händewaschen« muss ich auch noch erzählen. So etwas interessiert die Nichtflieger immer sehr.

Man fragte mich, »ob ich gern wollte«. Das war auch in der Organisation vorgesehen.

Jawohl, ich wollte sehr gern.

Im Triumph wurde ich von vielleicht hundert begeisterten Menschen, die mich nicht einen Schritt allein gehen ließen, vor eine kleine Tür geführt, in die ich dann allerdings allein hineingehen durfte. Dafür konnte ich aber fast nicht wieder heraus, weil sich alle davor postiert hatten, um mich einmal ganz genau anzusehen.
10.47 Uhr, nach einer guten Stunde Aufenthalt in Jeshilkoy war ich wieder in der Luft und mir sehr darüber im Klaren, dass jetzt der in jeder Weise schwierigere Teil des Fluges vor mir lag.

Die nun noch zu fliegende Strecke war 450 Kilometer länger als der Hinflug. Nachdem ich morgens um ein Uhr aufgestanden war, musste ich damit rechnen, dass ich nicht mehr ganz so frisch war wie in der Frühe. Bald nach meinem Start hatte ich einen toten Punkt. Das Wetter war schön, das Land unter mir flach und es gab keine besonderen Schwierigkeiten, dadurch kam wohl diese leichte Abspannung.
So trank ich meine Thermosflasche mit Kaffee aus, aß etwas Obst und Kuchen und war bald wieder munter.
Das kann man in einer modernen Sportmaschine natürlich alles machen. Es ist, wenn man bei gutem Wetter erst einmal in der Luft ist, ja nicht wie beim Autofahren, wo man jede Sekunde mit einem neuen Hindernis rechnen muss. Auf dem Hinflug hatte ich schon ein halbes Magazin ausgelesen. Manchen Brief habe ich unterwegs auf meinen Langstreckenflügen zwischen den Wolken geschrieben.
Über den Transsylvanischen Alpen war es nun besser als auf dem Hinflug.
Die Gewitter waren abgezogen. Ich hatte, in 3000 Meter Höhe fliegend, keine Schwierigkeiten.
Dagegen waren über der Hohen Tatra, die sich auf dem Hinflug so gut aufgeführt hatte, jetzt viele große, dicke Wolken, die so hoch hinaufreichten, dass ich vorübergehend sogar blind fliegen musste. Vor einiger Zeit hatte ich einen Blindflugkurs bei einem Kapitän der Lufthansa mitgemacht – gottlob! Denn ich hatte schon einige scheußliche Situationen hinter mir, an die ich nicht gern zurückdachte.

Jetzt näherte ich mich der deutschen Grenze mit dem Gefühl, nun könne eigentlich nichts mehr passieren!
Zuerst ging auch alles gut.
Gleiwitz überflog ich wie verabredet und von dort gab man mit dem Fernschreiber sofort mein Passieren nach Berlin weiter. Zu der Zeit hatte ich noch 200 Liter Brennstoff, hätte also noch ungefähr 1000 Kilometer weiterfliegen können.
Kurz vor Berlin, über dem Spreewald, als ich mich schon wieder völlig zu Hause fühlte, schickte mir der Wettergott noch schnell eine Schlechtwetterfront vor die Nase, die es in sich hatte. Die Wolken hingen bis auf den Boden herunter und um ein Haar wäre ich in die Funktürme von Königswusterhausen hineingeflogen. Außerdem regnete es stark, sodass man keine hundert Meter weit sehen konnte, was bei meiner Geschwindigkeit ohne Funk reichlich unheimlich war.
Sehr stolz war ich Jahre später, als mir ein Lufthansa-Kapitän anvertraute, er sei an diesem Tage zur gleichen Zeit auf derselben Strecke nicht durchgekommen, was ihm von seinen lieben Kollegen allerlei Spott mit dem Hinweis auf meine Landung eingetragen habe.
18.08 Uhr setzte meine Maschine nach einer Strecke von 3470 Kilometern in Tempelhof auf.
Ich verschwand in unzähligen geöffneten Armen und unter Bergen von Blumensträußen. Während der Fotografier-Kanonade entdeckte ich viele Freunde und Bekannte und überlegte, woher die wohl so schnell von meinem Non-Stop-Flug in einem Tage Deutschland–Asien–Deutschland erfahren haben könnten? Ich hatte mich doch so bemüht, alles ganz geheim zu halten.
Neben all den offiziellen Männern freute ich mich besonders, meine Fliegerkameraden Udet, Hertha von Gronau, Luise Hoffmann und Wolfgang von Gronau zu sehen.
»Das hast du ja ganz nett gemacht«, beglückwünschte mich Ernst Udet – ich war sehr stolz über diese Anerkennung.
Nach einer Weile des Händeschüttelns und Fotografierens verschwand ich unauffällig hinter der Menschenwand und lief schnell zu der Halle, in der man meine »Taifun« untergestellt hatte. Sie

stand brav und gelangweilt da, als wenn überhaupt nichts gewesen wäre.
Leise und voll Dankbarkeit fuhr ich ihr mit der Hand über die Motorhaube. »Nicht wahr, du – es war doch ein wunderbarer Tag, unser 13. August?!«
Dieser Flug hatte ein erstaunliches Echo in der ganzen Welt. Jedenfalls, die bis zum 12. August außerhalb von Deutschland unbekannte »Me-108« war als *die* »Messerschmitt Taifun« von einem Tag auf den andern für die Fliegerei in einigen Erdteilen ein Begriff geworden.

Mein Leben mit Bernd

Dieses Buch heißt »Alleinflug«.
Das Stück gemeinsamen Weges und auch ein einziger großer Flug miteinander waren nicht sehr lang. Doch dieses kurze Zusammenleben mit Bernd Rosemeyer war bestimmend für mein ganzes Leben. Bernd hat sein eigenes Buch bekommen. Dennoch möchte ich hier die entscheidenden Stationen seines, unseres Lebens noch einmal erzählen.

Seit wir uns 1935 auf dem Masarykring bei Brünn kennengelernt hatten, wo Bernd Rosemeyer seinen ersten Grand Prix gwonnen hatte, waren wir unzertrennlich geworden – wenn er nicht gerade ein Rennen zu fahren hatte.
Bis nach Hannover zu meinen Eltern waren die Vermutungen gelangt, wie das wohl weitergehen würde.
Bei meinem nächsten Besuch meinte Vater: »Du bist schließlich selbst alt genug – aber findest du, dass deine Freundschaft mit dem Rosemeyer sehr passend ist?«
Vater konnte es nicht lassen, sich von Zeit zu Zeit den Kopf über die unmöglichsten Dinge zu zerbrechen. Selbst zu fliegerischen Fragen pflegte er seine Kommentare zu geben, wenn ich ihn, was manchmal vorkam, von Hannover nach Berlin oder irgend woanders hin mitnahm. Mutter griff meistens, egal ob es sich um den Lippenstift oder die Steilheit einer Flügelkurve oder die Zusammenstellung einer Vortragstournee drehte, vermittelnd ein und meinte: »Findest du nicht, dass Elly eigentlich alt genug ist, um das selbst zu entscheiden?«
Aber diesmal zog sie mit Vater am gleichen Strang.
»Ja, Vater hat ganz recht! Selbst hier spricht man darüber. So ein

Rennfahrer, das ist doch nicht der rechte Umgang für dich«, fiel nun auch Mutter über mich her.
Die Eltern hatten mehr recht, als sie ahnten.
Als das damals anfing auf dem Masarykring und wieder Wochen später auf einer meiner Vortragsreisen in Sachsen und danach in Berlin weiterging, hatte ich mir nichts weiter dabei gedacht, als dass der junge Bernd Rosemeyer in meinem sonstigen Kreis eine erfreulich frische, unproblematische Erscheinung war. Mit ihm konnte man sich über ganz andere Dinge unterhalten, als es sonst unter meinen Freunden üblich war.
Inzwischen wusste ich, dass der Rennfahrer nicht daran dachte, diese Freundschaft mit mir aufzugeben. Ihm lag auch nicht daran, dass es bei der Freundschaft blieb – im Gegenteil. Und darum hatten die Eltern recht: Das war kein Zustand.
Die Spatzen pfiffen es von den Berliner und den hannoverschen Dächern, dass Rosemeyer mich fast auf jeder Tournee begleitete, dass sein auffallender 5-Liter-Horch ewig vor meinem Hause stand. – Ich hätte eben schon lange meinen nächsten Auslandsflug antreten müssen.
Entweder – oder.
Aber an den Gedanken des »Entweder« konnte ich mich beim besten Willen nicht gewöhnen.
Ich liebte meine Fliegerei so sehr – so sehr.
Und jetzt waren die Grundlagen so viel besser als je zuvor. Meine Schulden waren weg und durch die vielen Vorträge hatte ich einen passablen Fonds für den nächsten Fernflug geschaffen.
Das alles aufgeben? – Nein!

Inzwischen fuhren wir durch Deutschland, meistens in Bernds großem Wagen. Zum ersten Mal, dass ich keine Sorgen hatte mit Pannen, Schnee und Eis in den Bergen – seit Jahren war ich daran gewöhnt, mit allen diesen Dingen allein fertig werden zu müssen.
Es gefiel mir gut, einmal so verwöhnt zu werden.
Eines Nachts passierte etwas Merkwürdiges.
Irgendwo im Sauerland war es.

Nach meinem Vortrag wollte ich möglichst bis Hannover durchfahren. Der Nebel war so dicht, dass man die Chausseebäume nur sah, wenn man auf ein paar Meter herangekommen war. Und Bernd fuhr mit sechzig Kilometern.
»Sag mal, bist du denn wahnsinnig?«, fuhr ich ihn an. »Man sieht doch *nichts.* Wenn jetzt ein Radfahrer kommt oder ein Auto an der Seite hält, da knallst du unweigerlich hinein!«
Ungerührt hielt Bernd sein Tempo.
»Natürlich kann ich sehen, du dummes Mädchen«, beschwichtigte er mich, »sonst würde ich wohl nicht so schnell fahren.« Ich wurde wütend.
Dass meine Augen tadellos sahen, stand fest und wurde jedes zweite Jahr bei der Fliegertauglichkeitsprüfung neu untersucht. Und ich sah bestimmt nicht weiter als zehn Meter. Es war eine Unverschämtheit von dem Herrn Rennfahrer. Schließlich war die nächtliche neblige Landstraße hier keine gesperrte Rennstrecke.
»Bernd, sei doch nicht so rasend leichtsinnig!«, beschwor ich ihn. »Wenn dir schon nichts an deinem Leben liegt, *ich* habe keine Lust, hier an einem Baum zu kleben.«
»Sag mal«, Bernd wurde plötzlich ganz ernst, »glaubst du *wirklich,* ich würde mit dir so fahren, wenn ich nicht jederzeit rechtzeitig bremsen kann, falls etwas im Wege ist?«
Nun wurde es mir aber doch zu bunt. Ich schrie ihn an, er wolle mir doch nicht einreden, dass er weiter als bis zum nächsten Baum sehen könnte. »Ja, natürlich, ich sehe die drei nächsten«, sagte er lachend. »Glaubst du es nicht? Aber warte, ich kann es dir gleich beweisen.«
Eine Weile rauschten wir in unheimlichem Tempo in der Milchsuppe um uns herum weiter.
Plötzlich trat Bernd auf die Bremse.
»Siehst du den Radfahrer vor uns?«, fragte er mich.
»Oh, rede keinen Unsinn! Du kannst genausowenig mehr sehen als ich, außer dem einen Baum und dem Nebel«, antwortete ich unfreundlich.
Gleichmütig gab Bernd wieder Gas. »Siehst du ihn nun?«

Ankunft in Lima

Empfang in Peru

In Chile

Auf vielen Flugplätzen war sie das erste dort landende Mädchen überhaupt.

Autogramme für die hilfsbereiten Mechaniker

Im Reich der Inkas

Chile erlebte sie mitten in einer Revolutionszeit.

Über Australien

Der versumpfte Flugplatz von Koepang auf der Insel Timor

Empfang in Sydney

Das Interview aus Brisbane wurde auch in Berlin gesendet.

Newcastle-Waters in Australien. Übernachtet wurde in einer Wellblechhütte.

Über dem australischen Busch

Buschromantik: Picknick im spärlichen Schatten

»Nein!« Ich war am absoluten Ende meiner Geduld.
Wieder fuhr Rosemeyer ein Stück weiter – und da war der Radfahrer.
Ich weiß nicht genau, wie groß die Entfernung war, als zuerst Bernd, dann ich ihn sahen.
Fest steht jedenfalls, dass ich im Nebel so gut sehe wie jeder Mensch mit normalen Augen, vielleicht sogar etwas besser. Aber das, was Bernd mir in dieser Nacht vorführte, war ein Wunder. Ich hatte so etwas nie erlebt.
Wir haben später ähnliche Experimente noch ein paar Mal gemacht. Immer war es das Gleiche. Egal, ob der Nebel bei Tag oder Nacht auf der Landstraße lag. Er sagte mir jedes unbeleuchtete Hindernis lange voraus an, ehe ich auch nur einen Schatten davon wahrnehmen konnte.

In diese Zeit vieler innerer Zweifel fiel für mich ein ganz neues fliegerisches Erleben, das mir tiefen Eindruck machte. Obwohl es eigentlich viel zu schnell ging.
Ich hielt einen Vortrag in Hirschberg, der Heimat von Hanna Reitsch, die schon damals, 1935, begann, sich einen bedeutenden Namen im deutschen und internationalen Segelflug zu machen.
Als ich ihre Familie besuchte, wurde mir klar, welche tiefen Kraftquellen Hanna aus ihrem Elternhaus zuströmten. »Ach, gehen Sie doch morgen hinauf nach Grunau, liebe Elly, auf die Segelfliegerschule«, riet mir Hannas Mutter. »Sicher wird es Ihnen Freude machen, den Buben und Mädeln da zuzusehen. Und die freuen sich auch, wenn Sie zu ihnen hinaufkommen.«
Ja, es ließ sich einrichten.
Am Abend musste ich in Schweidnitz sprechen – aber das war ja keine Entfernung. Bis zum frühen Nachmittag hatte ich genügend Zeit. Leider sah es in Grunau mit dem Wetter gar nicht gut aus und ich fürchtete schon, dass überhaupt kein Flugbetrieb sein würde. Aber langsam hob sich die Wolkendecke etwas.
»Sie wollen doch sicher auch segeln?«, fragte mich der Leiter. »Oh, daran hatte ich eigentlich gar nicht gedacht«, versicherte ich. »So

zwischen Tür und Angel – zwischen zwei Vorträgen, das ist wohl nicht das Richtige für den ersten Start im Segelflugzeug.«
»Ach was, eine alte Weltfliegerin wird das schon schaukeln! Sie müssen doch endlich einmal das *wirkliche* Fliegen kennenlernen«, meinte ein Lehrer lachend. »Langsam wird es Zeit!«
Ein paar Minuten später saß ich angeschnallt in einem »Grunau-Baby«, bekam einige Verhaltensmaßregeln und schon spannte sich das Gummiseil.
Ein merkwürdiges Gefühl nach meinen Hunderttausenden von Luftkilometern, bei denen alles von dem Motor vor mir abhing, nun dieses lautlose Schweben. Nichts war zu hören als das Pfeifen der Luft durch die Düse des Staudruckmessers. Unten auf dem Hang sprangen die Schüler umher. Ich hörte ihr Rufen bei den nächsten Starts: »Ausziehen – Laufen ...« Es war alles so schnell gegangen, dass ich überhaupt nicht zur Besinnung gekommen war. Wenn ich nicht so absolut in der Luft zu Hause gewesen wäre: dieses Schweben wäre mir wie ein Traum erschienen.
Schade, das Wetter war gar nicht gut, die Wolken lagen so tief, dass ich immerzu aufpassen musste, nicht in ihnen zu verschwinden. Das konnte ich mir nicht leisten. Die grundsätzliche Technik des Segelns war mir theoretisch schon immer klar gewesen und in der Praxis hatte ich sie in ihrer einfachen Ausübung auch gleich verstanden. Jetzt konnte ich begreifen, weshalb Udet sich zu seinem privaten Vergnügen ein hochwertiges Segelflugzeug zugelegt hatte. Ja, da konnte man sehen, wer wirklich fliegerisches Gefühl in den Fingerspitzen hatte. Hier war so ein rohes Herumreißen mit dem Steuerknüppel, wie man es manchmal auf den Flugplätzen sah, nicht möglich. Da hätte eine Segelmaschine gleich einen ganzen Rolling gemacht.
Zu dumm, aber die Wolken senkten sich immer mehr über die Hänge – ich durfte hier, weil ich doch recht wenig davon verstand, keine wilden Sachen riskieren und die Maschine nicht in Gefahr bringen. Also, Elly, wenn auch ungern: Hinunter auf den Startplatz! Als ich aus meinem »Baby« kletterte, noch ganz benommen von dem Eindruck dieser wunderschönen motorlosen Fliegerei, liefen alle auf mich zu: »Herzlichen Glückwunsch zu Ihrem C-Schein. Da haben

Sie aber gerade noch Glück gehabt! Wir haben dauernd auf die Uhr gesehen, ob Sie wohl noch so lange aushalten würden, bis es reichte. Aber jetzt langt es gut.«

War das eine Überraschung!

Ich hatte nicht einmal ernstlich an den B-Schein gedacht. Doch inzwischen war so viel Zeit vergangen, dass es bequem für den damaligen C-Schein ausreichte.

Ein sehr schlechtes Gewissen hatte ich, als ich dann so gegen die einfachsten Gesetze des Segelfliegens verstoßen musste und mich sofort in mein Auto setzte, um nach Schweidnitz abzufahren. Nicht einmal mehr dazu langte es, die Maschine mit in die Halle zu bringen. Aber ich denke, es hat mir keiner der Kameraden dort übel genommen. Und später habe ich noch manches Mal helfen können, ohne selbst zu einem Flug zu kommen – als Ausgleich!

Als ich, ganz erfüllt von diesem ersten Segelflugerlebnis, nach Berlin zurückkam, nahm Rosemeyer von Herzen an meiner Begeisterung Anteil. »Später kaufen wir uns ein Segelflugzeug«, meinte er. Aber von dem »wir« war ich noch weit entfernt.

In den wenigen Jahren mit Bernd war überhaupt alles so, als ob es so sein musste.

Es dauerte nur eine ganze Weile, bis ich das begriffen hatte.

Ich wusste nämlich durchaus nicht von der ersten Minute an: Diesmal ist es ernst und unabwendbar.

Bernd hat das immer gewusst, sofort, von dem Augenblick an, als wir uns nach seinem Sieg in der Boxe die Hand gaben. Unbewusst empfand ich allerdings, wie da plötzlich in meinem Leben ein Mensch war, ein Mann, der so viel stärker war als ich.

In allem. Selbst in Dingen, von denen ich eigentlich mehr verstand als er. Es war alles an ihm so selbstverständlich und aufgelockert, ohne jede Anstrengung, dass ich mir oft wie ein ganz dummes Kind neben ihm vorkam.

Dennoch kämpfte ich einen heftigen Kampf gegen Bernd. Ich fand, zu ihm hätte eine andere Frau besser gepasst – und zu mir ein anderer Mann.

All seinen Bitten gelang es nicht, mich zu einem der Rennen mitzubekommen, mit denen das Jahr 1936 begann.
Obwohl es mir recht egal war, was »die Leute« von uns dachten und sprachen, hatte ich ein schlechtes Gewissen.
Bis zu einem gewissen Grade gegenüber Bernd, mehr aber noch der Auto-Union und der gesamten rennbegeisterten Welt gegenüber. Diese Hunderttausende hingen mit fanatischer Begeisterung an dem jungen Fahrer, der auf dem besten Wege war, sich in die internationale Rennfahrerelite emporzuarbeiten.
Dieser unklare Zustand zwischen uns war für einen Mann wie Rosemeyer, für den es keine Halbheiten gab, die Hölle.
Ich bereitete inzwischen mit Eifer einen neuen Schnellflug vor, der den vom letzten Jahr nach Asien und zurück in einem Tag in den Schatten stellen sollte. Schon der Gedanke, darauf verzichten zu müssen, erschien mir unfassbar.
Inzwischen jagte ein Pech das andere. Wer trug die Schuld daran? Bernd war auf einer Reise in Norddeutschland und aß Austern. Früher hatte er keine Austern gegessen, aber ich hatte ihn einmal dazu bewogen. Also gingen alle folgenden Austern auf mein moralisches Konto. Unter diesen Austern war eine schlechte. Folge: eine böse Vergiftung mit anschließender Gelbsucht, wochenlangem Krankenhaus und anhaltender Empfindlichkeit der Leber. Das alles, während unten in Monza die Wagen für die Rennsaison 1936 erprobt wurden und vergeblich auf Rosemeyer warteten.
Nächstes Malheur: In Garmisch fanden die Olympischen Winterspiele statt, die ich mir natürlich ansah.
Unmittelbar aus dem Krankenhaus kam Bernd nach Garmisch, um mich dort zu treffen. Bei strahlendem Wetter fuhren wir eines Morgens auf das Kreuzeck hinauf. Er natürlich ohne Ski, weil ihm noch jede Anstrengung verboten war. Der Gedanke, als Einziger mit der Bahn wieder hinunterzufahren, war für Bernd so unerträglich, dass er sich kurz entschlossen oben ein Paar Ski kaufte, alle seine warmen Sachen hinunterschickte und munter abfuhr.
»Es geht ja immer bergab und strengt nicht an«, wies er meine flehentliche Bitte ab, den Unsinn doch zu lassen.

Bereits ein paar Hundert Meter tiefer lag er mit gebrochenem Knöchel in einer vereisten Spur. Die durch das lange Liegen geschwächten Beine hatten die schnelle Schussfahrt nicht durchgestanden.
Stundenlang dauerte das Abseilen durch die Bergwacht auf dem blanken Eis. Bernd hatte nur ein Hemd und eine dünne Windbluse an.
Hatte sich denn alles gegen uns verschworen?
Schon wieder waren Trainingsfahrten in Monza angesetzt worden. Diesmal hauptsächlich für Bernd Rosemeyer, dessen Urteil für die endgültige Fertigstellung der Wagen unbedingt nötig war. Wenn an diesem Abend einer der Direktoren der Auto-Union oder der Rennleiter erschienen wäre – ich hätte mich in das finsterste Mauseloch verkrochen.
Liebevoll wurde inzwischen Bernd unten im Ärztehaus versorgt und durfte sogar mit einem Gehgips ins Hotel zurück.
Abends, als ich an seinem Bett saß, kamen wir uns vor wie zwei sehr ungezogene Kinder. Uns beiden war langsam klar geworden, dass Bernd wirklich nur zu einem Teil sich selbst gehörte. Der andere Teil gehörte Deutschland und seinem Werk.
Gerade eben langte es mit der Wiederherstellung bis zu den ersten Rennen. Der Fuß war wieder gut, Magen und Leber einigermaßen und der Rennwagen war auch in Ordnung. Nur ich nicht. Wenigstens nach Bernds Ansicht nicht. Und das machte er nach den ersten Rennen der Saison nicht mehr mit.
Wenn ich je romantische Vorstellungen von einer Verlobung im Mondschein oder an einem See gehabt hätte, sie wären mir gründlich ausgetrieben worden. Eines Morgens erschien Rosemeyer in meiner Wohnung und wedelte mir mit einem dicken Kuvert vor der Nase herum.
»Weißt du, was das ist, mein liebes Kind?«, strahlte er mich an. »Das sind meine vollständigen Heiratspapiere. Und ich gehe jetzt nicht wieder weg, ehe ich deine dazu habe, ganz egal, ob die hier oder in Hannover sind. Spätestens morgen früh bestelle ich das Aufgebot. Und wenn du dich auf den Kopf stellst!«

Ich stellte mich nicht auf den Kopf, sondern fand, dass das wohl die einzig mögliche Lösung wäre, und gab ihm die Papiere gleich mit. Wir mussten lange danach suchen und vollständig waren sie auch nicht.
Ja, so war das mit unserer »Verlobung«.

Und dann schrieb einige Tage später eine instinktlose Zeitung: Elly Beinhorn heiratet Bernd Rosemeyer. Und viele andere druckten diese den Tatsachen ins Gesicht schlagende Feststellung ab. Denn wenn wer wen geheiratet hatte, so war das Bernd.
Am 13. Juli 1936 wurden Bernd und ich getraut.

Einsame Hochzeitsreise

Gewissermaßen mit Motorengeheul starteten wir in unsere junge Ehe.
Mitten in der Renn- und Flugsaison war keine Zeit für die sonst übliche Beschaulichkeit, mit der das junge Paar sich von der unruhigen Welt zurückzieht, und für all das andere, was so eigentlich zu einer richtigen Heirat gehört.
Vorerst konnten wir nicht wegfahren, wenigstens nicht weit genug, um unsere Ruhe zu haben – und da hätten wir ziemlich weit reisen müssen, denn Bernd musste Rennen fahren und ich hatte einen anspruchsvollen fliegerischen Plan. Ich wollte den Schnellflug vom vorigen Jahr unterbieten.
Über drei Erdteile in einem Tage – das war diesmal mein Ziel. Natürlich war es nicht vorgesehen gewesen, dass dieser Flug bald nach unserer Hochzeit stattfinden sollte. Nein, Wochen vorher, in den längsten Junitagen, hatte ich ihn machen wollen. Aber wieder einmal war der Liefertermin meiner Maschine nicht eingehalten worden; und ausgerechnet am Morgen des 14. Juli, am Tag nach unserer Hochzeit, wurde mir der Vogel übergeben.
Ich war nicht ganz so begeistert, wie ich es unter normalen Umständen über die Auslieferung eines funkelnden modernen Flugzeugs neuesten Modells gewesen wäre.
Trotzdem – der geplante Flug musste durchgeführt werden. Da gab es gar kein Überlegen.
Bis dahin war noch einiges andere an aufregenden Ereignissen fällig: Darunter mein erster Besuch bei einem Rennen, in dem Bernd mitfuhr. Denn das Avusrennen und der Masarykring 1935 zählten nicht, weil damals wohl mein sportbegeistertes Auge, aber nicht mein Herz dabei gewesen war.

Für meinen Mann war das mit dem Heiraten so selbstverständlich und natürlich gewesen, wie in einem bestimmten Alter die zweiten Zähne zu bekommen. Er fand die damit verbundenen Vorbereitungen etwas lästig, dagegen die Aussicht auf die vielen Geschenke großartig. Das musste eben sein, damit wir zusammenleben konnten und unsere Ruhe hatten – und damit basta.
Dass man, auch ohne verheiratet zu sein, hätte zusammenleben können, war nicht eine Sekunde in seinen Kopf gekommen. Dazu war das Heiraten ja schließlich vom lieben Gott erfunden worden. Also hatte ich ihn – und er mich – zu heiraten.
Er brachte dann auch das erste »meine Frau« so selbstverständlich und ohne Grinsen fünf Minuten nach unserer Trauung fertig, als ob er mich nie anders bezeichnet hätte.
Mir fiel das alles nicht so leicht. Ich hatte mich doch in den Jahren da draußen zu einer rechten Junggesellin entwickelt. Doch meinen Mann interessierte das überhaupt nicht. Durch einfaches »Es-garnicht-Bemerken« seinerseits waren schon nach einigen Tagen so ein paar von den geliebten Gewohnheiten aus der Zeit des ewigen Alleinlebens fort, als wären sie nie da gewesen.
Es ist so leicht, sich einem Gefährten anzupassen oder die sogenannten »Opfer« zu bringen, wenn der Mann stärker ist als die Frau.

Während ich eifrig Versuchsflüge mit meiner neuen »Taifun« machte, war Bernd schon auf den Nürburgring gefahren, zum Training für den »Großen Preis von Deutschland«.
Es war verabredet, dass ich erst zwei Tage vor dem Rennen in meiner Maschine hinüberkommen sollte. So konnte ich weiter bei meinen Versuchen bleiben und Bernd in Ruhe die ersten Trainingstage erledigen.
»In Ruhe nennst du das?«, schimpfte er jeden Abend am Telefon, wenn er mir über seine neuesten Rekordrunden berichtete. »Haben wir diesen ganzen Heiratsrummel gemacht, damit ich hier weiter allein sitze? Du, das muss aufhören!«
»Jawohl«, versprach ich. Es würde auch bald aufhören.

Am 26. Juli, dreizehn Tage nach unserer Verheiratung am 13. Juli, wurde der »Große Preis von Deutschland« gefahren.
Ich konnte und konnte es nicht lassen, etwas mit diesen Zahlen – und mit einem leichten Aberglauben herumzuspielen. Wenn das für Bernd nicht gut ausging, dann war meine ganze Vorliebe für die Dreizehn sowieso nichts wert.
Natürlich war ich nicht im engen Sinne abergläubisch – o je, wo hätte das in der Fliegerei hinführen sollen! Wer kennt nicht diese idiotischen Filme, in denen der fliegende Held *natürlich* abstürzt, wenn er zum ersten Mal seinen Talisman, von den schwellenden Lippen der Geliebten vor dem Abschied heiß geküsst, nicht auf seinem Herzen trägt?!
Nein, so war es bei mir nicht. Von dem Aberglauben, dass Blumensträuße vor dem Start und Fotografiertwerden zur Folge haben, dass man nicht heil ankommt, hatte ich mich lange freigemacht. Es war mir längst unmöglich geworden, ohne Blumen und gezückte Kameras in die Luft zu kommen.
Und – ich war doch heil angekommen.
Ich weiß noch, wie ich bei meinen ersten Flügen, als ich allmählich berühmter wurde, heimlich mit dem Abschiedsblumenstrauß in eine Ecke des Flugplatzes rollte und ihn dort mit einem anständigen Schuss Propellerwind über eine Fläche wegpustete, nur um ja nicht mit dem Unheilbringer in die Luft gehen zu müssen.

Wer Bernds Schlaf in diesen letzten Nächten vor dem Rennen erlebte, der wusste, dass mein Mann völlig frei von jeglicher Spannung und Verkrampfung war. Er schlief wie ein Baby.
350 000 Menschen waren damals auf dem Nürburgring, wohl der absolute Rekordbesuch, den je eines der damaligen Grand-Prix-Rennen zu verzeichnen hatte.
Bernd hatte die Startnummer vier.
Sein Wagen stand in der dritten Reihe, da diesmal die Startplätze nicht nach der Schnelligkeit der Trainingszeiten, sondern durch Lose ermittelt worden waren.

Der Start eines internationalen Rennens der großen Klasse ist etwas Teuflisches – selbst für jemanden, der nicht seinen Liebsten dabeihat. Mir bleibt jedes Mal das Herz für ein Weilchen stehen, es weigert sich, das ruhig mitzuerleben.
Es ist, als schössen in einem Zirkus bei der großen Dressurnummer alle Raubtiere mit einem Schlag auf den Dompteur oder durch eine enge Gasse auf die Menschenmenge los. Dazu heulen zwanzig Motoren von vielen Hunderten von Pferdekräften. Seltsamerweise habe ich bei den vielen Rennen, die ich miterlebte, nie einen Massensturz aus dem Start heraus gesehen.
Während alles auf die andere Seite der Boxen hinüberraste, um die Fahrer die Gegengerade heraufdonnern zu sehen, wendete ich mich ab und verkroch mich irgendwo im Hintergrund, um ungestört meine Tränen abwischen zu können. Das erste Miterleben von Bernds Start hatte mich doch sehr angepackt. Jetzt jagten die Fahrer, immer noch dicht zusammenliegend, schon mit mehr als zweihundert Stundenkilometern über die Gegengerade.
So war das also, das Leben, der Beruf und der Ruhm des Mannes, den ich geheiratet hatte.
Weiß Gott: mir lag an dem Menschen Bernd, dem strahlenden, starken – nicht an dem Rennfahrer. Aber das gehörte für die nächsten Jahre nun wohl zu ihm, diese Rennerei, wie die Schale zum Ei. Also hatte es gar keinen Sinn, dass ich mich fragte, ob ich mich mit seiner Fahrerei abfinden könnte oder nicht. Da gab es keine Frage. Es war eine klare Tatsache: Bernd Rosemeyer war Rennfahrer. Mit seinem ganzen Herzen. Wenn er keinen Vertrag gehabt hätte, er würde seinen letzten Pfennig geopfert haben, um das Steuer des Grand-Prix-Wagens in die Hand zu bekommen.
Bevor die zweiundzwanzig Runden des »Großen Preises von Deutschland 1936« an meiner Boxe vorbeigedonnert waren, hatte ich in mir Klarheit geschaffen mit meiner Einstellung zu Bernds Rennfahrerei, die ich in diesen Stunden zum ersten Mal erlebte. Ich würde es als Frau Rosemeyer mit Anstand durchstehen und würde versuchen, Bernd ein guter Kamerad in allen Fragen seines Berufes und seiner Berufung zu sein. Es waren keine leichten zwei Stunden.

Aber ich habe das innere Versprechen dieses Tages, während die Rennwagen, Bernd mit seiner »Vier« meistens an der Spitze, alle vier Minuten an mir vorbeirasten, gehalten. Bis zum Ende. Während Bernd als Sieger durchs Ziel fuhr, kullerten mir die Tränen nur so über die Backen und ich war heilfroh, dass es eine Weile dauerte, bis ich dem total verdreckten Helden gegenüberstand. Der hätte mich schön ausgelacht.

Jetzt war ich an der Reihe.
Sogar mit meines Mannes Einverständnis.
Aber nur noch für diesen *einen* größeren Flug allein. Und auch nur deshalb, weil seit Monaten alles vorbereitet war. Bernd war auch der Meinung, man dürfe sich jetzt nicht blamieren, besonders dem Ausland gegenüber, da alle Fluggenehmigungen inzwischen erteilt worden waren. »Aber das sage ich dir, mein liebes Kind«, drohte er, »wenn du glaubst, dass dann eine solche Ehe ewig mit Erdteilen zwischen uns weitergeführt wird, dann täuschst du dich ganz gewaltig. Nicht mit Bernd Rosemeyer!«
Keine Angst, Bernd! So hatte ich mir das mit uns auch wirklich nicht gedacht.
Ich war selbst nicht begeistert von dem, was jetzt vor mir lag. Aber mein Mann war dafür, nachdem die Maschine endlich da war, den Flug nicht einen Tag länger als nötig hinauszuschieben – den Flug über drei Erdteile an einem Tag.
Welcher Blödsinn, das jetzt überhaupt anzufangen!
Bernd musste in Livorno fahren. In Berlin begannen die Olympischen Spiele – alles, was in Europa überhaupt am Sport interessiert war, begeisterte sich nur für das, was im Zeichen der fünf Ringe geschah. Beides machte mir den Start nicht leichter.
Dennoch reizte mich die fliegerische Aufgabe sehr. Viel zu sehr, um nur einen Moment unschlüssig zu werden.
Bernd fuhr nach Italien. So war es viel natürlicher, dass in meine alte Fliegerwohnung wieder ein Hauch von der Atmosphäre einzog, die nötig war, um mir dieses gewisse Etwas mitzugeben – eine Stimmung, in der ich schon halb draußen war. Ich spürte dann zu Hause

schon den leicht orientalischen Geruch, sah die dunklen Menschen und die bunten Farben.
Den Gedanken, dass Bernd in seinem Rennwagen etwas passieren könnte, ließ ich gar nicht aufkommen, obwohl einige Leute mit besonders viel Taktgefühl es nicht unterlassen konnten, mich mit der Nase auf diese Möglichkeit zu stoßen.
Aber eine Ehe zwischen einem Rennfahrer und einer Fliegerin hat nun einmal ihre Sondergesetze.
In zwei Tagesetappen flog ich über Istanbul hinunter nach Damaskus, das den Startort meines Fluges abgeben sollte. Unterwegs bekam ich in der Augusthitze einen leichten Vorgeschmack, dass ich eine recht strapaziöse Angelegenheit vor mir hatte.
Auf die Idee, über drei verschiedene Kontinente an einem Tag nach Berlin zu fliegen, war ich eigentlich recht stolz. Lange hatte ich wieder einmal über dem Atlas herumgebrütet, bis meine Streckenführung festlag. Natürlich musste ich die Nacht hinzunehmen, um von Asien über Afrika nach Europa und bis nach Berlin zu fliegen. Günstig war, dass ich durch die Ost-West-Richtung fast zwei Stunden gewann. Als Landeplätze waren vorgesehen: Kairo, Athen, wenn nötig Budapest und dann Berlin.
Neben der Nachtetappe von Damaskus nach Kairo waren die tausend Kilometer über das Mittelmeer nach Athen für meine einmotorige Landmaschine nicht so ganz die Idealstrecke. Eine Funkanlage hatte ich auch nicht, dafür aber ein geborgtes Schlauchboot, in dem ich im Notfall eine romantische Seereise machen konnte – es war schon eine sonderbare Hochzeitsreise!
Das fanden alle meine Bekannten unterwegs auch.
Ihnen blieb der Mund offen, als ich wieder einmal in Jeshilkoy, dem Flugplatz von Istanbul, landete – wieder allein, obwohl auch sie in den Zeitungen von unserer Heirat gelesen hatten.
Ja, so etwas konnte es doch nur in dem verrückten Europa geben, mitten in diesem Hexenkessel von Tempo und Wirtschaft und Politik – da hörte doch jeder Spaß auf. Mein alter Freund von der Flugleitung, Ziya Bey, sah mich nur mitleidig an, als ich ihn überfiel: »Wo ist das Telegramm von meinem Mann?«

»Nix Telegramm! Er hat vergessen seine Frau, wenn sie gleich wieder wegfliegt«, meinte er, traurig über meine Enttäuschung.

Erst in Damaskus bekam ich Nachricht, dass Bernd in Livorno nach der sechsten Runde aufgegeben hatte. O weh! Bernd Rosemeyer hatte aufgegeben!

Es war das einzige Rennen, das mein Mann freiwillig nicht zu Ende fuhr.

Damaskus im August ist für eine europäische Frau fast an der Grenze des Erträglichen, wenn sie körperlich arbeiten muss und nicht an diese unbeschreibliche Hitze gewöhnt ist. Dazu der Krach die halbe Nacht hindurch, da die Menschen dort um diese Jahreszeit erst spätabends wieder aufzuleben beginnen.

Die Natur hat mir die wunderbare Gabe geschenkt, dass ich, wenn es wirklich darauf ankommt, immer das *kann*, was ich unbedingt *muss*. Ich glaube aber auch, dass wiederum ich mich durch recht viel Schlaf und Ruhe und ein vernünftiges Leben dafür erkenntlich gezeigt habe. Nicht, dass ich mich zur Askese gezwungen habe – nein, nur weil es mir eine genießerische Freude macht, früh schlafen zu gehen und, wenn ich es mir leisten kann, gesund zu leben. Der Dank meines Körpers dafür war dann immer, dass er sich gelegentliche Übergriffe freundlichst gefallen ließ. –

Morgens um zwei Uhr, am 6. August, gab ich Gas und wackelte zwischen den aufgestellten Positionslaternen der Nachtbeleuchtung des Damaszener Flugplatzes dahin, bis ich mit meinen vollen Tanks so viel Fahrt hatte, um rechtzeitig abzuheben. Unten standen die französischen Flieger, die mir so kameradschaftlich bei allen Schwierigkeiten geholfen hatten. Sie waren aufgeblieben, um sich meinen nächtlichen Start anzusehen, Offiziere und Mannschaften. Auf diesem Flug war wieder einmal der Teufel los mit allen Wetterberichten. Schon auf dem Hinflug vor Budapest hatte ich eine böse Etappe erlebt, an der, um in Bernds Rennfahrersprache zu reden, »alles dran« gewesen war. In den Wolken war ich lange Zeit blind fliegend umhergeirrt und das ist nicht gut in einer Sportmaschine ohne Funk. Nun war schon wieder so etwas auf meinem Kurs, auf das ich gern verzichtet hätte – eine lange Strecke von Bodennebel, über der ich

natürlich keine genaue Kontrolle hatte, wo ich da oben eigentlich herumkutschierte. So ein Nachtflug über fremden Ländern ist eine gottverlassene Angelegenheit. – Wie wenn man ganz allein auf der Welt wäre – und das doppelt, wenn man noch eine Wolkendecke zwischen sich und dieser Erde hat.
Mit dem ersten Morgendämmern landete ich in Kairo.
Um ein Haar – oder vielmehr um viele Haare – wäre dort mein pünktlicher Weiterflug ein Opfer des morgendlichen Bartes des Herrn Zollbeamten geworden. Aber da kannte ich keinen Pardon. Ich hatte den beschaulichen Orient innerlich schon hinter mir gelassen und fegte wie eine Furie durch die Flughafenräume.
So blieb dem guten Manne nichts anderes übrig, als halb rasiert seine Amtspflichten zu erfüllen. Inshallah – wenn diese verrückten Europäer es so eilig hatten, dann waren sie selbst schuld, wenn sie in einem Tag drei Erdteile brauchen, um sich auszutoben.

Bald war ich wieder in der Luft. Jetzt kam die lange Wasserstrecke.
Es ist jedes Mal wieder ein sonderbares Gefühl, wenn das weite Meer vor einem liegt, ohne Ende. 270 Pferde zogen mich hinüber nach Europa – nach Hause. Ich konnte es mir einfach nicht vorstellen, dass ich abends in Berlin in Bernds Armen sein sollte. Da oben, über den leichten weißen Wolken, war ich so fern von jedem Zeitbegriff. Alles um mich herum war verschwommen und endlos und ungewiss. Wie ein Halbschlaf, aus dem ich nach ein paar Stunden zu heller Besinnung herausschreckte. Wo war Kreta? Der Zeit nach hätte ich es schon eine ganze Weile sehen müssen.
Manchmal wünscht man sich, in die Haut eines andern Menschen hineinschlüpfen zu können. Wenigstens für eine Weile. Ich möchte einmal gern in der Haut eines andern Piloten stecken, der, wie ich, mit einer einmotorigen Maschine ohne Funk über das Meer fliegt. Möchte wissen, wie dem zumute ist. Ob er auch – in der zweiten Stunde tritt es bei mir meistens auf – plötzlich die komischsten Geräusche aus dem Motor heraushört? Klopft da nicht etwas? Sind die Touren nicht ein wenig zurückgegangen? Zeigen die Schaumköpfe da unten nicht einen gewaltigen Seitenwind an?

Nach einer Weile gibt es sich dann wieder und alles geht seinen Gang weiter. Und in den letzten Stunden fliegt man so, als ob man die ganze Wasserstrecke entlang einen erstklassigen Flugplatz unter sich hätte.
Es herrschte Gegenwind, ein recht steifer sogar.
Mit einer ganz erheblichen Verspätung sichtete ich endlich Kretas wolkenverhangene Ostküste. Danach löste eine Insel die andere in Sichtweite ab und bald setzten meine Räder in Athen wieder auf europäischem Boden auf. Das eigentliche Ziel des Fluges, drei Erdteile in einem Tag zu besuchen, war schon erfüllt. Also war das, was jetzt noch kam, mehr die Schlagsahne auf dem Pudding.
Aber die Schlagsahne war nicht ganz ohne einen leichten Stich, wie sich gleich herausstellte.
Ein Steinschlag beim Rollen auf dem damals hundsmiserablen Platz Tatoy von Athen riss mir die Verkleidung des Seitenruders herunter. Wenn nicht die liebe gute Lufthansa mit ihrem Stab erstklassiger Monteure gewesen wäre – dann ade mit dem Weiterflug nach Berlin! Während der Reparatur zitterte alles in mir vor Nervosität. Sollte an diesem lächerlichen Stein alles scheitern, der ganze Aufwand, die Vorbereitungen, die Mühen das Fluges und – dass ich Bernd allein ließ in unsern ersten gemeinsamen Wochen?
Nein, nein … nein! Ich musste heute nach Hause kommen.
Abends war ich in Berlin.
Nach 3750 Kilometern. Ehrenrunde über dem Flugplatz Tempelhof – ob Bernd wohl schon da ist? Ich komme wieder, wie meistens, etwas zu früh.
Ja, er ist da, als Erster auf dem verbotenen Rollfeld. Wie er sich freut, dass der Flug gelang und – noch mehr, dass er nun endlich vorbei ist! Sein Gesicht war ganz schmal geworden.

Wir fliegen um Afrika

Mein Mann hatte beschlossen, mir die Ehre zu erweisen, ihn in meinem Flugzeug zum Rennen nach Südafrika hinunterbringen zu dürfen.
So weit waren wir nun inzwischen.
Und das Unglaubliche geschah: Ich war nicht nur damit einverstanden, nein, sogar begeistert von diesem Gedanken. Nun zitterten wir beide eine Weile gemeinsam, ob die Auto-Union diesen Flug wegen des vergrößerten Risikos für ihren Spitzenfahrer erlauben würde. Vielleicht war es eins der größten Komplimente, das mir in meinen Fliegerjahren gemacht wurde: diese Zustimmung der Firma meines Mannes. Ja, Bernd durfte mit mir fliegen. Allerdings unsere weitere Bitte, Ernst von Delius ebenfalls mitnehmen zu dürfen, da wir doch vier Plätze in der »Taifun« hätten und mit großem Gepäck und Zusatztank immer noch gut zu dreien reisen konnten, wurde nicht genehmigt.
Der Gedanke war für Vorstand und Rennleitung der Auto-Union doch zu aufregend, dass womöglich ihr ganzer Fahrerstab, notgelandet im afrikanischen Busch, die Renntermine verbringen würde.
Wenn wir einen Blick zurückwarfen auf die letzten Monate, dann erschienen uns Bernds Erfolge in der vergangenen Saison beinahe unwirklich. Fast Sonntag für Sonntag hatte er einen ersten Preis heimgebracht mit dem immer dazugehörenden goldenen Lorbeerkranz und dem Silberpokal. Man konnte sich in der Geschichte der gesamten Rennfahrerei an nichts Ähnliches erinnern.
Als das Rennjahr zu Ende war, hatte Bernd sich die Europameisterschaft, die deutsche Straßenmeisterschaft und die deutsche Bergmeisterschaft erobert. Dazu gehörten sieben erste Preise, ein zweiter und ein fünfter Platz.

Das sind ein paar Zeilen zu lesen. Was zwischen diesen Zeilen steht, bedeutet Tod und Leben, heile Glieder oder Invalidität, im 250-Kilometer-Tempo abgeflogene Protektoren, blockierte Bremsen, Herausfliegen aus einer Kurve, Verwickeltwerden in einen Massensturz und bei jedem Grand-Prix-Rennen 500 Kilometer höchster Geschwindigkeit neben der Konkurrenz der Fahrer aus sechs Nationen, die auch alle gewinnen wollen.

Mit einem Wort – Rennfahrerleben.

Es ist im Jahre 1936 viel geredet und geschrieben worden über diese Siegesserie meines Mannes, die mit unserer Heirat einsetzte und bis zum Ende der Rennsaison 1936 anhielt.

Ich weiß nicht, ob das irgend etwas damit zu tun hatte, es kann genauso gut Zufall sein – wer weiß das? Jedenfalls machte es mich sehr glücklich.

»Siehst du, ich habe es dir doch schon vorher gesagt«, meinte Bernd eines Tages. »Wenn du dabei bist, geht es viel besser als damals am Anfang der Saison.«

In Rennfahrerkreisen ist man der Ansicht, dass die Heirat eines Fahrers sich *immer* auf dessen Qualität in seinem Beruf auswirkt – so oder so.

Wenn an dieser Feststellung etwas dran ist – dann war es mir lieber so. Immer wieder sah ich mit tiefer Andacht zu, wie Bernd mit spielerischer Leichtigkeit durch die Kurven tänzelte. Zu den Preisen im Einzelnen nur so viel: Nach dem »Großen Preis von Deutschland« gewann er die »Coppa Acerbo« bei Pescara und danach den »Großen Preis der Schweiz«.

Anschließend daran – das bedeutete drei Rennsonntage nacheinander, dazwischen die Reisen und die Trainingstage – fuhr er sein erstes Bergrennen auf dem Schauinsland bei Freiburg. Und gewann es. In sieben Minuten und 59,3 Sekunden durchfuhr er die 185 Kurven mit einem Stundendurchschnitt von 90,1 Kilometern.

Dann kam der »Große Preis von Italien« in Monza, bei dem Bernd gefeiert wurde wie ein Sohn des Landes. Dabei war das eins der am wenigsten aufregenden Rennen gewesen, denn Bernd führte von der

dritten Runde an. Zum Schluss kam noch das Feldberg-Rennen als zweiter Lauf um die Deutsche Bergmeisterschaft. Bei Nebel und Regen gewann Bernd auch das.
Es wird wohl lange Zeit vergehen, ehe wieder ein Fahrer eine solche fortlaufende Siegesserie erleben wird.
Nun hatte die Stunde meiner Alleinherrschaft am Himmel Afrikas geschlagen.
Schon vor dem Start war alles ganz anders als sonst.
»Du«, rief Bernd aus der Stadt an, »soll ich die Shorts in Weiß oder in Kaki machen lassen? Du hast doch mehr Erfahrung da unten. Außerdem sagen sie hier, ich muss einen Tropenhelm haben. Sonst komme ich nicht ohne Sonnenstich nach Kapstadt.«
»I wo, Bernd, verlass dich auf mich. Mit einem doppelten Filz kommst du gut durch und damit siehst du nicht so wie ein Greenhorn aus«, beruhigte ich ihn. »Nimm von den Shorts ein Paar in Weiß für ›besser‹ und die andern in Kaki für unterwegs und für Pannen. Oder besser noch zwei Paar davon, denn du brauchst sie auch für die Jagd neben den langen Hosen mit Gamaschen.«
Zufällig hatte ich meinen allerersten Afrikaflug an einem Vierten angetreten. Meinen Weltflug auch an einem Vierten. Und so war es mir im Laufe der Jahre zu einer lieben Gewohnheit geworden, wenn es sich irgend machen ließ, an einem Vierten zu starten. Wenn das gar nicht möglich war, dann wenigstens an einem Dreizehnten. Der Dreizehnte wäre diesmal ungünstig gewesen – im November zu früh und im Dezember zu spät, weil das erste Rennen in Südafrika schon am 1. Januar stattfand. Tatsächlich gelang es mir mit viel List und Tücke, am 4. Dezember loszukommen – vielmehr, es gelang natürlich uns. Das war bei dem Wetter zu dieser Jahreszeit nicht ganz so einfach.
Unser »teamwork« hatte sich bald glänzend eingespielt. Ich musste manchmal heimlich schlucken, wenn es mir im ersten Moment nach einer Landung recht dumm vorkam, wie sich alles nur an Bernd wandte und ich wie eine Holzpuppe in der Landschaft herumstand. Doch daran hatte ich mich bald gewöhnt und ließ meinen Pseudo-

Kapitän nun auch munter springen, bis die Maschine abgefertigt und getankt war.
In Kairo hörten wir, dass der »Hannibal«, die englische Verkehrsmaschine mit Ernst von Delius und Wilhelm Sebastian an Bord, in der Nacht durchgeflogen war. Denen wollten wir aber zeigen, was eine temperamentvolle deutsche Sportmaschine ist. Hoffentlich verpassten wir sie nicht unterwegs.
»Ha!«, schrie Bernd plötzlich, als wir den Flugplatz von Luxor überflogen. »Da ist dieser Schneckenverein. Sollen wir landen?«
»Nein, lass uns weiterfliegen, da unten ist jetzt schon eine ganz hübsche Temperatur. In Wadi Halfa müssen wir sowieso herunter.«
Oh, du meine Güte! Am Ende der Tagesstrecke in Khartum hatten wir lange gebadet, uns zum ersten Mal in afrikanischen Wichs geschmissen und sogar noch eine Stunde geschlafen, bis unsere beiden vom »Hannibal« – total erledigt – im Hotel erschienen. Ernst mit einer fürchterlichen Erkältung. Von zwei Uhr früh an waren sie unterwegs in einem Tempo, das unter dem meiner ersten Schulmaschine vor vielen Jahren lag. Ernst stellte boshaft fest: »Wenn ein Krokodil gleichzeitig mit uns im Nil bei Kairo abgeschwommen wäre, das müsste schon lange hier sein!«
Auf diese Feststellung hin beschlossen wir, von jetzt ab unsern eigenen Flugplan zu machen und uns nicht mehr um den rasenden »Hannibal« zu kümmern, der Ernst und Bastl – Wilhelm Sebastian, unseren Rennleiter – an Bord hatte.
Ein ganz großer Vorteil dieser Reise zu zweien war, dass ich endlich einmal ohne liebevolle Betreuung aus dem jeweiligen Land ins Innere konnte, nur von Bernd begleitet, der überall sofort ein Auto, das er selber fahren durfte, in die Hand gedrückt bekam. Die Leute hatten Grund zu ihrem Vertrauen, dass der Europameister Rosemeyer ihren Wagen auch durch das dunkelste Afrika überall gut durchbringen würde. Er tat es wirklich. Denn Bernd war neben seinen Rennerfolgen auch ein vorzüglicher Allroundfahrer, was man keineswegs von allen Rennkanonen sagen kann. Überall schlängelte er sich durch, durch den tiefsten Bach, den übelsten Sumpf und jeden Wüstensand. Und zwar ohne seinem Motor jemals wehzutun. So wie

ich liebte er jede Maschine, die er in die Finger bekam, und hätte es genauso wenig fertiggebracht, sie zu quälen, wie ein ihm anvertrautes Tier.
Wir machten herrliche Abstecher in das Innere, verloren uns im Busch, trafen Eingeborene, mit denen wir uns nur durch Zeichen verständigen konnten, beobachteten abends die Löwen und viel anderes Wild – und das alles in einer grenzenlosen Unabhängigkeit.

In acht Tagesetappen flogen wir hinunter nach Johannesburg. Dort trafen wir unsere Hannibalisten wieder, die sich inzwischen etwas von dem alten Schlitten erholt hatten. Sie stiegen hier in DKWs um in Richtung East London – für sie eine mehrtägige Fahrt, die wir mit unserer schnellen »Taifun« achselzuckend in vier Stunden erledigten.
Am Weihnachtsabend waren wir alle beieinander. Mit der »Hanau« waren die Mechaniker und die Rennwagen um das Kap herumgekommen – von uns aus konnte das Training losgehen.
Alles, was mit dem Großen Preis zusammenhing, war eine riesige Enttäuschung für die deutsche Mannschaft. Dies hier hatte nicht das Geringste mit einem Rennen zu tun, wie wir es je anderswo erlebt hatten. Und an einen Sieg war überhaupt kein Gedanke. Die Strecke war so schlecht, dass die überragende Geschwindigkeit unserer Wagen überhaupt nicht ausgefahren werden konnte. Dazu war das Rennen offen für alle Wagen, praktisch vom Kinderwagen (oder um es etwas ernsthafter auszudrücken: vom kleinsten Ford) an bis zu unseren Grand-Prix-Ungetümen. Der langsamste Wagen fuhr zuerst los. Die andern bekamen dann ein immer größeres Zeithandikap. Und das unsrige war so gesalzen, dass unsere Jungens fast schon jede Lust verloren hatten, völlig aussichtslos in das Rennen zu gehen. Aber da nützte nun alles nichts: wir waren einmal da und das Gesicht musste gewahrt werden.
Interessant ist, dass nicht nur der Wagen gehandikapt wurde, sondern extra noch einmal der Fahrer, wenn zwei auf der gleichen Marke fuhren. So bekam Bernd als der Erfolgreichere zusätzlich ein

Handikap von mehreren Minuten gegenüber seinem Stallgefährten Ernst von Delius.

Man hätte das Ganze als einen besseren Jux nehmen können, wenn das Rennen für unsere Wagen nicht durch das andauernde Überholen der Kleinen auf der Rennstrecke mit sehr großen Gefahren verbunden gewesen wäre.

Doch all diese Überlegungen waren für unsere beiden ausgeschaltet, als die Startflagge fiel. Obwohl sie sich genau ausrechnen konnten, dass an einen Sieg nicht zu denken war, rasten sie wie die Teufel los und kämpften wie die Löwen um jeden Sekundenbruchteil.

Sie konnten einfach nicht anders.

Das musste so sein, denn sonst wären sie eben nicht der Rosemeyer und der Delius gewesen. Und so rannten sie sich hier unten in Südafrika genauso in die Herzen der Zuschauer hinein wie überall in Europa.

Bernd flogen dreimal seine Reifen um die Ohren, einmal bei fast 300 Kilometern Geschwindigkeit, Ernst zweimal.

Delius musste wegen Maschinenschadens aufgeben.

Sicher ist eins: Kein Zeuge des Rennens wird je den Eindruck vergessen, wie unsere silbernen Wagen in einem nie geahnten Tempo über die afrikanischen Straßen brausten.

In Kapstadt wurde diese sportliche Haltung der Auto-Union und ihrer Fahrer durch einen Doppelsieg belohnt.

Unser Ernst wurde Erster, Bernd Zweiter im »Großen Preis von Kapstadt«.

Auch hier wäre bei den Handikaps kein Sieg unserer Wagen möglich gewesen, wenn nicht die Kleinen reihenweise ein Opfer des Sandsturms, der am Renntage wehte, geworden wären.

Nun begann für uns der private Teil des Fluges – gewissermaßen endlich unsere längst fällige Hochzeitsreise.

Liebe Freunde von mir, bei denen ich auf meinem ersten Flug rund um Afrika 1933 in Windhuk zu Gast gewesen war, Dr. Hirsekorn und seine Frau Lille, hatten uns eingeladen. Wir freuten uns wie die Kinder auf einige sorgenlose Ferienwochen mit Jagd und Weite und Freiheit in meinem geliebten Südwest.

Ganz zappelig vor Begeisterung waren wir, als wir von Kapstadt nach Windhuk flogen. Meine Freude hatte sich auf Bernd übertragen. Ich war sicher, dass er die Hirsekörner genauso wie ich ins Herz schließen würde, und die Welt lag voller Sonne und der Himmel voller Geigen vor uns, nachdem die Rennen nun vorüber waren.

Der Flugplatz war schwarz von Menschen und Autos – alles jubelte und winkte, als wir landeten und die Maschine in die Halle rollten. Und doch wartete hier ein böser Schicksalsschlag auf uns: Die Folge war der vielleicht größte Schmerz, den Bernd bisher erlebt hatte. Ein Telegramm.

Von seinem Vater. Die Mutter war nach einer kurzen, schweren Krankheit gestorben.

In all dem Jubel um uns herum standen wir da und konnten nicht begreifen, was da in zwei Zeilen auf dem Fetzen Papier vor uns zu lesen war.

Bernd hing mit großer Liebe an seinen Eltern.

Von seiner Mutter hatte er das Strahlende geerbt, dieses Sich-hemmungslos-freuen-Können. Er sah mich nur an, ganz verloren unter den Menschen mit ihren Blumensträußen und den Kameras.

Wenige Minuten später waren wir im Hause unserer Freunde.

»Lass uns gleich morgen weiterfliegen. Ich möchte zum Vater«, sagte Bernd müde. Niemand von uns antwortete. Wir konnten Bernd so gut verstehen. Und doch – es war Wahnsinn, jetzt nach all den Strapazen durch ganz Afrika heimzuhetzen. Es wäre dem Vater auch sicher nicht recht gewesen, denn wir würden bei aller Eile nicht zur Zeit ankommen, um die Mutter auf ihrem letzten Weg zu begleiten. Doch darüber konnte man jetzt mit Bernd nicht sprechen.

Diese Nacht werde ich nie vergessen.

Am nächsten Tag stellte es sich heraus, dass wir gar nicht sofort weiterkonnten. Auf der vor uns liegenden Strecke war das Benzin nicht zur Stelle, weil unsere Durchreise erst in einigen Wochen geplant war. Gut, dass es so kam. Später sah es Bernd auch ein. Er hatte die Erholung gerade jetzt so nötig.

Außerdem begann die Regenzeit am Tage nach unserer Ankunft in Südwest. Auch aus dem Grunde hätten wir nicht weiterfliegen können, denn der Platz war für einige Tage so aufgeweicht, dass wir mit unseren vollen Tanks auf der Höhe von bald 2000 Metern nicht herausgekommen wären.
Wir waren Gast auf einigen Farmen, Bernd schoss einen Kudubullen und einiges andere afrikanische Wild. Als wir wegflogen, ließ mein Mann genau wie ich ein Stück seines Herzens in Süd- und Südwestafrika zurück.

Die nächste Etappe unseres Rückfluges führte uns an die weltberühmten Victoriafälle bei Livingstone.
Bis jetzt war unser Flug – dank meines erstklassigen Bordmonteurs – ganz ohne Panne verlaufen. Aber nun erwischte es uns doch noch. Ein Steinschlag beim Start auf einem schlechten Platz verursachte einen Mordsriss im Propeller. Der Motor vibrierte derartig, dass ich glaubte, in den nächsten Minuten würde er sich selbstständig machen – und das wäre hier über dem Urwald eine sehr böse Angelegenheit gewesen. So langsam wie möglich fliegend, schleppten wir uns über die Strecke. Bis nach Nairobi. Dort wurde unter starker Beihilfe von Bernd repariert. Aber es war nichts Rechtes mehr mit dem angeknacksten Propeller. Wenn es nach mir gegangen wäre, hätten wir hier abgewartet, bis mit der Verkehrsmaschine eine neue Luftschraube geschickt wurde.
Doch Bernd wollte heim.
Mir war der Flug mit dem immer noch vibrierenden Propeller unheimlich. Alle Instrumente tanzten und der Kompass drehte sich unaufhörlich. Es war reichlich gefährlich.
In Juba hatten wir wieder eine Panne. Beim Rollen gerieten wir in ein Loch und brachen uns das Spornrad ab. Bernd brachte auch diesen Schaden in Ordnung, den ich nie allein mit den dortigen Leuten so gut und so schnell hätte reparieren können.
In der Nacht, bei völliger Dunkelheit, kamen wir in Khartum an. Am nächsten Morgen sahen wir, dass wir vielleicht einen Meter über einer Telefonleitung hereingelandet waren.

Dieses Fliegen machte mir keine Freude mehr. Aber Bernds Wille war stärker als meiner. Ich musste mit – weiter.
Inzwischen hatte Bernd doch eingesehen, dass es wirklich leichtsinnig war, mit diesem Propellerinvaliden über das Mittelmeer zu fliegen. Endlich wurde das Telegramm aufgegeben.
In Kairo bekamen wir die neue Luftschraube und flogen am nächsten Tag weiter nach Athen und Saloniki.
Klar, dass wir am 11. Februar abends zu Hause sein würden!
»Gleich übermorgen fahre ich nach Lingen«, erklärte Bernd morgens vor dem Start in Saloniki.
»So«, sagte ich nur. Ich sage *nie,* was ich nach der Landung mache, ehe ich nicht gestartet und wieder gelandet bin. Das ist so ein kleiner Aberglaube. Zu oft habe ich Lehrgeld zahlen müssen. Ich sage höchstens: »Wenn alles klappt, dann tue ich das und das …« Es ist eine kleine unverbindliche Verbeugung vor den dunklen Mächten des Schicksals.
Natürlich waren wir abends *nicht* in Berlin, sondern auf einem verschneiten Sturzacker vor Budapest! Gott sei Dank war alles heil geblieben. Die Zuleitung eines Tanks hatte nicht richtig gearbeitet und so war uns schlicht und einfach das Benzin ausgegangen. Ich hätte Bernd am liebsten eine Ohrfeige gegeben, wie er behaglich lächelnd neben mir saß und voller Vergnügen zusah, wie ich ihm eine Notlandung vorexerzieren musste. Aber es ging trotzdem glatt. Auf manchem der afrikanischen Plätze war es auch nicht viel anders gewesen – nur dass dort kein Schnee lag.
Zur Strafe wurde er für den Wiederstart mit sämtlichen Koffern ausgeladen. So war ich wenigstens für eine kurze Strecke, bis er in Budapest wieder zusteigen durfte, noch einmal Alleinherrscher in meiner Maschine.
Es war, als wenn ein kleiner böser Teufel auf dem Rückflug in unserer Maschine Platz genommen hätte.
Von Budapest kamen wir wieder nicht heim – Nebel, Nebel und Vereisung meldete die Wetterstelle. Mit viel Risiko und Kurverei über den Kirchtürmen langte es gerade bis Dresden. Und dann musste mein Bernd wieder aussteigen, da er unbedingt am nächsten Mittag

in Berlin zu sein hatte und der Wetteronkel mir für mein Flugzeug ohne Funk keine Chance gab.
So kam ich nach unserm einzigen großen Flug zu zweien doch wieder allein in Berlin an. Es war, als wenn das Schicksal es so wollte …

Alltag bei Rosemeyers

»Sie ist eine völlig verrückte Person!«, hatte Bernd, als wir noch miteinander »gingen«, zu seiner Überraschung während eines Renntages erfahren.
Freunde, darunter natürlich einige junge Damen, die dem Rennen von seiner Boxe aus zusahen, brachten rein zufällig, weil oben eine Sportmaschine niedrig kreiste, das Gespräch auf mich. Sie hatten keine Ahnung, dass Bernd und ich uns damals schon recht gut kannten, und berichteten munter drauflos, was ich in den letzten Monaten so alles angestellt hätte. »Überhaupt«, schlossen sie ihre Betrachtungen ab, »eine solche Frau ist hübsch für die Zeitungen und Magazine, solange sie jung ist und immer wieder was Fliegerisches anstellt – aber für das Leben, nein, eine solche Frau möchte ich nicht geschenkt haben!«
Jedes Mal, wenn ich in unserer nun schon ein Jahr alten Ehe irgendetwas unternahm, was – und das kam immer wieder vor – ein wenig aus dem Rahmen fiel, dann erinnerte mich mein Mann an diese damalige Warnung seiner Freunde, die er leider in den Wind geschlagen habe.
»Nun muss ich Armer mein Leben lang die Konsequenzen tragen«, seufzte er dann.
Er tat mir so leid, mein armer Bernd.
Trotzdem lief alles wunderbar – viel besser, als wir beide es vor einem Jahr, als wir den Sprung in die Zweisamkeit wagten, je für möglich gehalten hätten.
Das lag vielleicht daran: Wir gehörten beide zu den Naturen, die, wenn es nun einmal sein musste, mit einem gewaltigen Satz mitten in die Unternehmung hineinhüpften mit dem Willen, nun auch das Beste daraus zu machen.

Was unsere Ehe anging, hatten wir es genauso gehalten. Von dem Augenblick an, als wir beide »Ja« sagten, habe ich alle Zweifel, ob es für mich überhaupt das Richtige sei, zu heiraten, über Bord geworfen und war einfach verheiratet.
Und Bernd sowieso. Der kannte überhaupt kein Hin-und-her-Überlegen vor oder nach irgendeinem Entschluss – er handelte immer nur nach seinem glasklaren Instinkt.
Früher, in meinen aktivsten Weltflugjahren, war es mir oft unterwegs im intensiven Erleben eingefallen: Ja, fliegst du denn nicht an dem Wesentlichen deines Lebens vorbei, gute Elly? Es ist doch alles im Großen gesehen so egal, was du da machst mit deinem Flugzeug in den fünf Erdteilen. Verpasst du denn nicht das Wichtigste, was das Leben einer Frau zu schenken hat? Vergiss nicht, du hast nicht ewig Zeit dazu.
Manchmal fielen mir solche Dinge vor der Hütte einer Inderfrau ein, wenn deren großäugige braune Kinder um sie herumspielten, ein andermal an einem afrikanischen See, an dessen Rand viele kleine Negerjungen herumtobten oder wenn ich von zu Hause Post bekam und Mutter berichtete, welche von meinen Freundinnen inzwischen Mama geworden sei.

Unser zu erwartender Sohn – denn dass es ein Junge werden würde, daran zweifelte zumindest Bernd nicht einen Augenblick – führte ein reichlich unruhiges Leben.
Heute in Afrika – morgen in Amerika und zwischendurch in allen Ländern Europas. Alle ohne Fahrkarte.
Ich hatte mir diese Zeit früher in meinen Träumen etwas anders vorgestellt.
Aber da war einfach nichts zu machen. Bernd hätte mich umgebracht, wenn ich ernstlich etwas von Ruhe und Zurückgezogenheit und von Zu-Hause-bleiben-Wollen bei den Rennen gesagt hätte. Darüber war überhaupt nicht zu reden. Auf den Gedanken kam ich auch gar nicht.
Gut, dass ich beim Rennen keine Angst um meinen Mann hatte – sonst wäre es manchmal zu viel der Sorge gewesen. Doch meine

innere Zufriedenheit und das völlige Ausgeglichensein ersetzten mir die fehlende äußere Ruhe.

Wenn Bernd nicht seinen geliebten und dazu recht einträglichen Rennfahrerberuf gehabt hätte, so wäre ein Büchlein von ihm »Wie zähme ich eine Fliegerin« oder so ähnlich sicher ein großer Erfolg geworden.
Im Flugzeug war es ebenso.
Im Winter 1936 hatte Bernd seinen A-Schein gemacht. So ganz nebenbei.
Einige Male war er mit mir geflogen, dann hatte er ein paar Schulflüge gemacht und die Prüfung. Damals durfte ich noch einigermaßen mitreden, wenn von der Fliegerei gesprochen wurde.
Zum ersten Mal muckte mein Bernd fliegerisch leicht auf, als von unserem Afrikaflug die Rede war. »Ich könnte ja auch …«
»Nein, mein Lieber«, hatte ich ihn damals noch kurz abgefertigt: »Du könntest bestimmt nicht! Denn in Afrika ist es doch etwas anders, als du dir das so vorstellst. Und im Übrigen sollst du ja dort rennen und dich nicht als Langstreckenflieger produzieren. Entweder *ich* fliege dich hinunter oder du fährst mit den andern auf dem Schiff.«
Inzwischen hatte der Luftsäugling Rosemeyer sich zu einem ganz beachtlichen Jüngling ausgewachsen. Die 28000 Kilometer unseres Afrikafluges waren ihm zur Erwerbung seines B-Scheines angerechnet worden. Um den zu bekommen, brauchte er nur noch ein paar Prüfungen, wie den Höhenflug, Ziellandungen, Nachtlandungen und einen Alleinüberlandflug auf einer Maschine der Gruppe B zu machen. Er erledigte das alles im Handumdrehen. Er hatte durch unseren Flug nach Kapstadt eine so vorzügliche praktische Ausbildung bekommen wie wohl selten ein Pilot. Dazu kam, dass er mit seinen technischen Kenntnissen jeder Panne unterwegs, gleich, ob am Motor oder an der Zelle, gewachsen war. Mein Regiment in der Luft wackelte also schon erheblich.
Ich konnte Bernd nicht böse sein, dass er mir auch da mit seiner urwüchsigen Überlegenheit das Steuer aus der Hand nahm – aber er konnte auch das wirklich besser. Vielleicht das reine Fliegen noch

nicht, weil ihm die langjährige Erfahrung fehlte. Aber bei seinem schnellen Reagieren auf jede Gefahr, seinen Motorenkenntnissen und seiner großen Passion für Sport wäre es zu dumm von mir gewesen, ihn nicht auch in meinem Reservat anzuerkennen.

»Was meinst du dazu, wenn ich mir eine ganz schnelle ›Klemm‹, die ›Kl 35‹ bestellte?«, überraschte Bernd mich eines Tages. »Sei ehrlich, so sehr gern hast du es doch nicht, wenn ich dir deine ›Taifun‹ wegnehme. Da ist es schon besser, jeder hat seine eigene Maschine, findest du nicht auch?«

Eine reizende Frage!

In der Garage hatten wir drei Autos stehen, eins für Bernd, eins für mich und das dritte, wenn einer von uns beiden Panne hatte oder Besuch kam. Dazu auf dem Flugplatz draußen meine Maschine. Und nun bekam Bernd noch sein eigenes Flugzeug! Wenn wir dann noch ein paar Kinder haben würden, wird man ein Garagenhaus und einen eigenen Flugplatz einrichten müssen.

Der schlimmste Moment für mich war, als Bernd zum ersten Mal allein mit meiner »Taifun« wegflog. Ich stand unten auf dem Flugplatz – es war in Südfrankreich – und winkte ihm freundlich nach. Ich glaube, das war einer der tapfersten Augenblicke in meinem Leben.

Inzwischen rasten wir durch Europa.

Und hinüber nach Afrika – schon wieder. Diesmal aber nur bis Libyen. Und dann nach Amerika. Von einem Rennen zum andern. Dieses Rennjahr bestand für Bernd Rosemeyer nicht nur aus Siegen. Er musste hart kämpfen. Die Auto-Union-Wagen hatten in der Rennsaison 1937 ihre Mucken. Aber es langte doch zu einer ganzen Anzahl von ersten Preisen. Darunter beim Eifelrennen auf dem Nürburgring am 13. Juni – wie sollte das auch anders sein?

Dieser 13. Juni brachte noch eine weitere freudige Überraschung für mich. Abends bei der Siegerfeier beschloss der Vorstand der Auto-Union, mich einzuladen, mit nach USA zum Rennen um den Vanderbiltpokal zu kommen.

Mit einem weinenden Auge hatte ich zuvor beschlossen, nicht mit-

zufahren. Einmal aus kassentechnischen Gründen, dann aber auch, weil ich nicht ganz sicher war, ob mir die Reise und der damit verbundene Betrieb diesmal so gut bekommen würde, dass ich nicht eine Belastung für Bernd wäre. Doch das war mehr so ein von mir selbst erfundener Trost.
Nun tobten und hüpften wir voller Freude umher wie die Kinder. Unvorstellbar schön, dass wir nun *doch* zusammen nach Amerika fahren konnten! Vor der Abreise gab es wieder ein Gehetze, das kaum zu beschreiben ist.
Es lag gerade eine gute Woche zwischen dem Eifelrennen und unserem Start nach Amerika. In dieser Woche sollte Bernd noch Weltrekorde fahren. Und zwar mit demselben Motor, mit dem er das Rennen gefahren hatte. Der wurde unter Zeugen plombiert, in der Nacht noch in die Rennabteilung nach Zwickau geschickt und dort in den Stromlinienwagen eingebaut. Am Dienstag war der Rekordwagen schon wieder auf der Reichsautobahn bei Frankfurt.
Am Mittwoch fuhr Bernd.
Es war das erste Mal, dass er Rekorde fahren durfte. Er hatte es sich immer so sehr gewünscht.
Im Ganzen ist er dreimal dort auf dieser Stelle der Autobahn gefahren. Im Juni 1937, dann wieder im Oktober 1937 und am 28. Januar 1938. Ich war nur dieses erste Mal dabei. –
Als dieser Mittwoch, der 16. Juni, herum war, hatte Bernd fünf internationale Klassenrekorde geschlagen – und einen Weltrekord, seinen ersten, erobert. Diesmal war es ihm noch nicht gelungen, die 400-Kilometer-Grenze zu überschreiten. Doch es hatte wenig gefehlt – seine schnellste Fahrt hatte ihn auf 397 Kilometer Durchschnitt gebracht.
Wer das nicht miterlebt hat, kann sich nicht vorstellen, was eine solche Geschwindigkeit auf einer normalen Autostraße bedeutet. Ich stand auf der Mörfelder Brücke und ahnte nicht, dass einige Monate später dieser Teil der Strecke meinem Mann zum Schicksal werden würde …
Beim ersten Mal war es mir unheimlich, als Bernd in dem heranrasenden silbernen Punkt auf uns zueilte und, ehe ich mich umgedreht

hatte, fast schon wieder hinter der nächsten Kurve verschwunden war. Zusehen müssen ist viel schwerer, als selbst zu kämpfen. Aber ich hätte mich vor Bernd geschämt, wenn ich ihn mit meiner tiefen Angst (die ich zum ersten Mal verspürte) belastet hätte.
»Du, das war nicht ungefährlich«, führte er mich sofort wieder in die mir zustehende Rolle der disziplinierten Rennfahrerfrau zurück. »Es gehört feinstes Fingerspitzengefühl dazu, bei dieser Geschwindigkeit jeden winzigen Steuerdruck aufzufangen und auszugleichen, bevor er sich überhaupt auf die Räder übertragen kann. Ich glaube nicht«, so schloss er nachdenklich, »dass viele Fahrer mit diesem Tempo zurechtkämen.«
»Ja, Bernd«, gab ich ihm recht, »ich glaube es auch nicht.«

Der Sieg im »Großen Preis von Amerika« war vielleicht Bernds größter Erfolg überhaupt.
Der außerordentlich hohe Siegespreis hatte die besten Rennfahrer aus der ganzen Welt auf die Roosevelt-Rennstrecke bei New York herbeigezogen. Für unsere deutschen Wagen war sie wenig geeignet, weil die Daimler-Benz-Wagen und die der Auto-Union gar nicht dazu kamen, ihre volle Geschwindigkeit herauszufahren. Die Auto-Union-Wagen waren viel zu lang mit ihrem Heckmotor. Trotz dieses großen Handikaps fuhr Bernd schon beim Training einen Streckenrekord nach dem andern.
Dieses Rennen in den USA war eine wilde Angelegenheit, offen bis zur letzten Minute. Unter den teilnehmenden Fahrern waren mindestens sechs, von denen jeder genügend Voraussetzungen für den Sieg mitbrachte. Auch die Rennwagen mit einer weniger hohen Spitzengeschwindigkeit, in denen Tazio Nuvolari und der Amerikaner Rex Mays saßen, hatten in den neunzig Runden dieser nur aus Kurven bestehenden Strecke ihre ehrliche Chance.
Bernd gewann den Vanderbilt-Cup, den »Großen Preis von Amerika«, vor Richard Seaman auf Mercedes. Es folgte Rex Mays als Dritter. Vierter war unser Ernst von Delius.
Von diesen vier Rennfahrern war bald keiner mehr am Leben.

Ernst von Delius, mit dem Bernd, schon bevor ich beim Masaryk-Rennen auftauchte, eine bewährte Freundschaft verband, hatte sich gut mit meinem Erscheinen abgefunden. Es war einer der wenigen Fälle, in denen Männerfreundschaften halten, wenn der eine Teil eine enge Verbindung mit einer Frau eingeht. Im Gegenteil – vielleicht hatte sich diese Kameradschaft zwischen Ernst und Bernd noch vertieft, als ich hinzukam. In manchen Dingen verstand ich Ernst besser als den in mancher Hinsicht recht robusten Bernd.

Delius war beim Vanderbilt-Cup nicht ganz mit sich zufrieden gewesen. Auf der Rückfahrt mit der »Europa« sprach er zu uns darüber – in seiner schönen Offenheit. Bernd benutzte diese Gelegenheit, ihn wieder einmal mit der Nase auf die soliden elterlichen Braunkohlen zu stoßen. Wir wussten zu gut, wie unendlich viel Ernstchens Vater daran lag, seinen Sohn für den Betrieb zu bekommen, da sein Ältester Mediziner geworden war. Ernst hatte an der Technischen Hochschule in München studiert, ehe er über allerlei Sportwagenrennen in der Grand-Prix-Klasse gelandet war.

»Du fährst noch ein paar Rennen in dieser Saison«, riet ihm Bernd, »vielleicht hast du Glück und machst noch einen Ersten – und dann aber nichts wie ran an die Braunkohlen!«

Zum ersten Mal hatten wir das Gefühl, unser Ernst sei nicht mehr restlos abgeneigt, den Gedanken einmal im Rahmen seiner Zukunftspläne in Betracht zu ziehen.

Kaum hatten wir unsere Amerikakoffer richtig ausgepackt, ging es schon wieder auf den Nürburgring zum »Großen Preis von Deutschland«. Über dieses Rennen allein könnte man ein Buch schreiben. Über seine Vorgeschichte, seinen Verlauf und über das, was hinterher kam.

Ernst von Delius hatte zwei Tage vorher mit einem Lastwagen einen kleinen Zusammenstoß gehabt. Ihm war nichts weiter passiert, doch es saß ihm noch etwas in den Knochen. Jedenfalls spürte er, dass er nicht so in Form war wie in guten Zeiten.

»Bernd, du wirst mich ja kaum brauchen«, sagte er heiter, als wir zum

Rennen fuhren. »Ich drängele mich heute nicht vor, wenn die Auto-Union mich nicht unbedingt nötig hat.«
Solche Bemerkungen wurden immer vor jedem Rennen gemacht. Wenn man sie alle ernst genommen hätte, dann wäre oft kaum ein Wagen am Start gewesen, weil mancher Fahrer sich gelegentlich nicht besonders in Form fühlt.
Ja, Ernst, dann kam plötzlich, als der führende Bernd ausfiel, der Augenblick, wo dein Rennstall dich unbedingt brauchte. Vier Daimler-Benz-Wagen lagen an der Spitze, dahinter Ernst. Beim Überholen im 250-Kilometer-Tempo stieß er mit dem letzten der vier Mercedes, dem von Richard Seaman gesteuerten, zusammen.
Während der Engländer mit leichten Verletzungen davonkam, starb unser Freund Ernst von Delius in der folgenden Nacht an seinen bei dem Sturz erlittenen Verletzungen.
Bernd hatte den Tod eines Kameraden an seiner Seite viele Male erlebt. Es war schon eine stattliche Reihe von Fahrern, die nicht mehr dabei waren, wenn die Startfahne sich senkte. Doch bei keinem Einzigen hatte es ihn so getroffen wie bei unserm Ernst.
Lange, lange hat das angehalten. Und oft standen wir vor seinem Grab auf dem Waldfriedhof in Dahlem und konnten nicht recht begreifen, dass unser Freund Ernst dort unter der Erde lag.
Nur ein halbes Jahr hat die Trennung der beiden Freunde gedauert. Dann waren sie wieder beieinander.
Das letzte Rennen der Saison des Jahres 1937 – sein letztes Rennen überhaupt – gewann Bernd im Donington-Park in England.
Es war, als ob das Glück über Bernd Rosemeyer sein Füllhorn in diesem Jahr bis zur Neige ausschütten wollte. Alles bekam er, alles, was sich ein Mensch überhaupt nur wünschen kann. Und er ging so selbstverständlich heiter und ruhig durch all dieses Glück, als ob das so sein müsste. Er nahm es nicht als einen Tribut, den ihm das Leben schuldig war. Nein, er freute sich über alles wie ein Kind und machte sich wie ein Kind auch sonst keine überflüssigen Gedanken. Er war zu glücklich – und ich mit ihm.
Als im Oktober wieder Rekorde gefahren wurden, erreichte er seine

ersehnte 400-Kilometer-Grenze. Genau 406,3 Stundenkilometer. Er war jetzt Inhaber von drei Weltrekorden und von 16 internationalen Klassenrekorden.
Außerdem hatte er eine Geliebte. Seine »Manuela«.
Manuela war das Schönste, was man sich denken kann – das musste selbst ich zugeben. Bernd verbrachte ganze Tage und Wochen mit ihr, nur unterbrochen von den Sonntagen, an denen er nicht zu ihr durfte, bis sie schließlich ganz zu uns übersiedelte. Worüber ich sehr froh war, denn so hätte ich nicht mehr lange mitgemacht. Ich war nahe daran, »Manuela« zu hassen, weil sie mir meinen Mann jeden Tag wegnahm.
»Manuela« war ein 5-Liter-Horch. Und alles an ihr war »Spezial«. Das Chassis, der Motor, die Karosserie, jedes Instrument, selbst das mit Schweinsleder bezogene, zur Polsterung passende Steuerrad. Von »Manuela« hatte Bernd sein Leben lang geträumt. Und als dieser Traum nun Wahrheit werden sollte, duldete er nicht, dass auch nur eine Schraube fest angezogen wurde, bevor er nicht seine Einwilligung dazu gegeben hatte.
Dabei war er, bis das Prachtstück fertig war, ganz abgemagert und hatte sich kaum noch Zeit zum Essen genommen. Nun stand dieser Fischlack-Traum mit einem Riesenmotor und hellgelben Polstern vor unserer Tür.
Gott sei Dank.
Man konnte wieder mit Bernd reden. Doch er hatte recht. »Manuela« war einmalig schön! Nur hatte das Wunderauto in all seiner Vollendung einen Fehler, wie sich in der Nacht vom 11. auf den 12. November herausstellte.
Ich hatte das Gefühl, ich müsste in dieser Nacht noch eine kleine Fahrt unternehmen. Dabei wollte ich gern zu meiner Beruhigung die liebe Frau Hoffmann mitnehmen, die kurz vorher bei uns erschienen war. Aber das war leider räumlich nicht möglich. Mit fünf Litern und der unglaublich langen Motorhaube beim besten Willen nicht möglich. Und Frau Hoffmann musste dabei sein!
So kam es, dass die schöne »Manuela« vor der Tür stehen blieb, plötzlich ganz unbeachtet, und wir drei in meinem kleinen DKW-

Kabriolett losflitzten – ich selbst zum Schluss am Steuer und Bernd völlig außer sich, weil mir von Zeit zu Zeit unterwegs nicht besonders gut war, während wir fuhren.
»Setz du dich lieber ans Steuer«, sagte er, »du weißt am besten, wann du anhalten möchtest.« Und das tat ich dann auch. Bernd war ganz verstört, dass mir zum ersten Mal, seit wir uns kannten, etwas fehlte.
Für die paar, die es noch nicht gemerkt haben, muss ich der Klarheit wegen wohl doch sagen, dass am nächsten Morgen um sieben Uhr fünfzehn unser Bernd junior seinem glückseligen Vater in die Arme gelegt wurde.
Zehn Wochen später hatte mein kleiner Bernd seinen Vater verloren!

Bernds letzter Start

Mein Mann verunglückte am 28. Januar 1938 auf der Autobahn bei Darmstadt bei einem Weltrekordversuch mit einer Geschwindigkeit von über 430 km/h tödlich. Ich kann und möchte darüber nicht berichten.
Bernds langjähriger Rennleiter Dr. Feuereissen schrieb über seinen letzten Start:

»Bernd Rosemeyer, dem es nie schnell genug gehen konnte, der immer nur den einen Wunsch an unsere Techniker hatte: ›Tut mir noch ein paar Pferde mehr in den Motor hinein, dann kann ich noch schneller‹, den zogen Rekordfahrten an wie ein ganz großer Magnet. Der Wunsch Rosemeyers, seinen Namen in die Weltrekordlisten eingetragen zu sehen, wird jedem verständlich sein. Bei einem Mann wie Bernd war das nicht eitle Ruhmsucht – das große Gefeiertwerden, die äußerlichen Ehrungen lagen ihm nicht, das war seinem Wesen zuwider –, das, was ihn antrieb, war seine kämpferische Wesensart. Rosemeyer war sich seines Könnens bewusst und fand erst dann die innere Befriedigung, wenn er mehr geleistet hatte als andere.
Seinen ersten Weltrekord fuhr Rosemeyer am 16. September 1937 und dazu sechs Klassenrekorde auf einer Messstrecke der Autobahn zwischen Frankfurt und Darmstadt. Das war zwischen dem Eifelrennen und dem großen Preis von Amerika. In beiden siegte Bernd. Im September 1937 erhielten wir von der Obersten Sportbehörde die Mitteilung, dass Ende Oktober auf der Autobahn bei Frankfurt eine Rekordwoche durchgeführt werden sollte. Sofort ging es an die technischen Vorbereitungen. Rosemeyer wollte als erster deutscher Fahrer die 400-km/h-Grenze überschreiten. Nach einigen technischen Verbesserungen erfolgten Fahrversuche auf der Autobahn Halle–

Leipzig. Rosemeyer hatte fast fünfzigmal den Kilometer und die Meile mit stehendem Start gefahren. Als er das letzte Mal zum Startplatz zurückkehrt, wo von Eberan und Sebastian stehen, bekommen diese plötzlich einen Todesschrecken. Sie sehen, wie der Wagen mit einer Geschwindigkeit von über 200 km/h plötzlich quer steht, im nächsten Augenblick auf die andere Seite herumgeworfen wird, und dies so acht- bis zehnmal hintereinander. Sie haben nur den einen Gedanken, dass etwas zu Bruch gegangen ist. Ehe sie recht zur Besinnung kommen, ist Rosemeyer schon da, hält lachend an und ruft: ›Seht ihr, das macht mir so leicht keiner nach!‹ Es war nichts zu Bruch gegangen, Rosemeyer hatte mit Absicht den Wagen hin und her geworfen. ›Leichtsinn!‹, werden viele dazu sagen. Das war es aber nicht. Es war die souveräne Beherrschung seines Fahrzeuges, die er bei solchen Gelegenheiten schulte und die ihn dann beim Rennen so oft aus kritischsten Situationen rettete.
Um fünfzehn Uhr startete Rosemeyer zu den Rekorden über 5 km, 5 Meilen und 10 km, die er gleich auf der ersten Hin- und Rückfahrt wesentlich überbot. Fünfzehn Uhr zwanzig saß er bereits wieder in dem 6-Liter-Wagen und fuhr erneut die Strecke über 1 km und 1 Meile mit fliegendem Start, wobei er im Mittel die neue Rekordzeit von 8,86 Sekunden = 406,320 km/h für den Kilometer und von 14,26 Sekunden = 405,285 km/h für die Meile fuhr. Hierbei hatte er bei einer Fahrt innerhalb der Messstrecke eine Geschwindigkeit von über 409 km/h erreicht. Bei seinem Abendtelefonat konnte Rosemeyer seiner Frau eine reiche Ernte des ersten Tages melden: sieben neue Rekorde, dabei als erster deutscher Fahrer die 400-km/h-Grenze überschritten.
Am zweiten Tag nachmittags will Rosemeyer seinen eigenen 5-Meilen-Rekord vom Juni nochmals verbessern. Er glaubt, mit dem zur Verfügung stehenden Wagen doch noch wesentlich schneller sein zu können als im Sommer, wenn auch der An- und Auslauf bereits in einer Kurve liegt. Gegen sechzehn Uhr startet er über die 5 km. Die Hinfahrt ist über Erwarten schnell, über 400 km/h. Das Telefon meldet den Start zur Rückfahrt und kurz nachher die Durchfahrt durch die Messstrecken. Wir sehen dem Wagen gespannt entgegen. Als

Rosemeyer anhält, kann er kaum aus dem Wagen steigen. Wir denken zuerst, dass er irgendwie auf der Fahrbahn abgekommen ist oder Ähnliches. Aber nichts von alledem war richtig. Auf der Rückfahrt innerhalb der Messstrecke glaubte er ein langsames Heruntergehen des Zeigers am Tourenzähler bemerkt zu haben. Gleichzeitig roch es, wie er glaubte, nach Öl. Er hatte auf der Avus schon einmal eine unangenehme Situation erlebt, als ein Ölrohr gebrochen war und das Öl dann plötzlich durch die Luftzirkulation innerhalb des Wagens nach vorn und dort zum Führersitz hinausgewirbelt wurde. Das war deshalb so unangenehm, weil im gleichen Augenblick die Scheibe blind wurde. Daran dachte er bei der Fahrt. Trotzdem nahm er den Fuß nicht vom Gas weg und fuhr mit über 400 km/h die Messstrecke voll durch. Diese zusätzliche Nervenbeanspruchung zu der sonst schon bis zum Äußersten gehenden Konzentration hielt auch ein Rosemeyer nicht aus. In der frischen Luft erholte er sich schnell und als er die Zeit von 404,585 km/h für die 5-km-Strecke hörte, da lachte er wieder.
Am dritten Tag verbesserte er dann auch seinen Rekord über fünf Meilen und hält Ende Oktober 1937 3 Weltrekorde und 16 internationale Klassenrekorde.

Nicht lange sollte die Freude über die kommende Zeit der Erholung und Ruhe anhalten. Einige Wochen nach der Frankfurter Rekordwoche erfuhren wir, dass es den Bemühungen von Daimler-Benz gelungen war, die Erlaubnis zu neuen Rekordfahrten noch vor der kommenden Automobilausstellung durchzusetzen. Bei einem Mann mit einem solchen Kampfesgeist, wie ihn Rosemeyer hatte, war es nur zu natürlich, dass er dem Angriff auf seine Rekorde nicht unbeteiligt zusehen wollte.
Am 26. Januar erhielten wir die Nachricht, dass am 27. Januar auf der Autobahn gefahren werden könnte. Sofort wurde alles in Marsch gesetzt. Ich telefonierte mit Rosemeyer. Er konnte mir noch nicht sagen, ob er mit demselben Zug hinunterfahren würde wie wir oder ob er mit eigener Maschine oder dem Linienflugzeug käme.
Im Zug hielten wir Ausschau nach ihm. Er war aber nicht zugegen.

Bei unserer Ankunft in Frankfurt fanden wir ein Telegramm Rosemeyers vor, dass er auf einem Militärflughafen am Main notgelandet wäre und am nächsten Vormittag nach Frankfurt käme. Der 27. Januar brachte Regen. An ein Fahren war nicht zu denken. Wir waren in der Garage bei unserem Wagen versammelt, als Rosemeyer vom Flughafen Frankfurt anrief und um seine Abholung bat. Strahlend erschien er auch bald und erzählte uns in seiner drastischen, anschaulichen Art, wie er in schlechtes Wetter gekommen sei, sich leicht verfranzt und bei anbrechender Dunkelheit plötzlich einen Flugplatz unter sich gesehen hätte.
Am 28. Januar trafen wir kurz vor acht Uhr auf der Autobahn ein. Es war unfreundlich kalt. Die Daimler-Benz-Mannschaft war bereits anwesend. Kurz nach acht Uhr startete Caracciola. Hin- und Rückfahrt waren sofort sehr schnell. Caracciola hatte mit 432,7 km/h Rosemeyers Rekord gebrochen. Als wir um neun Uhr hörten, dass Daimler-Benz nicht mehr fahren wollte, wurden die Dispositionen für unsere Fahrt gegeben. Rosemeyer, der noch nicht zugegen war, wurde im Hotel angerufen. Er war aber bereits unterwegs und traf auch bald auf der Bahn ein. Die Zeit, bis unser Rekordwagen anrollte, alles ausgeladen und der Wagen startbereit gemacht wurde, benutzte Rosemeyer, um im Personenwagen die Strecke nochmals abzufahren und sich die Messstrecken anzusehen. Etwa um elf Uhr stieg Rosemeyer in den Rekordwagen. Er sollte den Wagen in langsamer Fahrt anwärmen und sich dabei nochmals die Strecke einprägen. Als er im Wagen saß, kam Caracciola, den er bisher nicht gesehen hatte, zu ihm heran. Bernd beglückwünschte Caracciola kameradschaftlich zu seinem Erfolg und startete. An der Wendemarke wurde der Wagen unter Aufsicht von v. Eberan und Sebastian kontrolliert und in Ordnung befunden. Rosemeyer trat die Rückfahrt an. Obzwar er auch hierbei noch nicht schnell fahren sollte, erreichte er bereits auf der Rückfahrt 429,9 km/h. Als er am Startplatz ankam, nickte er mir kurz zu und sagte: ›Gut, gut!‹ Er beklagte sich nur, dass der Motor noch nicht die richtige Temperatur habe und deshalb noch nicht seine volle Leistung entwickeln könne. Es wurde beschlossen, vorn eine weitere Abdeckung vor den Kühler zu montieren.

Nach wenigen Minuten ist der Wagen wieder fahrfertig und wird angeschoben. Rosemeyer beschleunigt stark und verschwindet in schneller Fahrt in der Kurve hinter dem Startplatz. Ich gehe in den Telefonwagen. Die Posten an der Strecke melden:
›Kilometer 5 – durch!‹ / ›Kilometer 7,6 – durch!‹ / ›Kilometer 8,6 – durch!‹ / ›Kilometer 9,2 – Der Wagen ist verunglückt!‹
Ich springe mit dem Rennarzt Doktor Gläser, dem Monteur Rosemeyers, Ludwig Sebastian, in den nächsten Wagen und in rasender Fahrt geht es zur Unglücksstelle. Wir können es nicht glauben, dass Rosemeyer persönlich etwas passiert sein soll. Der Wagen wird zwar beschädigt sein, aber Rosemeyer wird, wie schon so oft, mit dem Lenkrad in der Hand dastehen, lachend über die Angst, die wir um ihn hatten.
Vergebliches Hoffen!
Das Unbegreifliche, das Unfassbare war geschehen. Stumm lag Bernd Rosemeyer unter den Bäumen des deutschen Waldes, beim höchsten Einsatz seines Könnens bezwungen von der Urgewalt der Naturkräfte. – Kämpferschicksal!
Rosemeyer war einmalig! Steil führte sein Weg nach oben, ohne Beispiel in der Geschichte des Motorsports. Eine bis zur höchsten Vollkommenheit durchgebildete Fahrkunst, scheinbar spielerisch erreicht, paarte sich in ihm mit bedenkenlosem, kämpferischem Einsatz. Alles war für ihn eine Selbstverständlichkeit. Alles nahm er ganz, es gab für ihn keine Halbheit.
Persönlich blieb er immer der gleiche sonnige, jungenhafte Mann. Er kannte kein Falsch-Sein, allen Menschen sagte er, was er dachte, ohne Rücksicht darauf, ob es ihm nützen oder schaden könnte.
Sein Leben war mit allem gesegnet, was einem Menschen gegeben werden kann: Erfolg, Geltung und Ruhm, eine Frau, mit der er in herzlicher Liebe verbunden war, ein kleiner Sohn, auf den er stolz war und der nun den Namen Bernd Rosemeyer führt. Aus einem Leben, das nur aufwärtsführte, wurde er abberufen.
Und so wird er in unserer Erinnerung bleiben als der gute Kamerad, der faire Sportsmann, der aufrechte Mensch. Er wird weiterleben als der große sieghafte Kämpfer, ein Vorbild der Jugend!«

Bei Helena Lupescu in Rumänien

Ich konnte den Anschluss an mein früheres Leben einfach nicht wiederfinden. Dabei gab ich mir ehrlich Mühe. Denn da war doch mein Sohn Bernd.

Das Erinnerungsbuch über meinen Mann hatte ich geschrieben. Was ich jetzt noch tun musste, war mehr oder weniger Routinearbeit, Korrekturen lesen, Fotos aussuchen und beschriften – meine Gedanken konnten sich wieder in die Vergangenheit vergraben.

Das durften sie nicht.

Dagegen musste ich etwas unternehmen. Ich wollte so gern wieder fliegen. Es würde mir helfen wie damals nach dem Tod unseres Freundes Ernst von Delius, dem jungen Rennfahrer. Doch wenn ich auf den Flugplatz ging, wo meine »Taifun« stand, überfielen mich das Mitleid und auch die Neugier so konzentriert wie sonst nirgendwo. Ich konnte das immer noch nicht ertragen und vermied es, soweit es irgend möglich war, mit Menschen zusammenzutreffen. Ich musste wegfliegen – so weit weg, dass man mich nicht auf Schritt und Tritt erkannte. Doch wohin?

Ein Vergnügungsflug würde es nicht sein – allein mit meinen Gedanken! Es musste eine Aufgabe dabei sein. Vielleicht konnten mir die Messerschmittleute helfen. Ich rief sie an.

Schon zwei Tage später machten sie mir einen Vorschlag. Aus Rumänien war darum gebeten worden, eine »Taifun« mit einem Französisch sprechenden Piloten nach Bukarest zu schicken. Der Hof, präziser gesagt, der Minister des Königs Carol II. hatte eine »Taifun« mit einer Reihe von Sonderausrüstungen bestellt. Während die Maschine fertiggestellt wurde, sollte der Pilot des Ministers mit dem neuen Flugzeugtyp vertraut gemacht und möglichst umgeschult werden.

»Sie sprechen doch gut Französisch«, meinte Herr von Perthes, der Berliner Vertreter von Messerschmitt, am Telefon. »Ich könnte mir denken, dass diese Aufgabe Sie interessieren und ablenken würde. In Rumänien wird Sie außer den Beteiligten niemand erkennen.«
»Vielen Dank! Bitte sagen Sie in Augsburg, dass ich den Vorschlag gern annehme – je eher, desto besser. Muss ich unter *meinem* Namen fliegen?«
Herr von Perthes überlegte einen Augenblick.
»Wegen der ganzen Papiere – besonders wegen Ihres Flugzeugführerscheins wird es nicht anders gehen. Aber seien Sie unbesorgt. Wir haben einen sehr geschickten und zuverlässigen Vertreter in Bukarest. Wir werden ihn bitten, Ihnen die Presse vom Halse zu halten. Ich habe das Gefühl, als ob unser dortiger Auftraggeber ebenfalls sehr interessiert daran ist, dass über diesen Kauf möglichst wenig gesprochen wird.«
»Gut – ab übermorgen wäre ich bereit abzufliegen. Vielen Dank für den schnellen Auftrag.«

Endlich konnte ich meine Gedanken wieder einmal auf etwas anderes konzentrieren als in dem vergangenen halben Jahr. Ich musste planen, organisieren und an vieles denken, was die Dinge anging, für die ich verantwortlich war – zuallererst das Wohlergehen meines kleinen Sohnes.
Bernd junior war ein gesundes, heiteres Kind. Bei unserer seit Jahren bewährten Agnes war er auf das Beste versorgt. Es war Hochsommer. Der Kinderarzt war jederzeit zu erreichen. Und eine Hilfe für Agnes gab es auch. Die für Nichtflieger vielleicht naheliegende Idee, *mir* könne bei dieser Unternehmung etwas zustoßen, kam mir überhaupt nicht. Das war für mich dasselbe wie das Schwimmen über einen kleinen See oder eine Radfahrt in die Umgebung. Nur viel schöner.
Wenn meine Nerven auch in vieler Hinsicht sehr angegriffen waren: Fliegen und Autofahren waren die Tätigkeiten, die mich ablenkten, mich voll in Anspruch nahmen und dadurch regenerierten.

Nach einer knappen Woche war es so weit.
Ich hatte mir einige helle Sommerkleider hervorgesucht. Bisher war ich meistens in Schwarz gegangen. Nicht aus konventionellen Gründen, obwohl damals ein Trauerjahr noch üblich war. Ich wollte damit von vornherein zum Ausdruck bringen, dass ich nicht abgelenkt und erheitert werden wollte.
Auch Badesachen musste ich einpacken. Es sollte im Rahmen des Umschulungsprogrammes irgendwo ans Schwarze Meer geflogen werden.
Ich hatte so gut wie keine Erfahrung im Ausbilden von Flugschülern. Doch hier handelte es sich bei dem Piloten des königlichen Hofes schließlich um einen erfahrenen rumänischen Militärflieger, der vielleicht mehr Flugstunden als ich aufzuweisen hatte.
Auf jeden Fall führte ich mir die Betriebsanweisung von Zelle und Motor wieder einmal ausgiebig zu Gemüt, um meiner Aufgabe einigermaßen mit Anstand gerecht zu werden. Natürlich konnte mein Wissen das eines Werkspiloten nicht ersetzen. Doch hier handelte es sich in der Hauptsache um das Umschulen auf einen neuen Flugzeugtyp. Außerdem sprachen die »Messerschmitt«-Berufsflieger zwar meistens Englisch, aber nicht Französisch. Damit konnte ich meine nicht vollkommenen technischen Kenntnisse wieder ausgleichen.
Mein Hinunterflug nach Rumänien war eine Erlösung. Schon kurz nach dem Start fiel so vieles von mir ab wie die gesprengten Teile einer Lehmkruste. Unter mir zog die sommerliche Landschaft dahin. An den Wellen der reifen Kornfelder konnte ich von oben die Windrichtung erkennen – ein paar Federwolken zogen über den blauen Himmel, der dann über den hohen Bergen noch blauer wurde. Ich ertappte mich plötzlich dabei, dass ich ein Lied sang. Das war mir in den vergangenen Monaten nicht in den Sinn gekommen.
Gnädiges Geschenk Fliegen! Mein Sohn würde endlich wieder eine Mutter haben, die ihm Lieder vorsingen könnte – nicht besonders schön, aber zum Einschlafen waren sie bestimmt ausreichend.
Es war einfach nicht zu beschreiben.
Langsam traten Kummer und Schmerz in den Hintergrund. Ich wusste, es würde alles wiederkommen. Allein die Tatsache, dass es

überhaupt noch möglich war, sich wieder so frei zu fühlen, war ein großes, beglückendes Geschenk.
Einige Menschen standen auf dem kleinen Flugplatz, als ich auf der holperigen Graspiste gelandet war. Der Vertreter der deutschen Flugzeugindustrie kam als Erster an die Maschine, als ich vor die Halle gerollt war.
Er begrüßte mich und machte mich dann gleich mit dem Piloten des Ministers Urdarianu bekannt.
Ich war etwas benommen. Mir knallte die Augusthitze auf den Kopf. Schon unter dem Plastikdach meiner Kabine im Flugzeug hatte sich das bemerkbar gemacht, als ich aus der Höhe über den Gebirgen langsam herabschwebte.
Dass es in Europa so heiß sein konnte!

»Jetzt fahren wir erst einmal in Ihr Hotel, Frau Rosemeyer«, schlug Herr U., unser deutscher Vertreter, vor. »Ja – doch wie geht es dann weiter?«, wollte ich gern wissen. Mir grauste etwas vor dem Gedanken, in einem Steinhaus mitten in der glühenden Stadt zu sitzen. »Was halten Sie davon, wenn wir morgen ans Schwarze Meer fliegen?«, mischte sich auf Französisch der Hauptmann – nennen wir ihn Perescu – ein.
Begeistert gab ich meine Zustimmung.
Wir verabredeten eine Startzeit für den nächsten Morgen und dann fuhren Herr U. und ich in die Stadt. Der hiesige Chef der Shell, die mich überall auf meinen Flügen mit Benzin versorgte, hatte sich uns angeschlossen und seinen Wagen mit dem Fahrer heimgeschickt. Vor dem Antritt dieses Fluges hatte ich in Berlin vorgeschlagen, das Auswärtige Amt, welches mir sonst meistens in vielen Dingen unterwegs sehr behilflich war, nicht zu verständigen. Das hätte einen Empfang und allerlei Verpflichtungen bedeutet, denen ich mich noch nicht wieder gewachsen fühlte. Wenn eine Situation eintrat, in der ich Hilfe gebrauchte, so konnte ich mich immer noch bei unserer Gesandtschaft melden.
»Haben Sie gesehen – *sie* war auch da«, sagte der Stellvertreter bedeutungsvoll.

»Ja, in ihrem Rolls Royce mit den dunkel verhangenen Scheiben«, bestätigte Herr U. »Wie sollte es auch anders sein? Es gibt kein Ereignis von Bedeutung, an dem sie nicht interessiert ist. Na – und ein Flugzeug für den Minister des Königs – wenn das kein Ereignis ist! Übrigens habe ich munkeln hören, dass sie mitfliegen will ans Schwarze Meer. Nun, wir werden morgen früh ja sehen.«
In meinem Hotel war es angenehm kühl. Es war ein altes, solides Haus, in einem Park mit großen alten Bäumen gelegen. So war wenigstens Aussicht auf einen guten Schlaf bei diesen tropischen Temperaturen. »Trinken wir noch etwas Kühles?«, schlug Herr U. vor.
»Ja, gern. Ich hätte sowieso noch ein paar Fragen, die mich interessieren, von Ihnen beantwortet.« Wir saßen vor einem Glas Sherry.
»Was wird hier eigentlich gespielt – wer ist die geheimnisvolle ›Sie‹?«, verlangte ich zu wissen. »Man hat mir gesagt, ein Minister habe die ›Taifun‹ in Auftrag gegeben?«
Herr U. lächelte etwas verlegen – wie ein Arzt, der sich bemüht, seinem kranken Patienten die Wahrheit möglichst schonend beizubringen.
»Ach, wissen Sie – bei uns hier herrschen zurzeit etwas außergewöhnliche Verhältnisse. Wir werden praktisch von einer Frau regiert. Haben Sie schon einmal den Namen Helena Lupescu gehört?«
»Ja – schon«, überlegte ich. »Hat sie was mit der Politik zu tun? Da bin ich nicht besonders informiert – und schon gar nicht bei den Balkanstaaten.«
»Ja und nein. In erster Linie ist sie die Geliebte unseres Königs. Aber Sie können sich darauf verlassen, dass sie ihre Hände in allen politischen Dingen von irgendwelcher Bedeutung hat. Nun, wir werden ja in den nächsten Tagen sehen«, schloss Herr U. seine Betrachtungen vorerst ab, »wie es weitergeht, oder ob Madame Lupescus Anwesenheit am Flugplatz bei Ihrer Landung nur ein Zufall war. Ich hole Sie morgen früh rechtzeitig ab. Nehmen Sie Übernachtungsgepäck mit und vor allem die Badesachen.«

Wieder einmal hatte mich mein Flugzeug in ein paar Stunden in eine andere Welt getragen.

Nach New York, Kapstadt, London, Mailand und in alle Länder, in denen internationale Automobilrennen gefahren wurden oder in die ich geflogen war, wäre mir die Geschichte von Bernds Unfall gefolgt – hier war es wie auf einer Insel im stürmischen Meer. Außer den paar Menschen meiner nächsten Umgebung wusste niemand etwas von dem tragischen Geschehen in meinem Leben. Und diese wenigen hatte man vorher gebeten, mir weder ihre Teilnahme zu sagen noch über den Unfall zu sprechen.

Am nächsten Morgen auf dem Flugplatz erwartete mich eine Überraschung. Der Pilot des Ministers inspizierte schon die »Taifun« mit einem Mechaniker. Er hatte sich eine Liste von Fragen aufgeschrieben. Ich hoffte im Innersten, sie alle beantworten zu können.

Wir hatten die Maschine vor die Halle gerollt und ich erklärte ihm die Instrumentierung, die für die damalige Zeit recht reichhaltig war. Ein Auto fuhr an die Seite der Halle und eine Frau mit einer Autokappe auf dem rötlichen Haar, mit einer Fliegerbrille in der Hand kam auf uns zu. Nanu – die Zeit der offenen Sportmaschinen, wie ich sie viele Jahre lang geflogen hatte, war doch vorbei? Oder sollte sich das bis Bukarest, dem Paris des Balkans, noch nicht herumgesprochen haben?

Herr U. hatte sich etwas zurückgezogen.

»Vous permettez – Mesdames?« Hauptmann P. machte uns bekannt: »Frau Elly Rosmäere – Madame Lupescu, sie wird uns an das Meer begleiten.« Helena Lupescu konnte ihre martialische Ausrüstung ihrem Chauffeur wieder mitgeben.

Kurz darauf fuhr ein anderes großes Auto vor. Wieder Vorstellung: »Monsieur le Ministre Urdarianu.« Ich hatte also »full house« für diesen Flug ans Meer. Der Hauptmann saß vorn neben mir am Doppelsteuer. Wenn er gut mit der »Taifun« zurechtkam, wollte ich ihn auf dem Rückflug links auf dem Pilotensitz fliegen lassen. Von der auf Rumänisch geführten Unterhaltung verstand ich natürlich nichts und gab nur ein paar Erklärungen zu dem Flugzeug. In jedem Fall hatte ich nicht den Eindruck, dass Madame Lupescu von tiefem Respekt vor dem Minister des Königs erfüllt war, eher im Gegenteil!

Ich landete mit meinen drei Passagieren in Konstanza. Dort erwartete uns ein der Stellung meiner Begleiter entsprechendes Auto und fuhr uns nach Mamaia. Meine Güte – war das schön – dieser endlose breite Sandstrand, an dem es damals, 1938, nur ein paar Hotels gab. In einem von ihnen waren Zimmer für den Hauptmann und mich bestellt. Wo der Minister Urdarianu und Helena Lupescu wohnten, erfuhr ich nicht.

Der Hauptmann oder der Portier übermittelte mir täglich in der Frühe das geplante Tagesprogramm.

Am ersten Tag unseres Aufenthaltes sollten wir uns erst einmal alle am Strand treffen – ein mich begeisternder Vorschlag! Madame hielt unter unserem riesigen Sonnenschirm Hof. Sie hatte ein Strandgewand an – anders kann ich es nicht bezeichnen, dies Gebilde aus viel leichtem Material, das die Luft durchließ, doch nicht die Strahlen der Sonne. »Die Lupescu«, wie sie damals von allen, die sie kannten, genannt wurde, gehörte zu diesen rothaarigen, hellhäutigen Typen, die Sonne nicht gut vertragen können. Sie machte auf ihre Weise das Beste daraus und wirkte, da im weißen Sand thronend, durchaus dekorativ.

Der Minister – dieser allerdings mit einer etwas unsportlichen Badehose bekleidet – hatte sich zu ihren Füßen hingelagert und im Laufe der nächsten Stunden erschien eine ganze Anzahl von Männern – nur Männer –, die offensichtlich irgendwelche Anliegen bei der heimlichen Königin vortrugen.

Ich genoss das Dabeisein eigentlich sehr. Die Geliebte des Königs und ihre Vasallen. Offensichtlich war ihr ihre Macht durchaus bewusst und angenehm. Da die Unterhaltungen alle auf Rumänisch geführt wurden, hatte ich keine Ahnung, um was es jeweils ging. Gelegentlich schoss ein scharfer Blick wie ein Blitz aus den grünen Augen dieser zweifellos schönen Frau auf ihren Gesprächspartner. Dann blickte sie lange auf die leichten Wellen, die sich auf dem Sand brachen, und überlegte sich ihre Antwort reichlich. Man sah dem Mann, mit dem sie sich gerade unterhielt, an, wie viel für ihn von diesem Nachdenken abhing.

Inzwischen wusste ich, dass die Lupescu viele Fäden in ihren weißen Händen hielt, die bis in hohe Regierungsstellen hinaufreichten. Man tat gut daran, sich mit ihr zu arrangieren. Und hier am Strand von Mamaia bot sich dazu eine einmalige, unverfängliche Gelegenheit.

Trotz der herrlichen Landschaft, der Weite des Schwarzen Meeres und der interessanten Begleitung war ich ganz froh, als mir nach einigen Tagen gesagt wurde, wir sollten am nächsten Tag nach Bukarest zurückfliegen. Ich fühlte mich gegenüber meinen Passagieren etwas unfrei. Das lag sicher nicht an der anderen Nationalität. Ich kannte eine Anzahl von rumänischen Fliegern von den internationalen Wettbewerben her, an denen ich oft, bevor Bernd und ich heirateten, teilgenommen hatte. Die waren, aus dem rumänischen Hochadel stammend, so wie Piloten auf der ganzen Welt. Übrigens hatte man mich vor dem Antritt dieses Fluges gebeten, mich nicht mit diesen Bekannten in Verbindung zu setzen. Das hatte mich etwas gewundert.
Jetzt wunderte mich nichts mehr.
Alles war so völlig anders, als ich es gewöhnt war. Die Lupescu und der Minister waren mir fremd und beinahe etwas unheimlich, trotz aller Liebenswürdigkeit, die sie mir gegenüber zum Ausdruck brachten. Als sie sich nach der Landung in Bukarest von mir verabschiedeten, sagte Helena Lupescu: »Ich möchte gern einen Lunch für Sie geben. Wahrscheinlich werden wir nicht allein sein«, setzte sie bedeutungsvoll hinzu.
»Der Wagen wird Sie rechtzeitig vom Hotel abholen«, verabschiedete sich der Minister des Königs. »Haben Sie vielen Dank für den wunderschönen Flug in dem herrlichen Flugzeug.«
Mit dem Fliegerhauptmann machte ich dann noch am Doppelsteuer einige Starts und Landungen und ließ ihn dann ohne Bedenken mit der Maschine, mit der ich ja schließlich wieder nach Deutschland heimfliegen wollte, seine ersten Alleinstarts und -landungen machen. Er war ein erfahrener Pilot und machte das tadellos.
Damit war meine Aufgabe hier in Rumänien erfüllt.
Am Nachmittag traf ich mich mit unserem Vertreter der deutschen Flugzeugindustrie.

Nachdem mich nach meiner Ankunft seine geheimnisvollen Andeutungen wenig interessiert hatten – ich war auch noch viel zu befangen von den Ereignissen in *meinem* Leben –, brannte ich jetzt darauf, möglichst viele Einzelheiten über meine Begleiter und ihre Lebensumstände hier zu erfahren. »Wo kommt Madame Lupescu eigentlich her? Ihrer Ausdrucksweise und ihrem Französisch nach ist sie wohl eine recht gebildete Frau?«

»Und ob sie gebildet ist! Sie hat das beste Internat Rumäniens besucht, in das eigentlich nur Kinder der nobelsten Familien des Landes aufgenommen werden.«

»So etwas kostet doch viel Geld«, überlegte ich. »Dann war ihre Familie zumindest reich?«

»Alles um ihre Herkunft ist mehr als geheimnisvoll. Ihr Großvater war ein aus Polen eingewanderter Jude, der früher Wolff hieß und nach seiner Einbürgerung den Namen Lupescu annahm. Ihr Vater wurde Apotheker, der später ein kleines eigenes Geschäft betrieb. Durch seine Heirat mit einer Katholikin mieden ihn seine Glaubensgenossen und er verlor seine jüdische Kundschaft. Bald nach der Heirat und der Geburt der kleinen Elenutza – das ist der rumänische Kosename für Helena – wechselte das Paar den Wohnsitz und von da an hörte man nichts mehr von der Mutter des kleinen Mädchens. Als dieses mit zweiundzwanzig Jahren einen Offizier heiratete, gab es auch wieder – wie bei der Aufnahme in das exklusive Internat – keinerlei Schwierigkeiten, genau wie bei der späteren Scheidung, nachdem Carol ihr seine Zuneigung erklärt hatte. Ihr Gatte, der Hauptmann Tempeanu, verschwand in einer angenehmen Stellung an der Grenze des Landes. Es gibt heute noch Gerüchte, die Lupescu habe königliches Blut in den Adern und sei eine illegitime Cousine ihres Geliebten. Das ist zwar nie bewiesen worden. Doch behaupten viele Menschen, die dem Hof nahestehen, sie sähe wie die Zwillingsschwester der Prinzessin Elisabetha, König Carols Schwester, aus. Vielleicht ist sie wirklich zum Herrschen geboren!«

»Mir kommt das Ganze wie eine Hofschilderung aus dem 19. Jahrhundert vor«, meinte ich. Und das im Jahre 1938 im »Paris des Balkans«!

»Die Lupescu hat eine Macht, von der Sie sich kaum eine Vorstellung machen können! Sie hat auch sehr viel Geld. Man erzählt hier unter anderem, sie spiele mit dem Verkehrsminister um hohe Beträge, die man sie dann gewinnen lasse.
Dafür werden dann auch die Aufträge für alle Neuanlagen im Land seinen Wünschen entsprechend platziert. Der Minister wiederum bekomme diese Gelder von den einschlägigen Industrien. Auch bei der Post habe sie überall ihre Spitzel sitzen.
»Vielleicht«, sagte Herr U., »verstehen Sie jetzt meinen Rat besser, den ich Ihnen gleich am Tag Ihrer Ankunft gab. Ich hoffe, Sie haben nur unverfängliche Post geschrieben! Es kann auch sein, dass die Wände in Ihrem Hotelzimmer Ohren haben.« Es fröstelte mich leicht.
Ich wollte wieder heim in mein klares, übersichtliches Zuhause.
»Hat sie Ihnen gesagt, ob morgen der König zu ihrem Lunch kommt?«, wollte U. noch gerne wissen.
»Sie machte eine geheimnisvolle Andeutung – aber ohne seinen Namen zu nennen.«
Am nächsten Mittag kam ich mir wie um einige Jahrhunderte zurückversetzt vor.
Besuch im Palais der Geliebten eines Königs.
Ich hatte mir ein paar Orchideen besorgt – nicht zu üppig, aber apart. Sie erschienen mir der Gelegenheit angemessen. Das schlösschenartige Haus an der Peripherie der Stadt passte sehr gut zu seiner Bewohnerin.
Ein Butler öffnete und führte mich in einen Salon, in dem schon der Minister Urdarianu wartete – nicht der König. Er habe als Regent seines Sohnes Michael leider Regierungsgeschäfte zu erledigen, erklärte Madame Lupescu, die bald nach uns, und diesmal ganz »grande dame«, hereingerauscht kam.
Die Unterhaltung plätscherte an der Oberfläche dahin. Ich war nicht mehr so unbefangen wie sonst und überlegte mir jedes Wort recht gut.
Ob Helena Lupescu schon ahnte, wie bald es mit ihrer Macht zu Ende sein würde? Sicherlich spielte die bestellte »Taifun« bei ihren

Planungen für den Fall einer Flucht eine ausschlaggebende Rolle. Sie sollte mit übergroßen Tanks ausgerüstet werden.
»Mir hat unser Flug so gut gefallen«, sagte der Minister zwischen Vorspeise und Fisch, »dass ich beschlossen habe, selbst fliegen zu lernen.«
Natürlich. Je weniger man im Katastrophenfall auf Helfer und Mitwisser angewiesen war, desto besser!
»Ich hörte, Sie haben auch Bücher über Ihre großen Flüge geschrieben«, sagte Madame. »In welchen Sprachen? Deutsch kann ich nicht sehr gut lesen.«
»Nicht Französisch – aber es gibt englische Ausgaben.«
»Würden Sie mir eines schicken?«
»Natürlich gern – wenn ich eines bekomme. Ich muss es in London oder New York bestellen.«
Nach dem Kaffee wurde mir ein Erinnerungsgeschenk überreicht und ich konnte mich verabschieden – recht erleichtert. Diese Menschen waren zweifellos recht interessante Zeitgenossen. Aber nun war es auch genug dieses Abenteuers.
In der Frühe des nächsten Tages flog ich wieder über die Grenze Rumäniens in Richtung Berlin.
Dieser Flug mit den recht merkwürdigen Begleitumständen hatte mir so sehr geholfen, in mein Alltagsleben zurückzufinden. Wieder einmal war ich aus tiefstem Herzen dankbar, dass ich so früh den Weg zur Fliegerei hatte finden dürfen.
Natürlich folgte ich von nun an den Ereignissen in Rumänien mit größtem Interesse.
Als Carol II. im Jahre 1940 abdankte, gingen Helena Lupescu sowie Ernst Urdarianu mit ihm in die Verbannung – nicht mit der »Taifun«, aber mit einem Sonderzug mit dem wertvollsten Besitz des Königs. Außerdem hatte seine Geliebte in jahrelanger Voraussicht gewaltige Summen ins Ausland geschafft, sodass von Not keine Rede sein konnte. Das Paar lebte – von größeren Reisen abgesehen – in Estoril bei Lissabon.
Im Juli 1947 heiratete der Exkönig, der seit 1938 von seiner zweiten Frau, der Prinzessin Helena von Griechenland, der Mutter seines

Sohnes Michael, geschieden war, seine Lebensgefährtin. Sie hatte übrigens ihren jüdischen Vater nie, auch nicht während der Zeit des größten Judenhasses in Rumänien, verleugnet – der vielleicht gar nicht ihr natürlicher Vater war.
In Rio de Janeiro fand diese Trauung statt – wo angeblich Helena Lupescu auf den Tod erkrankt war. Doch ein Wunder geschah – in kurzer Zeit ging die von ihrem Mann zur Prinzessin ernannte Helena vergnügt mit ihrem Exkönig auf die Rückreise nach Estoril. Am 3. April 1953, nur knapp sechzig Jahre alt geworden, starb Carol, einige Wochen nachdem die erste seiner drei Frauen, Zizi Lambrino, diese Erde verlassen hatte. Helena Lupescu, jetzt Prinzessin Helena von Rumänien – von Carols Gnaden –, brach ohnmächtig vor der Bahre ihres Gatten zusammen.
Helena Lupescu hat Carol um mehr als zwanzig Jahre überlebt. Einsam, vom Adel gemieden, starb sie am 29. Juni 1977 im portugiesischen Königsexil Estoril. Ihre beiden Lieblingskatzen hielten ihr die Totenwache.

Persien – Indien – Siam

Jetzt ist mein Kind so weit von mir weg, dass es keinen Sinn mehr hat, immerfort nach Hause zurückzudenken. Wahrscheinlich ist der kleine Bernd jetzt schon mit seinem Großvater in Lingen und schläft in dem Bettchen, in dem vor knapp dreißig Jahren sein Vater geschlafen hat. Vorgestern hab' ich zum letzten Mal sein Stimmchen verzerrt durch den Verstärker in Ankara gehört – jetzt hat es keinen Zweck mehr zu telefonieren.

Man kann nur noch fliegen und vorwärtsdenken. Irgendwann geht es einmal wieder heimwärts.

Ja, um Himmels willen, was sind denn das für alberne Überlegungen! Mir scheint, ich bin immer noch nicht ganz richtig unterwegs. Aber das wird jetzt anders!

Die Luft über Persien, Indien, Burma und Siam muss mir die Augen und das Herz ausblasen, damit ich wieder klar und froh in die Welt sehe. Die Vergangenheit kann ich nicht zurückholen. Das habe ich schon lange begriffen. Und Bernd junior kann mit einer trübseligen Mutter nichts anfangen.

Mein Flugzeug war auch im letzten Jahr der bewährte treue Kamerad. Es hat mir geholfen, an manchen Tagen einfach davonzugehen, wenn es nicht mehr anders ging. Und dann waren wir beide allein da oben. Wenn ich Glück hatte, kam noch ein böses Wetter dazu, das alle meine Gedanken beschäftigte, und dann kehrte ich ganz froh, fast wie früher, wieder heim.

Bernd Rosemeyers Vater war es eigentlich, der mich veranlasste, endlich äußerlich und innerlich »Ja« zu sagen zu diesem neuen Flug.

»Das ist der beste Weg, damit du wieder die Alte wirst. Dein Kind ist bei uns gut aufgehoben. Geh du nach Indien und komm uns heil und gesund zurück.«

Ich war wirklich auf dem besten Wege, alle diese Aufträge zu erfüllen.
In Basra.
Nanu – da kam ja noch bei sinkender Nacht eine Maschine hereingelandet. Die KLM war schon durch – ah, also war das Prinz Faisal, der Araberfürst. Wenn ich schon auf dieser Reise nicht nach Arabien hineinfliegen durfte, einen Sohn des Herrscherhauses Ibn Sauds möchte ich doch wenigstens aus der Nähe sehen. An der Rollbahn war eine irakische Militärkapelle in Galauniform aufmarschiert.
Jetzt rollte die Maschine – übrigens ein Modell von anno dazumal und eines modernen Märchenprinzen unwürdig – auf das Hotel zu. Der Fürst mit seinem Gefolge stieg aus und schritt würdig die Front ab.
Mir verschlug es fast den Atem – wie schön war dieser Mann! Ich hatte bisher bei Männern nie den Begriff »Schönheit« gelten lassen. Ein Mann konnte »gut aussehen«, »sehr gut aussehen« vielleicht. Das war aber auch das höchste der Gefühle.
Aber dieser Mensch war schön. Von einer fast unwirklichen Schönheit.
Trotzdem verzichtete ich darauf, mich ihm vorstellen zu lassen, und legte mich schlafen.

Jetzt war ich richtig und komplett unterwegs.
Es war wie früher und doch ganz anders.
Entweder war die Welt anders geworden oder ich. Wahrscheinlich ich; denn dass sich die Welt verändert hätte, war kaum anzunehmen.
Auf so einem Fernflug ist immerzu etwas anderes los. Bei meiner Landung in Karachi herrschte große Aufregung. Ein junger Franzose, der unterwegs war, um den Rekord von Paris nach Saigon zu brechen, hatte den Flugplatz am vergangenen Tage passiert. Seine nächste Landung sollte in Kalkutta sein. Dort war er aber nicht angekommen. Er war nun schon die halbe Nacht und einen Vormittag überfällig.
Man hatte alle Stellen unterwegs alarmiert und bat auch mich, Ausschau zu halten, ob ich die Maschine – oder ihre Trümmer – irgendwo am Boden sähe.

Doch auf der ganzen Strecke bis Jodhpur habe ich nichts gefunden. Leider war der dortige Maharadscha, der gern meine Maschine besichtigen wollte, verreist. Meine Ankunft hatte sich, entgegen den vorher gemeldeten Zeiten, zu sehr verzögert. Das geht in der Fliegerei oft nicht anders.
So konnte ich das Flugzeug nur dem Piloten des Maharadschas vorführen, der mir die drei andern Maschinen seines flugbegeisterten Herrn zeigte. Untergebracht war ich mit indischer Pracht in einem wunderschönen Gästehaus, das der Fürst direkt an der Seite des Flugplatzes für seine Luftbesucher hatte bauen lassen.
Auch auf der ganzen Strecke bis nach Kalkutta fand ich keine Spur des immer noch verschollenen Rekordfliegers.
Endlich, am Tage nach meiner Landung, kam die Nachricht, dass er in der Nacht durch Seitenwind von seinem Kurs abgekommen und dann wegen Benzinmangels notgelandet war, und zwar bei Baripada, der Residenz des Maharadschas von Mayurbanjah, zu dem ich auch eine Einladung hatte. Also bestand einige Aussicht, den schnellen Franzosen endlich doch zu treffen. Er hatte bei seiner nächtlichen Landung im indischen Busch Bruch gemacht und wartete nun auf Ersatzteile aus Frankreich. Inzwischen war er Gast des Maharadschas. Ich brauchte gar nicht so lange zu warten.
Eines Morgens arbeitete ich draußen in Dum-Dum, dem Flugplatz von Kalkutta, an meiner Maschine. Es war eine widerlich feuchte Hitze. Biren Roy, der Präsident des »Benghal Flying Club«, ein Bekannter von meinem Weltflug her, leistete mir Gesellschaft.
»Look over there, das ist eins der Flugzeuge des Maharadschas von Mayurbanjah«, machte Biren mich auf einen hereinlandenden Doppeldecker aufmerksam. »Die kommen sicher, um noch einmal die Einladung für Sie zu überbringen.«
Heraus kletterten zwei Männer, ein Europäer und ein Inder. »Das ist der Chefpilot des Maharadschas«, stellte Biren Roy den Inder vor.
»… et je suis l'aviateur français«, führte sich der verloren gewesene Rekordflieger selbst ein. »Ich hoffe, meine Ersatzteile sind heute mit der Verkehrsmaschine angekommen. Dann werde ich in der andern Richtung noch einmal mein Glück versuchen«, meinte er mit ernsten

Augen. »Ich habe alles, was ich besitze, in diesen Rekordversuch hineingesteckt, um mir einen Namen zu machen. Es muss gelingen, sonst bin ich ruiniert und es ist vorbei mit der herrlichen Fliegerei!«
So hatten wir alle angefangen – mit dieser oder jener Idee. Einige waren daran zugrunde gegangen, viele waren wieder aus der Fliegerei verschwunden und nur wenige hatten es geschafft.

Es war zum Verzweifeln: Auch hier wieder keine Post!
Seit Ankara hatte ich nichts mehr von meinem Sohn gehört. Es war doch nicht ganz einfach, so getrennt von seinem Stückchen Selbst in der Weltgeschichte umherzufliegen. Der Verstand sagte mir, wenn irgendetwas in Lingen nicht stimmte, würde ich sofort Nachricht bekommen haben. Aber alles Überlegen nützte nichts. Der 28. Januar des vergangenen Jahres hatte mir das Vertrauen auf ein freundliches Schicksal genommen.
Erst als ich am nächsten Tag die Rückantwort auf mein dringendes Telegramm in der Hand hielt, war ich wieder bereit, mich ganz dem indischen Erlebnis hinzugeben.
»Alles in bester Ordnung. Grüße Vater und Bernd.« Die acht Worte genügten, um mich unverzüglich wieder in mein frisch-fröhliches Selbst zu verwandeln.
Im Great-Eastern-Hotel musste sich jeder Gast, der etwas auf sich hielt und nicht im Staub ersticken wollte, seinen eigenen Boy anstellen. Der hockte, abgesehen von der kurzen Zeit, wenn er wirklich einmal etwas zu tun hatte, auf dem Steinfliesenboden vor der Tür und wartete auf die Befehle seines jeweiligen Herrn.
»Mister Roy waiting downstairs«, meldete mein indischer Diener.
In der Halle saß der unternehmungslustige indische Sportflieger.
»Übermorgen fliegen wir nach Baripada. Der Maharadscha möchte Ihre Maschine am Doppelsteuer erproben. Aber die Bedingung ist, dass Sie mich mitnehmen.«
Auf den Flugplätzen unterwegs hatte ich vielen Leuten in all den verschiedenen Ländern meine Maschine vorgeführt. Aber auf Strecke war es seit langer, langer Zeit wieder das erste Mal, dass jemand neben mir saß. Bevor wir losflogen, machte ein geschickter indischer Schnei-

der die letzten Stiche an meinen neuen Gardinen, die ich für das Plexiglasdach meiner Kabine hatte anfertigen lassen. Die fusseligen Seidendingerchen, die in Europa genügten, um das bisschen Sonne abzuhalten, reichten nicht aus. Da musste »sun-proofed material« her.

Baripada hatte einen hübschen kleinen Privatflugplatz mit einem richtigen Flughafengebäude und einer netten Halle für den Maschinenpark des indischen Fürsten.

Der Maharadscha erwartete uns mit seinem Stabe und dem französischen Rekordflieger.

Seine Hoheit trug genau wie seine Begleiter den »dhoty« – ein loses, hemdartiges Gewand, das zwischen den Beinen hindurchgeschlungen wird –, die praktischste Bekleidung für die heiße Jahreszeit. Wir bekamen einige Sehenswürdigkeiten der Residenz gezeigt, darunter ein traumhaft schönes Schwimmbad, dessen Bassin ganz mit Goldmosaik ausgelegt war.

»Hier lässt es sich nach einer Notlandung aushalten«, meinte mein französischer Kollege.

»Finden Sie nicht?«

Ja, das fand ich auch.

Der Maharadscha war hochbefriedigt von den wirklich hervorragenden Flugeigenschaften meiner Maschine und wollte sich unverzüglich mit den Messerschmitt-Werken in Verbindung setzen, um wegen der Anschaffung eines solchen Flugzeugs zu verhandeln.

»Jetzt kann ich es Ihnen ja gestehen«, verriet mir sein Chefpilot, nachdem wir ein paar Flüge gemacht hatten, »wir waren alle entsetzt, als Sie da vor Ihrer Landung am Rand unseres kleinen Platzes das Gas wegnahmen. ›Wie ist dieses Mädchen nur heil bis nach Indien gekommen‹, haben wir uns alle gefragt. Die kommt ja im Leben nicht in den Platz hinein.«

»Ja«, gab ich zu, »das erlebe ich immer wieder. Doch das ist eben das Moderne an der Maschine, dass man trotz der großen Geschwindigkeit mit ganz wenig Fahrt landen kann, durch die Landeklappen. Da kommt man ganz hoch an, nimmt das Gas weg, stellt einfach die Maschine auf den Kopf, bis man am Boden ist. Dann nimmt man den

Knüppel an den Bauch und rollt ein paar Meter – und die Landung ist fertig. Ist das nicht eine patente Sache?«
»It's really a most wonderful performance«, versicherten die von der Leistung meiner »Taifun« sehr beeindruckten Inder.
Leider, leider konnte ich von den jagdlichen Möglichkeiten Baripadas keinen Gebrauch machen, weil meine Zeit zu kurz war – der Monsun mit seinen Schrecken drohte.
Die ersten Monsunwolken begegneten mir schon bald südlich von Kalkutta. Jetzt konnte ich mit der Zeit nicht mehr herumspielen, denn sonst saß ich mit meiner einmotorigen Maschine ohne Funk fest. Die meisten Flugplätze hier unten waren während der Regenzeit oft wochenlang nicht zu benutzen.
Akyab, Rangoon mit seiner wundervollen goldenen Pagode und Moulmein zogen unter meinen Flächen vorüber.
Und dann kam der Urwald, dieser grausame, geheimnisvolle Urwald, in dem schon mancher Flug ein bitteres Ende gefunden hatte. Es war nicht nur der Urwald, über den ich hier zu fliegen hatte. Der dunkle drohende Wald stand auf Bergen, die gut 2000 Meter hoch sind. Wer auf dieser Strecke heruntermusste, dem war in fast allen Fällen nicht mehr zu helfen gewesen. Ein Pilot hatte sich einmal bis zu den nächsten Ansiedlungen durchgeschlagen. Aber sein Geist hatte dem Grauen des Dschungels nicht standgehalten – er war irrsinnig geworden. Die andern waren vielleicht glücklicher. Man hatte sie erst gefunden, als kein Leben mehr in ihnen war.
Aber auch diese bösen Strecken müssen geflogen werden. Sie gehören zu jedem Fernflug, einerlei, ob sie über Wasser, die Wüste oder Berge führen. Sie sind das tägliche Brot des Langstreckensportfliegers. Wohl ihm, wenn sein einziger Motor über diesen Etappen durchhält.
In Siam erwarteten mich liebe alte Freunde, Familie Fuhrhop, deren Gast ich schon bei meinem Weltflug gewesen war. Marga von Etzdorf, die nach ihrem Japanflug hier abstürzte, hatte dort für die Dauer ihrer Genesung eine zweite Heimat gefunden.
Ich nahm mir nicht die Zeit, mich ganz dem Zauber dieses Märchenlandes hinzugeben – vielleicht steckte auch schon eine Ahnung des Kommenden in mir. Immerhin ließ ich meine farbenhungrige Film-

kamera einige Tage über die wundervollen Klongs – die Kanäle, welche die Straßen ersetzen – und über den Watt-Phra-Keo, die große Tempelstadt, wandern. Eines Abends bummelten wir im Boot auf einem der Kanäle entlang. Lore Fuhrhop sang deutsche Lieder zur Laute. Es lag eine seltsam versponnene Stimmung über den nächtlichen Klongs.

Recht heiß war es. Ich ließ meine nackten Füße über den Rand des Bootes ins Wasser hängen.

»Klapp« machte es plötzlich.

»Was war denn das?«, fuhr ich hoch.

»Ein hungriges Krokodil, meine Liebe«, belehrte mich Frau Fuhrhop, die etwas erschrocken ihre Laute auf die Seite gelegt hatte.

»Das können Sie hier nicht machen. Die Füße nehmen Sie besser ins Boot.«

Eigentlich hätte Tokio das Ziel meines Fluges sein sollen.

Aber irgendein Krieg dort an der Küste veranlasste Chinesen und Japaner, mir die erbetene Einfluggenehmigung aus Sicherheitsgründen zu verweigern.

Gut, dann eben nicht. Ich komme ein anderes Mal!

Schon morgens bei meinem Abflug war der Wetterbericht recht alarmierend. Weit oben im Norden sollte der Monsun ausgebrochen sein. Und gerade in den ersten Wochen sind die Gewitter und die Regengüsse am stärksten.

Die am Vortag fällige Verkehrsmaschine von Rangoon war nicht nach Bangkok durchgekommen – und die hatte Funk an Bord. Egal, ich musste versuchen, nach Kalkutta zu kommen, sonst saß ich hier rettungslos für eine Weile fest.

Fuhrhops waren nicht für einen Start. Ihnen steckte der Absturz von Marga noch in den Knochen.

Aber ich ließ mich nicht halten. Schließlich wollte ich ja auch wieder zu Hause sein, ehe mein Sohn in die Schule kam. Auch die internationale Lage gefiel mir nicht – inzwischen war es Juni 1939 geworden. Da waren so viele Spannungen und unterwegs erzählte man allerlei. Nein, ich wollte unbedingt aus dieser sehr südlichen Monsunecke

heraus. Hier musste ich damit rechnen, für Wochen, wenn nicht Monate keinen unabhängigen Entschluss fassen zu können.
Das wurde ein Flug! An den werde ich mein Leben lang denken. Schon über den Urwaldbergen lagen die dicken dunklen Monsunwolken auf den Bäumen. Mit fast 300 Stundenkilometern fegte ich zwischen ihnen hindurch, manchmal huschten Bäume auf beängstigend kurze Entfernung an meinen Flächen vorüber. Endlos erschien mir der Flug, bis sich auf der Westseite das Gebirge zur Küste herabsenkte.
Da war es noch schlimmer.
Es schüttete derartig auf mein Kabinendach, dass ich glaubte, der Regen würde mich auf den Boden drücken. Dazu lagen auch hier die Wolken praktisch auf den Bäumen auf und Sicht voraus hatte ich nicht einen halben Kilometer.
Also hinaus auf das Meer. Da stand wenigstens nichts im Wege.
Auch das ging nicht.
Hier verschwammen See und Himmel so in eins, dass ich keinen Horizont mehr sah und einmal gerade noch über den Schaumkronen der Wellen die Maschine abfing. Dann turnte ich lieber halsbrecherisch über der Küste umher, jedem hohen Baum im letzten Moment mit einer Kurve ausweichend. Endlich – die Stunden kamen mir wie Ewigkeiten vor – war ich über Rangoon. Und da sah es sogar ganz manierlich aus.
Die Wolken waren etwas höher und an der goldenen Pagode vorbei suchte ich mir die Straße zum Flughafen. Und fand sie auch gleich. Aber …
In Bruchteilen von Sekunden hatte sich das Zentrum eines eben herannahenden Gewitters über den Platz geschoben – und aus war es. Restlos aus.
Ich sah keine Halle mehr, nicht den Flugplatzturm, nichts, nur undurchsichtigen Regen wie einen grauen Vorhang.
Nein, dahinein landete ich nicht!
Auf dem Hinflug hatte man mir in der Halle die Reste einer Verkehrsmaschine gezeigt, die es einmal versucht hatte. Das genügte mir, um auf ähnliche Experimente zu verzichten.

So pendelte ich am Rand des Gewitters hin und her und hoffte, es würde abziehen, ehe mein letzter Tank leer war.
Plötzlich ging mein Benzindruck auf Null.
Jetzt noch fünf Minuten, dann musste ich hinunter.
Mit einem sehnsüchtigen Blick in Richtung des verschwundenen Flughafens mit dem schönen glatten Boden kurbelte ich meine Flugbeinchen heraus. Genau nach fünf Minuten machte der Propeller »blupp« und Sekunden später saß ich in einem völlig aufgeweichten Reisfeld. Aber mit heiler Maschine. Immerhin, es hätte schlimmer kommen können.
Es war eine mühselige Angelegenheit, die sich über mehrere Tage hinzog, bis ich wieder flott war.
Durch den anhaltenden Regen stand meine Maschine am nächsten Tag bis zur Radmitte im Wasser. So schnell wie möglich musste ich hier heraus. Da ich mit Motorenkraft sofort kopfgestanden hätte, mussten starke Taue und viele, viele Menschen helfen.
Die freundlichen Burmesen zogen dann auch, als endlich Bohlen herangeschafft und verlegt waren, mit allen ihren Kräften. Und schließlich stand die Maschine auf einem erhöhten, etwas trockeneren Platz, von dem aus ich einen Start versuchen konnte.
Um ein Haar hätte es in der letzten Sekunde doch noch eine Katastrophe gegeben.
Ich musste gegen eine kleine Mauer starten, welche die Reisfelder untereinander abteilte. Man hatte eine kleine Schneise niedergelegt, falls ich aus dem weichen Boden noch nicht vorher in der Luft sein sollte. Als alles so weit war, ließ ich die Burmesen an den Flächen halten und zog die Bremse an, bis mein Motor volle Touren hatte. Dann raste ich los, kam auf dem schmierseifenartigen Boden aus der Spur, endlich aber doch in die Luft, klatschte noch einmal hinunter und mit halber Fahrt gegen die Steinmauer.
Es gab einen fürchterlichen Ruck durch die ganze Maschine. Ich ahnte nicht, ob mein Fahrgestell noch am Rumpf war.
Schnell war ich über dem nahen Flugplatz und kurvte herum, bis Menschen herauseilten. Gespannt beobachtete ich, ob sie ein Zeichen gaben, dass mein Fahrgestell weg war. Doch nichts geschah. Behut-

sam setzte ich zur Landung an. Setzte auf. Und konnte tatsächlich noch rollen.
Vor der Halle sprang ich aus meiner »Taifun« und sah mir die Bescherung an.
Die rührenden, so zerbrechlich aussehenden Beinchen hatten wirklich gehalten. Es war fast nicht zu glauben.
Aber der Anprall hatte den Rumpf bis hinten an das Steuer verzogen. Wie plissiert sah das silbergraue Metall aus.
So, ohne Reparatur, nur nach genauer Durchsicht, bin ich dann bis nach Deutschland zurückgeflogen. Da war dann allerdings eine Reparatur für eine vierstellige Summe fällig. Doch die hat die Versicherung bezahlt.

Nach Kalkutta kam das für mich unbekannte Bombay, wo ich wieder etwas aus der Regenzeit heraus war. Dort verlebte ich unter den Fittichen des deutschen Generalkonsuls Graf Dönhoff und seiner Familie eine unvergessliche Woche. Flog vorbei an den »Türmen des Schweigens«, wo die Parsen nach ihrem Tode von den Geiern gefressen werden, erlebte die Schlangenbeschwörer, schwamm im Arabischen Meer und kaufte in dem märchenhaften Basar viel mehr als ich mir leisten konnte.
Mit einem unbestimmten Abschiedsgefühl ging ich in dieser indischen Weltstadt mit ihren unwahrscheinlichen Kontrasten zwischen höchstem europäischem Luxus und tiefster indischer Armut umher. Denn nun ging es endgültig der Heimat entgegen.
In Karachi landete ich nur, um zu tanken und mich vom Zoll abfertigen zu lassen. Bei der Landung bekam ich einen Haufen Telegramme in die Hand gedrückt, alle von Freunden in Indien mit einem Abschiedsgruß – ja, wann würde ich Indien wiedersehen? Außerdem erzählte man mir, dass der französische Flieger, der inzwischen von Baripada nach Saigon geflogen war, auf dem zweiten Rekordversuch wieder Bruch gemacht hatte, diesmal endgültig.
Wie gut konnte ich mir seine Verzweiflung vorstellen! Aber vielleicht kam er doch noch einmal zu einem Start in die große weite Welt? Rekordfliegerschicksal. –

Dass mein Reisehunger noch nicht endgültig gestillt war, merkte ich bald nach der Landung in Teheran.
Dr. Allardt, der liebenswürdige iranische Sekretär der deutschen Gesandtschaft – später unser Botschafter in Moskau –, drückte mir vorwurfsvoll einen zerknautschten und verwelkten Blumenstrauß in die Hand, auf dem er versehentlich während der ausgiebigen Wartezeit gesessen hatte. Infolge des Gegenwindes war ich ausnahmsweise einmal nicht mit meiner oft peinlich genauen Pünktlichkeit eingetroffen. In der Regel waren die Männer noch nicht rasiert, wenn ich landete. Wir fuhren hinaus nach Schämiran, dem herrlichen Sommersitz der Gesandtschaft am Fuße des schneebedeckten Toutschal. Dann reisten wir an das Kaspische Meer, ritten durch die Steppe und ließen uns abends Berge wertvollster Teppiche vorführen.
Der Gesandte, Dr. Smend, verstand es, das Leben für mich dort zu einer Kette von Feiertagen zu machen.
Die nächste Etappe Bagdad benutzte ich nur zum Tanken. Es war dort Ende Juni und sündhaft heiß. Das verstand auch unser Gesandter, der mit seiner Gattin, deren Gast ich für schöne Tage auf dem Hinflug gewesen war, auf den Flugplatz hinausgekommen war – eine große Tat bei dieser teuflischen Hitze.
Nach einem monotonen Wüstenflug war ich abends in dem Fort Rutba Wells inmitten von Hunderten Kilometern Sand nach allen Himmelsrichtungen. Gar nicht ganz einfach zu finden. Die Maschine wurde für die Nacht von wildromantisch aussehenden Arabern, Angehörigen des Wüstenkorps der Kamelreiter, bewacht. Das machte sich sehr prächtig und war einer meiner letzten starken Eindrücke des Orients.
Danach war es dann aber wirklich mit meiner verbummelten Luftzigeunerei – für dieses Mal – zu Ende.
Türkei, Balkan, Ungarn und endlich, endlich landete ich wieder in Berlin.

Knapp zwei Monate später brach der Zweite Weltkrieg aus. Die meisten meiner deutschen Freunde in Indien verbrachten Jahre im Lager.

Von Berlin nach Freiburg

Meinen zweiten Mann, Dr. Karl Wittmann, kannte ich seit Jahren. Wir hatten uns bei gemeinsamen Freunden getroffen.
Wir heirateten am 26. September 1941.
Am Jahrestag unserer Hochzeit kam unsere Tochter Stefanie Elly Barbara auf die Welt. Eine blanke, lustige kleine Person, die sich von ihrem ersten Lebenstag an durch ein ungeheures Temperament auszeichnete.
Dieses Mal war es mit der Entbindung nicht so glatt gegangen wie bei Bernd jr.
Schon vier Wochen vor dem errechneten Termin hatte ich in dem schon von Bernds Geburt her lieb und vertraut gewordenen Berliner Franziskuskrankenhaus ein kurzes Gastspiel gegeben. Frühmorgens, nachdem ich am Vorabend Gäste zum Essen gehabt hatte, erwachte ich mit kräftigen Wehen in rascher Folge. Es war das Kriegsjahr 1942 und ich wollte kein Risiko mit Transportschwierigkeiten eingehen und fuhr deshalb mit einem Taxi in die Klinik.
»Ja, das sind Wehen«, stellte die erfahrene Hebamme fest. »Na, dann wollen wir mal anfangen.«
Ehe sie mit ihren Vorbereitungen beginnen konnte, bediente ich sie mit einem kräftigen Durchfall – und dann war es aus mit den Wehen. Nichts rührte sich mehr in meinem dicken Bauch, außer den Püffen meines ungeborenen Kindes.
»Tja«, fragte die Hebamme etwas ratlos, »sollen wir nun weitermachen?«
»Am liebsten würde ich wieder heimfahren«, schlug ich vor. »Sie wissen ja nun Bescheid und ich kann doch jederzeit wiederkommen.«
Zu Hause berichtete mir unsere Agnes, eine meiner Besucherinnen

Nach dem Weltflug: Die Maschine mit den aufgemalten Flaggen der beim Weltflug 1932 überflogenen Länder

Reparatur unterwegs: Unter den kritischen Augen eines Kollegen legt Elly Beinhorn wieder einmal selbst Hand an.

Ankunft in Bremen: Nach dem Weltflug wieder daheim

Der Aeroclub verleiht Elly Beinhorn den »Tschudi-Becher« (1932).

Großer Empfang in der Heimat

Mit dem Hindenburg-Pokal

Unterwegs als Fotoreporterin

Auf dieser Remington schrieb sie ihr erstes Buch, »Ein Mädchen fliegt um die Welt« (1932).

Der Einstieg mit Rock gelang Elly Beinhorn immer mühelos.

Eleganz muss sein, besonders in Washington (1934).

Über Tempelruinen in Mexiko

Über den Vulkanbergen Mexikos

Blumen zum Empfang in Guatemala

vom Vorabend habe angerufen, um zu fragen, ob ich auch so Leibweh und Durchfall bekommen habe wie sie. Du liebe Güte!
Melone und ein Glas Wein waren die Ursachen des falschen Alarms.
Vier Wochen später – kurz nach dem errechneten Termin – war es wieder so weit. Obwohl ich mir die größte Mühe gab zu zeigen, dass ich jede mögliche Mithilfe gut beherrschte, kamen wir einfach nicht recht weiter. Nach allerlei quälenden Stunden entschloss sich Dr. Kling, das Baby mit der Zange zu holen. Vorher ließ ich mir noch dieses Instrument zeigen – ich hatte schon von Zangenverletzungen gehört. Als ob ich durch mein kritisches Betrachten dieses Instrumentes irgendetwas hätte verhindern können!
Glühend hatte ich mir dieses Mal ein kleines Mädchen zu meinem inzwischen beinahe fünf Jahre alten Sohn gewünscht. Später erzählte mir die Hebamme, wieder meine Frau Hoffmann, die ich zärtlich liebte, dass ich im Halbdämmern des Erwachens aus der Narkose, die ich im letzten Augenblick bekommen hatte, mindestens fünfzigmal gefragt hätte:
»Ist es ein Mädchen?«
Sie: »Ja, ein gesundes kleines Mädchen.«
Ich: »... ist es ein Mädchen?«
Sie: »Ja, mit dunklen Locken.«
Ich: »... ist es ein Mädchen?«
Sie: »Ja!«
So ging das zwei Stunden, immer unterbrochen von Schlummerpausen, hin und her.
Wir hatten das für damalige Berliner Verhältnisse unwahrscheinliche Glück, ohne Luftangriffe über die Zeit meines Klinikaufenthaltes zu kommen. So wurden uns die Transporte in den Luftschutzkeller erspart, die man Frischentbundenen wegen der erhöhten Infektionsgefahr nicht gern zumutete.
Dafür kam es später umso dicker. Ich weiß noch wie heute: Stefanie schlummerte satt und friedlich auf der großen Terrasse unserer Atelierwohnung im Berliner Westend.
Übrigens auf dem gleichen Flur wohnte damals Emil Nolde mit sei-

ner Frau Ada. Jahrzehnte später wurde im gleichen Haus Dr. von Drenkmann erschossen.
Plötzlich heulten ohne erkennbaren Grund – es stellte sich später heraus, es war ein Fehlalarm gewesen – die Sirenen ringsum auf. Ich raste hinaus. Die Kleine war erwacht und ihr sonst so heiteres Gesichtchen war vor Entsetzen erstarrt, bis sie sich nach einer ganzen Weile zu einem erleichternden Gebrüll durchgerungen hatte.
Mit diesem Erlebnis, dem ich, wie alle Menschen in meiner Umgebung und in der gleichen Lage, hilflos ausgeliefert war, begann unsere kleine Odyssee.
Karl musste nach kurzer Besichtigung seiner kleinen Tochter wieder auf seinen Kriegsposten in Holland zurückkehren, wo auch wir später eine Zeit lang lebten.
Ich war zwar damals noch mit unserer Agnes und Hanna, einer Kinderpflegerin, gut ausgerüstet. Doch mir war klar, dass dies nicht mehr lange dauern würde. Und gegen die Bombenangriffe, die immer häufiger wurden, waren beide auch keine Hilfe.
Zuerst einmal verlegten wir für einige Wochen unseren Wohnsitz nach Garmisch-Partenkirchen. Hier war es schon überfüllt von rheinländischen Frauen mit ihren Kindern, die zu Hause bereits laufend und reichlich mit Bombenangriffen eingedeckt worden waren. Sonntags erschienen dann viele der Väter, soweit sie nicht an der Front waren, und es war dort eigentlich ein ganz vergnügtes Leben. Doch das hier war kein Daueraufenthalt für uns. Auch die Preise waren steil emporgeschnellt, da alle Familien, die es sich leisten konnten, in diese herrliche Umgebung drängten, um ihre Kinder vor dem nächtlichen Bombenterror zu schützen.
Wieder zurück in Berlin ergab sich eine vorläufige Lösung von selbst. Ein vom letzten Indienflug befreundetes Diplomatenehepaar hatte einen großen Besitz in Ostpreußen, auf den sie mich schon gleich nach Kriegsbeginn einluden. Wie jeder Mensch hatte ich nicht die geringste Lust, mich von meinem Heim, meinen Büchern, meinen Freunden – von meinem geliebten Berlin zu trennen. Außerdem war ich davon überzeugt, dass man vor seinem Schicksal nicht wegrennen kann.

Doch jetzt ging es um die Sicherheit von Bernd jr. und Stefanie. Ich durfte meinen Fatalismus nicht auf meine Kinder ausdehnen. Mir war ganz klar: Wenn ihnen hier etwas zustoßen würde, so hätte ich ein Leben lang an dieser Belastung zu tragen. Denn ich war ja in der Lage, es zu ändern.
Auf die Fliegerei hatte ich freiwillig und nur der Kinder wegen verzichtet. Es hätte auch für mich allerlei Aufgaben gegeben. Doch hätte ich mich dann voll verpflichten müssen. Zu Beginn des Krieges hatte man uns fliegende Mädchen eingesetzt, um reparierte Flugzeuge von den Werken wieder auf die E-(Einsatz-)Plätze zu überführen. Mit einem riesigen Fallschirm als Gepäck mussten wir jeweils mit dem Zug zu den Fabriken fahren – ich kam mir dabei reichlich lächerlich vor, als die Mitreisenden mich neugierig und respektvoll ausfragten. Diese Aufträge waren ganz freiwillig gewesen. Als dann meine Tochter auf die Welt kam und die Bombenangriffe immer zahlreicher wurden, habe ich jede fliegerische Tätigkeit aufgegeben, um jederzeit in der Nähe meiner Kinder sein zu können.

Zuerst einmal machte ich eine kurze Inspektionsreise nach Ostpreußen. Hingerissen von der Großartigkeit der Landschaft, von der Würde und spröden Herzlichkeit der Menschen, fuhr ich ein paar Tage später nach Berlin zurück, bereit, die Einladung dankbar anzunehmen. Mein Mann war ebenfalls einverstanden, uns alle weit vom Schuss in einer wundervollen ländlichen Umgebung auf einem jahrhundertealten Besitz zu wissen, wenn wir auch für ihn so weit weg im Osten noch schwerer zu erreichen waren.
Doch damals, es war der Sommer 1943, spürten wir schon, dass uns dieses Idyll nicht lange erhalten bleiben würde.
Vielleicht genossen wir die Tage umso bewusster und voll von tiefer Dankbarkeit, wenn wir am Radio die Nachricht hörten, dass hier und dort und überall wieder einmal die feindlichen Bomber zugeschlagen hatten.
Langsam füllte sich das Schloss, in dem wir zuerst allein mit der Familie residiert hatten. Die Töchter kamen, danach weitere Freun-

de von mir, eines meiner Patenkinder mit seiner Mutter. Bald waren wir fast überbelegt, denn die nun beinahe täglichen Luftangriffe auf Berlin hatten die Behörden veranlasst, alle Frauen mit kleinen Kindern nach Osten zu evakuieren.
Mit Männern war es bei uns – außer unsern Besuchen, die immer seltener wurden – sehr schlecht bestellt. Abgesehen von unserem Forstmeister waren das nur Ältere von über sechzig Jahren.
Ich fuhr öfters – meist stehend oder auf meinem Koffer sitzend – zwischen Berlin und unserem Refugium hin und her. Ich hatte unsere Wohnung an bereits ausgebombte Bekannte vergeben, die mich von Zeit zu Zeit um Hilfe riefen: Alle Fenster seien wieder hinausgeflogen – nur mir würde es gelingen, einen Ersatz zu bekommen. Jedes Mal, wenn ich in die Bayernallee kam, sah mein früher so gepflegtes Zuhause zerrupfter aus – und es war wirklich eine Erlösung, als mir am 16. Februar 1944 ein Telegramm die vollständige Zerstörung unseres geliebten Zuhauses meldete. – Es war so, als ob ein unheilbar kranker Mensch endlich die Augen schließt und ausgelitten hat.
Trotzdem war ich todunglücklich.
Mir war absolut klar, dass wir nun keine echte Heimat, die wir selbst ausgewählt hatten und über die wir voll und uneingeschränkt verfügen konnten, mehr hatten. Täglich gingen Tausende von Behausungen zu Trümmern – und wann und wo und womit sollten neue errichtet werden? Doch immerhin: Wir lebten und waren auch nicht verletzt worden. Der Verlust war »nur« materiell – doch der spielte damals keine Rolle. Der Plunder der Erinnerungsstücke war Luxus.

Unsere Tage hier schienen auch dem Ende zuzueilen. Tag und Nacht hörten wir den Donner der Geschütze von der Ostfront, die immer näher kam. Die Berlin-Evakuierten, die man bis nach Goldap und an die Grenze geschickt hatte, kamen zu uns zurück und verringerten den vorhandenen Raum weiter. Wir kochten zu einer Unzahl von Parteien in derselben Küche und jeder schaute jedem in die Töpfe.
Karl schrieb in jedem Brief: »Packt so schnell wie möglich Eure

Sachen und geht nach Süddeutschland – möglichst weit nach Westen – die Russen kommen.«
Das gab es doch nicht!
Die von Sieg zu Sieg marschierenden Westmächte würden einen solchen Wahnsinn doch niemals zulassen – die Russen in Deutschland?
Nein – bestimmt nicht!
Von Politik hatte ich noch nie viel verstanden.
Etwas ganz anderes Unerwartetes war dann der Anlass, dass wir im August 1944 in aller Ruhe mit unseren Kisten und Koffern Ostpreußen verließen. Meine Eltern hatten Ende 1943 ihren Wohnsitz von Hannover nach Freiburg verlegt – keineswegs freiwillig. Wenn Menschen von über siebzig, wie Vater und Mutter, mit Ausnahme ihrer Reisen über vierzig Jahre an einem Platz zufrieden gelebt haben, so ist ein solcher Eingriff, besonders unter den Bedingun-gen des Krieges mit all seinen Einschränkungen, eine arge Belastung.
Doch mir zuliebe zogen sie von Norddeutschland nach dem Süden, wo ihnen der Vater meines zweiten Mannes behilflich war, in einem gepflegten Altersheim, wo wir die Zimmer mit ihren eigenen Sachen ausstatten konnten, unterzukommen. Ich werde nie den Abend des 8. Oktober 1943 vergessen, als ich nach einem Großangriff auf Hannover, bei dem laut Rundfunkmeldungen zwei Drittel meiner Vaterstadt vernichtet wurden, ausgerüstet mit Sonderausweisen, zuerst per Bahn, dann auf einem offenen Lastwagen und von der Peripherie Hannovers ab zu Fuß im Haus meiner Eltern eintraf.
Die ganze Südstadt war ein Trümmerhaufen. Überall qualmte es noch von den Bränden der Nacht.
An der Ruine des Hauses meiner Großeltern in der Dietrichstraße war ein Stück Pappe angelehnt. Darauf war gemalt, dass man die überlebenden Bewohner in die Nähe von Ilten gebracht habe – unter ihnen Tante Litzius, die älteste verwitwete Schwester meines Vaters.
Als ich mich schließlich über heiße Trümmerbrocken, Rohre, Drähte und Schutt bis an den Altenbekenerdamm vorgekämpft hatte, war zu meinem Erstaunen das Haus, in dem die Eltern wohnten, ganz gut

erhalten – bis auf den Dachstuhl und die Fensterscheiben und überall nur angelehnte Türen.
Genug davon – wer damals in deutschen Großstädten wohnte, hat das alles selbst erlebt. Und die Verschontgebliebenen sowie die Jungen wollen es gar nicht mehr wissen.
Damals hatte ich die Eltern, so schnell es ging, da herausgeholt und nach einigen Zwischenetappen in Freiburg untergebracht. Sie waren bis auf unwesentliche Kleinigkeiten immer gesund gewesen. Meine Großmutter mütterlicherseits starb mit über fünfundneunzig Jahren. Als ich einmal in Breslau, ihrem Wohnsitz, Kunstflug vorführte, ließ sie sich mit neunzig Jahren auf den Flugplatz fahren und genoss diese Exkursion sehr.
Mutter und Vater hatten auch die Umsiedlung gut überstanden, machten viele Wanderungen in den schönen Schwarzwald und versuchten sich an die alemannische Wesensart ihrer neuen Umgebung zu gewöhnen.
In unser ostpreußisches Paradies platzte eine beunruhigende Nachricht. Mutter schrieb, sie – die nie krank war – habe plötzlich starke Leibschmerzen bekommen. Der konsultierte Hausarzt habe nach einer Untersuchung und anschließender Röntgenaufnahme ihre Unterbringung in der Universitätsklinik zu einem kleinen Eingriff angeordnet.
»Mach Dir aber keine Sorgen«, endete Mutters Brief, »doch Du willst ja immer genau wissen, wie es uns geht. Die Schmerzen haben schon nachgelassen …« Meine tapfere Mutter.
Dies war der Anfang vom Ende.
Ehe ich den Hausarzt telefonisch erreichen konnte, kam ein Bericht von ihm. Krebs.
Nur eine Radikaloperation könne Mutter ein schweres schmerzhaftes Ende ersparen. Keine weiteren Vorschläge. Er wusste, was jedes Umziehen und selbst Besuche auf solche Entfernungen, mit zwei kleinen Kindern, bedeutete.
Innerhalb von ein paar Tagen brach ich unsere Zelte im östlichen Deutschland ab. Und wieder einmal starteten wir ins Neue, Ungewisse.

Was für mich als junges Mädchen allein ein immer neues Wunder gewesen war, erwies sich mit zwei Kindern, Steffi war noch nicht zwei Jahre alt, als weniger erfreulich. Es war August 1944.
Nach endlosen Bahnfahrten mit den übermüdeten Kindern kamen wir, Agnes und ich, in Freiburg an. Bald darauf operierte man meine Mutter – ein riesiger Tumor wurde entfernt. Sie hat sich nach der Operation nie mehr wieder richtig erholen können.
Es erwies sich bald, dass die ständigen nächtlichen Fliegeralarme auf die Kinder, besonders da die Sirene in unserer unmittelbaren Nähe losbrüllte, einen unguten Einfluss hatten.
Nach viel Hin- und Hergerenne bekam ich schließlich die Genehmigung für einen begrenzten Aufenthalt in einem Hotel in Horben, das für prominente Ausländer reserviert war. Eine kleine Erholungspause für uns alle.
Während Agnes unter Schwarzwaldtannen mit Bernd und Stefanie spazieren wandelte, besuchte ich die Eltern täglich und suchte fieberhaft nach einer neuen Dauerbleibe. Ich hatte wenig Beziehungen in dieser Gegend Deutschlands, und wir waren sehr froh und dankbar gewesen, als der Vater und die Familie meines Mannes sich um meine Eltern gekümmert und uns dann in ihrem Haus aufgenommen hatten.
Der Opa sagte tröstend: »Hier werden keine Bomben abgeworfen. Die Engländer überfliegen uns nur. Seit wir damals die auf dem Schauinsland im Schneesturm verlorenen englischen Kinder gerettet haben – unter Einsatz des Lebens unserer Leute! –, stehen wir bei den Engländern ganz hoch im Ansehen. Ich weiß, dass sie gleich zu Beginn der Bombenangriffe verfügt haben, dass den Freiburgern nichts geschehen soll.«
Guter Opa, leider hast du nicht recht behalten. Im November 44 wurde das herrliche Freiburg zu 60 Prozent in Schutt und Asche gelegt. Darunter auch das Zimmer in der Privatstation der Universitätsklinik, in dem meine Mutter wochenlang nach ihrer Operation gelegen hatte. Die neue Patientin und eine Ordensschwester haben dort ihr Leben lassen müssen.
In der Zwischenzeit war es mir gelungen, wieder eine neue Unter-

kunft für uns zu finden. In Trossingen, oben auf der windigen Baar, 750 Meter hoch. Eine junge Freundin aus der Zeit mit Bernd hatte sich unser erbarmt und uns ihre entzückende, praktische kleine Wohnung in einem netten Zweifamilienhaus im Grünen überlassen. Als wir dort ankamen, brach ich bei der Besichtigung unseres neuesten Zuhauses in Begeisterungsrufe aus. »Hier bekommt mich niemand heraus, bis der Krieg endgültig vorbei ist!«

Dass dieser kleine schwäbische Industrieort für die nächsten zehn Jahre unsere Heimat – die wievielte schon? – sein würde, ahnten wir damals nicht.

Der Krieg war schon knapp ein Jahr später zu Ende. Doch vorher – jetzt beruhigt über die Sicherheit der Kinder, die auf der Fahrt nach hier mit mir mehrmals vor angreifenden Tieffliegern im Graben gelegen hatten – fuhr ich zwischen Trossingen und Freiburg hin und her – hin und her.

Diese Fahrerei damals war immer voller Überraschungen. Man wusste nie, ob die Züge wirklich gingen oder ob wieder irgendwo auf der Strecke neue Bomben Schaden angerichtet hatten.

Die Ravennabrücke war schon lange zerstört, so musste man immer – meist bei Nacht, Schnee und Eis – mit seinem Gepäck durch den oberen Teil des Höllentals zwischen Hirschsprung und Hinterzarten stolpern. In der Zeit habe ich mir allerlei blaue Flecken von den verschiedenen Stürzen geholt.

Meine Mutter war viele Wochen nach der Operation wieder zu meinem Vater in das von katholischen Schwestern noch hervorragend gehaltene Heim zurückgekehrt und es sah so aus, als ob um Weihnachten für uns alle eine kleine Erholungspause eintreten würde.

Da klingelte am 28. November früh das Telefon. »Guten Morgen, Frau Beinhorn – ich rufe Sie vom Ärztezentrum aus an«, mir setzte der Herzschlag für einen Moment aus, »... wenn Sie heute Mittag den Wehrmachtsbericht hören, mehr als halb Freiburg ist heute Nacht zerstört worden. Doch Ihre Eltern leben, es ist ihnen nichts passiert, und das Haus steht auch. Ich kümmere mich um sie und halte Sie auf dem Laufenden.«

Diese Nachricht kam von Annemarie, der Privatschwester, die meine Mutter in der Klinik nach ihrer Operation gepflegt hatte. Man hatte alle Ärzte und Schwestern aus dem gesamten Schwarzwald alarmiert und nach Freiburg beordert.

»Machen Sie sich keine Sorgen – helfen können Sie hier im Augenblick gar nichts – ich muss Schluss machen. Die Leitung wird dringend gebraucht!«

Nun begann eine ganz böse Zeit.

Ich konnte nicht weg von den Kindern. Inzwischen war ich ohne Hilfe, musste dazu jeden Tag in den Schlangen anstehen, um unsere Lebensmittel zu bekommen.

So war ich innerlich ständig hin- und hergerissen.

Ich war das einzige Kind der Eltern, die so viel für mich getan hatten. Doch ich konnte mit Bernd und Stefanie nicht in das zerstörte Freiburg fahren – es gab keine Unterkünfte, kaum Wasser und Lebensmittel. Und das wenige musste für die Helfer bereitgestellt werden.

Nach Tagen kam ein erlösendes Telegramm.

»Sind bestens Sanatorium Glotterbad untergebracht – Vater.« Nach einer Woche schickte er einen erklärenden Brief.

Mein Vater – alles andere als gesund mit seiner schweren chronischen Bronchitis – war in dieser Zeit noch einmal über sich selbst hinausgewachsen. Seine geliebte Frau, die ihn bis zum Beginn ihrer Krankheit umsorgt hatte, war nun nach ihrer Operation hilflos und selbst pflegebedürftig. Die Schwestern im Heim taten aufopferungsvoll, was sie konnten. Doch durch die Folgen des großen Luftangriffes waren ihre Aufgaben ins Unermessliche gewachsen. So hatte sich Vater aufgemacht und war zu Professor Rehm, der Mutter operiert hatte, gepilgert. Er hatte erreicht, dass Mutter und er selbst im Glotterbad aufgenommen wurden, wohin die Patienten der völlig zerstörten chirurgischen Universitätsklinik, deren Chef der Professor war, verlegt wurden.

Es war wieder einmal wie ein Wunder. Für mich bedeutete der Gedanke, meine Eltern zwischen den Schwarzwaldbergen friedlich in dem schlossartigen schönen Haus zu wissen, das schönste Weihnachtsgeschenk. Mein Mann verlebte die Feiertage mit uns, musste aber vor Neujahr wieder abreisen. Wir verbrachten das letzte Kriegsweihnachtsfest – jeder Mensch wusste, dass wir nicht mehr lange durchhalten konnten – friedlich und irgendwie ergeben in das, was vor uns lag.

Am Silvesterabend kam die Alarmbotschaft.
Schwester Annemarie rief an: »Bitte kommen Sie, so schnell es geht. Der Zustand Ihrer Mutter hat sich sehr verschlechtert – es wird nicht mehr lange dauern. Sie fragt viel nach Ihnen.« Ich raste hin und her, um die Kinder unterzubringen. Es war wie verhext – wie immer während dieser Ansammlungen von Feiertagen. Alle die Menschen, die mir sonst gern geholfen hätten, waren verreist, hatten selbst Besuch oder die Kinder hatten Keuchhusten oder Masern. Bis schließlich die geliebte Kindergartentante Schwester Sannchen auf ihre paar Urlaubstage verzichtete und zu uns kam.
Mit trüben Gedanken fuhr ich wieder einmal durch den Schwarzwald. War das Ende wirklich so unaufhaltsam? Ich konnte mir Vater ohne Mutter einfach nicht vorstellen. Solange ich denken konnte, hatten sie alles nur gemeinsam erlebt, Reisen, Besuche, heitere und graue Tage. Vater allein? Wie sollte das werden?
Im Glotterbad standen die Bahren und Feldbetten in den früheren eleganten Gesellschaftsräumen – alle Zimmer waren überbelegt.
Es war beglückend, als ich die Eltern allein in einem schönen Balkonzimmer im fünften Stock fand.
Ein Blick auf Mutter sagte mir, dass meine Hoffnung vergebens war, sie eines Tages wieder gesund zu sehen.
Auch Vaters Zustand hatte sich so verschlechtert, dass es gar nicht voll in sein Bewusstsein drang, wie sehr sich Mutters Befinden verändert hatte. Mutters Augen glänzten auf, als ich in das Zimmer trat. »Nun ist alles gut – nun bist du hier«, sagte sie ganz leise.
Später berichtete mir die Schwester: »Ihre Mama hat so tapfer immer noch etwas gegessen, obwohl sie es eigentlich gar nicht mehr konnte. Sie sagte: Ich muss warten, bis mein Kind hier ist.« So echt meine geliebte Mutter. –

Zwei Tage später ist sie friedlich eingeschlafen. Und dreißig Stunden später im gleichen Zimmer, in dem ich dann in Mutters Bett ein paar Stunden ruhte, mein guter Vater.
Sie wurden miteinander – so wie sie die letzten vierzig Jahre gelebt hatten – im gleichen Grab beigesetzt.
Während der Beerdigung donnerten die Geschütze von der immer näher kommenden Westfront herüber, während ich darüber nachdachte, dass jetzt die bisher lebende Kette zu meinen Vorfahren nach oben abgerissen war.
Es war ein einsames, beklemmendes Gefühl für mich, nun obenan zu stehen – so viel Verantwortung zu haben. Umso mehr freute ich mich auf meine Kinder. Ich war von tiefer Dankbarkeit erfüllt, dass diese zwei kleinen Menschen auf der Welt waren.
Ich habe lange um meine Eltern getrauert. Doch diese Trauer war ganz anders als die sieben Jahre früher um Bernd. Die Heiterkeit der Kinder, die vielen Pflichten des damals recht harten Alltags beschäftigten mich von früh bis nachts. Wohl dadurch war dieses Denken an die Entschlafenen verklärt und tat nicht so weh.
Zehn Jahre später ging die Wanderung weiter – wieder nach Freiburg. Doch diesmal ins eigene Haus. Karl war da schon lange nicht mehr der Mann an meiner Seite, aber wir waren Freunde geblieben.
Und jetzt lebe ich in München – ob das die letzte Station unserer privaten Völkerwanderung sein wird? Wer weiß! Ich bin jederzeit zu einem neuen Abenteuer bereit!
Doch nun wieder zurück nach Trossingen. Immer öfter schaute ich wieder zum Himmel hinauf – es müsste doch einen Weg geben, wieder unter ihm entlangzufliegen!

Wie hielt ich diese Kriegsjahre eigentlich aus? Ich ließ einfach den Wunsch, dessen Erfüllung unmöglich war, nicht an mich herankommen! Ich habe nie zu denen gehört, die sich nach der Taube auf dem Dach kaputtsehnen. Wenn ich mir je etwas ganz intensiv wünschte, so musste es in den Grenzen des Möglichen liegen. Und dann setzte ich es auch durch. Also dachte ich jetzt nicht an das Fliegenmüssen.

Aber immerzu dachte ich an sonst irgendeinen Gashebel, im Auto oder wenigstens am Motorrad. Denn das war möglich. Und den musste ich nun endlich wieder unter dem Fuß oder in der Hand haben. Es war ein großartiger Augenblick, als mir ein Bekannter sein Motorrad lieh und ich zum ersten Mal seit Jahren wieder motorisiert in die Obstblüte hinaus über die sonnige Landstraße knatterte. Fast so schön war es wie ein großer Überlandflug früher. Den Fahrtwind habe ich geatmet, als hätte ich jahrelang ohne Luft leben müssen.

Und eines Tages flog ich wieder …

Eines Tages im Spätsommer. Ein paar Jahre nach dem Ende des Krieges – 1948. Mit einigen Kameraden – Segelfliegern – stand ich am Hang des Klippenecks und sah in die graue Ferne hinaus … Um uns, vor uns, in uns – überall sah es grau aus. Und darum waren wir auch wieder einmal auf die Alb gefahren, um uns den Kopf von dem steifen Westwind etwas freiputzen zu lassen.

Es war nicht das erste Mal, dass wir hier oben umherstreiften. Die alten Segelflieger aus dieser Gegend zog es immer wieder an den Ort, wo sie früher viele unbeschwerte Stunden, über dem Hang segelnd, verbracht hatten. Ihre Maschinen waren zum Teil noch da. Und es wurde auch geflogen. Aber nicht von uns Deutschen.

Meinen Fliegerkameraden ging es wie mir. Lieber wollten wir nur zusehen, aber doch einmal wieder in der Atmosphäre eines Flugplatzes sein. Es ist Geschmackssache, wie das so der Einzelne hält. Mit unserm Stolz hatte dies Herumpilgern da oben gar nichts zu tun. Wir baten niemanden um etwas, sondern freuten uns nur an den tadellos in der Halle ausgerichteten Maschinen und über die Starts und Landungen – die andern waren schließlich genauso junge Flieger, wie wir es einst gewesen waren.

Heute war nicht viel los – das Wetter war für die jungen Anfänger zu schlecht. Sie mussten aufpassen, dass sie nicht schon bei dem Start mit der Seilwinde in der niedrigen Wolkendecke verschwanden.

Später wurden die Flugschüler weggeschickt, als es auch noch zu regnen begann.

Wir saßen mit einem unserer Kameraden, der hier angestellt war, und dessen junger Frau bei einer Tasse Kaffee und sprachen über dies und das. Irgendwie waren wir alle immer etwas beschwingt, wenn wir die Luft hier oben in der Nähe der Flugzeuge atmeten. Plötzlich stand der französische Leiter des Platzes neben uns. Er sah mich an.
»Wollen Sie heute fliegen?«
Mir setzte das Herz aus.
»Gern, wenn ich kann«, sagte ich ganz ruhig. So, als ob jeden zweiten Tag eine solche Frage an mich gestellt würde.
»Ich dachte es mir. Ich habe schon eine ›Baby‹ für Sie herausbringen lassen«, lachte er freundlich.
»Vielen Dank, ich komme dann gleich.« Es kostete mich eine riesige Überwindung, nicht loszuschreien und einen Indianertanz aufzuführen. In mir war alles Glanz und Freude – nach sechs Jahren zum ersten Mal wieder in ein Flugzeug steigen zu dürfen!
In ein Segelflugzeug. Vom Segelfliegen verstand ich nicht gerade sehr viel. Aber sicher würde mir der Fluglehrer hier oben zuerst eine Platzrunde vorfliegen. Dann sah ich, wie die Windverhältnisse waren – es würde schon alles klappen. Außerdem war ich noch nie an einer Seilwinde gestartet. Außer meinem Prüfungsflug damals in Grunau hatte ich noch einmal in Darmstadt ein paar Starts in einem Segelflugzeug gemacht, als ich Hanna Reitsch in ihrem Institut besuchte. Eine Motormaschine hatte mich dort auf die gewünschte Höhe geschleppt.
Viel war das ja gerade nicht. Dafür war ich mit meinem Herzen aber schon unendlich viel im Segelflugzeug geflogen – weil es so schön und ein absolutes Fliegen ist.
Sollte ich gestehen, wie wenig Erfahrung ich hatte?
Nein – das konnte niemand von mir verlangen! Denn dann wäre wahrscheinlich das »Grunau-Baby« wieder in die Halle geschoben worden.
Wir schlenderten auf den Platz hinaus.
Wenn der Lehrer seinen Start machte, würde ich genauestens auf alles aufpassen, Start, Windverhältnisse und die Landung. Dann hatte ich wenigstens eine Ahnung.

»Wissen Sie was« – der Fluglehrer trat an meine Seite –, »das Beste ist, Sie machen schnell eine Platzrunde, ehe Sie beim nächsten Start über den Hang hinausgehen. Damit Sie gleich im Bilde sind – denn ein paar Jahre ist es doch wohl her seit dem letzten Mal?« Dabei zwinkerte er mich an.

»Ja – aber«, schnappte ich nach Luft. »Sie machen doch zuerst eine Proberunde?«

»Hatte ich nicht vor«, knurrte er. »Damit verlieren Sie auch nur Zeit.«

Na – also dann in Gottes Namen.

Wir zogen die Maschine über den Platz gegenüber von der Hangkante. »So, nun los – aber dass Sie mir die Kiste nicht hinschmeißen!«

Die junge Segelfliegerfrau mochte wohl ahnen, wie tief bewegt ich innerlich war. Der Gedanke, in Sekunden oben in der Luft zu sein! Sie bückte sich und pflückte ein paar Bergblumen und reichte sie mir in den Sitz, in dem ich mich gerade anschnallte. Auch noch Blumen vor dem Start! Gut, dass ich mir diesen Aberglauben lange abgewöhnt hatte.

Und dann ging alles sehr schnell.

Der Fluglehrer gab ein Zeichen, die Winde, ein paar Hundert Meter weit weg, begann zu laufen und das Seil einzuholen – schon war ich oben in der Luft. Gefühlsmäßig klinkte ich aus, als ich glaubte, hoch genug und im richtigen Winkel über der Seilwinde zu sein. Und nun glitt ich.

Unten sah ich die Kameraden, die zu mir hinaufsahen, dann aber bald woandershin blickten – als ob es auf der ganzen Welt in diesem Augenblick etwas Wichtigeres gäbe als meinen Flug!

Ich hatte keine Zeit, mich meinem unendlichen Gefühl hinzugeben. Schon waren zwei Seiten des Platzes umschwebt und ich kurvte zur Landung ein – es geht schnell abwärts, wenn man nur gleitet und keinen Aufwind hat.

Für die kritischen Blicke der alten Segelflieger fing ich etwas hoch ab, was das gutmütige »Baby« aber weiter nicht störte. Der Fluglehrer, in seinem innersten Herzen sich den »Motorkutschern« weit überlegen fühlend, konnte die Feststellung aber doch nicht ganz herunterschlucken.

»Ihr Motorflieger vergesst eben immer wieder, dass ihr hier kein Fahrgestell dranhabt«, brummte er. »Aber nun los und an den Hang, ehe die Wolken wieder herunterkommen.«
Beim zweiten Start hatte ich vollkommen vergessen, dass ich jahrelang keinen Knüppel in der Hand gehabt hatte. Gelernt ist eben doch gelernt. Das saß alles so fest. Wenn jetzt auf der andern Seite des Platzes eine Dreimotorige gestanden hätte, es wäre wohl genauso gegangen, wenn sie nicht gerade eine Geschwindigkeit von 1000 Kilometern gehabt hätte. Ehrlich gesagt, reizt mich diese Superfliegerei nicht sehr – es ist mir zu wenig Gefühl und zu viel Technik dabei. Einmal ausprobieren: gern – aber nicht für den täglichen Gebrauch.
So 200 Meter über Starthöhe klinkte ich aus und begab mich auf die Reise – mit keinem sehr überlegenen Gefühl.
»Gehen Sie etwas vom Hang weg, da ist Aufwind. Dann kurbeln Sie sich hoch und gehen nach Süden auf Strecke. Da, über der Kirche, ist wieder Aufwind«, hatte ich meine Verhaltensmaßregeln bekommen. »Machen Sie keine großen Experimente. Viel ist mit dem Wind heute nicht los.«
Das merkte ich auch. Gleich nachdem ich die Hangkante hinter mir gelassen hatte.
Wo war denn mein Aufwind?
Der Zeiger meines Variometers zeigte peinlich konstant auf »fällt«. Als ich einen kurzen Blick zurückwarf, sah ich, dass ich schon unterhalb meiner Starthöhe war. Lieber Schutzengel – erspare mir die Blamage, dass ich ins Tal »absaufe«! Nicht auszudenken wäre das und die gesamte deutsche Motorfliegerei außerdem bis auf die Knochen blamiert.
Ich hielt fast den Atem an, umso leicht zu sein, dass es nicht mehr abwärts ging.
Da! – Ehe ich die Bestätigung auf dem Variometer fand, spürte ich ein leichtes Lupfen. Udet hatte immer gesagt: Was ein richtiger Flieger ist, der hat das Gefühl im Hintern!
Jawohl – ich war in die Aufwindzone gelangt: stieg einen halben Meter – manchmal einen ganzen – oh, das reichte, um mich unterwegs zu halten.

So, nun konnte ich endlich tief Luft holen und das Fliegen und die Welt unter mir genießen. Wie oft in den vergangenen Jahren, in manchen grauen Stunden, hatte ich mir gewünscht: Nur einmal wieder eine halbe Stunde in der Luft sein dürfen. Dann wäre alles leichter zu ertragen.
Und nun war ich in der Luft!
Die gab es also noch – und sogar für mich.
Und ich hatte nicht einmal darum gebeten. Der Himmel war von selbst wieder zu mir gekommen.

Vielleicht ist es das Wichtigste im Leben: warten können. Auf den *richtigen Moment.* Dann geht alles von selbst.
Früher habe ich das nie gekonnt.
Aber jetzt bin ich auf dem besten Wege, das Warten zu lernen.
Es ist wohl ein bisschen spät dafür – aber es gibt Dinge, für die es *nie zu spät* ist.

Drei weitere Jahre musste ich warten, bis mir die Tür zu der großen weiten Welt wieder aufging.
Und dann geschah das Wunder – ich durfte wieder fliegen!

Neuer Wind unter meinen Flügeln

»Was die Elly sich so einbildet!«, wunderten sich meine paar Bekannten und Freunde, die ich im Herbst 1951 zwangsweise in den Plan einweihte, wieder ein Flugzeug auf die Beine zu bringen und damit umgehend zu einem andern Erdteil zu fliegen.
Sie hatten ja nicht so ganz unrecht. Es hörte sich mehr als verwegen und unwahrscheinlich an, dass eine deutsche Frau im Zeitalter des deutschen Motorflugverbots allein in einem Sportflugzeug nach Asien oder Afrika reisen wollte. Mir kommt es von Zeit zu Zeit selbst wie ein Traum vor – aber inzwischen ist es Wirklichkeit geworden.
Im Frühjahr 1951, als wir in Deutschland noch nicht wieder fliegen durften, hatte ich aus der Schweiz ein präzises Angebot zur Charterung einer »Piper-Cub«-Maschine, sogar mit Zusatztanks, für eine Flugstrecke von rund 600 Kilometern bekommen. Ebenso die verbindliche Zusicherung, dass ich meinen Führerschein in Bern erneuern könnte.
Mein Flugplan war lange fertig – ohne Rücksicht auf alle noch davor lauernden Schwierigkeiten und Formalitäten. Zuerst wollte ich nach Asien zu einer Kolonie von uralten Männern fliegen, »damit du dir mal wieder wie ein junges Mädchen vorkommst«, bemerkte boshaft ein alter Bekannter von mir. Diesen Plan musste ich wieder aufgeben, da es auf dem Balkan so viel Schwierigkeiten gab, dass es sinnlos gewesen wäre, auf dieser Streckenführung zu bestehen.
In alle diese Planungen hinein ergab sich ein Abkommen mit einer bedeutenden illustrierten Wochenzeitschrift, das mir wenigstens einen Teil der gigantischen Schwierigkeiten aus dem Wege räumte. Mit einem fertigen Flugplan und einem zu diesem Zweck praktisch schon gecharterten Flugzeug ging ich nun wieder auf die Fliegerschule, um, wie vor zwanzig Jahren, meine Ziellandungen hinzuset-

zen. Während ich auf dem Flugplatz Bern ohne Gas auf das kleine 150-Meter-Rechteck zuschwebte, überlegte ich mir, was wohl werden würde, wenn ich durchfalle und die Prüfung nicht bestehe. Tatsächlich habe ich eine von den vier vorgeschriebenen Ziellandungen verhauen, nämlich die mit dem ekligen Rechts-Slip (seitliches Abrutschen), den man eigentlich in der Praxis vor der Landung nie anwendet. Nur eine Wiederholung hatte ich frei, die saß dann aber auch. Am nächsten Morgen konnte ich mir meinen frischgebackenen Führerschein in eleganter Zellophanhülle beim Eidgenössischen Luftamt abholen.

Man kann aus einer alten abgelegten Kriegs-Piper keinen Düsenjäger machen.
Meine kleine HB-OAM flog recht nett – doch sehr langsam. Wenn man acht Jahre lang Besitzer einer Messerschmitt-»Taifun« war, musste man sich erst daran gewöhnen. Aber das hatte ich alles vorher gewusst und an eine schnellere Maschine war im Augenblick, da alles im Zusammenhang mit meinen Flugplänen in Devisen bezahlt werden musste, nicht zu denken.
Es war ein feierlicher Moment, als ich im Shellhaus in Hamburg das erste in Deutschland nach dem Kriege wieder ausgegebene Shellcarnet – Tankgutscheine – überreicht bekam, mit dem ich nun fröhlich für ein paar Monate in der ganzen Welt tanken konnte, wenn ich erst einmal richtig unterwegs sein würde. Abends, wenn ich todmüde von all dem Verhandeln ins Bett sank, hatte ich das Gefühl: morgen früh wachst du auf und dann war alles nur ein Traum! Doch am nächsten Morgen ging der Papierkrieg wieder munter weiter.

Anruf von meiner Illustrierten: »Können Sie sofort in das italienische Überschwemmungsgebiet starten? In Mailand erwartet Sie unser Reporter.«
Kurz darauf saß ich in meinem Volkswagen und rollte in Richtung französische Schweiz, wo am Ufer des Neuchâteler Sees bei Colombier meine Maschine stand.

Schön! Endlich wieder über Grenzen fliegen zu dürfen, jubelte mein Fliegerherz. Aber warum gerade wieder so etwas Trauriges als Flugziel besuchen, fragte der deutsche Nachkriegsmensch in mir, dem noch die Bilder der Flüchtlingsströme aus zerbombten Städten und aus dem Osten in wacher Erinnerung waren.
Nun – egal! Jetzt war keine Zeit, lange darüber nachzudenken.
Als ich anrief, um die Maschine für den Flug nach Italien startklar machen zu lassen, bemerkte der Fliegerkamerad am Schweizer Draht trocken: »Sind Sie sich auch im Klaren darüber, dass hier ein Föhn mit 120 Kilometer in der Stunde bläst?«
Dunnerlittchen – das war ja allerhand, gerade meine eigene Geschwindigkeit! Aber ich sagte mir: Irgendwann hört der Föhn ja auch wieder auf, also gehe ich erst einmal hinüber in die Schweiz. Und dann wird man weitersehen.
Ich musste zunächst mit dem Auto nach Colombier fahren, wo die Maschine beheimatet ist. Es sollte noch eine kleine Durchsicht an dem vom Werk überholten Motor gemacht werden.
Bei der Fahrt dorthin schob mich der Sturm wie in einem Puppenwagen quer über die ganze Straße und einmal rutschte ich gerade auf Handbreite an einem entgegenkommenden Lastwagen vorbei. – Das konnte ja gut werden!
Und das wurde es auch.
Beim Start in Colombier gab mir niemand eine Chance, in den nächsten zwei Tagen über die Alpen zu kommen. Es sah so aus, als ob die Schwarzseher recht behalten würden. Natürlich wurde auch allerlei von den regelmäßigen November-Flugzeugunfällen geredet.
Aber bei meinem vierten Versuch war ich dann wirklich jenseits der Alpen und landete im sonnen- und wasserüberfluteten Locarno. Das heißt, genauer gesagt, auf dem beinahe zur Hälfte wegen Überschwemmung gesperrten Flugplatz Magadino.
Endlich konnte ich nun telefonisch dem in Mailand ungeduldig auf mich wartenden Reporter einen ungefähr verbindlichen Landetermin durchsagen.
Pünktlich auf die angegebene Minute landete ich dann in Linate, dem großen Land- und Wasserflughafen von Mailand. Der Reporter

bemerkte traurig bei der Begrüßung: »So, nun müssen Sie wohl nach dem anstrengenden Flug über die Alpen zu Mittag essen«, und damit wäre der Rest des kurzen Novembertages für das Fliegen und Fotografieren hin gewesen.
»Nein, danke«, protestierte ich. »Die Sonne scheint und das tut sie jetzt nur selten. Und Essen gibt es auch abends oder morgen. Machen Sie sich fertig – wenn es Ihnen recht ist, fliegen wir sofort los.«
Das ernste Gesicht des Reporters strahlte auf und zwei Minuten später saß er, wenn auch äußerst notdürftig verstaut, im anderen Sitz meiner Maschine. Natürlich ohne Kopfbedeckung, Zahnbürste, dafür aber mit zwei Kameras ausgerüstet.
Dass mein kleines Flugzeug für seine riesigen Beine nicht gerade die ideale Maschine war, würde er schon von alleine merken. Aber – um das vorwegzunehmen – er hat es nicht oder kaum bemerkt und auf alle Fälle nicht beanstandet. Was eben ein richtiger, passionierter Reporter ist, den stören Unbequemlichkeiten überhaupt nicht.
Kompasskurs: Ost-Süd-Ost.

Nach dem Überschwemmungsgebiet brauchten wir nicht lange zu suchen. Es stürzte uns förmlich entgegen – und war doch so ganz anders, als ich es mir vorgestellt hatte. Aus der Luft gesehen, wirkten die überfluteten Ortschaften heute bei den ersten Sonnenstrahlen nach Wochen beinahe anmutig und erinnerten mich an Xochimilco, den mexikanischen Spreewald.
Aber schon zogen wieder Bilder unter meinen Augen vorbei, über denen noch das ganze Grauen der Katastrophe lag.
Wieder flogen und kreisten wir und drückten auf die Auslöserknöpfe unserer Kameras.
»Fliegen Sie nach Rovigo, solange wir noch gutes Licht haben!«, brüllte mir der Reporter durch den Motorenkrach zu.
»Ja, gern – können vor Lachen!«, brüllte ich zurück, nahm dann das Gas weg und eröffnete ihm, dass ich keinen Schimmer habe, wo wir uns genau befänden. »Wir können doch nicht nach Süden über den Po geflogen sein! Nein, ausgeschlossen!«, kopfschüttelte mein Passagier.

Aber da waren nun einmal nicht wegzuleugnende Berge im Süden und der Kompass stimmte wohl auch.
Die überfluteten Bahnhöfe hatten für den Flieger doch ein Gutes, da ihre Namen noch aus dem Wasser herausragten. Und so hatten wir nach einer unsicheren Viertelstunde die Orientierung wieder. Wir flogen von Süden auf Rovigo zu, mitten in das Zentrum des Überschwemmungsgebietes hinein.
Mit beruhigender Gleichmäßigkeit drehte mein Motor seine Touren, sodass wir von Zeit zu Zeit ohne Bedenken auf wenige Meter über dem Wasserspiegel heruntergehen konnten. Und beim Fotografieren kam uns dann auch die bescheidene Geschwindigkeit meines Maschinchens zugute. Das sind die bekannten zwei Seiten einer jeden Angelegenheit!
Hauptstraße und Eisenbahnlinien endeten in allen Richtungen kurz vor der Stadt im Wasser – es schien nicht das erste Mal zu sein, dass Rovigo eine Überschwemmung erlebte.
Da, wo die Straßen im Wasser untergingen, standen Reihen von Zelten mit dem roten Kreuz. Lastwagen waren herangefahren, um die andauernd in Booten mit ihren letzten geretteten Habseligkeiten ankommenden Bauern aus der völlig im Wasser versunkenen Umgebung weiterzubefördern.
Abends gingen wir durch Padua und sahen uns in den Schaukästen der Fotografen und Zeitungsagenturen die Fotos an, die in den allerersten Stunden der großen Überschwemmung gemacht worden waren. In jenen Tagen war es so finster, dass man nur mit Blitzlicht fotografieren konnte. Und der Ultrablitz spiegelte sich in all den verzweifelten Augen der verstörten Opfer des plötzlich endlos gewordenen Wassers.
Am nächsten Tag flogen wir den Film von gestern rückwärts in Richtung Mailand. Mein Passagier hatte sich ein lustiges Mützchen mit drei Knoten aus seinem Taschentuch fabriziert und das gab unserer sonst von einer leisen Trauer und tiefstem Mitgefühl überschatteten Unternehmung doch so etwas wie eine heitere Note. Und noch ein letztes Bild unter uns: ein überfluteter Friedhof, von dem die Mauern und nur noch die oberen Teile der Grabsteine herausragen –

ringsherum nichts als Wasser – Wasser – Wasser … Unvorstellbar grauenhaft musste es hier noch vor Kurzem ausgesehen haben, als der endlose Wasserstrom alles einhüllte und die Hilfskolonnen noch nicht in das Zentrum des Katastrophengebietes vorgedrungen waren.
Am nächsten Tag flog ich – nun wieder allein – bei strahlendem Wetter zurück über die Alpen. Diesmal konnte ich die schönsten Aufnahmen machen. Mein Flugzeug lag wie ein Brett 3000 Meter hoch in der funkelnden Luft und schwarze Schlagschatten fielen in die Abgründe der Gletscherspalten hinein. Ganz leicht schüttelte es mich bei dem Gedanken an die vielen Flugzeugbesatzungen, die dort schon ihre Alpenflüge beenden mussten.
Aber dann eilten meine Wünsche wieder voraus. Was würde die nächste Aufgabe sein? Ich hatte da irgendwas von Afrika munkeln hören.
Es wäre beinahe zu schön, als dass es wahr sein könnte!

Wiedersehen mit Afrika

Weil ich mir nicht selbst die Daumen halten konnte, habe ich dreimal aus dem Flugzeug hinaus hinter mich gespuckt, als ich die afrikanische Küste zurückließ – das letzte Mal 1937.
Vierzehn Jahre hat es gedauert, bis ich wieder dorthin kam. –
Man muss eben warten können!

Eines Tages saßen wir in der Redaktion zusammen.
»Wie denken Sie über einen Flug in Richtung Bengasi?«, fragte der Chef. »Fein«, nickte ich und überlegte krampfhaft, auf welchem Teil des Globus das Bengasi sich wohl befinden könnte – ich hatte es im Moment total vergessen.
»Was ist denn da los?«, versuchte ich der Sache auf den Grund zu gehen. »Allerlei: ein großes deutsches Zivilarbeiterlager, ein – vielmehr der erste deutsche Nachkriegs-Auslandssender, eine deutsche Kommission – und überhaupt ist es dort zurzeit sehr interessant«, ließ man mich weiter im Ungewissen über die Lage meines Flugzieles.
Einige Tage später startete ich in Richtung Cyrenaika – denn inzwischen hatte ich mich erkundigt, wohin ich eigentlich sollte und wollte.
Die noch fehlenden Visa bekam ich unterwegs in Rom. Am Spätnachmittag vor meinem Start nach Sizilien raste ich noch in ein großes Warenhaus, wo ich im Vorbeigehen künstliche Tannenbäume im Schaufenster gesehen hatte – man kann nie wissen! Vielleicht konnte ich Landsleuten in Afrika eine Freude damit machen.
Pfui Teufel – war das am nächsten Morgen ein Wetter, als ich in Rom-Urbe, dem großen Zivilflugplatz, startete. Wenig Sicht, ganz tiefe Wolken und alle Augenblick eine heftige Regenbö.

Meine kleine »Piper« bekam da südlich von Rom eine gewaltige Taufe. Bei Campino wütete dann ein Sturm, der so ungefähr seine achtzig Stundenkilometer haben musste – natürlich von vorn. Winde kommen grundsätzlich von vorn, wenn man fliegt – Rückenwind gibt es nur in der Theorie. Auf der großen Landstraße unter mir überholten mich die Lastwagen mühelos. Mich warf es da oben in der Luft von einer Fläche auf die andere und ich musste an die Worte eines Schweizer Hochgebirgsfliegers denken. Der hatte mir kürzlich erzählt, wie es ihn bei einem Sturm in einem Alpental, mit Keuchhustenkindern an Bord, vorübergehend auf den Rücken geworfen hatte – so richtig hatte ich mir das nicht vorstellen können. Jetzt kam ich selbst darauf, dass eine kleine »Piper« in einem böigen Sturm zu fliegen eine sehr riskante Sache sein kann. Für eine Weile war ich nahe daran, umzukehren und für diesen Tag aufzugeben.
Schließlich hatte ich mich doch aus dem Sturmzentrum herausgekämpft und konnte mich nun einmal nach den Verwüstungen umsehen, die das wilde Auf und Ab in meiner Kabine angerichtet hatte.
Bei Sonnenuntergang landete ich auf Sizilien – und damit war ich für meine Begriffe wieder richtig unterwegs.
Gut und sorglos schlief ich dann bis zum andern Morgen, an dem mir eine Wasseretappe von 250 Kilometern bevorstand. Zwei riesige Passagiermaschinen, beide auch in Richtung Afrika, wurden gleichzeitig mit mir abgefertigt und die fast 60 Luftgäste konnten sich in allen europäischen Sprachen gar nicht beruhigen, als ich da allein mit meinem kleinen 65-PS-Motörchen vor das Flughafengebäude gerollt kam, damit der Zoll einen letzten Blick auf meine Winzigkeit und was in ihr verborgen war, werfen konnte.
Eine böse Waschküche wurde das, bis ich von Catania aus die Südwestspitze Siziliens erreicht hatte, um über das Mittelmeer nach Kap Bon, dem am nächsten liegenden afrikanischen Punkt, hinüberzufliegen.
Es ist bei dieser Gelegenheit erwähnenswert, dass ich nur ein paar primitive Instrumente und keinerlei navigatorische Hilfsmittel besaß – gar nicht zu denken an Funkanlage, Radio, Telefon, Fernkompass oder irgendetwas so Anspruchsvolles.

Dafür hatte ich allerdings das erhebende Gefühl, der erste deutsche Flugzeugführer nach dem Kriege zu sein, der allein am Steuer seiner Maschine wieder einen fremden Erdteil anflog. – Aber das nützte nicht viel, als plötzlich meine Tourenzahl bemerkenswert zurückging.
Wegen der niedrigen Wolken und der Regenschauer war ich nur 300 Meter hoch über dem Wasser.
Wer kann die Gefühle eines Fliegers in solchen Momenten schildern? Jedenfalls stellte ich einwandfrei fest, dass ich viel ruhiger war als früher in ähnlichen Situationen. Der Motor kam dann auch bald wieder auf annähernd volle Tourenzahl – blieb mal wieder etwas weg – kam wieder. Jedenfalls wusste ich ziemlich genau, dass irgendetwas im Benzin sein musste, was besser nicht darin gewesen wäre. Da – voraus ein Schiff!
Wunderbarer Gedanke, mich im Notfall sanft an seine Seite in die Fluten zu setzen, obwohl mir die Technik einer Wasserlandung mit der vollgeladenen »Piper« – oder vielmehr das Aussteigen danach – nur theoretisch einigermaßen klar war.
Schließlich tauchte aus dem Dunst erst Pantelleria und bald darauf das ersehnte Kap Bon auf. Eine weitere Viertelstunde später hatte ich dann wieder Land unter meinen Rädern – afrikanischen Boden! Es blieb nichts anderes übrig – ich musste mir doch einmal kurz an die Nasenspitze greifen, um mich von der Wirklichkeit dieser Feststellung zu überzeugen.

Tunis – große Wiedersehensfreude mit den Luftfahrtmännern, die hier schon mein erstes Passieren nach der Notlandung in der Sahara vor zwanzig Jahren miterlebt hatten.
Nachts, in Gabes, wurde meine Maschine im Wüstensand verankert. Da war mal ein Hangar gewesen, aber der Krieg hatte nur ein Stahlgerippe davon übrig gelassen.
Am nächsten Mittag war ich über Tripolis und landete prompt auf dem falschen Flugplatz bei der amerikanischen Luftwaffe zwischen mich umzischenden Düsenjägern und flüchtete auf eine Nebenrollbahn, bis ein Jeep erschien, der in mannshohen Buchstaben auf sei-

ner Rückwand die freundliche Aufforderung zeigte: Follow me! Gern entsprach ich seinem Wunsche und erfuhr zu meiner Enttäuschung an der Halle von einigen liebenswürdigen amerikanischen Offizieren, dass ich zurückmüsste auf den englischen Zivilflughafen mit dem hübschen Namen »Castel Benito«, zwanzig Kilometer südlich von Tripolis.

Die Nacht verbrachte ich kühl, aber sehr angenehm im Air-Force-Transit-Hotel am Rande des Flugplatzes, was mir die 25-Kilometer-Fahrt hinein nach Tripolis ersparte. Dorthin zog mich nichts. Das wunderschöne Uaddan-Hotel, in dem Bernd und ich früher wohnten, war noch als amerikanischer Klub beschlagnahmt.

Der letzte Flugtag nach Bengasi bereitete mir etwas Kopfweh, denn die erste Etappe bis zu dem berühmten »Marmorbogen« mitten in der Wüste lag an der Grenze von meinem Aktionsradius. Und dazu blies ein frischer Wind – natürlich genau von vorn. Was soll ich machen, wenn ich unterwegs merke: es reicht nicht? Es gibt keinen Flugplatz mit Tankmöglichkeit bis zum Arco di Filene. Alle die alten Plätze von früher wurden aufgegeben und sind inzwischen zugewachsen. Und das alles hatte ich erst gestern in Tripolis erfahren, weil es weiter entfernt keinerlei zuverlässige Auskunft über diesen Teil der Welt gab.

Je nun – versucht musste es werden. Während ich die ersten drei Stunden abbrumme, habe ich ausreichend Gelegenheit, darüber nachzudenken, wie hervorragend ich ausgerüstet bin mit meinen drei Schraubenschlüsseln, ohne Notproviant und Zelt. Bis auf die Knochen bin ich als alte Weltfliegerin blamiert, wenn das eine Notlandung gibt und ich nichts Vernünftiges bei mir habe. Geschieht mir ganz recht – aber Nordafrika ist nach dem Zweiten Weltkrieg nicht mehr die Salonangelegenheit, die es vom Standpunkt der Flieger aus früher war –, und das hätte man sich eben vorher überlegen sollen.

Die Schweizer hatten mich ausgelacht, als ich nach dem Werkzeug für die Maschine fragte. »Oh, für die ›Piper‹ mit dem kleinen ›Continental‹ finden Sie überall jemanden und außerdem ist nichts dran zu tun!«

An diese optimistische Feststellung musste ich denken, als ich über dem geisterhaften Wüstenflugplatz am Marmorbogen hinschwebte, der einsam und verlassen dalag, die Gebäude ohne Dächer und Wände, die beiden endlosen Landebahnen durchbrochen von meterhohen Höckern von Kameldorn, der an vielen Stellen die Asphaltdecke gesprengt hatte.
Nach dem Aufsetzen rollte ich vorsichtig in das kilometerlange Nichts hinein und wartete gespannt auf die Dinge, die da kommen sollten. Außer dem starken Wüstenwind, der an meiner Maschine herumzerrte, rührte sich nichts. Bis endlich einige Eingeborene aus der Landschaft auftauchten, die offensichtlich die Absicht hatten, mich mit Benzin versehen zu wollen. Nachdem wir uns etwas mühsam in einigen Sprachen über die benötigte Menge und die Oktanzahl mehr oder weniger verständigt hatten, verschwanden sie wieder. Ich genoss neben einem Sandwich und meinem Thermoskaffee die lange vermisste Romantik solcher Wüstenfliegerei, bis mich die mit einem Handwagen und total verrosteten Wehrmachtskanistern heranratternden Kavaliere der Wüste aus meinen Betrachtungen rissen. So über den Daumen mixten wir uns dann ein Benzin zusammen, das ungefähr achtzig Oktan haben sollte. Sogar einen Trichter mit Ledereinlage hatte die Shell hierher organisiert. Dann bekamen die netten Eingeborenen ihre Belohnung und mir stand nun wieder das Anwerfen meines Propellers bevor, was ich gar nicht mag, seitdem einmal in meinen Fliegerschulzeiten ein Mitschüler die Luftschraube auf den Kopf bekam. Doch da half nun alles nichts. Meine braunen Kavaliere hatten von so etwas keine Ahnung, starrten mich aber voller Bewunderung an, denn eine allein fliegende Frau hatten sie nach dem Kriege noch nicht gesehen.
Ich besuchte den ersten deutschen Auslandssender nach dem Krieg in einem deutschen Zivilarbeiterlager – es war hochinteressant und lehrreich und mein Besuch meinen Landsleuten eine große Freude. Mein Motor hatte mir auf all den letzten Etappen nicht sonderlich gefallen, weil seine Husterei langsam chronisch wurde. Und ich war sehr glücklich, als gleich nach meiner Landung in Bengasi die Einsatzgruppe Afrika des Kriegsgräberdienstes von der ersten Fahrt in

die Wüste zurückkam. Deren technischer Leiter half mir einen ganzen Tag lang, alles wieder in Ordnung zu bringen, oder besser gesagt, ich half ihm, bis alle Filter wieder sauber, die Düsen gereinigt waren, und was so alles nach fünfzig Flugstunden zur Durchsicht eines Motors gehört.

Auf der ersten Etappe des Rückfluges hätte ich fast in der Wüste notlanden müssen. Mir war gar nicht wohl bei dem Gedanken, denn außerdem war es inzwischen kühl und winterlich geworden. Mit aller Anstrengung schepperte ich mich durch bis zum »Marmorbogen«, wo mich meine Wüstenkavaliere erfreut begrüßten. Selbst der Motor sprang wieder an, um den ich allerlei Sorge gehabt hatte. Ich war doch recht froh und erleichtert, als ich in Tripolis dann tatkräftige Hilfe von der Royal Air Force bekam, die mir über Nacht alle Fehler wieder in Ordnung brachte.
Zwei Tage später durfte ich dann mit einer Spezialgenehmigung – weil ich weder zwei Motoren noch Radio oder Funk noch ein Schlauchboot, ja, nicht einmal eine Schwimmweste besaß – über das Mittelmeer nach Italien zurückfliegen – natürlich nicht, ohne wieder – toi, toi, toi! – dreimal in Richtung der entschwindenden Küste von Nordafrika gespuckt zu haben. Ob es wieder mit dem Zurückkommen funktionieren würde? Sicherlich!
Der beiden geschenkten Schildkröten wegen, damit sie mehr von der Motorwärme bekamen, musste ich auf dem vorderen Sitz meiner Maschine über die Alpen zurückfliegen, denn sonst wären sie mir eingegangen. Fliegerisch war das gar nicht so angenehm. Heil und begeistert begrüßt kam ich vor Weihnachten zu Hause an.

Es folgten noch eine Reihe von Unternehmungen als »fliegende Reporterin« – doch einige Jahre später durften wir endlich in Deutschland wieder fliegen. Ich nahm dann an mehreren Deutschland- und Europaflügen und vielen Wettbewerben teil.

Eine sonderbare Zeit

»Hier ist der Westdeutsche Rundfunk in Köln – spreche ich mit Frau Elly Beinhorn?«

»Guten Morgen – was gibt es?«

»Guten Morgen, Frau Beinhorn. Wir machen eine Sendung mit dem Titel ›Kinder, wie die Zeit vergeht‹. Hätten Sie Lust mitzumachen? Da werden jeweils zwei Leute desselben Berufes einander gegenübergestellt, die eine Person von damals – die andere von heute.«

»Oh, du lieber Gott – da Sie mich ja zweifellos nicht für die von heute haben wollen, gibt das wieder so eine Mumienangelegenheit!«

»Machen Sie sich da keine Sorgen«, beschwichtigte mich der Regisseur. »Wir haben eine tolle Partnerin für Sie im Auge – Jacqueline Auriol (damals, 1956, die schnellste Frau der Welt).«

»Sie haben mich schon«, antwortete ich, ohne lange nach den sonstigen Bedingungen zu fragen. Im Geiste hatte ich mir auch schnell ausgerechnet, dass Jacqueline nicht einmal so sehr viel jünger sein konnte als ich – höchstens zehn Jahre –, da gab es schon zwei erwachsene Söhne, einer von ihnen flog bereits. Aber auch wenn sie achtzehn gewesen wäre, so hätte mich das bei dieser Frau nicht gestört.

»Wir haben uns gedacht, dass der Kontrast zwischen Ihren Langstreckenflügen in der winzigen offenen Holzkiste und den Rekordflügen auf der ›Mystère II‹ für unsere Zuhörer hochinteressant sein müsste. Das Ganze soll im großen Sendesaal über die Bühne gehen.«

Eine Woche später tuckerte ich gemütlich mit meinen 180 Stundenkilometern über das Rheintal nach Köln.

Die Sendung wurde ein großer Erfolg.

Da gab es zwei Schönheitsköniginnen, zwei Tanzlehrer, zwei berühmte Schauspielerinnen, die junge eben über zwanzig, die alte achtzig Jahre jung, zwei Weltreisende, ja, und uns zwei Fliegerinnen. Der Verlauf der öffentlichen Veranstaltung bewies, dass keineswegs immer die jüngeren Vertreter ihrer Berufssparte den größerer Applaus bekamen. Die junge Schauspielerin, die heute einen ganz großen Namen hat, vergoss nach ihrem Auftritt bittere Tränen, da die fast achtzigjährige Hedwig Wangel den weit stärkeren Beifall erhielt. Es war faszinierend, wie sich diese alte Dame, die uns allen leid tat, als sie aus der Kulisse vor die Bestie Publikum hinaustrat, sich vor unseren Blicken in eine mitreißende junge Frau verwandelte, uns ihre Probleme, ihr ganzes Leben nahebrachte.

Wir Fliegerinnen kamen beide gut weg.

Jacqueline Auriol hatte ihren eigenen Dolmetscher mitgebracht, dem es einfach nicht gelang, den Pariser Charme, die blitzenden Bonmots der Schwiegertochter des damaligen Präsidenten von Frankreich den deutschen Zuhörern vollkommen nahezubringen. Ich versuchte einzugreifen, wo es der Takt eben zuließ. So gab es viel Beifall für diese schöne Frau und mutige Fliegerin, die einige Jahre zuvor nach einem Flugzeugabsturz, bei dem sie nicht einmal selbst am Steuer gesessen hatte, so gut wie kein Gesicht mehr hatte.

Diese Sendung hatte ein Nachspiel.

Einige Wochen darauf bekam ich einen Brief von Dr. Hans Otto Wesemann, dem späteren Intendanten der Deutschen Welle. »Bei der Sendung ›Kinder, wie die Zeit vergeht!‹ war ich einer Ihrer Zuhörer. Seit einiger Zeit plane ich eine Sendereihe über die vielen brennenden Fragen rund um das Auto. Hätten Sie Lust, als meine Partnerin mitzumachen? Es muss uns dazu laufend etwas Neues, Interessantes einfallen – und natürlich dem Hörer mundgerecht dargereicht werden. Ich hatte den Eindruck, das würde Ihnen liegen …«

Kurz darauf fuhr ich wieder nach Köln zur einführenden Besprechung und dann für fünf lange Jahre alle vierzehn Tage zu der Sendereihe über aktuelle Verkehrsprobleme, der wir den Titel »Der Zebrastreifen« gegeben hatten.

Daneben ging mein bisheriges Leben mit Vorträgen, der Teilnahme an Flugtagen, auch mit großen Reisen nach Amerika, Afrika und

Australien weiter. Dr. Wesemann war ein Partner nach meinem Geschmack.
Im Laufe der Jahrzehnte hatte ich viele Gespräche vor dem Mikrofon geführt, auf Flugplätzen, auf Rennstrecken – doch selten hatte ich einen so souveränen Gegensprecher gehabt wie Dr. Wesemann.
Wie gesagt, alle 14 Tage kam ich im Kölner Funkhaus angegondelt, möglichst frühzeitig vor der Sendung. In der Regel musste ich auf den anderen Teil des Zebrastreifens warten, der dann meist reichlich abgehetzt aus irgendeiner Besprechung kam.
»Was haben Sie heute mitgebracht?«
Ich hatte mir jeweils schon zu Hause oder unterwegs zwei bis drei Vorschläge zu unserem Thema überlegt, von denen er dann nach kurzem Nachdenken einen auswählte. Er hörte sich kurz meine dazu festgestellten Beobachtungen an und dann ging es aber auch schon ans Mikrofon. Er gab eine umfassende Einleitung und Übersicht, sodass ich mich manches Mal fragte, ob das überhaupt noch *mein* Thema war.
Ein ganz großer Könner auf seinem Gebiet. Für mich war es immer eine besondere Freude, mit Menschen zusammenzuarbeiten, die irgendetwas wesentlich besser konnten als ich.

In diese Zeit der sehr erfolgreichen Arbeit, der glücklichen Atmosphäre in unserem schönen Zuhause, zufrieden mit den Kindern und ihrer Entwicklung und, wenn ich wollte, umgeben von einem erlesenen Freundeskreis, fiel ein beklemmender Schatten.
Über die Abenteuer beim Bauen unseres Freiburger Hauses hatte ich ein ganz erfolgreiches Buch geschrieben. Meine Güte, hatte mich das zu seiner Zeit Nerven gekostet, als schon der Rohbau die Kostenvoranschläge hoch überschritten hatte – vom Innenausbau gar nicht zu reden!
Wir wohnten damals noch oben in Trossingen.
Mehrmals war ich nach meinen notwendigen Besuchen in Freiburg am Steuer schluchzend den Schwarzwald heraufgefahren. Alle Freunde, die selbst gebaut hatten, sagten mir dieses Drama voraus. Aber ich hatte es natürlich besser gewusst – so etwas würde mir nicht

passieren – o nein! Man war ja schließlich vorgewarnt und auch erfahren genug.

Gar nichts war man.

Mir liefen die Dinge genauso aus den Händen, wie sie Tausenden von Bauherren zu allen Zeiten aus der Kontrolle gekommen waren. Klar, dass ich manche graue Stunde zu verkraften hatte, und ich glaubte, wir würden niemals in diesem Haus am Hang von Zähringen mit dem herrlichen Blick auf das Münster, auf die Berge ringsumher glücklich sein.

Doch wie bald war das alles nach dem Einzug vergessen! Aller Kummer, die Sorgen mit den ewigen unerwartet hohen Rechnungen.

Es gab keinen, aber auch gar keinen Grund, nicht heiter und dem Leben sowie dem Schicksal dankbar zu sein. Bis auf so kleine Unregelmäßigkeiten in meinem periodischen Gesundheitszustand, die mir doch etwas Sorgen machten. Und das drückte erheblich auf mein Gemüt. Ich war froh, wenn ich zu Hause viele handfeste Pflichten zu erfüllen hatte – in der Küche, im Garten, für unsere Gäste –, obwohl ich gelegentlich das Gefühl hatte, als wenn die Landschaft um mich herum sich wie ein Karussell aufführte. Beim Fliegen oder am Autosteuer war alles in Ordnung. Also gingen diese Unerfreulichkeiten wiederum nicht so weit, dass ich es für nötig hielt, zu einem Arzt zu gehen. Bisher hatte ich den Ärzten noch nicht besonders viel zu verdienen gegeben.

Wieder stand mir eine Fernseh-Sendereihe ins Haus. Nach langem Hin und Her war es mir gelungen, das damals hochaktuelle Bauthema mit meinem Buchtitel »Fünf Zimmer höchstens« beim WDR unterzubringen. Es sollte eine Dokumentarserie in Fortsetzungen werden, bei der ich jeweils die Einleitung und die Inhaltserläuterungen zu sprechen und dabei auf dem Bildschirm zu erscheinen hatte. Dieser Erfolg hätte mich eigentlich glücklich machen müssen. Doch das tat er nicht. Oft war mir zum Weinen zumute und ich fand das Leben sinnlos und bedrückend. Ich schlief schlecht oder zumindest so, was ich schlecht nannte, obwohl das Gros der Menschheit sicherlich mit viel weniger Stunden auskommen musste.

Zurückblickend ist es mir völlig schleierhaft, warum ich lange Zeit überhaupt nicht auf die Idee kam, dass dieses alles die natürlichste Ursache der Welt haben konnte, schlicht und einfach: das Klimakterium. Obwohl alle möglichen Bekannten mich seit Jahren mit diesem Problem gelangweilt hatten, hielt ich es wahrscheinlich unter meiner Würde, mich nun selbst in diesen grauen Kreis der alternden Frauen einzubeziehen. Lächerlich, einen so natürlichen Übergangszustand nahm man eben nicht zur Kenntnis.
Na ja – so ganz einfach war das mit dem Ignorieren nicht. Mir blieb schließlich nichts anderes übrig, als mir klar und bewusst einzugestehen, dass mich nun auch die Nebenerscheinungen dieser wenig erfreulichen Jahre im Griff hatten.
Daneben lief der Alltag – wie wohl bei fast allen Frauen in diesem Alter – anspruchsvoll und mehr oder weniger fröhlich weiter. Mit dem kleinen, aber nicht unwesentlichen Unterschied, dass er sich bei mir zum großen Teil vor den Augen der Öffentlichkeit abspielte. Bei den Fernsehsendungen waren es sicherlich Hunderttausende von Augenpaaren, die mich unter den unbarmherzigen Scheinwerfern kritisch betrachteten. Gegen die gelegentlichen Hitzeausbrüche, die mich nach ein paar Minuten klitschnass am ganzen Körper zurückließen, konnte ich selbst nichts tun. Sie kamen, wie sie wollten, nie waren sie vorauszusehen.
Zum Glück blieb mir dabei das glühende und knallrote Gesicht erspart, das ich bei solchen Anlässen bei anderen Frauen zur Genüge kannte. Das hatte ich vor dem Spiegel kontrolliert, wenn eine solche teuflische Welle mich überfiel. Ich wollte einfach wissen, wie ich mit mir dran war. Bisher hatte ich das nie für nötig gehalten. Ich war ja kein Star. Aber dies hier war etwas ganz anderes.
Natürlich war mir bekannt, dass man mit Hormongaben allerhand erreichen konnte. Doch von früheren Versuchen wusste ich, dass ich darauf sehr stark und eigentlich negativ reagierte. Mein Körper und wohl auch mein Geist und meine Seele weigerten sich einfach gegen tiefe Eingriffe – damit hatte ich mich eben abzufinden. Immerhin, die »Sache« hatte auch ihr Gutes. Von meinen Jungmädchenjahren an hatte ich immer nicht unerheblich unter der monatlichen Behin-

derung gelitten. Jetzt konnte ich planen und reisen, wie und wann ich wollte, während ich durch Jahrzehnte bei wichtigen Terminen, Kunstflugverpflichtungen, großen gefährlichen Strecken über Urwald, Wasser oder Hochgebirge immer vorher etwas beklommen auf den Kalender geschaut hatte. Dieser Gedanke erinnerte mich an meine Gefühle bei Kriegsende.
Es war damals entsetzlich – wir hatten einen Weltkrieg verloren, totale Kapitulation! Doch meine Kinder konnten jetzt in die Schule gehen, ohne dass ich vor angreifenden Tieffliegern zittern musste, und irgendwann würden wir wieder auf unseren Fahrrädern Freunde in der Umgebung besuchen können. Stets in meinem Leben war ich eher für ein Ende mit Schrecken gewesen. Der Schrecken ohne Ende war nicht meine Sache. Nun war allerdings dieses »Ende mit Schrecken« alles andere als kurz, aber man konnte, man musste sich darauf einstellen.

Wieder wurde eine Sendung von »Fünf Zimmer höchstens« beim Fernsehen in Köln gedreht, manche waren live, andere wurden auf Band aufgenommen wie jetzt diese.
»So, Kinder, jetzt machen wir die verdiente Pause«, verkündete der Regisseur. »In 70 Minuten geht es weiter.«
Alles war gut gegangen. Ich hatte meinen Text ohne Versprecher in die jeweils rot signalisierende Kamera gesprochen. Doch nun brauchte ich unbedingt etwas frische Luft.
Tat das gut! Tief atmend wanderte ich durch ein paar Straßen und freute mich, dass alles so glatt lief. Ich kaufte mir eine Tafel Schokolade. Zum Herumsitzen im Restaurant des Sendehauses hatte ich keine Lust. Beim Zurückgehen warf ich einen letzten Blick auf den majestätischen Kölner Dom, doch der kam plötzlich auf mich zu – und danach ein schwarzer Schleier. Ich konnte mich eben noch auf eine Steinkante setzen und dann war für eine kurze Weile die Umwelt für mich ausgelöscht.
Wie lange? Wahrscheinlich nur für Sekunden oder noch kürzer. Wieder einmal war ich wie aus dem Wasser gezogen. Und vorher war es gewesen wie manchmal beim Kunstflug, wenn ich beim Erproben

einer neuen Figur in einem Sturzflug aus der Rückenlage herausgefallen war. Scheußlich und beinahe etwas unheimlich!
Ich sah auf die Uhr.
In zehn Minuten ging die Aufnahme weiter. Das konnte heiter werden. Mein Taschentuch und ein Parfümzerstäuber brachten mich wieder etwas in Form. Ob die Maskenbildnerin was merken würde? Das wäre peinlich!
»Ruhe im Studio, Frau Beinhorn, bitte Ihren dritten Textabschnitt.«
»Unter keinen Umständen – außer Sie haben sehr viel Geld – sollten Sie nachträglich große Änderungen vornehmen lassen gegenüber dem durchkalkulierten Bauplan. Das kann sehr unerfreuliche Überraschungen geben, meine lieben Zuschauer. Lassen Sie sich das von einem gebrannten Kinde raten!«
»Jawohl, in Ordnung – ist gestorben.«
Gott sei Dank – es hatte geklappt. Auch die weiteren Texte würden irgendwie über die Bühne gehen.

Dieser Schuss vor den Bug stimmte mich recht nachdenklich. So konnte es nicht weitergehen. Dazu hatte ich einfach zu viele Verpflichtungen, deren Erfüllung sich vor der Öffentlichkeit abspielte. Wahrscheinlich hätte mir ein Frauenarzt helfen können. Doch mein geliebter und verehrter Dr. Kling, der meinen beiden Kindern ans Licht der Welt verholfen hatte, zweifelte schon vor Jahren nach einigen Versuchen mit Hormonbehandlungen an deren Wert und Wirkung bei mir.
»Kaum je habe ich eine Patientin gehabt, die so stark auf die geringsten Gaben reagiert hat. Die Hormone schaden Ihnen fast mehr, als sie helfen.« Es hatte sich damals wieder einmal um meine monatlichen Beschwerden gehandelt. Nach verschiedenen Versuchen hatten wir die Behandlung aufgegeben. Die biologische Ordnung meines Körpers war völlig durcheinandergeraten. Ich musste mich einfach damit abfinden, mit diesen ärgerlichen Tagen alle paar Wochen zu leben.
Aber das hier konnte nicht einfach ignoriert werden. Gut – hätte ich ein Leben als reine Hausfrau führen können, so wäre darüber kein

Wort zu verlieren gewesen. Auf der anderen Seite war mir inzwischen klar geworden, eine wie große Hilfe gerade diese öffentlichen Verpflichtungen waren. Bisher hatte ich nicht ein einziges Mal einen solchen »Anfall« bekommen, wenn ich auf dem Podium, vor dem Mikrofon oder den Fernsehkameras stand. Doch dass ich hinterher dann beinahe umkippte, war schließlich nicht mehr zu übersehen. So hintenherum hatte ich seit über einem Jahr versucht, alle meine älteren weiblichen Bekannten über ihre Erfahrungen auszuhorchen: »Wann fing das an, wie lange dauerte die Geschichte, was haben Sie dagegen getan?«

Es kam nicht viel dabei heraus. Entweder machten diese Frauen ein Riesendrama aus ihren Wechseljahren – oder sie hatten sie (und das waren die sympathischeren unter ihnen) mehr oder weniger vergessen.

Aber etwas war bei der Fragerei doch hängen geblieben.

Eines der Objekte meiner Meinungsforschungen war Anthroposophin. Mir fiel jetzt wieder ein: Sie hatte irgendetwas von homöopathischen Tabletten erzählt, die ihr sehr geholfen hätten. Doch diese Frau lebte jetzt im Ausland und ich hatte ihre Adresse nicht.

Eines Tages wanderte ich – nun wieder daheim in Freiburg – in einem entfernten Stadtteil, hoffend, man würde mich dort nicht kennen.

Es erschien mir selbst blödsinnig, aber ich benahm mich wie ein hysterisches altes Mädchen mit diesem Zustand, der genauso natürlich war wie das Kinderkriegen und wie der Tod.

An der Fensterscheibe einer Apotheke stand dick: Allopathie und Homöopathie. Eine nette junge Frau im weißen Kittel fragte: »Was möchten Sie bitte?«

»Ich – ich soll für eine Bekannte auf dem Land fragen, ob Sie ein Mittel gegen die Beschwerden des Klimakteriums haben, Sie wissen schon: Hitze und Schweißausbrüche und so«, stotterte ich.

»Nehmen Sie diese Tabletten mit, morgens, mittags und abends sollten Sie je eine davon im Mund zergehen lassen, aber ganz regelmäßig, das ist wichtig, Frau Beinhorn!«, schloss die hübsche Apothekerin mit verschmitztem Lächeln.

Ich alberne Gans – das geschah mir ganz recht.
Und trotzdem – damals wäre ich eher gestorben, als gegenüber meiner jeweiligen Umgebung zuzugeben, dass die berühmte und verhasste Menopause inzwischen auch bei mir eingetreten war.
Nun wartete ich voll Spannung und Misstrauen. Wie konnte man auch im Ernst erwarten, dass diese mehligen, geschmacklosen und dazu noch recht preiswerten Tabletten – ihren Namen habe ich vergessen – gegen solche massiven Ärgernisse etwas ausrichten konnten!
Und dann, fast unmerklich, geschah das Wunder.
Ich bekam keine Hitzewallungen mehr, blieb wieder wie immer kühl und trocken am Körper. Dadurch war ich heiter, schlief wieder gut und hatte nach ein paar Wochen das Gefühl: Jetzt hast du diesen grässlichen Zustand hinter dir! Die langweilige Tablettenschluckerei konnte ich aufgeben.
Doch weit gefehlt.
Nach ein paar Tagen ging der Spaß wieder los wie früher. Ich schluckte brav weiter meine kleinen weißen Dinger oder vergaß es auch gelegentlich. Doch jedes längere Aufhören wurde für einige Zeit – wahrscheinlich alles zusammen über einige Jahre – mit einem sich langsam abschwächenden Rückkehren der »Symptome« beantwortet.
Sonst hatte sich nichts – aber auch gar nichts – geändert. Ich aß dasselbe wie früher und wurde nicht dicker, aber Gott sei Dank auch nicht dünner. Wenn ich nachts mal wach lag, versuchte ich über etwas Erfreuliches nachzudenken und war dann meistens bald wieder eingeschlafen.
Eines Tages meinte mein Sohn: »Die Sache mit den ›Fünf Zimmern höchstens‹ scheint dir Spaß zu machen. Du bist jetzt wieder so wie sonst. Eine ganze Weile war es mit dir kaum zum Aushalten. Über jede Kleinigkeit warst du eingeschnappt – was war eigentlich los?«
Nein, gar nichts war los gewesen. Ich hatte nur eine Weile gebraucht, wieder in den normalen Rhythmus zu kommen. Es ist ein ganz munterer Scherz, den sich die Natur da mit uns Frauen erlaubt hat! Doch ich glaube, es gelang mir, so damit fertig zu werden, ohne dass mei-

ne Umgebung stöhnend feststellen musste: »Die gute Elly spinnt eben zurzeit – man kann sie einfach nicht ernst nehmen, hoffentlich geht es bald vorüber.«

Für diese jahrelangen Autofahrten nach Köln hatte man mir sehr ungünstige Prognosen gestellt. Besonders für den Teil der Strecke ab Karlsruhe, wo auch Bernd verunglückt war. Es gab so gut wie keine Fahrt, bei der ich nicht Zeuge irgendeines Unfalles war.
Im »Zebrastreifen« sprachen wir einmal über Statistiken.
Die Versicherungen hatten errechnet, dass – im Durchschnitt – jeder Autofahrer alle fünf Jahre in einen mittelschweren bis schweren Unfall verwickelt wird.
Inzwischen hatte ich fünf Jahre auf dieser »Todesstrecke« hinter mir. Beim Fliegen fühlte ich mich wesentlich sicherer. Da kam es in der Regel nur auf die eigenen Fehler an – nicht addiert mit denen der anderen Verkehrsteilnehmer.
Als Dr. Wesemann Intendant der Deutschen Welle wurde, schlug er mir vor, den »Zebrastreifen« mit einem andern Partner weiterzumachen.
Ich verzichtete. Fünf Jahre, noch dazu in einer so erfreulichen Partnerschaft, waren genug.

Wieder auf Safari – 1958

Meine Freundin Gretl rief an.
»Du, ich habe einen Vorschlag – gleichzeitig eine Bitte. Ich hoffe, du springst an die Decke!«
»Schieß schon los, Kleine!«
»Du weißt doch, ich wollte mit Vater und Fritz nach Ostafrika, aber ich kann nicht fort. Einer von uns muss im Werk bleiben und das bin in diesem Falle ich. Also kurz und gut: Willst du nicht mitgehen? Mir wäre es ein sehr beruhigender Gedanke, wenn du dich etwas um den alten Herrn kümmern würdest.«
Mein geliebtes Afrika!
Also hatte ich 1951 nicht vergebens dreimal aus meinem Flugzeug in Richtung auf die zurückbleibende tunesische Küste gespuckt.
»Das ist fast zu schön, um wahr zu sein, Gretlchen! Irgendwie werde ich meine häuslichen Verhältnisse schon regeln. Wann soll es denn losgehen?«
»Das ist es ja – die Männer sind schon abgeflogen und je eher du nachkommst, umso besser. Du sollst möglichst viel fotografieren und filmen und vielleicht schreibt ihr nachher sogar ein Buch über eure Erlebnisse.«

Es traf sich für mich nicht ungünstig.
Es war 1958, kurz vor dem Ende des Faschings. In dieser Zeit setzte ich sowieso niemals Vorträge an. So brauchte ich nur ein paar spätere Veranstaltungen zu verlegen, was auch gelang. Und für meinen »Zebrastreifen« konnte ich zu einer Zeit, als noch keine Touristenkarawanen Ostafrika heimsuchten, sicherlich interessantes Material über die dortigen Menschen und Verhältnisse rund um das Auto mitbringen.

Meine Gewehre brauchte ich nicht auf Hochglanz zu bringen. Nachdem ich über zwanzig Jahre lang eine passionierte Jägerin gewesen war und auch beachtliche Trophäen in Deutschland und Afrika erbeutet hatte (in Australien waren es nur ein paar Wildenten gewesen und in Indien gar nichts!), gab ich 1944 in Westpreußen meinen letzten Schuss auf einen alten Rehbock ab. Nach dem Krieg habe ich meinen Jagdschein nicht mehr erneuert. Es war einfach genug oder sogar zu viel des Schießens um mich herum gewesen. Doch die Begeisterung für das Pirschen, für die Beobachtung des Wildes und auch aller anderen Tiere in der Natur ist mir mindestens so stark wie früher geblieben.

Am Aschermittwoch startete ich von Frankfurt und war am nächsten Mittag nach allerhand durch eine Motorenpanne bedingte Verspätung in Nairobi. Zwei Teilnehmer unserer Safari erwarteten mich, als ich recht müde und behängt mit Foto- und Filmkamera, Fernglas und Zubehörtasche aus der Maschine in die angenehme Höhenluft der Hauptstadt Kenias in der Nähe des Äquators kletterte.

Dieses Afrika hat immer wieder eine ähnliche Wirkung wie ein Champagnerschwips auf mich. Die Bedingungen mögen noch so hart sein, das Klima, die Aufgaben, Insektenbelästigung – ich schwebe wie auf einer rosa Wolke und genieße sehr bewusst und dankbar jede Stunde.

Vielleicht kommt es daher, dass ich während meiner Jugend so oft davon geträumt habe, den Schwarzen Erdteil ganz allein zu erforschen.

Nach nicht sehr viel Schlaf ging es in den Busch, und zwar gleich recht handfest.

Die Männer hatten schon vor meiner Ankunft einiges Großwild sowie Antilopen geschossen, für die sie die nötigen »permits« besaßen. Jetzt waren wir unterwegs in das Gebiet um Darajani, halbwegs zwischen Nairobi und Mombasa. Vielleicht kam der alte Herr hier zum Schuss auf einen genügend starken Elefantenbullen, wie ihn der Erlaubnisausweis verlangt.

Gleich in meiner ersten Safarinacht verfuhren wir uns gründlich. Bei einer Abzweigung von der sogenannten Hauptstraße, auf der gelegentlich gemütlich Elefanten und Löwen spazierten, hatten wir die betreffende Kreuzung, die durch aufgespießtes Klopapier gekennzeichnet war, verpasst und fuhren auf einer falschen nun fröhlich im Kreise. Aber immerhin hörten wir von einem wandernden Eingeborenen, wir seien ganz in der Nähe des Jagdlagers und der »bwana kubwamzee« (auf Suaheli: ein großer alter Herr) habe einen starken Elefanten geschossen.

Ich lehnte in einer Ecke des Land-Rovers und schaute schläfrig und dann wieder hellwach in die geheimnisvolle Tropennacht. Häufig glühten im vorbeistreifenden Scheinwerfer die Lichter eines Stücks Raubwild auf. Eine ganze Weile trabte ein Stachelschwein in unserer im hohen Elefantengras kaum erkennbaren Spur vor uns her und war durch kein Hupen und lautes Gasgeben daraus zu vertreiben – bis wir eine Pause einlegten.

Der Zauber dieser lauen Nacht wirkte auf mich doppelt stark, da ich noch vor gut 24 Stunden im winterlichen Deutschland gefroren hatte.

Als wir schließlich nach stundenlangem Umherirren das Lager gefunden hatten, lag dort alles in tiefem Schlaf. Kurz nach unserer Ankunft hatte der alte Herr uns dann zu einem Glas Sekt auf seinen Elefanten eingeladen. Ich bekam ein schönes großes Zelt, in dem ich sogar aufrecht gehen konnte, zugewiesen. Über eine so elegante Behausung hatte ich bisher noch auf keiner meiner Expeditionen im Busch verfügt. Immerhin befand ich mich zum ersten Mal auf einer Art »Nylon-Safari«. Diesen Namen hatte man damals für von Berufsjägern organisierte Jagdunternehmungen geprägt, nachdem so viele unendlich praktische Dinge aus Kunstfaser bis in den tiefsten Busch vorgedrungen waren. Was mich angeht: Ich genoss diese Erleichterungen, besonders den Eisschrank, von ganzem Herzen. Denn geschenkt wurde uns allen nichts – aber auch gar nichts.

Noch vor Sonnenaufgang brachen wir auf, um den am Vortag erlegten Elefanten zu versorgen. Je näher wir der Stelle kamen, wo er den niedrigen Busch wie ein riesiger grauer Stein überragte, desto mehr

Menschen – Hunderte – strebten dem gleichen Ziel entgegen. Zu Fuß, die Frauen mit auf den Rücken gebundenen Babys, selbst auf Fahrrädern strömten die Einheimischen herbei, um sich einen Anteil an der Beute zu sichern. Ich stand Stunden um Stunden auf dem Dach unseres Geländewagens, fotografierte und filmte das Zerlegen des gefallenen Riesen – übrigens ein anatomisches Meisterwerk der Eingeborenen –, jeder Schnitt wurde genau an der richtigen Stelle angesetzt, es war alles andere als ein Gemetzel. Die riesigen Stoßzähne, die bis zu einem Drittel ihrer Länge im Kiefer saßen, wurden sauber herausgearbeitet. Es sah aus, als ob die Afrikaner so etwas alle paar Tage machten. Am frühen Nachmittag – unter der glühenden Sonne – zogen die schwarzen Landeskinder singend mit den in Hunderte von dünnen Streifen geschnittenen Fleischstücken heimwärts, die sie auf Äste, die jeweils zwei Menschen auf den Schultern trugen, säuberlich zum schnellen Trocknen aufgehängt hatten.

Es folgten unvergessliche Tage.

Wir besuchten den Amboseli-Nationalpark am Fuße des Kilimandscharo. Bei einer unserer Foto-Pirschfahrten fanden wir uns gegenüber der Familie Chaplin vor dem Idyll eines Nashornpaares, das sich in einem Sumpfloch wälzte. Der große Filmschauspieler hatte sich mit seiner Frau Oona O'Neill und einigen seiner jüngsten Kinder einen Jagdwagen mit einer Aussichtsplattform gemietet und konnte so völlig gefahrlos bis auf Hautnähe an all das oft doch immer wieder unberechenbare Großwild heranfahren.

Hier wie in allen Wildschutzgebieten durfte zwar nicht gejagt werden und das Wild war sehr vertraut, beinahe zahm geworden. Doch Brunftzeiten, Krankheiten, Eifersüchteleien und viele andere den Menschen unbekannte Gründe brachten immer wieder Überraschungen, die nicht ungefährlich für zu vertrauensvolle Besucher ausgingen.

Ich selbst habe drei unangenehme Attacken von Elefanten erlebt, bei denen einer unmittelbar vor meiner laufenden Kamera erschossen werden musste. Bei zwei anderen kämpfenden Elefantenbullen konnten wir uns eben noch in unserm Land-Rover durch die Flucht retten. Das war im Amboseli-Park. Der uns mit seinem Karabiner begleitende Askari wusste, dass der eine der riesigen Raufbolde einen abgebrochenen Stoßzahn mit wahrscheinlich einem freiliegenden Nerv hatte, der ihn immer wieder zu Wutausbrüchen veranlasst hatte. Er musste später erschossen werden.

Unsere nächste Etappe war Momella am Fuß des Meru, das Jahre später Hardy Krüger erwarb, wo er dann seinen tollen Film »Hatari« gedreht hat. Diese Farm in einer der wildreichsten Gegenden Tansanias, des früheren Deutsch-Ostafrika, war seinerzeit Besitz der Familie Trappe.

Schon während des Ersten Weltkrieges, in dem alle Deutschen interniert wurden, durfte Margarethe Trappe, eine auch von den Engländern hoch geschätzte Großwildjägerin, als Ehren-Ranger weiter die Büchse führen. Ihr Grab liegt etwas abseits von den Farmgebäuden neben einem runden Swimmingpool inmitten hoher Bäume, in denen Colobusaffen mit ihren langen schwarz-weißen Fellmänteln sich von Ast zu Ast schwingen.

Zwischendurch fuhr ich nach Nairobi und charterte mir vom dortigen Aero-Club ein Sportflugzeug, um unsere verschiedenen Lagerplätze von oben aufzunehmen. Dabei kamen übrigens recht hübsche und zum Teil unerwartete Ergebnisse heraus.

Zum Beispiel: In unserem Jagdlager Darajani hatte mir der Berufsjäger erzählt, dass hier der Wechsel eines Elefanteneinzelgängers zu einer der wenigen nahen Wasserstellen geführt habe. Nachdem alle Zelte standen, hatte unser Fährtensucher schnell herausgefunden, dass der große Elefant seinen Wechsel nun neu in einiger Entfernung um das Lager herum angelegt hatte.

Das konnte man nun aus der Luft alles genau sehen und auch aufnehmen. Da waren die kahlen Stellen, auf denen unsere Zelte gestanden hatten, der Trampelpfad, den unsere einheimischen Diener vom Küchen- zum Speisezelt getreten hatten, sowie der zu unserem Klo-Zelt, wo mir in der Dunkelheit mit meiner Taschenlampe immer bei den im hohen Gras aufleuchtenden Lichtern des Wildes etwas unheimlich zumute gewesen war. Ich wusste nie so genau, welche da harmlos und welche gefährlich waren.

In Nairobi traf ich auch Michael Grzimek, der hier über der Serengeti mit seiner zebragestreiften »Do 27« eine groß angelegte Wildzählungsaktion durchführte.
Wir verbrachten einen Abend in meinem Hotel und er lud mich ein, an einem seiner Flüge teilzunehmen. Wegen meiner Verpflichtungen konnte ich diesen interessanten Vorschlag nicht annehmen. Wenige Monate später stürzte Michael, der hochbegabte Sohn seines berühmten Vaters, der sich in früher Jugend mit Passion und Erfolg in dessen Werk eingearbeitet hatte, tödlich ab. Der Zusammenstoß mit einem Geier, so wurde berichtet, sei die Ursache dieses tragischen Unglücksfalles gewesen.

Unsere nächsten Etappen waren die Murchison-Fälle am Weißen Nil und die Gebiete um den Mount Kenia, wo der Mau-Mau-Aufstand begonnen hatte. Zum Abschluss verbrachten wir dann noch eine Nacht in dem berühmten Baumhotel »Tree-tops«, das Elizabeth von England am 6. Februar 1952 als Prinzessin betreten und als Königin wieder verlassen hatte. Ihr Vater war in jener Nacht in England verschieden.
Ich könnte allein über diese Groß-Safari mit all ihren bunten Erlebnissen und Abenteuern ungezählte Seiten schreiben. Doch heute sind Kenia, Tansania und – bis vor wenigen Jahren – auch Uganda Lieblingskinder des deutschen und des internationalen Tourismus geworden. Ich kann nur die Hunderttausende von Besuchern beglückwünschen, die diese afrikanische Wunderwelt selbst erleben dürfen. – Heia Safari!

Das Powderpuff-Derby 1959

Der verspielte, beinahe zärtliche Name dieses Frauen-Luftrennens quer über die Vereinigten Staaten vermittelt einen teils durchaus richtigen, teils völlig irreführenden Eindruck von dem, was bei diesem Wettbewerb tatsächlich dahintersteckt! Die Teilnehmerinnen sind sportlich elegant – sehr oft bildhübsche Mädchen und Frauen zwischen achtzehn und fünfundsiebzig, die gern und gekonnt von allen kosmetischen Hilfen Gebrauch machen. Aber: sie können hart und efficient (es gibt im Deutschen kein Wort, das dessen Sinn hundertprozentig trifft) sein, wie Pioniersfrauen.
Jedenfalls hatte ich so etwas wie diesen Wettbewerb nie vorher erlebt. Im August 1958, bald nachdem ich von meiner großen Ostafrika-Safari zurück war, hatte mich meine australische Fliegerfreundin Nancy Bird-Walton in Freiburg besucht.
»Oh, Elly« – sie war noch ganz erfüllt von ihrem Erleben – »so etwas gibt es nur in Amerika! Beinahe hundert nur weibliche Besatzungen fliegen vier Tage lang quer über die USA und *wie* sie das machen, mit welcher Grazie und Eleganz, aber auch Härte! Das musst du selbst erleben.«
»Wie stellst du dir das vor, Nancy? Ich habe kein eigenes Flugzeug mehr, der Flug hin und zurück sowie drüben eine Maschine zu chartern kostet ein kleines Vermögen. Vergiss nicht, wir haben einen Weltkrieg verloren!«
»Ach was«, meinte Nancy wegwerfend, »du wirst das schon irgendwie schaffen! Die Mädchen in USA haben alle einen Sponsor oder sogar mehrere. Reklame wird drüben ganz groß geschrieben, sonst wären solche Wettbewerbe überhaupt nicht durchzuführen. Jedenfalls«, schloss sie begeistert, »habe ich dem Rennkomitee vorgeschlagen, dir eine Einladung zu schicken. Ich bin sehr gespannt, ob es dir

auch so großen Eindruck machen wird wie mir, die ich ja schließlich in ›down under‹ lebe.«
Das war also in kurzen Worten die Ouvertüre zu meinem Puderquasten-Rennen.
Es war ausgerechnet das 13. AWTAR (All Women Transcontinental Air Race), zu dem ich dann Anfang 1959 eine Einladung bekam. Es war die erste nach dem Zweiten Weltkrieg an eine deutsche Teilnehmerin am Steuer.

Ich überlegte hin und her.
Nein, das konnte ich mir bei aller Passion nicht leisten. Wir, das heißt Bernd jr. und ich, hatten in Freiburg ein Haus gebaut, er vom Erbteil seines Vaters. Ich verdiente den Unterhalt mit Vorträgen, von denen ich auch meine Fliegerei finanzierte. Doch das hier war wirklich ein zu dicker Brocken – die Reise nach USA, Charterung eines Flugzeuges und alle weiteren Kosten drüben während des Rennens.
»Dabei wäre es mein Traum, so etwas ganz Modernes, noch dazu in der Neuen Welt, mitzufliegen«, klagte ich im Kreis von ein paar Fliegerfreunden, die mich auf der Durchreise in Freiburg besuchten.
»Nun fang doch wenigstens einmal an, die Kosten zusammenzustellen, und überleg dir, wer dir helfen könnte«, sagten die Freunde. »Anscheinend bist du hier in deinem Familienbetrieb so verbourgoisiert, dass dein alter Schwung restlos dahin ist.«
Da war etwas dran.
Bei uns alles in Ordnung zu halten, Schul- und sonstige Probleme meiner Kinder lösen zu helfen und dazu die Vortragsreisen – damit war meine Kraftkapazität eigentlich ausgeschöpft.
»Ihr vergesst auch ganz – ich bin nicht mehr zweiundzwanzig Jahre alt. Es ist ein wenig viel verlangt, eine Frau von über fünfzig bei einer solchen Sache, wo Jugend und Charme und möglichst auch etwas Schönheit eine Rolle spielen, zu unterstützen.«
»Ach komm, sei nicht albern«, sagte einer der Flieger, »das schmeißt du doch mit dem kleinen Finger, wenn du dich nur mal richtig dahinterklemmst.«
Diese Unterredung hat mir mächtig geholfen.

Nach einigen Wochen stand fest, dass ich am 13. Puderquasten-Rennen in den USA teilnehmen würde.

Dieser Wettbewerb ist es wirklich wert, darüber einiges zu berichten. So etwas hatte ich bisher noch nie erlebt.
Was mir zuerst als völlig unmöglich erschien, wurde durch einige wertvolle Unterstützungen wie die Zurverfügungstellung einer »Piper-Comanche« durch die Weltvertretung der Piper-Werke, die Fa. Jonas Aircraft and Arms, New York, sowie durch die Einladung für den Hin- und Rückflug durch die MATS (Military Air Transport Service) möglich.
Vor meinem Überflug musste ich das Zulassungszeugnis für den Funksprechverkehr und einen amerikanischen Flugzeugführerschein (special purpose pilots license) erwerben, was wegen der Kürze der Zeit und meines schon reichlich ausgefüllten Programms nicht ganz einfach war – besonders das erste!
Es war ein ständiges Sausen zwischen Tower und Kochtopf. Ich hatte »Privatstunden« bei »Bravo-Bravo«, dem in der damaligen Fliegerei berühmten Tower-Chef von Köln-Wahn belegt und konnte das so mit meinen regelmäßigen Sendungen im Westdeutschen Rundfunk verbinden.
Es war harte Arbeit. Unterwegs am Steuer machte ich meine »Schularbeiten« und war glücklich und erleichtert, als ich die Prüfung bestanden hatte.
Etwas gedämpft wurde meine Vorfreude, als Carl-August von Schönebeck, der deutsche Pipervertreter, dessen Vermittlung in den USA ich wohl in der Hauptsache meine Teilnahme zu verdanken habe, mir mitteilte, dass Jonas New York die für mich ursprünglich vorgesehene »Comanche« mit dem 180-PS-Lycoming verkauft habe. Ich würde nun ihre nächste nagelneue Vorführmaschine, eine 250-pferdige »Comanche« für das Rennen bekommen. Um meine Sorge zu verstehen, muss ich kurz die Rennbedingungen erklären.
Zwischen dem 4. und dem 8. Juli sollte von 66 Besatzungen, bestehend aus 130 fliegenden Frauen, eine Strecke von 2475,75 Statute-Meilen = 2146,50 nautischen Meilen oder Knoten = rund 4000 Kilo-

metern durchflogen werden. Um auch weniger schnelle Maschinen für dieses Rennen zu interessieren, wurde jedes Flugzeug mit einer »par-speed«, also einer Handikapgeschwindigkeit, belegt. Diese wurde von der Rennleitung nach den Leistungsdaten, der Reichweite und allen erhältlichen Unterlagen für Maschinen, die nach dem 1. Januar 1948 zugelassen und reine Serienmaschinen ohne Abänderungen sein mussten, errechnet.

Die Motorenstärken hatten sich zwischen 85 bis 350 PS zu bewegen, gleichgültig, ob es sich um ein- oder mehrmotorige Flugzeuge handelte. Zumindest ein Mitglied der Besatzung – möglichst aber der Pilot und Kopilot – musste im Besitz der Funksprecherlaubnis sein. Da die »Comanche« 180 eine »par-speed« von 132 Knoten und die »Comanche« 250 eine solche von 152 Knoten hatte – ohne entsprechend schneller zu sein –, versteht man nun sicher meine mangelnde Begeisterung über diesen Tausch.

In diesem Jahr sollte die Strecke des Rennens von Lawrence/Mass. nach Spokane im Staate Washington führen – vom Osten der USA nach dem Westen. Es war also mit Gegenwind auf der ganzen Route zu rechnen.

Auf der Strecke gab es drei »must stops« und außer dem Start- und Zielflughafen sieben »vorgesehene Flugplätze«. Nur die jeweils auf diesen Flughäfen abgestempelte Zeit war maßgebend für die Berechnung.

Das heißt also praktisch, dass jeder Zeitverlust durch Verfranzen, Umfliegen von Schlechtwetterzonen und Notlandungen auf anderen Plätzen in die Flugzeit hineinrechnete.

Es durfte nur nach Sichtflugregeln und unter Beachtung der jeweils örtlichen Start- und Landeregeln geflogen werden sowie nach den Bestimmungen der NAA (National Aeronautic Association). Die Maschinen hatten vier Tage vor dem Start und drei Tage nach Ende des Rennens im geschlossenen Flugzeugpark bereitzustehen. Von Beamten der NAA wurde genau untersucht, ob an Motor oder Zelle irgendwelche Änderungen vorgenommen worden waren.

Zu meiner amerikanischen Kopilotin Claire Walters – denn das Fliegen des Wettbewerbs mit einer deutschen Begleiterin wäre wegen der beachtlichen Sprachschwierigkeiten und wesentlich höheren Kosten unsinnig gewesen – kam ich wieder auf dem Umweg über Nancy Bird in Australien und das AWTAR-Komitee. Claire, die seit einigen Jahren Fluglehrerin in Santa Monica (Kalifornien) war (inzwischen hat sie dort seit Jahren eine eigene Flugakademie), wollte eigentlich vor dem Rennen nach Europa kommen und bei dieser Gelegenheit alle Einzelheiten unserer vorgesehenen gemeinsamen Teilnahme mit mir besprechen. Sie musste diese Reise aber verschieben und wir trafen uns erst in Amerika. Claire hat dieses Rennen fünfmal mitgeflogen und sogar einmal gewonnen.

Unsere Einteilung war so, dass sie den gesamten Funksprechverkehr machte und mir die sich jeweils durch den Wind ergebenden Ab- und Anflugvorschriften auf den verschiedenen Flugplätzen erklärte, was gar nicht immer einfach war, denn meistens musste das sehr schnell gehen – und man versteht nie so schlecht Englisch wie in so einem Wettbewerb, wo es in höchster Eile bei Motorengeräusch genau auf jedes Wort ankommt. Ich hatte die Fliegerei und die Navigation übernommen. Wahrscheinlich hätte Claire manches besser gemacht – besonders auf den ersten Etappen. Sie saß sicher nicht auf dem ihr tatsächlich zukommenden Platz, aber sie war von vornherein mit der Tatsache einverstanden, dass ich die »Piper-Comanche« flog, und damit war diese Frage also geklärt.

Es ist recht schwierig, die zahlreichen wesentlichen Dinge über dieses Rennen in ein paar Spalten zu pressen. Jedenfalls das, was ich in diesen Wochen erlebte, war ein kleines Wunder an Disziplin, Charme und Schick – und an weiblichem Fliegen, wie ich es noch nie erfahren hatte und wie es wohl nirgend anderswo als in »God's own country« in diesem Ausmaß zu finden ist.

Von 66 gemeldeten Maschinen starteten 63 auf die Minute pünktlich in Abständen von 20 Sekunden in Lawrence. Merkwürdigerweise gingen nur fünf Fabrikate unter den meist elegant manikürten Frauenhänden auf die transkontinentale Reise. In der Hauptsache »Piper«- und »Cessna«-Maschinen, dann eine Anzahl von »Bonanzas«, zwei »Moony-Marks« und eine »Bellanca-Cruisemaster«.

Die Geografie unter uns war so, dass man bald nach dem Start begriff, warum die Rennleitung die Mitnahme von einer Signalpistole, einem Wasser- und Notproviant empfohlen hatte. – Dieses Amerika ist so gewaltig und unendlich, dass man von der Wüste bis zu den Gletschern auf einem solchen Flug alles einmal unter seinen Flächen findet.

Claire hatte mir vor dem Start einige »Rennlandungen« gezeigt, für Plätze, auf denen ich »lang« hineinlanden musste: Fahrgestell mit schreiender Signalhupe und Landeklappen bis kurz vor dem Aufsetzen drinnen (alles das, was man in der Regel nicht tun soll!), dann so schnell zu der Zeituhr gerollt, wie es eben zu verantworten war, rechtzeitig den Motor mit dem Gemischregler »sterben« lassen – um bestimmt mit stehendem Propeller und quietschenden Bremsen vor der Ziellinie und der Kontrolluhr der Kopilotin die beste Gelegenheit zu einem letzten Spurt zu geben. Von dem Moment an, wenn der Stempel im Renn-Bordbuch war, herrschte eine gewisse Beschaulichkeit, bis ich die Maschine zum Wiederstart vor die Ziellinie gerollt hatte. Dann begann dasselbe in umgekehrter Reihenfolge. Ich hatte die Zündung schon eingeschaltet, eingespritzt oder auch nicht, die Handbremse in der Hand, einen Finger auf dem Startknopf.

Claire stand vor der Zeituhr – ein fragendes Nicken – dann das Buch gestempelt, sie rennt zur Maschine, klettert in ihren Sitz – »let's go«! – Kabinentür zugeknallt, »Motor läuft« (er ist bei den vielen Starts, bei denen es jedes Mal »darauf ankam«, immer sofort angesprungen!), wie die Feuerwehr gerollt bis zu der Startbahn und in die Luft – airborne!

Das sieht jetzt so aus, als ob das Ganze nur eine Hetzerei und eine reine Geschwindigkeitsfliegerei im Verhältnis zum Handikap gewesen sei. In der Praxis war es aber viel mehr.

Wer die Nerven hatte, trotz des teilweise sehr schlechten Wetters (es gab Maschinen, deren Flächen zeitweise stark vereist waren, fast aufliegende Wolken und Unwetter) während der Renntage nur bei dem geringsten Gegenwind zu fliegen, wer den Benzinverbrauch seiner Maschine genau kannte und sich präzise errechnet hatte, ob es günstiger war, eine Teilstrecke langsam zu fliegen, um dadurch einen Flugplatz auslassen zu können – das waren alles Dinge, die über Sieg und Platz in diesem Puderquasten-Rennen entscheiden konnten.

Siegerin wurde Aileen Saunders mit Jerelyn Cassel auf »Cessna 172«, Zweite Juanita Newell mit Jimmye Lou Shelton auf »Piper Comanche 180« und Dritte die reizende neunzehnjährige Medizinstudentin, frühere Austauschschülerin in Berlin, Margo Callaway mit ihrer siebzehnjährigen Schwester Sandra, beide von ihrer ebenfalls im Rennen mitfliegenden Mutter ausgebildet.

In diesem Jahr kam vieles anders als erwartet. Keine der Favoritinnen und Siegerinnen der vergangenen Jahre war unter den ersten fünf. Und es hat bisher wohl kaum ein AWTAR mit so vielen Überraschungen gegeben wie das des Jahres 1959.

Von 63 gestarteten Maschinen beendeten 48 in Wertung das Rennen. Fünfzehn Flugzeuge wurden disqualifiziert, ein Teil davon, weil sie gegen die Flugsicherheitsbestimmungen verstoßen hatten oder auf einem Flugplatz ohne Zeituhr gelandet waren.

Unsere älteste Teilnehmerin war über siebzig, die jüngste siebzehn Jahre alt.

Die Organisation dieses Rennens war das Erstaunlichste, was ich bisher erlebt habe. Man könnte sie nahezu vollendet nennen. Es gab kein böses Wort, keine negative Kritik und keinen Protest. Die fliegenden Mädchen – die weitaus meisten waren verheiratet und haben mehrere Kinder – sahen fast alle zum Anbeißen hübsch aus und flogen – wenigstens die Mehrzahl – so, dass ich ihnen voller Überzeugung gesagt habe, sie würden bei den meisten der europäischen Wettbewerbe gute Siegerchancen haben. Man darf dabei allerdings nicht vergessen, dass ein Teil dieser amerikanischen Pilotinnen WASPs (Angehörige des weiblichen Militärflieger-Corps) waren, also während des Krieges eine sehr teure Ausbildung bekommen hatten und seitdem vollberuflich fliegen. Es waren Fliegerinnen mit 11 000, 9000, 7000 Flugstunden dabei. Die zahlreichen gesellschaftlichen Veranstaltungen hatten ein sehr hohes Niveau und die offiziellen Vertreter der jeweiligen Staaten und Städte brachten den »99ern« und den Pilotinnen ihre besondere Anerkennung zum Ausdruck.

Nun muss ich wohl auch über mein Abschneiden berichten, nachdem es aus der obigen Siegerliste schon klar geworden ist, dass ich diesmal keineswegs dazugehört habe.
Meine »Comanche 250« zu fliegen war ein Gedicht – ich habe jede Minute als ein großes Glück genossen –, aber mit ihrem Handikap von 152 Knoten sah es von vornherein nicht so aus, als ob ich Anwartschaft auf irgendeinen Blumentopf haben würde. Trotzdem man allerlei – während der ersten Etappen des Rennens besonders – hätte besser machen können – was Claire sicher auch gemacht hätte, wenn sie am Steuer gesessen hätte –, zu einem Sieg würde es niemals gelangt haben. Dafür wurde aber unsere Halbschwester, die »Comanche 180«, zweite Siegerin, wie es damals auch die Rennexperten von Jonas-Piper vorausberechnet hatten. Dazu kam, dass wir über den Rocky Mountains auf der letzten Etappe trotz eines guten Wetterberichts in schwere Unwetter kamen, sodass ich umkehren musste, um nicht unser Leben und die 50000-Dollar-Maschine in Gefahr zu bringen. Nach dem Verlust von einer Stunde und elf Minuten war es sowieso mit jeder guten Platzierung aus. So beendeten wir das Rennen auf dem 34. Platz.
Begeistert war ich nicht, denn während der ersten Etappen hatte eigentlich »alles gestimmt« und auch Claire war der Ansicht gewesen, dass wir vielleicht ein paar der recht beachtlich dotierten »leg-prices«, der Etappenpreise, unterwegs gewonnen hätten. Nichts. Der einzige Preis, den wir bekamen, war der in Lawrence verteilte für das Flugzeug, welches zuerst am Startort eingetroffen war. Die große Belohnung kam aber doch noch am Schluss: Neben den beiden Siegerinnen wurde ich vom Kommandeur der »Washington Airguard«, Colonel Frost, auf dem Militärflugplatz Geigerfield-Spokane zu einem ausgedehnten Düsenflug auf einer »T 33« mit Sturz- und Kunstflügen eingeladen, ich durfte selbst lange genug steuern, um zu begreifen, wie ganz anders diese Düsenfliegerei ist, als man sie sich vorstellt mit ihrer Geräuschlosigkeit und den fast überempfindlichen Steuerdrücken.

Aber noch einmal zurück zum »Powderpuff-Derby«, wie es zwar über den ganzen Kontinent liebevoll genannt wird, ein Name, den die beiden Direktorinnen des Komitees, Betty Gillies und Barbara London, deren Verdienste um dieses Rennen gar nicht in wenigen Worten auszudrücken sind, nicht so besonders schätzen, weil er der Größe und der Bedeutung des Unternehmens wirklich nicht mehr gerecht wird. Doch er ist nun einmal da und wird bleiben – es liegt so viel Liebe und Zärtlichkeit für die hundertdreißig fliegenden Frauen darin. Ich muss noch sagen, dass die zahlreichen Ehemänner, die ihre rennenden Frauen unterwegs und am Ziel begrüßten, alles andere als eine dumme Figur machten.

George E. Haddaway, Präsident der National Pilots Association, sagte in seinem Grußwort an die »99er« (Ninety-Niner), die weltberühmte internationale Pilotinnen-Organisation, die Veranstalterin und Trägerin dieses einzigartigen Rennens ist: »Das AWTAR ist der bedeutendste nationale fliegerische Wettbewerb, den es heutzutage gibt.«

Selten habe ich in kurzer Zeit so viel über fliegerische Dinge dazugelernt wie in den paar Wochen in den USA – besonders aber Disziplin und nochmals Disziplin.

Ein paar Worte möchte ich noch über die Einstellung zur Reklame in der amerikanischen Fliegerei sagen. Sie ist grundsätzlich anders als hier. Bei uns wird immer noch alles, was mit irgendeiner Beschriftung auf dem Flugzeug zu tun hat, etwas über die Schulter angesehen. In Amerika wird vonseiten des Komitees – und dessen Mitglieder sind zum Teil Besitzerinnen zweimotoriger Privatmaschinen – alles getan, um die »Sponsoren«, die Förderer, für die Publicity-Möglichkeiten der Sportfliegerei zu interessieren. Der Sponsor wird mit seinen Pilotinnen fotografiert und im offiziellen Programm abgedruckt, bei jeder Gelegenheit wird sein Name genannt und die Fernseh- und Radiogesellschaften tun es ebenfalls. Ohne die Sponsoren hätten die Organisatorinnen nicht ein Drittel der Teilnehmerinnen zusammenbekommen. Und aus dem in den USA schnell erkannten Reklamewert dieser schneidigen und zum Teil bildhübschen Frauen ergibt sich die Tatsache, dass dieses größte fliegerische

Ereignis allein von der amerikanischen Weiblichkeit durchgeführt wird.
Von dieser gesunden Einstellung zur Reklame kann man allerhand lernen. Überhaupt, das Thema »Lernen« wurde für mich auf diesem Amerikaflug großgeschrieben.
Respekt vor den 99ern und allen denen, die uns durch ihre Organisation und Gastfreundschaft dieses Rennen ermöglichten. Es war ein kleines Wunder, dass bei den schlechten Wetterbedingungen und den vielen Außenlandungen nichts – nicht einmal ein Bruch – passierte.
In dieser unpathetischen, typisch amerikanischen Art fasste Betty Gillies alles das am Schlusstag des Rennens, als ich ihr zu ihrem Erfolg gratulierte, nachdem die letzte Maschine heil gelandet war, in ein paar Worten zusammen: »You know, Elly – if these girls wouldn't be so sensible, I could never run this race.«
Und damit hat sie vollkommen recht. Nur durch die tadellose Disziplin dieser einhundertdreißig Frauen, von denen viele darauf verzichtet haben, unter erhöhtem Risiko um ihre Platzierung im Rennen zu kämpfen, hat dieses großartige Rennen zum 13. Male erfolgreich stattgefunden.
Freundschaften und Besuche hin und her waren die Folge meiner Teilnahme. Eine ganze Gruppe von Ninety-Ninerinnen besuchte uns im Jahre 1962.
Später nahmen andere deutsche Fliegerinnen erfolgreich am Powderpuff-Derby teil, allein zweimal Mutz Trense, die Präsidentin der »Vereinigung deutscher Pilotinnen« mit Brigitte Hoeck – also eine rein deutsche Besatzung. Im Jahre 1966 flog Uta Kienle das Rennen als Kopilotin mit. Auch gab es nun amerikanische Pilotinnen bei unseren europäischen Wettbewerben.
Im September 1974 gründeten wir dann die deutsche Sektion der »Ninety Nines«. Ich wurde ihr erster »governor«.
Wie schön, dass die internationale Friedensmission der Sportfliegerei auch heute noch im Zeitalter der Mondlandungen funktioniert!

»Taifun« über Andalusien

Da war ein internationales Fliegertreffen in Venedig.
Wenn ich mich recht erinnere, war es im Herbst 1935 – auf alle Fälle nach meinem Eintagesflug nach Asien und zurück: »Fräulein Beinhorn« war ich damals auch noch – und das war ich nur bis Juli 1936.
In den Monaten vorher ließ Bernd mich nicht mehr allein so weit »von der Leine«. Wenn ich auch vor unserer Heirat, trotz all seiner Bitten, auf kein Rennen mitging, so musste ich doch immer telefonisch für ihn erreichbar sein.
Bei dieser Rallye bekam ich vorübergehend eine wertvolle Last – Willy Messerschmitt, den Konstrukteur meiner heiß geliebten »Taifun« und meiner früheren Kunstflugmaschine »M-23b«. Inzwischen hatte Dipl.-Ing. M-tt, wie ihn seine wenigen engen Freunde nannten, den später Fluggeschichte machenden Jagdeinsitzer »Me 109« geschaffen – also war er ein Mann von überragender Bedeutung. Ich bewunderte ihn sehr und war stolz darauf, dass er sich zu mir in die Maschine setzte.
Am linken Handgelenk trug ich ein goldenes Armband, dessen Mittelteil ein aus kleinen Brillanten zusammengesetztes Messerschmitt-Abzeichen auf einer Lapislazuliplatte trug.
Das war nur eines von vielen wertvollen Geschenken, die ich nach diesem auch international viel Aufsehen machenden Flug bekam. Er war damals der erste seiner Art, der von einem Mädchen allein durchgeführt wurde.
Das Besondere an diesem Armband war, dass der Konstrukteur meines Flugzeuges das Schloss selbst entworfen hatte. Es war genau nach seiner Zeichnung angefertigt worden, übrigens nach dem Prinzip der Fischreuse.

»Meine Schwester hat sich immer beklagt, dass ihre Armbänder stets aufgehen oder sich durchreiben«, erklärte der Forscher, als er es mir, leicht verlegen, übergab. Auf der Rückseite der Lapisplatte war eine persönliche Widmung eingraviert. Dieses Armband ist heute noch eines meiner liebsten Erinnerungsstücke, obwohl ich damals ungleich wertvollere Gaben bekam.

Der Flugplatz auf dem Lido war seinerzeit viel kleiner als heute. Man musste sehr präzise hineinlanden, besonders in einer bestimmten Windrichtung, um mit der kurzen Landebahn auszukommen. Außerdem stand beim Anschweben ein dicker Kontrollturm auf diesem schmalen Handtuch im Wege.

Willy Messerschmitt hatte sich neben mir auf dem rechten Platz angeschnallt. Wir lachten uns freundlich an und ich startete zu einem kleinen Vorführungsprogramm. So hundertprozentig wohl schien sich mein prominenter Passagier neben mir nicht zu fühlen – besonders beim Langsamflug, bei dem ich mit knapp 100 Stundenkilometern zwei Achter flog, die wohlgelungen waren. Nach einiger Zeit setzte ich zur Landung an.

Mir machte der kleine Platz nichts aus.

Mit Slippen und danach mit meinen Landeklappen und den Vorflügeln wäre ich mit einer viel kürzeren Piste auch ausgekommen. Außerdem war ich mit meinem Flugzeug so vertraut, dass ich bis ziemlich nah an die Grenze des Abreißens der Strömung gehen konnte. Das hatte ich in sicherer Höhe oft genug geübt.

Also kam ich mit dem üblichen Pfiff hereingeslippt – als plötzlich von rechts eine Hand sich auf meinen Arm legte und versuchte, mir an den Steuerknüppel zu greifen.

Hoppla – das ging ja nun wirklich nicht!

Ehe ich überhaupt bewusst über diesen Eingriff nachgedacht hatte, war meine linke Hand schon weg vom Gashebel, und es hatte geklatscht. Eine instinktive Reaktion – ohne nachzudenken. Ein leiser Klaps nur auf die Hand von M-tt – doch immerhin!

Ich war wieder Alleininhaberin des Steuerknüppels und setzte meine Ziellandung genau neben das Landekreuz.

Als wir zur Halle gerollt und ausgestiegen waren, sah ich meinen

Passagier leicht verlegen, aber auch etwas unwillig an und sagte: »Gar so viel Vertrauen scheinen Sie ja zu mir nicht gehabt zu haben!« Nun musste M-tt aber doch herzlich lachen.
»Ich muss mich entschuldigen, liebe Elly. Aber nachdem ich in jungen Jahren einen Absturz, bei dem ich nicht einmal selbst am Steuer saß, gerade noch überlebte, bin ich beim Slippen in Bodennähe immer etwas nervös.«
»Etwas nennen Sie das? Sie hätten uns mit Ihrer Steuerhilfe in Grund und Boden slippen können! Aber bitte verzeihen Sie mir auch den Klaps auf die Finger – ich wollte es bestimmt nicht, aber es ging so schnell!«
Wie oft haben wir später noch voll Heiterkeit darüber gesprochen! Ich bin sicherlich die einzige Person auf der Welt, die dem berühmten Professor Messerschmitt nach seinen Kinderjahren auf die Finger geklopft hat!

Niemand weiß, wie sich das Schaffen unserer großen deutschen Flugzeugkonstrukteure weiterentwickelt hätte, wenn wir nicht den Zweiten Weltkrieg verloren hätten.
Sie wurden teilweise in ausländische Gefangenschaft überführt. Alle Anlagen waren zerstört oder ins Ausland gebracht worden. Als diese Männer dann wieder frei waren, gingen sie in andere Länder oder sie entwarfen Dinge für den Alltagsbedarf, wie Kofferroller, Wohnanhänger und Ähnliches, was der Kapazität ihrer geistigen Möglichkeiten keineswegs entsprach. Doch diese Sachen erfüllten unter den gegebenen Bedingungen ihren Zweck.
Professor Messerschmitt konstruierte damals neben anderen Jedermann-Notwendigkeiten, den berühmten verglasten Motorroller mit Sitzen hintereinander, im Volksmund »Schneewittchens Sarg« genannt. Ein putziges Gefährt – aber immerhin: Zwei Menschen bewegten sich wind- und regengeschützt mit beachtlichem Tempo durch die Landschaft.
Lange nachdem das Wirtschaftswunder bei uns ausgebrochen war, begegnete man immer wieder diesem Vehiculum in einzelnen Exemplaren.

Jahre später, ab 1950 baute M-tt wieder Flugzeuge, unter anderem in Spanien.
Die spanische Regierung hatte mit ihm vertraglich ausgemacht, dass ein Teil seiner Bezüge in spanischer Valuta ausgezahlt werden sollte. Kenner des Landes rieten ihm, dafür im Süden an der damals noch wenig besiedelten Costa del Sol Grund und Boden zu erwerben. M-tt hatte sich nie für die kaufmännische Seite seiner Arbeit interessiert.
»Was soll ich mit einem Grundstück in Südspanien?«, meinte er zu seiner Frau Lilly.
Diese war nicht so abgeneigt. »Gut verkaufen kann man es sicherlich später, wenn die Zeiten wieder normal geworden sind.«
Es wurde nicht verkauft.
Ein wunderschöner Besitz entstand südlich von Malaga, wo die Messerschmitts bald einen großen Teil des Jahres verbrachten.

Inzwischen war ich aufs Neue »teilflügge« geworden.
Die seit Jahren wieder aufgebauten Messerschmitt-Werke hatten eine »Taifun« angekauft, die den Krieg überlebte. Sie wurde von einigen Werksangehörigen teils selber geflogen oder von den Piloten für gelegentliche Eilaufträge am Himmel entlangbewegt.
Doch zwischen diesen Unternehmungen stand sie oft viele Tage in der Flugerprobung im Werk Manching, wo nun schon seit Jahren die Motoren und Turbinen wieder dröhnten.
Natürlich hatte ich sehr bald von diesem Kind meiner großen Liebe gehört. Sofort sah ich wieder lange nicht geahnte Möglichkeiten vor mir.
Wenn das nichts wäre, wenn »Elly evergreen« auf »Taifun evergreen« noch einmal dieselbe Route über alle Erdteile fünfundvierzig Jahre später allein fliegen würde?!
Doch sofort kamen mir zu diesem Wunschtraum die fälligen kritischen Überlegungen: Wen – außer ein paar Fachleuten – interessierte das heute schon noch? Wie sollte so etwas finanziert werden? – und, und, und … was es alles an nicht zu beantwortenden Fragen gab.

Nein, das hatte ich mir aus dem Kopf zu schlagen. Zuerst einmal musste ich wesentlich kleinere Brötchen backen. Dabei kamen mir die Messerschmitt-Männer weitgehend entgegen. Immerhin hatte ich der »Taifun« ihren Namen gegeben. Und meine letzte eigene Maschine war, als sie, meine heiß geliebte »Indien-Taifun«, 1940 in den Krieg ziehen musste, an die Firma Bayerische Flugzeugwerke zurückgegeben worden und ich hatte dazu geschrieben, ich hoffe, sie nach Beendigung des Krieges neu erstanden wiederzubekommen.

Nun – dieser Traum war wohl endgültig ausgeträumt, aber so ein ganz bescheidener moralischer Anspruch war schließlich doch da. Und nach einiger Zeit ergab sich so etwas wie eine Miniatur-Revanche.

Ende Oktober 1965 traf sich die große internationale Messerschmitt-Familie in Augsburg, um einen Gedenkstein für die tödlich verunglückten Piloten zu enthüllen.

Der Professor mit seiner Frau Lilly war selbstverständlich auch dabei. Er hatte schon von meinem Wunsch gehört, mit der »Taifun« einmal wieder einen etwas größeren Flug zu unternehmen. »Wissen Sie was, Frau Elly«, schlug er vor, »Sie machen als kleinen Test einen Besuch bei uns in Andalusien, sobald die Wintermonate vorüber sind.« Frau Lilly schloss sich dem Vorschlag ihres Mannes an.

»Seien Sie vorsichtig«, mahnte ich, »ich komme nur allzu gern!«

Es war mir sogar ganz lieb, mit dieser Urenkelin meiner Maschine nach beinahe dreißig Jahren zuerst einmal einen Versuch ins Unreine unter einer Messerschmitt-Organisationskette zu machen, die von Augsburg bis Sevilla reichte. Im Bordbuch dieser »D-EFFI« stand immerhin »Baujahr unbekannt«. Natürlich hatte ich volles Vertrauen zu dem im Werk grundüberholten Flugzeug. Die Flug- und Landeeigenschaften waren so gut, dass man es bei einer Notlandung fast überall passabel hinsetzen konnte. Auch der Gedanke an Ersatzteile in nicht zu weiter Ferne war in jedem Fall beruhigend.

Eines Tages im April stand die »EFFI« rank und rassig wie eh und je auf dem Freiburger Platz, verlangend von meinen dortigen Kameraden betrachtet.

Herr Krauthann, mit dem ich ein paar Wiedereinführungsflüge gemacht hatte, übergab mir alle Bordpapiere.
Ich flog ihn dann zurück nach Manching. Wir machten eine Zwischenlandung in Memmingen, wo mein Sohn gerade seinen Militärdienst als Stabsarzt ableistete.

Der Flug an die Sonnenküste war ereignisreicher, als ich ihn mir vorgestellt hatte.
Vom rein Fliegerischen her war das Wiedersehen mit »Miss Evergreen« ohne jede Enttäuschung – es war ein solcher Genuss, diese schnelle Sportmaschine mit ihrem 250-PS-Motor mit dem kleinen Finger zu fliegen. Ich hatte damals recht gehabt: die »Taifun« war bei ihrer Geburt ihrer Zeit um Jahrzehnte voraus.
Man hatte mir dreieinhalb Stunden Aktionsradius zugesichert.
Also ließ ich mich mit einer ausreichend großen Sicherheitsreserve nach Perpignan abfertigen.
Auf der Höhe von Lyon begann der von der Wetterwarte vorausgesagte Regen. Die Sicht wurde zusehends schlechter, je mehr ich mich der Mittelmeerküste näherte. Aus Sicherheitsgründen beschloss ich, schon in Montpellier zu landen. Dort tankte ich und ließ mir den ganz brauchbaren Wetterbericht geben.
Eine Viertelstunde nach dem Wiederstart gratulierte ich mir zu dieser Vorsichtsmaßnahme, nicht zu nahe an die Grenze der Flugzeit gegangen zu sein – denn es wurde schauerlich. Die Wolken lagen praktisch auf, dazu fiel dichter Regen. Streckenweise musste ich jeden Bogen der Küste ausfliegen, um überhaupt noch eine Andeutung von Horizont zu behalten. Einmal schoss mir der Gedanke durch den Kopf, wie wohl ein Anfänger nach einem solchen Wetterbericht ohne Vorwarnung mit diesen Verhältnissen klargekommen wäre?
Ich war doch recht erleichtert, als das Wetter nördlich von Barcelona besser wurde und ich bald darauf elegant auf die Landebahn einschwebte, zu der mich der Tower dirigiert hatte.
Am nächsten Morgen vor dem Weiterstart traf ich Jim Clark, den Grand-Prix-Weltmeister von 1965, mit seiner Privatmaschine. Er

war liebenswürdig überrascht, als er die Witwe des Europameisters 1936 hier allein am Steuer eines Sportflugzeuges traf. Wir unterhielten uns eine Weile und ich ahnte nicht, dass auch er bald ein Opfer des Rennsportes werden würde.
Nach dem gestrigen Regen startete ich nun in einen strahlenden Frühlingsmorgen hinein. Beim Tower hatte ich mich direkt nach Malaga abgemeldet und hatte mir ausgerechnet, dass ich wohl gegen Frühnachmittag an meinem vorläufigen Ziel sein würde.
Dem vorläufigen – denn ganz in der Nähe lag Afrika. Und wer sollte mich daran hindern, nach dem geplanten Besuch einen Sprung hinüber in den geliebten Schwarzen Erdteil zu machen?
In diese verheißungsvolle Überlegung hinein machte es plötzlich »knacks«! Ich hatte eben an der Kurbel gedreht, mit der die Verstellung der Propellerblätter reguliert wird.
O je! – wie viele solcher Knackse hatte ich in den Jahrzehnten meiner Fliegerei erlebt – hörte denn das niemals auf?
Irgendwie war die Verbindung vom Verstellpropeller zu der Handkurbel unterbrochen und die Luftschraube blieb auf Startstellung. Wieder einmal bedauerte ich, nur über bescheidene technische Kenntnisse zu verfügen. Mein Gefühl sagte mir, dass dieser Zustand über eine Strecke von beinahe 800 Kilometern bestimmt nicht vorteilhaft für meinen Motor sein könnte. Auch wusste ich nicht, wie das den Kraftstoffverbrauch und die Motortemperatur beeinflussen würde.
Also hinunter! Wie in alten Zeiten.
Aus war es mit der geplanten pünktlichen Ankunft. Ob ich den Professor noch rechtzeitig erreichen konnte, ehe er nach Malaga abfuhr? In keinem Fall wollte ich nach Barcelona zurück, wo Freunde im letzten Sommer eine grässlich teure, langwierige Reparatur gehabt hatten.
Ich versuchte über Funk Tarragona zu bekommen, fand aber die Frequenz in meiner Liste nicht, da dieser Platz vorwiegend Militärflughafen ist. Immer wieder hatte ich Barcelona in meinem Lautsprecher. Doch ich flog fröhlich weiter und landete bald darauf auf dem recht verlassenen Gelände von Reus-Tarragona.

Der Platz war auch für Zivilmaschinen zugelassen, stand aber unter Reus in meinem Verzeichnis und nicht unter Tarragona. Doch es gab eine freundliche Aufnahme und spontane Hilfsbereitschaft.
Mir wurde ganz schlecht, als erst einmal Dutzende und Dutzende von Schrauben losgemacht werden mussten, um die Motorhaube zu entfernen. Meine Helfer hatten auch noch nie mit so etwas wie einem Verstellpropeller zu tun gehabt. Außerdem sprach ich nicht Spanisch, und sie nicht Deutsch. Es war wieder einmal genauso wie in alten Zeiten. Ein Französisch sprechender Offizier wurde schließlich geholt und beendete unser Herumgefuchtel mit den Händen. Sieben lange Stunden wurde ich auf die Folter gespannt.
Inzwischen versuchte ich die Messerschmitts telefonisch zu erreichen. Damals, 1966, waren die Fernverbindungen innerhalb von Spanien noch sehr schlecht. Nach unendlicher Mühe konnte ich endlich brüllend mitteilen, dass ich heute sicherlich nicht mehr kommen würde.
Nun entspannte ich mich und begann das außerplanmäßige Abenteuer zu genießen.
»Je suis invitée de visiter le Professeur Messerschmitt«, erklärte ich meinem Offiziersdolmetscher.
Der sah mich mit verdoppeltem Respekt an und gab meine Mitteilung an die Mechaniker weiter. Offensichtlich machte das auch den Männern tiefen Eindruck. Der Name M-tt schien ein wertvoller Schutzbrief zu sein.
Ich hatte Glück. Wieder einmal.
Die Männer fanden den Fehler. Ein winzig kleiner Splint war gebrochen, der eine Verbindung zwischen Propeller und der Welle, die zu der Handkurbel führte, sicherte. Triumphierend zeigten sie mir den durchgerosteten Bösewicht.
Dann ging alles sehr schnell. Die zahlreichen Schrauben wurden wieder angezogen. Nach einem ausgedehnten Probeflug über dem Platz mit mehrmaligem Verstellen des nun wieder gehorsamen Propellers ging es weiter auf die schnelle luftige Reise.
Als Sportflieger ist man niemals so dankbar und glücklich, wieder in

der Luft zu sein, wie wenn man außerplanmäßig am Boden hocken musste, sei es durch eine Panne oder wegen schlechten Wetters. Natürlich reichte es nicht mehr bis Malaga. Nach einer Nacht in Alicante flog ich am nächsten Morgen über die 3500 Meter hohe schneebedeckte Sierra Nevada an Andalusiens Goldküste entlang – ein Flug von erhabener, ungetrübter Schönheit. Voll Dankbarkeit genoss ich jede Minute.

In Malaga exerzierte ich dann meine schönste Schokoladenlandung in der Hoffnung, dass M-tt diese Niederkunft seines Flugzeugbabys sehen würde.
Vergebens!
Ich war wieder einmal wie so oft eine halbe Stunde vor meiner angegebenen Ankunftszeit gelandet und der Professor kam erst, als ich die »D-EFFI« schon verankert und mit ihrer Nachthaube versehen hatte. Während der Wartezeit hatte ich mehrmals erlebt, wie die Mitteilung, dass der Konstrukteur der »Me-109« mich zu einem Besuch in seinem Haus abholen würde, mit sichtlicher Bewunderung quittiert wurde. Die tat mir als Deutsche äußerst wohl, wie man sich gut vorstellen kann.
Es folgten unvergessliche Tage in dem wundervollen weißen Besitz an der Küste des blauen Mittelmeeres.
Gleich am ersten Abend gab es eine Überraschung für mich, Messerschmitts hatten Gäste eingeladen. Unter ihnen die Frau des deutschen Botschafters in Madrid, Dr. Helmut Allardt, den ich seit Jahrzehnten kannte, und die Frau von Georg Horcher, bei dessen Vater ich mit Udet und anderen Freunden in der Berliner Lutherstraße viele unvergessliche Stunden verlebt hatte – es war ein heiteres Wiedersehen.
Ich hatte Willy Messerschmitt nie vorher in der Ruhe und Gelassenheit seiner eigenen Umgebung in einem längeren Zeitraum erlebt. Seine Frau hatte einen Rahmen von erlesener Schönheit geschaffen, der in dieser großartigen, wie unbegrenzt erscheinenden Landschaft mit dem Blick auf das weite Mittelmeer wie ein erfüllter Traum wirkte.

Es gab unvergessliche Gespräche am Kamin.
M-tt konnte jederzeit aufstehen und sich an seinen Konstruktionstisch zurückziehen, wenn ihm etwas einfiel. Und es fiel ihm oft etwas ein.
Tagsüber machten wir herrliche Fahrten zu interessanten Plätzen aus der großen Geschichte Spaniens. Dabei fällt mir eine typische M-tt-Anekdote wieder ein.
Wir fuhren hinauf nach Ronda, um den sehr schönen Ort und die älteste Stierkampfarena zu besichtigen. Die Straße war damals noch meist unbefestigt und führte in zahllosen Kurven am steilen Abhang von mehreren hundert Metern entlang. Mir graute, als M-tt da fröhlich, gewissermaßen hautnah, entlangfuhr – denn ich saß auf dem Außensitz. »Bitte, M-tt – ich bin nicht lebensmüde«, mahnte ich, »das ist ja grässlich!«
»Wieso denn?«, meinte er liebenswürdig. »Da ist doch genug Platz zwischen den Rädern und der Wegkante.«
»Na – vielen Dank!« Ich schluckte tapfer, als er die nächste Kehre anfuhr.
»Wenn Sie nicht weiter innen fahren, steige ich aus und halte den nächsten Lastwagen an.«
»Da werden Sie was erleben, liebe Fliegerin. Ich bin immerhin noch zwölf Zentimeter von der Hangkante entfernt. Die Spanier kommen mit viel weniger aus.«
»Ach, lassen Sie den Unsinn …« Ich war nun wirklich ängstlich und darum unfreundlich.
Ohne ein weiteres Wort bremste der Professor, stieg aus und ging um den Wagen herum auf meine Seite. Dann zog er mit sachlicher Miene seinen Rechenschieber aus der Tasche und kniete am rechten Vorderrad nieder.
»Sie haben mir unrecht getan, Frau Elly, es sind sogar 12,7 Zentimeter, also kein Grund zur Panik. Bleiben Sie nun oder wollen Sie wirklich aussteigen?«

Diese andalusischen Tage waren wie eine Oase in dem sonst überall doch recht unruhigen Leben.

Anfang der Dreißigerjahre, als sie Bernd Rosemeyer kennenlernte.

Die berühmte Fliegerin wird überall mit Blumen begrüßt. Hier auf dem Flughafen Tempelhof, nach dem Indienflug von 1939.

Bernd Rosemeyer, der tollkühne Rennfahrer

Elly Beinhorn begleitet ihren Mann bei den Rennen.

Bernd Rosemeyer im Rennwagen auf dem Nürburgring

Ihre Liebe blieb nicht lange ein Geheimnis.

Ein berühmtes Paar: die Fliegerin und der Rennfahrer

BERND ROSEMEYER
ELLY ROSEMEYER GEB. BEINHORN

GEBEN IHRE VERMÄHLUNG BEKANNT.

BERLIN-CHARLOTTENBURG 9
KAISERDAMM 25

13. JULI 1936

Zu den Rennen in Südafrika 1936/37 flogen sie gemeinsam in der »Taifun«.

Ankunft von Bernd Rosemeyer jun., gezeichnet von Manfred Schmidt, dem Erfinder von »Nick Knatterton«

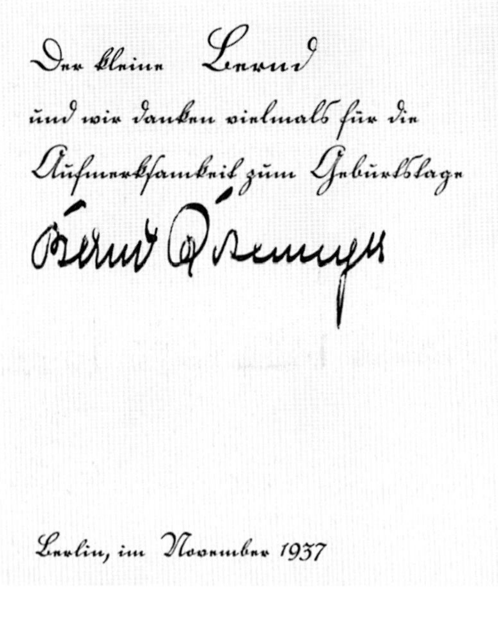

Der kleine Bernd
und wir danken vielmals für die
Aufmerksamkeit zum Geburtstage
Bernd Rosemeyer

Berlin, im November 1937

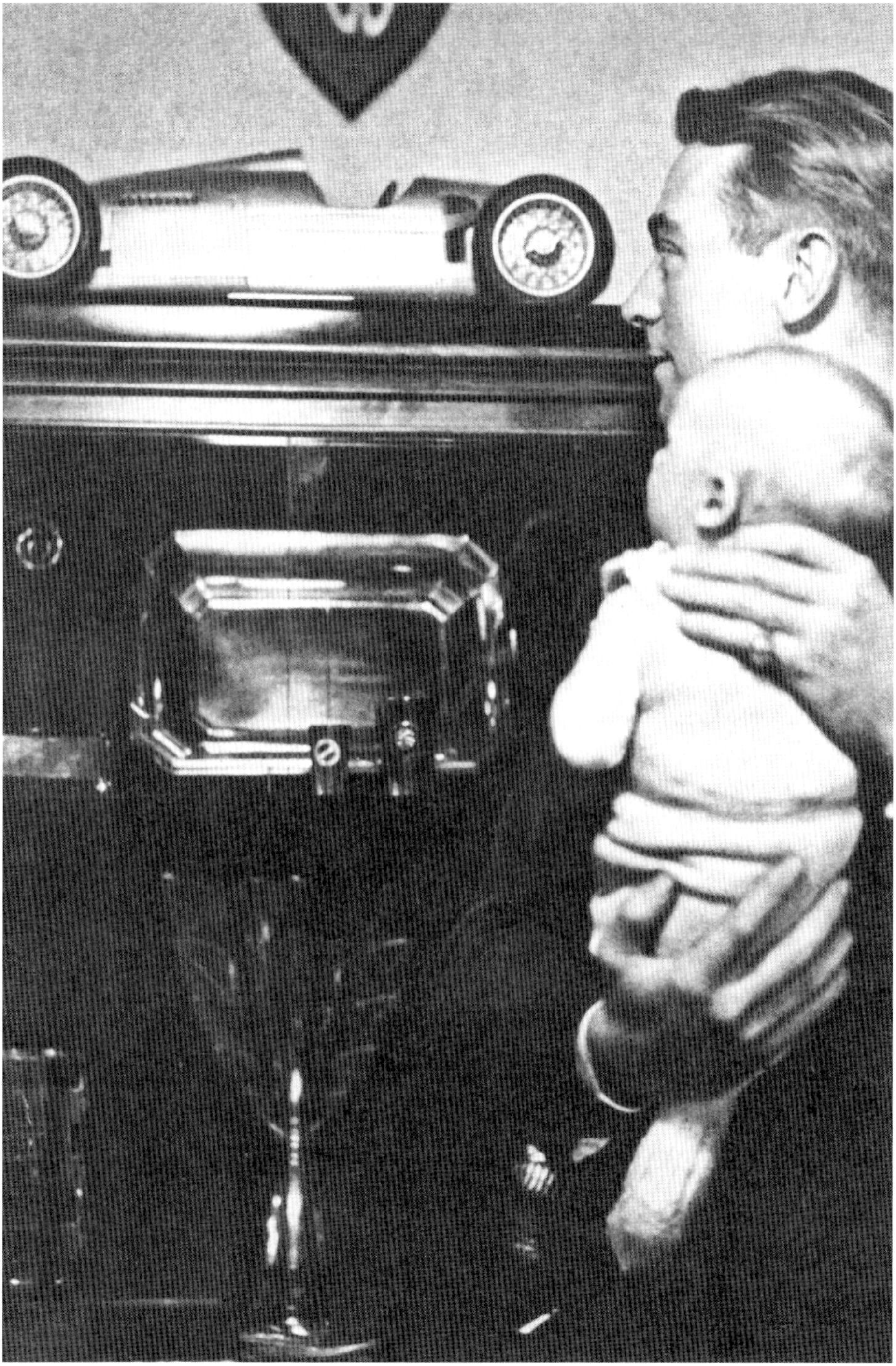

Eines der wenigen Fotos von Vater und Sohn Bernd Rosemeyer – aufgenommen drei Tage vor dem tödlichen Unfall, am 25.1.1938.

Zurück im Leben: Nach dem Zweiten Weltkrieg flog Elly Beinhorn weiter um die Welt.

Erst mit 70 gab sie den Pilotenschein zurück.

In dem großen Garten blühte ein riesiges Beet von farbigen Frühlingsblumen nach dem anderen auf. Der Haushalt lief unter der Leitung von Frau Lilly und dem freundlichen Personal in einer Perfektion, wie wir sie in den weiter nördlichen Ländern kaum noch kannten.

Morgens schwamm ich in dem recht kühlen Swimmingpool vor dem weißen Haus, das an ein maurisches Schlösschen erinnerte. Später liefen wir mit den Labradors am Strand entlang, die begeistert ihren Herrn umsprangen, der immer wieder geduldig einen Prügel zum Apportieren in das Meer warf.

Der feinnervige Wissenschaftler hatte hier ein Zuhause gefunden, das ihn für viele Enttäuschungen der Entwicklung, wie sie die Nachkriegszeit im internationalen Flugzeugbau für ihn mit sich brachte, entschädigte. Zumindest – soweit man das von außen beurteilen konnte.

Viele unserer Gespräche, die sich um weltweite Probleme drehten, werde ich nie vergessen. Manche der Prognosen des Professors sind inzwischen eingetroffen.

An klaren Abenden sahen wir auf den erleuchteten Felsen von Gibraltar. Den Plan, weiter nach Afrika zu fliegen, hatte ich vorerst aufgegeben – der gebrochene Splint hatte mich doch daran erinnert, dass die neuen Motoren in unseren Sportflugzeugen inzwischen erheblich zuverlässiger geworden waren. Aber das konnte meine Freude auf den Heimflug nicht trüben.

Von Malaga flog ich noch einmal nach Süden, um den zurückgebliebenen Bewohnern des Hauses das schöne friedliche Kind ihres Professors am Himmel vorzuführen. Ich sah sie alle vor dem Haus winken.

Nach einem angenehmen – für mich viel zu kurzen – Heimflug war ich am nächsten Mittag wieder in Freiburg. Mit dem nächsten Gedanken, meine »Miss Evergreen« oft wieder fliegen zu können, gab ich die Maschine dem Werkpiloten Baumann zurück, dessen Fliegerjacke das Abzeichen des »Starfighter«-Piloten zierte. Ob es ihm Spaß machte, zwischendurch einmal so etwas Winziges zu fliegen?

Am 30. Juli 1969 fuhr ich nach einer Reihe von glühenden Sommertagen bei einem schweren Gewitter im Auto über den Schwarzwald. Abends hörte ich, dass die »D-EFFI« in diesem Unwetter an einem Berg in der Nähe der Burg Hohenzollern zerschellt war. Der Pilot Baumann hatte den Prinzen Constantin von Bayern zu einem politischen Treffen nach München fliegen wollen.
Die schönen Tage von Andalusien waren vorüber.

Die Kinder verlassen das Haus

Der Übergang vollzog sich eigentlich unmerklich.
Meine Kinder waren nie zu fest an ein bestimmtes Zuhause gebunden gewesen.
Beide waren echte Kriegskinder, denn Bernd war noch nicht zwei Jahre alt, als der Zweite Weltkrieg begann. Und Stefanie wurde mitten in der Zeit der Luftangriffe und Rationierungen auf allen Gebieten geboren.
Das, was wir als unser Zuhause gewählt hatten – nämlich Berlin –, mussten wir bald verlassen. Unsere persönliche Völkerwanderung fand erst 1954 ein Ende, als wir unser selbst gebautes Haus in Freiburg bezogen.
Bernd und Steffi waren also daran gewöhnt, öfter ihre Umgebung zu wechseln. Doch das Persönliche an unseren jeweiligen Räumen, die ausnahmslos in schöner Umgebung lagen, kam immer mit uns. Diese Dinge, einige gute Bilder und Bücher, ein Teil unseres Silbers, unsere Wäsche – der Hauptteil fiel natürlich den Bomben zum Opfer –, waren unser eigentliches Daheim, gleich wo wir es jeweils wieder in Benutzung nahmen.
Die Kinder waren kurz im Internat in Königsfeld im Schwarzwald gewesen, als ich begann, wieder auf Vortragsreisen zu gehen. Doch sowie ich eine zuverlässige Hilfe gefunden hatte, holte ich sie schnell heim.
Stefanie ging später freiwillig nach Schloss Gaienhofen am Bodensee, um dort ihr Abitur zu machen. Als sie dann wieder nach Hause kam, um Medizin zu studieren, hatte Bernd schon sein Physikum gemacht und war je ein Semester in Innsbruck, Kiel, Berlin und München gewesen. Einige Zeit vor dem Staatsexamen landete er wieder in Freiburg, da sich bei uns im Anbau, der ursprünglich als mein

Arbeitszimmer geplant war, mit dem kleinen Schwimmbecken davor, für ihn optimale Arbeitsbedingungen anboten.
Inzwischen hatte Steffi nach zwei Semestern festgestellt, dass ihr das Medizinstudium mit anschließender obligatorischer Praktikantenzeit doch zu lange dauern würde, und war auf die Krankengymnastik »umgestiegen«.
Es war also bei uns ein ewiges Kommen und Gehen, Freunde der Kinder blieben unserem Hause, auch wenn diese fort waren, treu. Schnell waren die Semester zu Ende und ein großer Teil der Ferien wurde immer bei uns oder in Vairano verlebt. Dort, nahe an der italienischen Grenze, hatte ich Ende der Fünfzigerjahre, vierhundert Meter oberhalb des Lago Maggiore, eine Wiese mit Weinstöcken und einem hundert Jahre alten Ziegenstall gekauft.
In den Urlaubswochen waren inzwischen alle schönen Plätze Europas sehr überfüllt. Hier konnten die Kinder zuerst mit ihrem Zelt, später im langsam ausgebauten Stallo mit ihren Freunden herrliche Ferienwochen verbringen.
Ganz im Geheimen hatte ich bei diesem Erwerb auch mal an mögliche Enkelkinder gedacht – es war doch schließlich der Lauf der Welt, dass diese sich eines Tages einstellen würden!

Es waren herrliche, unruhige, doch erfüllte Jahre.
Meine Fliegerei kam wieder etwas mehr zu ihrem Recht. Ich nahm an verschiedenen Europa- und Deutschlandflügen sowie an Rallyes in Deutschland und in den Nachbarländern teil. Eine Reihe von Pokalen und Preisen verschiedener Art aus dieser Zeit stehen, neben denen mir nur zum Teil erhalten gebliebenen aus den großen Fliegerjahren vor meiner Ehe, in meinem Trophäenschrank.
Ich hatte bald herausgefunden, dass die Teilnahme an solchen Wettbewerben mit ihren verschiedensten Aufgaben mich bei einem verhältnismäßig geringen Aufwand an Flugstunden am allerbesten fliegerisch fit erhielt. Darüber hinaus machten diese fliegerischen Unternehmungen unheimlich viel Spaß. Man traf oft dieselben Freunde wieder, lernte fremde Länder unter sachkundiger Führung kennen und feierte abends fröhliche Feste.

Eines der unvergessenen Abenteuer war nach dem Europaflug 1963, als wir uns zu zehn Fliegersleuten ein großes Segelboot charterten und tagelang bei idealem Wetter durch die Ägäis kreuzten, immer außerhalb der großen Touristenpfade. Wir besuchten winzige Inseln, an denen nie ein größeres Schiff anlegte, und wir waren gerührt über die Gastfreundschaft der einfachen Inselbauern, die uns ihre letzten Früchte und Blumen schenkten. So vergingen die Jahre.
Die Kinder bestanden ihre Examen, teils sogar mit bestem Ergebnis. Beide waren seit Jahren bei meinen Freunden in Südafrika und in Australien eingeladen – aber irgendwie hatte bisher die Zeit für solche Besuche nie gereicht.
Bernd war dann der Erste, der mir nach Kapstadt und Pretoria sowie auf die Wildfarm nachfolgte. Er war diesmal genauso begeistert wie ich – nachdem keines meiner Kinder meine große Passion für die Sportfliegerei geerbt hat – und war fest entschlossen, wiederzukommen und dort unten eine Weile zu arbeiten.

Bernd war es auch, der als Erster endgültig seine Koffer packte, das Freiburger Haus verließ und auszog in sein eigenes Leben – mit seiner jungen Frau Michaela. Einige Jahre später heiratete Stefanie.
Wenn man dies alles so liest, könnte man den Eindruck haben, als hätten Idealkinder eine Idealjugend mit einer Modellmutter verlebt. Doch das kann man beim allerbesten Willen nicht sagen. Es hat genügend Tränen und Kämpfe auf beiden Seiten gegeben. Miteinander – aber auch gegeneinander.
Zu Beginn waren es Kleinigkeiten. Ich erinnere mich gut, als Steffi eines Tages in dem 7000 Seelen großen Trossingen in ihrem ersten Schuljahr heimkam und sich wütend vor mir aufbaute und forderte: »Ich will eine Mama haben, die nicht ›Tag‹ sagt und die einen (Haar-)Knoten hat und nicht ›Mami‹ heißt und die nicht Auto fährt!« Zum Glück spielte meine sogenannte Berühmtheit in den Nachkriegsjahren, die wir in dem kleinen Ort verlebten, keine wesentliche Rolle. Ich stand Schlange wie alle andern und passte mich mühelos an.
Als die ersten Freunde aus dem alten Leben erschienen – schon wie-

der einigermaßen elegant und angeregt vom Leben in der Großstadt –, gaben sie ungeniert ihrer Verwunderung Ausdruck: »Wie du das in dem Nest hier aushalten kannst! Hier möchte ich nicht fotografiert hängen!«

Damals habe ich mich auf keinerlei Diskussionen über dieses Thema eingelassen. Mir erschien es unter den gegebenen Umständen als das Beste für die Kinder und ich bin heute noch dankbar für diese zehn Jahre, in denen sie unter sehr günstigen Voraussetzungen aufwachsen konnten. Wir machten herrliche Wanderungen zu Fuß und mit unsern Rädern, konnten Tennis spielen und reiten. – Heute noch besuchen wir gern unsere alten Freunde aus der damaligen Zeit und sie kommen zu uns.

Als wir nach Freiburg zogen, sah das sofort ganz anders aus. Die Kinder hier waren zum Teil viel verwöhnter. Die großen Buben verlangten englische Tennisschläger und eine Skiausrüstung, die jeweils dem letzten Schrei entsprach.

Mit der ganzen Klasse wurde Steffi zum Geburtstag einer Schulkameradin eingeladen. Sie war damals zwölf Jahre alt. »Wir möchten alle lange Kleider anziehen!« Die Eltern des Geburtstagskindes besaßen ein international renommiertes Hotel im Schwarzwald. Die kleinen Gäste konnten Eisbecher und was ihr Herz begehrte, à la carte bestellen, die Hotelband spielte für sie in einem besonderen Raum und später durften sie im Ponywagen ihrer kleinen Gastgeberin eine Rundfahrt machen.

Hier wehte ein laueres Lüftchen als in Trossingen, wo in erster Linie das alte schwäbische Sprichwort »Spare, spare – Häusle baue« galt. Ich könnte Hunderte Episoden aus dieser Zeit erzählen – von Freuden, Kämpfen und auch Enttäuschungen. Doch ich finde, dazu habe ich nicht das Recht – es würde zu sehr in die private Sphäre meiner Kinder hineinleuchten. Jedenfalls nur so viel: Manches Mal bin ich lange in den Wäldern um Trossingen und Freiburg schluchzend umhergelaufen und habe mich gefragt, was habe ich nur so falsch gemacht, dass dies oder jenes passieren konnte!

Vielleicht wäre manches leichter gewesen, wenn ein Vater immer da gewesen wäre und mir die Schwierigkeiten mit Milde oder Härte –

was jeweils am geeignetsten war – abgenommen oder sie mit mir geteilt hätte.
Einer der beglückendsten Augenblicke meines Lebens war, als eines Tages, während einer Unterhaltung über Erziehungsfragen, meine erwachsenen, aber noch nicht verheirateten Kinder sachlich feststellten: »Im Prinzip würden wir unsere Kinder auch nicht anders erziehen, als wir erzogen worden sind.« Selten war ich so tief dankbar wie damals.

Jahre sind seither vergangen.
Meine Kinder führen ihr eigenes Leben. Sie sind selbst Vater und Mutter geworden.
So wie sich in der Säuglingspflege von den Höschenwindeln bis zur Fertignahrung vieles geändert, vereinfacht und auch verbessert hat, so sind unendlich viele neue Erkenntnisse über die Behandlung der verschiedensten Entwicklungsphasen des Kleinkindes und auch der Heranwachsenden hinzugekommen. Ich bin gespannt, wie sich das alles in unseren jungen Familien einmal auswirkt. Wird die nächste Erwachsenengeneration so bleiben, wie sie immer war? Werden die Menschen, die mit so viel weniger Tabus aufgewachsen sind als wir, toleranter und liebenswürdiger sein oder im Gegenteil aggressiver und weniger sozial anpassungsfähig?
Eines jedenfalls steht doch fest: Ohne Rücksichtnahme und eine gewisse Disziplin können wir schlecht auskommen. Der Platz um uns herum wird täglich enger im persönlichen Lebensbereich – obwohl wir uns ein Weltall erobert haben!
Abgesehen von den Millionären unter uns, müssen wir täglich mehr neue Dinge selber machen, da die gutwillig gebotenen Dienstleistungen im Alltag immer weniger werden. Und so viele einsame Inseln, wie sie heute mehr denn je gebraucht würden, gibt es einfach nicht.
Im Geiste sehe ich meine Kinder mit gerunzelten Stirnen. »Ach, Mami – nun hör schon auf mit deinen Belehrungen! Nimm den erhobenen Zeigefinger herunter. Wir machen ja doch, was wir für richtig halten! Und bisher haben wir es eigentlich gar nicht so falsch gemacht – oder?«
Bei Gott – sie haben es bisher wirklich gut gemacht!

Und doch wieder Weltflug – 1967

Jung wie ich damals 1932 war, hatte ich, als ich von meinem Flug um die Erdkugel zurückkam, entschieden erklärt: »Eine Weltreise in einem Stück wird es bei mir nie wieder geben!«
Ich war damals so erfüllt oder, präziser ausgedrückt, überfüllt von Eindrücken, dass ich sie am Ende des Fluges kaum noch bewältigen konnte. Ich freute mich für die Zukunft auf Flugreisen zu ausgesuchten Zielen, die ich vorher sorgfältig ausgewählt und mich darauf vorbereitet hatte. Eine Reihe von Jahren habe ich mich auch an diesen Vorsatz gehalten. Doch gut dreißig Jahre später musste ich wie die Schwaben sagen: »Was geht mich mein dummes Geschwätz von vorgestern an?«
Inzwischen hatte ich mehrmals mein schnelles Urteil aus jungen Jahren den später gegebenen Verhältnissen anpassen müssen – wie wohl die meisten Menschen in ihrem Leben.

Aus Australien hatte ich eine Einladung bekommen, den fünfunddreißigsten Jahrestag meiner Landung in Sydney, nach dem Alleinflug von Berlin, gleichzeitig dort mit meinem sechzigsten Geburtstag zu verbringen.
Meine australische Fliegerfreundin Nancy Bird-Walton hatte weitgehend die Voraussetzungen zu dieser Unternehmung geschaffen. Nach den üblichen hektischen Tagen der letzten Vorbereitungen stieg ich am 20. Mai 1967 abends in Frankfurt keineswegs in ein kleines Sportflugzeug, sondern in die 1. Klasse einer Boeing 707 von QANTAS, der australischen internationalen Luftlinie. In sechsunddreißigstündigem Flug rauschten unter mir die Länder vorbei, die ich mir damals mit Notlandungen, Stürmen, Monsungewittern und allerlei Härten erkämpfen musste – Kairo, Bahrain, Delhi, Bangkok,

Singapur waren unsere Landeplätze. Es erschien mir wie ein Wunder. Während meine Mitpassagiere dies mit lässiger Routine als die ihnen zustehende Leistung für ihr bezahltes Ticket hinnahmen, wirbelten die Gedanken hinter meinen geschlossenen Augen. Nur fünfunddreißig Jahre war es her, dass ich hier mit meinem offenen Holzflugzeug auf einsamer Graspiste landete, von den Menschen, meist farbigen Eingeborenen, angestaunt wie ein Wundertier. Heute räkelte ich mich in den bequemen Polstern der Luxusklasse, bekam Kaviar, Sekt und viele andere Herrlichkeiten angeboten, durfte zu der Crew ins Cockpit gehen und schlief auch ein paar Stunden auf zwei Plätzen mit zurückgeklappter Armlehne ganz passabel.
War da gerade tief unter uns Akyab vorbeigezogen?
Ich erinnerte mich genau an damals. Wegen starken Gegenwinds hatte der Flug viel länger als vorgesehen gedauert. Zum Start in Kalkutta waren so viele Bekannte und Freunde in grauer Morgenfrühe herausgekommen, um mich zu verabschieden, dass ich vor lauter Händeschütteln gar nicht die Zeit gefunden hatte, noch schnell zu verschwinden. Doch nun wurde es höchste Zeit. Sicher würde es in Akyab so etwas wie ein stilles Örtchen geben.
Die folgende Enttäuschung werde ich nie vergessen – und jetzt fiel sie mir genauso brennend wie damals wieder ein: Menschen, mehr als ich erwartet hatte, kein Gebäude, keine schützende Vegetation – und damals war man als Mädchen in solchen Dingen noch sehr empfindlich. Nun, es blieb mir keine Wahl. Ich ging rückwärts in den Busch und hob meine Hände abwehrend den mir folgenden Flugenthusiasten entgegen, die wohl endlich kapierten, dass ich dringend eine Minute des Alleinseins benötigte. An die sicherlich vorhandenen Schlangen konnte ich gar nicht denken. Und so gab es auf der ganzen Strecke Erinnerungen – Erinnerungen! In Bangkok an den Empfang beim siamesischen Königspaar, in Singapur an den herzzerreißenden Abschied vom »Fliegenden Teppich« mit meinen so lieb gewonnenen Daddies Moye Stephens und Dick Halliburton und an meine einsame Äquatortaufe auf dem Flug nach Java.
Und nun war ich in 36 Stunden am Ziel – genau an der gegenüberliegenden Seite der Erdkugel –, und das ohne die geringste Anstren-

gung. Für mich bedeutete das ein viel größeres Wunder als damals mein Alleinflug. Der war ja schließlich über Monate mit seinen Vorbereitungen und Probeflügen, Rennereien um die Presseverträge sinnvoll bis zum Start gewachsen. Jetzt war ich gewissermaßen an mein Ziel katapultiert worden, ohne Anstrengung – ohne Zeitverlust.

Nach der Landung auf dem Kingsford-Smith-Airport umarmten Nancy und ich einander. Hier hatte sie vor fünfunddreißig Jahren bei meiner Landung den entscheidenden Impuls, selbst fliegen zu lernen, bekommen – so wie ich beim Vortrag von Hermann Köhl in Hannover.

Auf uns starrten die unbarmherzigen Augen von sechs Fernsehkameras. Meine Güte – wie würde ich aussehen nach zwei Nächten und einem Tag mit den paar Stunden Schlaf?

»Welcome to ›down under‹! Sie werden staunen, wie wir uns herausgemacht haben, seit Sie zuletzt hier waren!« Mir wirbelte etwas der Kopf. Da waren so viele Bekannte von damals, an die ich mich erst wieder langsam erinnern musste. »Wir Australier vergessen unsere ersten Besucher im Flugzeug nie«, sagte ein leitender Pressemann. »Sie sollen es genauso schön bei uns haben wie 1932. Sie brauchen nur zu sagen, was Sie wünschen und was Sie sehen möchten.«

Ich hatte mir schon ein Programm zurechtgelegt, das mich an einige der einsamsten Plätze meines früheren Fluges führen sollte – wieder hinauf bis in den äußersten Nordwesten des Landes –, gut 3000 Kilometer zurück. Am liebsten wollte ich das wieder selbst in einer gemieteten Sportmaschine machen. Dazu erwarb ich erst einmal mit einer kleinen Prüfung die sogenannte Validation meines internationalen Sportflugscheins. Doch dieser lange Flug wäre ein recht kostspieliges Vergnügen gewesen. Und da mich TAA, die inneraustralischen Luftlinien, einluden, nahm ich dieses mit Erleichterung gern an. Meine eigene Fliegerei beschränkte ich auf kleinere Unternehmungen und ich probierte dabei auch eine in Australien konstruierte Sportmaschine, die »Victa« aus. Mit ihrem besonders breiten Fahrwerk war sie für Landungen auf Farmen mit primitiven Landebahnen besonders geeignet.

Die Einwohnerzahl des Landes und die von Sydney hatte sich mehr als verdoppelt und ich kam aus dem Staunen nicht heraus – über die Eleganz in den Geschäften und in den Wohnhäusern.
Selbst in Newcastle-Waters gab es eine Überraschung.
Ich hatte alte Fotos, auch solche aus der Luft von 1932, mitgebracht und hoffte wenigstens, die alte Wellblechhütte, unter deren offenem Dach ich damals auf dieser riesigen Rinderfarm geschlafen hatte, wiederzufinden.
Der neue Besitzer lachte mich herzlich aus.
»Zeigen Sie doch einmal her – das ist ja wirklich ulkig! Nein«, er ließ seine Blicke über die Farmgebäude, die Koppeln, den Swimmingpool und die kleine Flugzeughalle gleiten, »... das war einmal. Das kommt nicht wieder! Doch warten Sie – da ist noch einer von unseren ›stockmen‹, der zur Zeit Ihres Fluges schon hier war. Wir gehen mal hinüber.«
Als wir die Drahttür öffneten und ins Freie traten, fielen die Fliegen genauso über uns her wie vor fünfunddreißig Jahren. Ich hatte unter meinen alten Fotos mehrere, bei denen ich mir beim Arbeiten an meinem Motor einen Moskitoschleier über den Kopf gestülpt hatte.
»Das ist unsere Hauptplage hier, das viele Vieh zieht die Fliegen an. Aber auch damit werden wir bald fertig sein, ohne unsere Luft zu verpesten und ohne den Tieren zu schaden! Doch da ist Joe.«
Der Halbblut-Eingeborene war inzwischen zum Oberaufseher befördert worden und hatte sich ein Wohlstandsbäuchlein zugelegt. Er strahlte über das ganze Gesicht und erzählte seinen Rinderhirten begeistert von damals, als ich mit der »Klemm« auf ihrem verdorrten Grasstreifen gelandet war und ihnen abends auf meinem kleinen Reisegrammofon die neuesten Platten aus Europa vorgespielt hatte.

Nach diesem Abstecher in die Vergangenheit flog ich in das innerste Herz Australiens, nach Ayers Rock, einem einsamen Felsmassiv, das nur sehr wenige Australier bisher besucht haben, weil es so weit von überall weg liegt und die Reise dorthin recht kostspielig ist.
Ein alter Fliegerkamerad von 1932 lud mich in seiner »Cessna« zu diesem Flug ein und ich erlebte staunend den Sonnenuntergang, der

diesen größten Monolithen der Welt wie glühendes Feuer erscheinen lässt. Verständlich, dass Ayers Rock, dieses Naturwunder, den Aborigines – so heißen in Australien die Ureinwohner – bis in die jüngsten Zeiten als Kultstätte heilig war.
Zwischen den verschiedenen Etappen erlebte ich herrliche Tage mit Nancy und ihrer Familie in und um Sydney. Sie ist die geborene Organisatorin, dazu von einmaliger Liebenswürdigkeit und Hilfsbereitschaft.
Sie hatte weitgehend zur Startmöglichkeit der Air-Ambulance in Neu-Südwales beigetragen, besonders zum Beschaffen der Mittel für diese Luft-Rettungsmaschine, mit der ich einige der ersten Flüge mitmachen durfte. Inzwischen sind mehrere Flugzeuge Tag und Nacht im Einsatz und fliegen die Patienten von den weit auseinanderliegenden kleinen Plätzen zu den großen Kliniken, die mit allen medizinischen Hilfsgeräten vom neuesten internationalen Stand ausgerüstet sind. So konnten viele Menschenleben gerettet werden.

In diesen Wochen zwischen den Flügen fuhr ich wiederholt allein mit dem Auto durch das im Inneren auch heute noch sehr dünn besiedelte Land. Ich liebte diese Fahrten in völliger Unabhängigkeit sehr. Alle Eindrücke sind viel intensiver, wenn man nicht sofort darüber spricht. Ich konnte anhalten, so oft und so lange ich wollte, nur schauen, etwas umherlaufen oder mir Notizen machen.
Durch Nancys Vermittlung war ich auf Haddon Rigg, einer der größten Schaffarmen des Landes, eingeladen worden und erlebte dort die Schafschur. Die Scherer reisen in Teams über Land und arbeiten im Akkord. Wenn früh um sechs Uhr die Glocke bimmelt und die Schur beginnt, greift sich jeder dieser kräftigen Männer ein Schaf, legt es auf die Seite und hat in kaum vorstellbarer Schnelligkeit das Tier von seiner gesamten Wolle befreit, die als Vlies – wie ein ausgezogenes Gewand zurückbleibt, wenn das nackte Schaf wieder in die Koppel springt.
Auf unseren Fahrten über die Farm begegneten wir riesigen Herden von Känguruhs, die zu Zeiten großer Trockenheit für die Schaffarmer zum Problem werden.

Vor dem Abschluss meines Besuches in diesem so unendlich liebenswerten Erdteil flog ich nach Canberra zum Empfang beim Generalgouverneur des Landes und seiner Frau, Lord und Lady Casey.
Beide waren begeisterte Sportflieger und hatten zu Nancy und anderen australischen Fliegerinnen ein freundschaftliches Verhältnis. Trotzdem versanken wir in den traditionellen Hofknicks.
Der Gouverneur war jahrelang als höchster Vertreter der englischen Krone in Indien gewesen und so hatten wir viele gemeinsame Erinnerungen aus Vorkriegszeiten.
Zum Abschluss dieses Empfangs wurde ein kurzer Film vorgeführt, der uns alle tief berührte. Er war vor dreißig Jahren auf Lae in Neuguinea beim Start von Amelia Earhart in den Tod aufgenommen worden. Die amerikanische Ozean- und Weltfliegerin verfehlte ihr nächstes, vorletztes Ziel, das winzige Howland-Island im Pazifischen Ozean. Seitdem ist sie mit ihrem Navigator Fred Noonan verschollen.
Amelia war die Initiatorin der inzwischen weltweiten »Ninety-Nines«, der Vereinigung aktiver Pilotinnen, die bei ihrer Gründung im Jahre 1925 neunundneunzig Fliegerinnen zählte. Inzwischen sind es über 5000 Mitglieder mit Vertretungen in den meisten Ländern aller Erdteile.
Ich sollte diesen Film zu den Ninety-Ninerinnen Amerikas mitnehmen und es war vorgesehen, dass der Pilot der »QANTAS-Boeing« auf unserem Flug über den Pazifik eine Ehrenrunde über der Howland-Insel fliegen sollte – zum Andenken an diese größte amerikanische Fliegerin.
Wie geplant, fand dies einige Zeit später auch statt. Vorher machte ich einen Abstecher auf eine der Fidschiinseln. Solche Besuche bereiten besonders viel Freude, wenn man die Gelegenheit hat, bei dort lebenden Menschen zu wohnen und so das fremde Land unter deren Führung und teilhabend an den Erfahrungen seiner Gastgeber zu genießen. Dazu hatte mir wieder einmal Nancys weit reichender Arm verholfen. Norma Watson, eine ihrer Internatskameradinnen, stammte von der Fidschiinsel Viti Levu. Ihr Mann lebte schon in der

zweiten Generation dort in Nadi. Die Watsons hatten sieben Kinder und nahmen mich von der Landung an unter ihre Fittiche.
So erlebte ich Fidschi bei idealem Wetter wie einen Wirklichkeit gewordenen Traum. In ihrem weitläufigen Besitz tummelten sich Kinder, Angestellte, Hunde und allerlei tropisches Getier. Unter riesigen Palmen und Teakbäumen blühten Poinsettien in allen Farben, wie man sie erst viel später bei uns in Europa einführte. Untertags fuhren wir zwischen den unzähligen Inseln und Inselchen umher. Norma erzählte, dass sie schon oft junge Gäste aus Sydney und selbst aus Europa mit einer Kiste voll von Konserven auf einem dieser Eilande bei einer Fidschi-Familie abgesetzt hätte. Alle kamen von ihrer Trauminsel begeistert zurück, obwohl sie sich mit den Gastgebern nur durch Zeichensprache hatten verständigen können. Manches Mal wünsche ich mir in unserem hastigen Alltag von Herzen einige Fidschiinsel-Wochen!

Eine auf Hawaii verheiratete Watson-Tochter übernahm mich nach dem Flug über Amelia Earharts Schicksalsinsel und über die Datumsgrenze bei der Landung in Honolulu.
Solchen weltberühmten Touristen-Tummelplätzen gegenüber bin ich sehr misstrauisch. Meistens sind Filme und Fotos von ihnen viel romantischer als die harte Wirklichkeit. Doch hier auf Honolulu, im angenehm konservativen Halekulani-Hotel am Waikikistrand, hatte ich eigentlich alles, was sich ein Mensch nur wünschen kann.
Wieder einmal herrschte Samt- und Seidenwetter. Am nicht überfüllten Hotelstrand mischten sich die schönen Insulaner unter die Gäste aus aller Welt. Die Surfer rollten auf den riesigen Brandungswellen auf den Strand – über allem schwebte eine gelassene Heiterkeit –, Lächeln und Blumenketten begleiteten einen bei jedem Schritt.
Ich kaufte mir eines von den langen bedruckten, seitlich geschlitzten Baumwollkleidern, wie sie hier die Frauen schon vormittags trugen. Später fuhren wir über die Insel und saßen bei Mondschein draußen zum Abendessen bei Gitarrenmusik – es war wunderschön, besonders weil ich Honolulu völlig abseits vom Touristenstrom genießen durfte.

Nach dem Flug auf den amerikanischen Kontinent übergab ich den Earhartfilm an die Ninety-Ninerinnen. Hier in Kalifornien hatte ich 1934 die Ozeanfliegerin getroffen. Erst jetzt konnte ich voll ermessen, was diese Frau damals geleistet und gelitten hatte. Und ein wenig konnte ich mir nach dem Überfliegen des unendlichen Stillen Ozeans ihre Gefühle vorstellen – wie ihr Brennstoff immer weniger wurde und von der rettenden Insel nichts zu sehen war, bis die Anzeige schließlich am Ende der Reserve anschlug und die beiden Propeller aufhörten sich zu drehen.

Nancy traf ich noch einmal wieder bei einer der führenden Ninety-Ninerinnen, Betty Gillies. Wie war schon Wochen vor meinem Abflug aus Australien in die USA gereist und nun waren wir gemeinsam Gäste auf dem Besitz von Bud und Betty in der weiteren Umgebung von Detroit. In diesem Haus waren Weltreisende und Globetrotter etwas ganz Alltägliches – und darum fühlte man sich so unendlich wohl.
»Du musst bald wiederkommen«, bemerkte Nancy Bird-Walton sachlich, nachdem wir uns gegenseitig über unsere Erlebnisse seit den gemeinsamen Wochen in Sydney berichtet hatten. »Du siehst, die Treue der alten Fliegerfamilie hat sich bestens bewährt. Hattest du jemals bei uns das Gefühl, weniger beliebt zu sein als damals, als du allein mit deiner winzigen ›Klemm‹ angeschaukelt kamst? – Doch sicher nicht!«
»Nein – im Gegenteil!« Ich genoss die Gastfreundschaft doppelt erfreut.
Noch ein paar Tage in London und dann landete ich nach knapp zwei Monaten Abwesenheit wieder in Frankfurt. Neben einigen neuen Ehrenmitgliedschaften, vielen Geschenken und Andenken brachte ich die dankbare Anerkennung der vielen Freundschaftsbeweise in den verschiedenen Ländern mit – und die Erkenntnis, dass es immer noch viel Neues überall in der Welt für mich zu entdecken gab.

»Sie fliegen doch immer noch – oder?«

»… die Beinhorn übernehme ich«, hatte der Chefredakteur des Fernsehens kurzerhand entschieden.
So.
Damit war das Raten darüber, wer für meine Teilnahme an einer Fernsehsendung aus Anlass meines siebzigsten Geburtstages mein Interview-Partner sein sollte, beendet. Man hatte mir vorgeschlagen, zwischen einer populären, schönen Moderatorin und ihm zu wählen. Doch nun war diese Frage geklärt, ohne dass ich überhaupt zu Wort gekommen war.
Wie sich bald herausstellte, war dieser Mann ein hervorragender Partner, der unser Gespräch zu Themen führte, die recht beträchtlich über dem Fernseh-Niveau eines Wald-und-Wiesen-Porträts lagen.
Du meine Güte: wie sah es in meiner Wohnung im Süden Münchens aus! Eine Einbrecherbande hätte kaum schlimmer hausen können. Nur der Inhalt meiner Schränke war verschont geblieben. Stolperdrähte ringelten sich am Boden und nichts stand mehr an seinem Platz.
Alle diese Veränderungen waren blitzschnell und mit System ausgeführt worden, um für die Kameras die günstigsten Aufstellmöglichkeiten zu schaffen.
Was danach kam, war nicht mehr meine Sorge, zumindest nicht der technische Ablauf.
Liebend gern hätte ich möglichst vorteilhaft ausgesehen, um meine vielen alten Freunde nicht zu sehr zu enttäuschen. Doch das war bei einer Außentemperatur von rund dreißig Grad im Schatten und unter diesen Scheinwerfern nicht möglich. Jedes bisschen Make-up löste sich in kurzer Zeit in Schmiere auf – von einem Lidstrich und

ähnlichen Dingen gar nicht zu sprechen. Auch ist meine Erfahrung auf diesem Gebiet nicht sehr groß.
Ein langärmeliges Kleid musste ich auch anziehen – wie hätte das sonst am Tag der Sendung ausgesehen, wenn es vielleicht in Strömen goss oder kalt war?
»Wir haben gestern noch die Flugaufnahmen entwickelt«, sagte der Chef des Kamerateams. »Sie sind sehr gut geworden.«
Am Vortag war es genauso heiß gewesen. Natürlich hatten wir den einzigen Wochentag erwischt, an dem das Restaurant des Flugplatzes in der Umgebung von München, wo das Flugprogramm abgewickelt wurde, geschlossen war. In den kleinen verglasten Kabinen der Sportmaschinen wird es schnell sehr warm, solange man am Boden sitzt oder in geringer Höhe fliegt. Die nächsten Getränke waren kilometerweit entfernt.
Zuerst machte ich allein in einer »Cessna 150« Starts und Landungen für die am Rand der Piste aufgebauten Kameras. Danach flog eine zweite Maschine neben mir her, um mich in der Luft aufzunehmen. Zum Schluss stieg ich dann in die »Reims-Rocket« um und hatte nun die Kamera und das Mikrofon direkt neben und hinter mir. Nur zu gut konnte ich mir bei der Hitze vorstellen, wie diese Großaufnahmen auf den Bildschirmen aussehen würden! Aber schließlich war ich nicht als Schönheitskönigin hierherbestellt worden. Und mein Alter kannte sowieso jeder, der sich dafür interessierte. Aber trotzdem …
So hatten wir dann auch noch meinen Funksprechverkehr mit dem Tower im Kasten.
Ich setzte mich in mein Auto, aß die letzten trockenen Kekse meines Notvorrats und sprang in den nächsten Moorsee. Danach war ich wieder heiter und aktionsbereit.

Obwohl ich nach meines Mannes Unfall jederzeit gewusst hatte, dass ich es mir nicht leisten konnte, in der Vergangenheit zu leben – manches Mal konnte ich doch nicht daran vorbeidenken, wie anders wohl mein Leben verlaufen wäre, wenn Bernd am Leben geblieben wäre. Mein Sohn Bernd war zehn Wochen alt, als sein Vater verun-

glückte. Er hat ihn nie bewusst gesehen. Damals, kurz nach meines Mannes Unfall, verloren im Zweiten Weltkrieg Millionen von Kindern ihre Väter – aber das war kein Trost für mich und ist es zu keiner Zeit gewesen.
Auf mich wirkt es meistens recht peinlich, wenn Menschen über Jahre hinaus ihre Umgebung mit dauernden Hinweisen auf ihren geliebten Verstorbenen quälen, dessen menschliche Qualitäten und Begabungen ständig zunehmen. Diese persönlichsten Dinge sollte man mit sich selbst abmachen.
Damals, nach dem Trubel der Beisetzung meines Mannes, die einem Staatsbegräbnis nahekam, hatte ich nur den einen Wunsch: endlich allein zu sein mit meinem kleinen Sohn, meinen Gedanken und mit Bernds Grab.
Vater Rosemeyer hatte sich auf einen längeren Besuch eingerichtet, auch um mir bei den nötigen Formalitäten zu helfen. Er war ein wenig bekümmert, aber voller Verständnis, als ich ihn bat abzureisen. Mit Mühe hielt ich es zwei Tage in unserer schönen, heiteren, nun so stillen Wohnung aus. Das gelegentliche Weinen meines winzigen Sohnes war kein Ersatz für das Lachen seines Vaters. Dann rief ich Vater Rosemeyer an und bat ihn, doch wiederzukommen und mir nicht böse zu sein.
Er kam mit dem nächsten Zug und blieb einige Wochen bei mir. Meine Eltern hatten gar nicht zur Beerdigung kommen können. Vater war krank und Mutter musste ihn pflegen.
Ich hatte geglaubt, in den vergangenen Jahren so viel Kraft angesammelt zu haben, um mit dieser ungeheuren Verwundung am besten in der Einsamkeit fertig zu werden. Doch dieses Mal hatte ich den Übergang zu einem neuen Lebensabschnitt nicht allein geschafft.

Eine Woche nach den Aufnahmen zu Hause fuhr ich ins Fernsehstudio. »Sie müssen sich den Film ansehen, wie wir ihn bisher zusammengeschnitten haben«, hatte mir der Aufnahmeleiter am Telefon gesagt.
»Sind die Flugaufnahmen gut gelungen?«

»Sie werden Ihre Freude daran haben! Außerdem haben wir aus unserem Archiv noch ein besonderes Bonbon hineingeschnitten, na, warten Sie ab.«

Ich fand mich grässlich.

Darauf war ich vorbereitet gewesen. Die Kameras im Flugzeug und zu Hause unter den mörderischen Scheinwerfern waren direkt neben mir gewesen oder hatten mich mit der Gummilinse herangeholt. Außer einem Hauch von Puder hatte ich keinerlei Make-up auf meinem Gesicht. Bei der Hochsommerhitze und ohne sachverständige Schminkhilfe wäre das noch viel schlimmer geworden. Aber wie ich ein derartig idiotisches Kleid hatte auswählen können, war mir nachträglich völlig unverständlich. Vor dem Spiegel hatte ich mich immer nur stehend gesehen. Da hatte es eigentlich recht hübsch ausgesehen, so weit und fließend in Blau und Weiß. Doch während des ganzen Interviews hatte ich sitzen müssen und der Stoff bauschte sich um mich herum, als ob ich mindestens zwanzig Pfund mehr Gewicht hätte als in Wirklichkeit.

»Nun – habe ich zu viel versprochen? Sie sind doch sicher sehr zufrieden mit uns?«, meinte der Chefkameramann.

»Mussten Sie mir denn mit der Kamera so auf den Leib rücken?«

»Natürlich. Ihre Freunde, besonders die von früher, möchten Sie doch ganz genau sehen – und Sie können sich das doch leisten!«

Ich fand das gar nicht.

Aber schließlich war es ja egal. Warum sollten ausgerechnet an mir die Jahre spurlos vorübergegangen sein?

Die anderen Aufnahmen, das Einsteigen in das Flugzeug aus einer angemessenen Entfernung aufgenommen, fand ich sehr gut. Dann kam eingeschnitten eine herrliche Szene, wie ich auf den Mount Everest zufliege – so wie ich es damals wirklich getan hatte –, unbeschreiblich großartig und schön waren diese Aufnahmen. Nur hatte es im Dezember 1931 keine Filmkamera und schon gar keinen Farbfilm gegeben. Doch ebenso hatte in der strahlenden Sonne das Groß-Himalaja-Massiv unter dem einzigartig blauen Himmel vor mir gelegen. Auf dem Rückflug waren die schrecklichen Berge von Wolken verdeckt worden.

Dann waren sehr gute Aufnahmen von Bernd dabei. Im Formel-I-Rennwagen, als er den »Großen Preis von Amerika«, den Vanderbilt-Cup, im Jahr 1937 gewonnen hatte. Und da war er, der strahlende Sieger, nach seinem ersten internationalen Erfolg im September 1935 auf dem Masarykring bei Brünn.
Damals hatte ich Bernd kennengelernt.

Das war eine etwas andere Art der ersten Begegnung gewesen. Bei uns spielte sich das mit Motorengedröhn unter den Augen von Tausenden Menschen ab. Auf dem Masarykring bei Brünn hatte Bernd Rosemeyer seinen ersten Grand Prix gewonnen. Am selben Abend nach der Preisverteilung fragte mich der junge Sieger: »Darf ich Sie in Berlin besuchen?« Rosemeyers graublaue Augen ließen die meinen nicht los.
»Sie müssen mir alles, aber auch alles erzählen, was Sie erlebt haben, wie Sie überhaupt zum Fliegen gekommen sind – bitte!«
Dieses »Bitte« habe ich später von ihm noch oft gehört – und ich habe diesem bezwingenden Blick standgehalten. Bernd Rosemeyer hat damit wohl immer – oder beinah immer – erreicht, was er wollte. Bei seinen Direktoren, als Junge bei der Polizei, bei mir – selbst beim Finanzamt.
Allerdings verlangte er nie etwas wirklich Unmögliches. Doch seine Ziele lagen oftmals so hoch und so weit voraus, dass es fast irrsinnig erschien, an ihre Verwirklichung zu glauben.
»Damit Sie es wissen – ich werde mir später auch ein Flugzeug kaufen und ich werde auch nach Afrika fliegen. Udet hat mich schon einmal mitgenommen – am Doppelsteuer hat er mich fliegen lassen!«
Der junge Rennfahrer strahlte mich an. Sein Gesicht lächelte weiter – aber sein Blick wurde hart. »Bitte – lassen Sie mich kommen! Ich will alles wissen, was Sie erlebt haben.«
Ein Jahr später hatte Bernd die Frau, die er haben wollte, und zwei Jahre später das Flugzeug. Und um ganz Afrika waren wir auch herumgeflogen.
Als ob er geahnt hätte, dass er keine Zeit zu verschenken hatte.

So etwas wie ein Gespräch

Manches, was man sagen möchte, ist schwer in der ersten Person auszudrücken. Wenn ich mich heute mit Bernd oder meinen Eltern unterhalten könnte, dann würde sich das ungefähr so anhören. Die Eltern: »Du bist nun so alt, wie wir es waren, als unser Leben unter dem Kanonendonner der Westfront zu Ende ging.«
Bernd: »Inzwischen bist du achtzig Jahre alt geworden und ich bin immer noch achtundzwanzig.«
»So ist es – aber ihr drei seid durch alle die Jahrzehnte hindurch mein besseres Gewissen gewesen und meistens wart ihr auch irgendwie dabei.«
Die drei: »Inzwischen hast du doch ein randvolles irdisches Leben gelebt – mit seinen Tiefen, aber auch vielen Höhen und sehr glücklichen Stunden.«
»Ihr habt recht, es ist kaum zu fassen. Alles ist so unglaublich schnell gegangen.«
»Inzwischen gab es sehr vieles in deinem Leben, was mit uns nicht das Geringste zu tun hatte. Wer bist du eigentlich heute und wie sieht dein Alltag aus?«
»Ein unvergesslicher Empfang mit an die hundert Freunden zu meinem achtzigsten Geburtstag beglückte mich sehr!«
»Also nun mal eines nach dem anderen. Wie sieht dein ganz normaler Tagesablauf aus? Eigentlich bis du doch inzwischen das, was man eine emanzipierte Frau nennt?«
»Ja und nein. Ich weiß wirklich nicht, wie ich mich entwickelt hätte, wenn du, Bernd, bei uns geblieben wärest. Jede Frau erkennt doch nur zu gern die Überlegenheit ihres Mannes an, wenn sie vorhanden ist! Aber du möchtest wissen, wie bei mir der Alltag aussieht. Er ist meistens immer noch zu kurz. Wenn ich Zeit habe, schwimme ich

morgens, vorher habe ich aber schon auf der Terrasse geturnt und danach gefrühstückt. Wenn die Wege nicht zu weit sind, erledige ich alle Einkäufe mit dem Fahrrad. Es kommt immer noch viel zu viel Post, die erledigt werden muss. Eine ganze Anzahl von guten Freunden, meistens aus der Fliegerei, wohnen in der Nähe – dazu der Hauskram, die Kocherei. Die herrlichen Zeiten mit unserer guten Agnes sind leider vorbei!«

Die Eltern würden sagen: »... und nun gehst du mit unseren Urenkeln spazieren.«

»Für mich ist das so selbstverständlich wie Essen und Trinken – nur viel beglückender. Wenn ihr mit eurem Hinweis auf mein Alter auf den ›ruhigen Lebensabend‹ hinauswollt, den kann ich euch beim besten Willen nicht servieren. Die Tage sind immer zu schnell vergangen, besonders seitdem ich an diesem Buch schreibe.«

Bernd: »Gefällt dir dieser Betrieb denn immer noch? Ich erinnere mich: Die unruhigste Zeit haben wir wohl gemeinsam während der Renn- und Fliegerjahre 1936/37 erlebt. Du warst manchmal recht erschöpft, besonders von den vielen Menschen, mit denen wir zu tun hatten.«

»Wie du das noch weißt! Ja, ich welke dahin wie eine Pflanze ohne Wasser, wenn ich am Tage nicht einmal eine Stunde der Ruhe und Besinnung für mich habe – um die Batterie wieder aufzuladen. Ich habe mich oft gefragt, ob das daran liegt, dass ich ein Einzelkind bin? Ich kenne viele Menschen, die ich auch recht gern leiden mag, bei denen immer etwas los sein *muss*. Sie platzen vor Vitalität. Ich nütze mich bei einem solchen Leben ganz schnell ab.«

»Besonders kräftig warst du nie, was mich zu Beginn unserer Freundschaft sehr überrascht hat. Du brachtest meistens nicht einmal einen festsitzenden Schraubdeckel auf. Mir ist heute noch unfassbar, wie du mit deinem Flugzeug allein über alle Erdteile gekommen bist.«

»Du – ich glaube, das lag einfach daran, dass ich immer etwas unter der Grenze dessen, was ich leisten konnte, geblieben bin. Dazu kam, dass es unterwegs niemals Spannungen gab, da war niemand, mit dem ich hätte streiten können!«

»Aber nach dem Krieg bist du doch viel mit anderen geflogen – und es ging auch.«
»Das ergab sich einfach so. Diese Begleiter brachten schließlich auch allerhand Hilfe – und diese Unternehmungen dauerten jeweils höchstens ein paar Wochen. Ach, Bernd, es ist immer noch so wie vor rund vierzig Jahren: den einzigen *echten* Fernflug meines Fliegerlebens habe ich mit dir gemacht, damals 1936/37 in unserer ›Taifun‹ rund um Afrika, als du da unten deine Rennen gefahren bist. Weißt du noch, wie sehr wir jede Stunde genossen haben? Du warst einfach *der* Idealpartner. Und nicht nur für diesen Langstreckenflug.«
»Du machst mich erröten! Vergiss nicht, dass wir von Brünn bis Darmstadt nur zweieinhalb gemeinsame Jahre verlebt haben!«
»Das habe ich nie vergessen. Selbst in den schwärzesten Zeiten nach deinem Unfall habe ich daran gedacht, ob sich wohl durch Jahrzehnte unsere Übereinstimmung in so vielen wesentlichen Dingen bewährt haben würde. – Wer kann das wissen? Jedenfalls waren gute Voraussetzungen für ein ganzes Leben gegeben.«
»Du berichtest viel über unsere kurze Ehe – aber sehr wenig über deine zweite.«
»Das ist doch nur verständlich, Bernd. Du gehörtest der Öffentlichkeit – und wir miteinander noch mehr. Die Menschen sind dir bis heute treu geblieben. Stefanies Vater – er ist auch nicht mehr am Leben – war als Mann der Wirtschaft zwar in seinem Kreis ein Begriff, aber die Öffentlichkeit hat sich nie für ihn interessiert und er sich nicht für die Öffentlichkeit. Also bestand kein Anlass, unser Privatleben auszubreiten. Das verstehst du doch sicher?«
»Ich glaube, damit hast du recht. Doch noch etwas anderes. Eines würde mich aber sehr interessieren. Warum schreibst du eigentlich dieses Buch? Es passt doch eigentlich gar nicht zu dir, an deinen Memoiren herumzubasteln.«
»Das hat mich auch eine Reihe von Jahren daran gehindert. Es geht mir dabei viel weniger um mich als um die frühe Fliegerei – ja, und auch um dich, Bernd. Wenn die Menschen von heute sich vierzig Jahre nach dem Tod eines Mannes immer noch für ihn interessieren, dann muss man ihnen einfach mehr über diesen Menschen berich-

ten, als sie so nebenbei erfahren können. Außerdem kommen in jeder Woche ein paar Anfragen, wo man meine alten Bücher erwerben kann. Doch die gibt es so gut wie nicht mehr – also, da hast du die Antwort. Genügt sie dir?«

»Doch noch etwas anderes: In deinem Manuskript vermisse ich viele Namen gemeinsamer Freunde aus der Fliegerei.«

»Du – das war ein echtes Problem beim Schreiben. Ich habe im Laufe dieser rund fünfzig Jahre so unendlich viele großartige Menschen nicht nur in der Fliegerei, sondern auch in vielen anderen Berufen und Berufungen getroffen und sie lieben und schätzen gelernt: ein Buch würde nicht ausreichen, um sie alle richtig zu würdigen. Sie mögen mir verzeihen, wenn sie sich auf diesen Seiten nicht wiederfinden. Sie haben ihren festen Platz in meinem Herzen oder in meinem Kopf.«

Die Eltern: »Aber etwas viel Wichtigeres möchten wir von dir wissen: Bist du eigentlich glücklich – oder besser gesagt zufrieden mit deinem Leben? Würdest du entscheidende Dinge anders machen, falls du noch einmal von vorn beginnen könntest?«

»Ach – ich glaube, fast keine oder zumindest nur wenige, obwohl ich manches Mal, auch heute noch, das Gefühl habe, entscheidende Dinge total falsch gemacht zu haben oder immer noch falsch zu machen. Dann gibt es Tage, da läuft wieder alles so elegant und glatt und ich kann voll Dankbarkeit und Begeisterung auf beinahe alle Jahre meines Lebens zurückschauen – doch wem geht das anders? Ich kann mich recht gut anpassen und das hat mir viel Schwieriges erleichtert.«

*

Mir erschien es als das Natürlichste auf der Welt, aber die andern veranlasste es immer wieder zu fassungslosem Staunen: »Nein – wie können Sie nur so mutterseelenallein mitten durch Afrika fliegen? Ich würde mich zu Tode ängstigen.« So entrüsteten sich besonders die Damen.

Ich weiß nicht, aber wahrscheinlich fehlt mir das Organ für das, was bei normalen weiblichen Wesen – ich selbst halte mich natürlich für

die normalste Frau der Welt – die Furcht auslöst. Sonst wäre ich wahrscheinlich nicht immer allein unterwegs gewesen.
Damit möchte ich nicht sagen, dass ich die Angst nicht kenne – oh, die kenne ich gut, sehr gut sogar! Aber in der Regel kommt sie zu mir bei ganz anderen Anlässen als sonst bei den Menschen.
Ich fand es am zweckmäßigsten, allein zu fliegen. Und darum nahm ich bei Langstreckenflügen niemanden mit. Auf die Art herrschte unterwegs Friede und völlige Eintracht an Bord. Es gab keine verschiedenen Ansichten. Wie es mir notwendig erschien, so wurde es gemacht.
Wen hätte ich auch mitnehmen sollen? Einen Mann?
Ein richtiger Mann würde sich nicht monatelang dem Kommando eines weiblichen Kapitäns fügen – und einen nicht ganz richtigen Mann wollte ich schon gar nicht neben mir haben.
Also ein Frau?
Wo fand ich eine passende Kameradin, die den Strapazen einer solchen Reise gewachsen war, die überall schlafen konnte, die verschiedenen Küchen aller Länder vertrug und was sonst so dazugehört?
Unterwegs auf meinem ersten Flug traf ich einmal eine Frau, wie sie für solche Unternehmungen geschaffen sein muss. Die war in sechs Monaten zu Fuß von Hamburg nach Sevilla gelaufen. Eines Tages war ihr die Büroarbeit zu dumm geworden und da war sie einfach losmarschiert. Geld hatte diese Frau lächerlich wenig. Das war für ihr bescheidenes Essen und die Nachtlager im Heu bald ausgegeben.
In Spanien, wo ich mit ihr zusammentraf, glaubte sie, den Himmel auf Erden erreicht zu haben. Hier hatte sie nur von Früchten gelebt, unter dem Himmel geschlafen und im Meer gebadet.
Ich kann es mir gut vorstellen: Wäre ich nicht an jenem Abend in Hannover zufällig in den Vortrag von Hermann Köhl hineingeraten, vielleicht hätte ich eines Tages einen ähnlichen Marsch gestartet.
Viele Menschen gibt es – viel zu viele –, die können einfach nicht allein sein. Auch wenn sie die Ruhe noch so dringend nötig haben; niemals würden sie auf die Idee kommen, eine Erholungsreise nur mit sich selbst zu machen. Ich habe bis heute nicht begreifen können, warum das so ist. Aber da ich mit meiner Ansicht darüber

immer auf der Seite der Minderheit bin, habe ich in diesem Punkt wohl unrecht. Wer weiß das?

Bei mir ergab es sich ganz von selbst, dass ich meine Langstreckenfliegerei allein begann. Dann wurde mit der Zeit eine ständige Gewohnheit daraus.

Unterwegs merkte ich bald, wie schön es ist, alle diese überwältigenden Eindrücke nur für sich allein zu haben, nie gestört durch eine vielleicht verständnislose Kritik neben einem. Ich lernte aber auch die manchmal fast als körperlichen Schmerz fühlbare Einsamkeit kennen, mit der man für diese großartigen Augenblicke bezahlt.

Es gibt aber kaum einen Zweifel: Die Eindrücke sind stärker, wenn man sie ganz mit sich allein verarbeiten muss.

Nun ist mein Alleinflug beendet. Nach einundfünfzig Fliegerjahren habe ich meinen Pilotenschein freiwillig zurückgegeben.

Es gab dafür verschiedene Gründe. Einer davon war: Im Jahr 1977 nahm ich als Kopilotin von Wilhelm Heller (inzwischen mehrfacher Weltrekordinhaber) in dessen »Rockwell-Commander 114 D« an zwei Langstreckenflügen nach Singapur und zurück sowie über die Zentralsahara und durch Schwarzafrika teil.

Es sollte für mich eine Proberunde sein, um festzustellen, ob es Sinn hatte, noch einmal einen Alleinflug als Abschluss meiner fliegerischen Laufbahn zu unternehmen. Das Ergebnis war – so schön diese Flüge auch verliefen – negativ. Für mich, als inzwischen den reiferen Jahrgängen angehörend, hätte allein das Gerenne und die Schlepperei auf den riesigen internationalen Flughäfen im ungünstigen Verhältnis zum Wert des Wiedersehens mit den Plätzen von damals gestanden.

Natürlich werde ich in Sportflugzeugen weiterfliegen, wo immer sich eine passende Gelegenheit dazu ergibt. Ich kann meine Ziellandungen machen und gehe wahrscheinlich auch wieder auf die »Lange Strecke«. Das ist dann fast wieder so, wie es im Anfang war – einer sitzt neben mir. Ich fliege nicht mehr allein. Allerdings sehe ich jedem Segelflugzeug begehrlich nach, denn da gibt es noch etwas von der Großartigkeit und Ruhe der Landschaft und des Himmels, die ich bis an mein Lebensende lieben werde.

Meiner Mutter zum 100. Geburtstag

Eben habe ich dein Buch wieder gelesen. Es hat mich viel mehr fasziniert als beim ersten Mal. Damals war ich noch jung, mit meinem eigenen Leben beschäftigt und wollte nicht in die Vergangenheit schauen. Heute kann ich eigentlich nicht genug von der damaligen Zeit lesen. Du hast schon ein tolles Leben geführt. Die Zeitungen feierten dich wie ein Weltwunder. Du hast ein Leben am Limit geführt, so schrieben sie. Die vielen Preise und Ehrungen, die du bekommen hast, waren aber nicht der Grund für deine außergewöhnlichen Leistungen. Sie waren dir nicht wirklich wichtig, das weiß ich genau, denn du wolltest und willst kein Star sein. Fliegen ist deine Leidenschaft. Du hast das Risiko nicht gesucht, bist ihm aber auch nicht aus dem Weg gegangen. Vor hundert Jahren haben die Menschen nicht geglaubt, dass man hundert Jahre alt werden kann. Und es hat auch niemand geglaubt, dass ein Mädchen allein um die Welt fliegen kann. Es ist deine Stärke, Visionen ganz einfach in die Tat umzusetzen. Und das gilt bis heute, denn mir imponiert ganz genauso, wie du dein Alter akzeptiert hast und es mit Würde trägst. Altwerden ist nichts für Feiglinge, hast du früher immer gesagt. Du hast das Beste daraus gemacht, ganz getreu deinem Motto: Der große Gott Natur regelt alles.

Über den Unfall und den Tod meines Vaters hast du nie mit mir gesprochen. Und da bleiben für mich einige Fragen offen. Bernd Rosemeyer, der alles, was er anpackte, bravourös und mit Leichtigkeit machte, war die große Liebe deines Lebens. Du hast mir einmal gesagt, dass er am Ende des Jahres, in dem er verunglückte, in das Management der Auto-Union hätte wechseln sollen. Das Schicksal wollte es, dass ihr nur wenig Zeit miteinander verbringen konntet. Und so ist dein Leben mit ihm für dich ein bis heute noch nicht abgeschlossenes Kapitel geblieben. Ich bin stolz darauf, dass ich seinen Namen trage, und das gilt auch für meinen Sohn, Bernd Rosemeyer III. Der Name seines Großvaters weckt bei den Menschen heute noch große Sympathien.

Dir war immer wichtig, dass ich einen Beruf ergreife, der auch im manuellen Bereich liegt. Da lag ich dann mit meinem Medizinstudium ganz auf deiner Linie. Als ich zweiundzwanzig war, hat mich der Lieblingsonkel meines Vaters zu einem Sportfahrerlehrgang auf den Nürburgring eingeladen. Dadurch bin ich in die Sportfahrerszene hineingerutscht, als Testfahrer auf dem Nürburgring und im Auto-Journalismus. Dabei hat sicher auch mein Name eine Rolle gespielt. Du hast dich nicht eingemischt, obwohl dir sicher nicht wohl war bei dem Gedanken, ich könnte möglicherweise in die Fußstapfen meines Vaters treten. Dass es dann doch bei der Medizin geblieben ist, war letztlich meine Entscheidung. In der Orthopädie habe ich dann meinen Weg gefunden. Manchmal ist es dir sogar passiert, dass du als die Mutter des Orthopäden angesprochen wurdest. Aber das Autofahren hat mich doch nicht losgelassen. Heute nehme ich mit großer Begeisterung an Oldtimer-Rallyes teil, manchmal in Begleitung deiner Enkelin Daisy oder von Bernd III. Oft treffe ich dabei auf Fans meines Vaters. Was er wohl dazu sagen würde?

Er war in meinem Leben immer präsent. Er war immer jung, blieb immer achtundzwanzig Jahre, ist nie alt geworden. Er hatte keine Gelegenheit, als Vater negative Seiten zu zeigen. Aber ich hatte nie das Gefühl, ohne Vater aufgewachsen zu sein. Er war immer da und du warst mir Mutter und Vater zugleich. Und ich war für dich nicht nur Sohn, sondern habe als dein Vertrauter sozusagen einen Teil meines Vaters übernommen. Bei wichtigen Entscheidungen wolltest du immer meine Meinung hören, als ob du Zwiesprache mit meinem Vater halten würdest. Und dann hast du natürlich selbst die Entscheidung getroffen. So auch damals, als du mit zweiundsiebzig Jahren deine Fluglizenz einfach nicht verlängert hast (obwohl du noch fit warst). Du wolltest diese wichtige Entscheidung selbst treffen. Du bist dann noch oft am Doppelsteuer geflogen, aber im Grunde hast du das Kapitel Fliegen bewusst und dankbar abgeschlossen.

Deine Selbstkritik und Selbstdisziplin habe ich immer bewundert. Und deine Neugier auf die Welt, auf alles Neue.
Wie Ozeanflieger Hermann Köhl die Initialzündung für dein Leben war, bist du auch vielen Menschen und insbesondere vielen Frauen ein Vorbild geworden. Als Frau. Als Fliegerin. Als alleinerziehende Mutter. Durch deine Unabhängigkeit, deine Fähigkeit, aus jeder Situation das Beste zu machen. Durch die Art, wie du mit dem großen Verlust, dem Tod meines Vaters, umgegangen bist. Wie du die Dinge einfach akzeptiert hast, wie sie sind, und dein Leben weiterlebtest. Die vielen Briefe, die uns erreichen, zeigen, wie vielen Menschen du ein Ansporn warst, ihre Träume zu verwirklichen. Wie sie, so bin auch ich voller Dankbarkeit.

München, im Frühjahr 2007 Dein Sohn Bernd

ATLANTISCHER OZEAN
NORDSEE
MITTELLÄNDISCHES
Dublin
London
Haag
Brüssel
Kopenhagen
Berlin
Elbe
Oder
Rhein
Paris
Seine
Loire
Donau
München
Wien
Colombier
Bern
Sion
Locarno
Mailand
Triest
Po
Rhone
Garonne
Duero
Ebro
Tajo
Madrid
Lissabon
Guadalquivir
Rom
Rabat
Algier
Tunis
Catania
Gabes
Tripolis
1935 Über zwei Erdteile an einem Tag
1936 Über drei Erdteile an einem Tag
1951 Flug nach Bengasi
0
500
1000
Kilometer